我国移动支付风险的识别、度量与管控

Identification, Measurement,
Management and Control of Mobile Payment Risks in China

封思贤　等著

中国金融出版社

责任编辑：曹亚豪
责任校对：孙　蕊
责任印制：陈晓川

图书在版编目（CIP）数据

我国移动支付风险的识别、度量与管控/封思贤等著. —北京：中国金融出版社，2020.12
ISBN 978-7-5220-0959-9

Ⅰ.①我… Ⅱ.①封… Ⅲ.①移动通信—通信技术—应用—支付方式—风险管理—研究—中国 Ⅳ.①F832.6

中国版本图书馆CIP数据核字（2020）第263403号

我国移动支付风险的识别、度量与管控
WOGUO YIDONG ZHIFU FENGXIAN DE SHIBIE，DULIANG YU GUANKONG

出版
发行 中国金融出版社

社址 北京市丰台区益泽路2号
市场开发部 （010）66024766，63805472，63439533（传真）
网上书店 http://www.chinafph.com
（010）66024766，63372837（传真）
读者服务部 （010）66070833，62568380
邮编 100071
经销 新华书店
印刷 北京市松源印刷有限公司
尺寸 169毫米×239毫米
印张 18.25
字数 337千
版次 2021年1月第1版
印次 2021年1月第1次印刷
定价 56.00元
ISBN 978-7-5220-0959-9
如出现印装错误本社负责调换 联系电话（010）63263947

目录

导　论

移动支付（Mobile Payment）是交易双方使用移动设备实现货币支付与资金转移的行为。随着通信技术、互联网技术、电子商务等一系列领域的快速发展，移动支付正在逐渐替代现金、银行卡及票据等传统支付方式而得到广泛应用。

移动支付的迅猛发展伴随着各种性质的高风险。关于手机诈骗、网络诈骗的大量新闻天天充斥着各种媒体就是对此最有力的注解，其中绝大多数被骗款就是通过移动支付方式被转走的。安全、高效的移动支付不仅是实现我国“互联网＋”大宏观战略的内在要求，更是事关整个社会与经济体制健康运行的重要保障。因此，如何识别、度量和管控移动支付中的各种风险便成了本书的研究主题。

全书是按照不同风险类型展开研究的，重点讨论了移动支付用户的感知风险、移动支付的操作风险、移动支付的行业风险、移动支付的欺诈风险和移动支付的洗钱风险等。

第一章主要研究的是移动支付的感知风险，重点探讨移动支付感知风险的识别维度、测量方法及影响因素。（1）本章立足于用户行为，结合感知风险理论与行为金融学理论探究移动支付感知风险的识别、度量及其影响因素等问题。研究过程主要包括建立模型、收集问卷、实证分析和结果讨论：首先依据感知风险理论，提出了移动支付的感知风险影响因素结构方程模型，然后通过结构化问卷收集用户感知信息，再利用 SPSS. 24 及 AMOS. 23 对结构方程模型进行检验，最后结合行为金融学对结果进行讨论。（2）本章认为，移动支付感知风险的识别与度量维度包括财务风险、隐私风险、功能风险、服务风险、社会风险、法律合规风险与技术风险。影响因素包括用户的个人因素、平台因素、制度因素与环境因素，其中平台因素、制度因素、环境因素是潜变量，个人因素是调节变量。模型假设包括：平台因素影响财务风险、技术风险、功能风险、服务风险、法律合规风险；制度因素影响功能风险、法律合规风险、隐私风险、社会风险；环境因素影响社会风险、技术风险；个人因素作为调节变量，可能以性别、年龄、学历、职业、使用频率、使用意愿、风险偏好作为区分对假设产生影响。（3）本章在对收集到的 493 份问卷进行研究后发现：用户对产品缺乏使用服务、服务不能满足需求这一风险感知最强烈；平台因素对用户的感知财务风险、服务风险和技术风险的影响为正向显著；制度因素对用户的感知隐私风险和感知社会风险的影响为正向显著；环境因素对用户感知技术风险与感知社会风险的影响为负向显著；以性别、年龄、职业、使用频率能够显著地区分不同感知风险影响路径的用户群。

第二章主要研究的是移动支付的操作风险，重点探讨如何识别移动支付各参与主体的操作风险、如何度量移动支付用户的操作风险以及如何防范和化解移动支付操作风险。（1）本章通过比较和借鉴商业银行操作风险的各种度量模型，首先运用AHP法构建了评估我国移动支付操作风险的层次结构模型，并以互联网词条搜索量为主要原始数据，测算了我国移动支付的操作风险。结果表明，对移动支付操作风险影响最大的因素来自用户自身，其余依次是第三方支付平台、监管当局和电信运营商。然后，基于上述研究结果（用户对移动支付操作风险的影响最大），利用网络搜集的275个真实案例并采用损失分布法（LDA）和Monte Carlo模拟量化评估了移动支付用户各类操作风险的具体大小。随后，将数据扩充到505个进行二次实证检验。结果表明，"身份未确认类"操作风险给用户带来的损失最大（超过3000元），"密码安全意识类""软件/技术安全类""支付场景安全类"紧随其后，"手机硬件安全类"和"其他类"最低，但有上升趋势。（2）基于实证分析结果，我们发现：用户是移动支付的使用主体，也是移动支付操作风险的受害主体，同时还是影响操作风险的最主要因素；支付平台是为用户提供移动支付的主要渠道，也是保障用户财产安全的重要主体；电信运营商是连接移动支付各方的桥梁，也是数据传输的主要渠道；监管机构是移动支付环境安全的最有力保障。因此，用户是防范移动支付操作风险的关键力量，但支付平台、电信运营商以及监管当局都具有不可推卸的责任。各方应在金融新科技开发、用户隐私信息保护、大数据协同监管创新等方面不断深化合作，共同推进移动支付健康发展。

第三章主要研究的是我国移动支付的行业风险，重点探讨了我国移动支付行业尤其是第三方移动支付行业在市场结构方面面临的行业风险。研究发现，（1）影响移动支付行业风险的主要因素包括技术因素（影响消费者使用移动支付的因素有很多，最主要的就是便捷性问题和安全性问题，如何从技术上对这两种问题加以解决，推动着移动支付技术的创新和发展，是影响移动支付业务发展的主要因素。如果用户在使用移动支付的过程中出现程序复杂、操作不便、网络速度慢、资金安全得不到保障等一系列问题，会大大降低用户体验感受，移动支付相对于传统支付的优势也难以体现）、基础设施因素（首先移动支付需要一部支持移动支付功能的手机，而传统的老式手机往往没有这种功能，还有一些可用于近场支付的可穿戴设备，这需要额外的成本投入。而线下的商户往往要安装 POS 机、移动刷卡器等设备，这些都加大了商家的投入成本，基础设施的建设是发展线下移动支付的基础，制约着移动支付行业的发展）、市场因素（移动电子商务的发展与移动支付的发展相辅相成，相互制约相互促进。大型的电子商务购物平台几乎都有自己的移动支付账户，而用户在电子商务平台上购物时除了采用电商的支付账户付款外，大多数都选择绑定的银行卡支付或者第三方支付账号付款，随着移动电子商务的快速发展，移动支付业务也随之快速增长。同时，人们支付习惯的变化也影响着移动支付业务的发展，改变人们固有的观念，培养用户使用移动支付的习惯，挖掘移动支付的发展潜力，促进业务快速增长）、监管与政策因素（移动支付业务的发展过程中涌现了一系列安全问题，这就迫切要求监管部门能够制定科学合理的政策加以有效的规范和引导，使得移动支付行业更加积极健康地发展。监管部门的监管不到位会导致行业管理混乱、不正当竞争、出现监管真空等各种问题，甚至引发市场风险。而缺乏相关的法律法规对移动支付涉及的各方面的详细规定，就很容易导致问题发生后各方权利义务不明确，相互扯皮，追责困难，导致消费者的权益得不到保障，对使用移动支付产生后顾之忧。因此，监管与政策因素是制约移动支付业务发展的重要因素之一）等。（2）当前我国的移动支付市场存在显著的竞争畸形化风险。第三方移动支付行业呈现寡头垄断市场，除了两大巨头之间的竞争之外，其他支付企业力量较弱，难以和支付巨头抗衡。第三方支付企业和银行都在各自的领域存在着优势与不足，彼此间缺乏合作。第三方支付企业在创新方面是非常值得手机银行去学习的。而手机银行在风险管理方面也是第三方支付企业学习的对象。未来，只有互相之间加强合作，共同进步，才能促进移动支付市场向更加合理健康的方向发展，也更符合消费者利益的发展方向。

第四章主要研究的是移动支付的欺诈风险及反欺诈管理，是结合我国 X 银行的一种案例研究。（1）相关理论分析包含四个部分，首先通过对国内外研究综述的梳理及阅读，概括移动支付与反欺诈的概念和特征并对其进行归纳整理；其次概括了移动支付反欺诈的相关理论基础，包括欺诈三角理论、舞弊风险因子理论和基于犯罪心理学的分析等；最后在以上各个理论的基础上分析了移动支付反欺诈的两个主要手段，包括法律手段、技术手段，其中技术手段主要包括流式大数据计算技术、机器学习技术以及设备指纹技术三方面。（2）X 银行移动支付反欺诈管理的现状分析部分从四个角度来进行移动支付中的反欺诈防范的案例分析，首先通过对 X 银行基本概况的了解进而分析其移动支付市场布局分类及其国内地位，其次介绍了 X 银行的组织架构现状、反欺诈模块以及 X 银行反欺诈过程中存在的不足之处，最后将该运行流程按照不同节点分为事前、事中、事后三个不同阶段，并就每个不同阶段详细介绍 X 银行反欺诈的现有防控措施及其存在的问题和原因。（3）商业银行移动支付反欺诈方面的国际经验部分主要从立法手段、技术运用以及监管模式三个不同角度来分析，立法手段主要是国内外相关法规的阐述，反欺诈技术的运用则主要从五个方面分析，监管模式从国外的欺诈监管及机制和国内银行的各种尝试两个方面分析，并最终得出相关的经验借鉴。最后是针对银行防范移动支付欺诈风险的对策建议，主要包括：不断创新反欺诈处理技术（持续研究大数据处理技术、开发实施生物新识别技术、强化智能分析定位技术、构筑弹性防护网）、及时与其他机构进行反欺诈交流和合作、优化反欺诈管理策略（实施全面风险管理防控，创建跨产品、多渠道的反欺诈格局）、规范银行内外部反欺诈体系等。

第五章主要研究的是移动支付的洗钱风险，主要是针对第三方移动支付机构的分析（这样处理的原因是，我国银行有着非常严格的反洗钱制度，因而相应的洗钱风险问题主要集中在非银行的第三方移动支付机构上）。（1）与普通的违法违规不同，洗钱行为往往伴随着实名制落实不到位、备付金挪用、窃取或泄露支付账号信息等多项高危行为，无论是对消费者还是对整个社会而言都有恶劣影响。2009 年，中国人民银行发布的《中国 2008—2012 年反洗钱战略》中明确提出将推行“风险为本”的反洗钱工作方针，要求监管当局避免平均用力，强化对洗钱薄弱环节的检查。不同支付机构的规模与发展模式大相径庭，其所面向的客户、提供的产品服务等都存在很大差别，洗钱风险也存在较大差异。因此，为对第三方移动支付机构的洗钱风险进行全面管理，就需要在识别洗钱风险的基础上建立科学的风险评估指标评价第三方移动支付机构的洗钱风险，并依据其风险等级对其实施有针对性的监管措施，将有限的反洗钱资源分配到高风险领域。我国于 2018 年接受 FATF 的第四轮互评估工作，对我国第三方移动支付机构面临的洗钱风险进行识别、评估并加以有效监管是落实“风险为本”反洗钱工作的根本要求。（2）本章首先采用文献综述的方法，对国内外文献中关于“洗钱风险”以及“第三方移动支付机构洗钱风险”等相关主题的文献进行全面梳理。然后，我们运用外部性理论、破窗理论与全面风险管理理论对洗钱风险监管的必要性进行了论述。接着，我们基于 FATF（2013）报告给出的分析新支付业务洗钱风险的五个重要维度探究洗钱风险的来源，对第三方移动支付机构所从事的支付业务中蕴含的洗钱风险进行识别，总结网上支付交易中几种常见的洗钱方式。在此基础上，我们将识别出的第三方移动支付机构所从事的支付业务所蕴含的固有风险与支付机构内部运营过程中所面临的控制风险加以结合，通过风险矩阵得出的剩余风险来评估第三方移动支付机构洗钱风险，并对其进行风险分级。最后，运用静态博弈与动态演化博弈分析模型，我们探究了监管部门与第三方移动支付机构的最佳博弈策略及其影响因素，并对美国、英国和中国的监管现状进行了对比分析。（3）我们认为，要完善第三方移动支付机构的洗钱风险监管，首先需要规范第三方移动支付机构运作的反洗钱立法，构建完善的法律框架。其次，根据风险识别与评估的结果实施差别化监管，是降低监管成本、强化监管动机的重要举措；创新监管模式，突出功能监管与行为监管并完善反洗钱信息上报与共享机制等措施有助于提高监管效率。最后，实施反洗钱激励与惩罚机制并进行信息披露有助于增加第三方移动支付机构的反洗钱动力，促进其积极履行反洗钱义务。

第六章主要研究的是我国移动支付风险的监管问题，主要针对的是第三方移动支付机构，这样处理的原因与第五章相同。（1）我国虽已出台一系列法律法规以规范第三方移动支付的发展，但其中仍存在许多不足。我们首先对第三方移动支付中存在的风险进行了详细的说明，并运用市场失灵理论、金融监管理论解释了对第三方移动支付实施监管的必要性，而后详细介绍了中美欧三地的监管模式，在此基础上进行了对比分析，发现我国监管模式的问题所在。最后，基于静态博弈与动态演化博弈分析模型，我们主要从理论上研究了监管第三方移动支付机构的最佳策略。（2）我们认为，监管第三方移动支付机构不宜采用简单的“关、停、罚款、限制正常业务范畴”等惩罚性手段，而宜以合规性激励为主；第三方移动支付机构的法律定位应与金融监管体制相对应，避免监管错位，并且我国现将第三方移动支付机构定位为“非金融机构”的做法仅可作为风险谨慎管理的权宜之计，长期来看不利于金融创新；“对机构实施全面监管、对核心业务和功能实施重点监管”的组合监管模式更适合于我国；实施第三方支付机构沉淀资金的托管制度、强化第三方移动支付机构的信息披露制度等应成为当前监管重点，适当放松对第三方移动支付的管制并建立灵活的备付金管理制度是我国日后监管的主要方向。

总体上，本书在讨论移动支付的各类风险时主要采用的是理论分析与实践分析相结合、定性分析与定量分析相结合的研究方法。理论分析主要是通过综合运用经济学、统计学、法学等学科的分析框架并结合文献综述展开，实践分析主要采用的是实证计量分析与案例分析相结合的方法。由于移动支付各类风险涉及的参与对象不同、形成机理不同、风险特征不同以及风险监管体制不同等原因，故本书在每一章都针对本章研究的主要风险分别提出了对应的政策性建议。其中，对各类风险的识别、度量和管控是每一章分析的重点内容。

第一章　移动支付的感知风险

在互联网和电子商务快速发展和普及的背景下，一种新兴支付方式——移动支付应运而生。移动支付业务的主要运营商包括金融机构、第三方支付平台、移动运营商等，用户通过运营商提供的支付工具，利用使用平板电脑、手机和移动 POS 机等可移动通信终端对消费的商品、服务进行资金支付或转账的行为便是移动支付（刘越、徐超、张榆新，2017）①。云闪付、支付宝、微信支付和 Apple Pay 便是不同运营商提供的典型移动支付工具。移动支付的本质是资金的转移和流动，其支付账户是核心，移动终端是介质（吴悫华，2015）②。

用户对移动支付工具的接受和使用情况受到感知风险的影响，如果感知风险过高，则可能导致用户放弃使用移动支付；如果能够有效降低感知风险，则有利于抢夺新用户、维护现有用户。

本章立足于用户行为，结合感知风险理论与行为金融学理论探究移动支付感知风险的识别、度量及其影响因素等问题。研究过程主要包括建立模型、收集问卷、实证分析和结果讨论：首先依据感知风险理论，提出移动支付的感知风险影响因素结构方程模型，然后通过结构化问卷收集用户感知信息，再利用 SPSS. 24 及 AMOS. 23 对结构方程模型进行检验。最后结合行为金融学对结果进行讨论。

本章认为，移动支付感知风险的识别与度量维度包括财务风险、隐私风险、功能风险、服务风险、社会风险、法律合规风险与技术风险。影响因素包括用户的个人因素、平台因素、制度因素与环境因素，其中平台因素、制度因素、环境因素是潜变量，个人因素是调节变量。模型假设包括：平台因素影响财务风险、技术风险、功能风险、服务风险、法律合规风险；制度因素影响功能风险、法律合规风险、隐私风险、社会风险；环境因素影响社会风险、技术风险；个人因素作为调节变量，可能以性别、年龄、学历、职业、使用频率、使用意愿、风险偏好作为区分对假设产生影响。

---

① 刘越，徐超，张榆新．移动支付的发展前景与风险监管［J］．社会科学研究，2017（3）：35－41.

② 吴悫华．基于应用环境分析的农村地区移动支付业务发展研究［J］．农村金融研究，2015（1）：73－76.

本章在对收集到的493份问卷进行研究后发现：用户对产品缺乏使用服务、服务不能满足需求这一风险感知最强烈；平台因素对用户的感知财务风险、服务风险和技术风险的影响为正向显著；制度因素对用户的感知隐私风险和感知社会风险的影响为正向显著；环境因素对用户感知技术风险与感知社会风险的影响为负向显著；以性别、年龄、职业、使用频率能够显著地区分不同感知风险影响路径的用户群。

据此，我们建议引导用户高效利用服务功能，有针对性地改进客服服务；持续打造平台声誉与承担公益责任，同时平台推广活动不过分脱离平台属性；加强对移动金融的立法，规范信息披露，丰富监管手段；推动技术进步，发挥社会因素的有利影响；以性别、年龄、职业和使用频率对用户进行区分，实行精准营销。

第一节　理论分析与文献综述

一、感知风险的基础理论

感知风险最早由 Raymond Bauer（1960）[①] 提出，他首先将风险的概念从心理学研究中引入消费行为领域，认为感知风险是消费者主观感受到的风险——在消费过程中，消费者因无法预料消费后果而产生的不确定性感觉及其风险。

感知风险能直接影响消费者的行为。这是因为感知风险处于消费者执行消费行为的连接位置：外部因素影响着消费者的感知风险，如果感知风险超过消费者的承受能力，消费者就会终止消费行为（高海霞，2003）[②]。感知风险传导效应如图1－1所示（曹媛媛、李琪，2009；赵冬梅、纪淑娴，2010）[③④]。

由此人们开始对如何度量感知风险、影响感知风险的因素进行研究。最早对感知风险进行定量分析的是 Cunningham，他将感知风险定义为“不确定性”和“后果”两者共同作用的结果，感知风险＝不确定性×后果。不确定性是指用户认为某事件发生的概率；后果是指一旦某事情发生后将造成的损失。

---

① Bauer RA. *Consumer Behavior as Risk Taking Dynamic Marketing for a Changing World* [M]. Chicago: American Marketing Association, 1960: 389－398.

② 高海霞．消费者的感知风险及减少风险行为研究——基于手机市场的研究［D］．杭州：浙江大学，2003.

③ 曹媛媛，李琪．移动支付使用者使用意向与使用行为模型及实证研究［J］．统计与信息论坛，2009（2）：72－77.

④ 赵冬梅，纪淑娴．信任和感知风险对消费者网络购买意愿的实证研究［J］．中国软科学，2010（3）：305－314.

图 1-1 感知风险传导效应示意图

上述分析方法运用了概率学的思维，较为通俗简单，但是变量单一、无法对感知风险进行更丰富的解释，于是学者们又开始对形成感知风险的构面进行多重剖析。

Cox（1976）① 认为感知风险包括两个构面：财务风险和社会心理风险。在此基础上，Roselius、Jacoby 和 Kaplan（1971）② 等人对消费者感知风险的构面进行了加工，他们认为比较完整的感知风险构面应该包括时间风险、功能风险、身体风险、财务风险、社会风险和心理风险，共六个构面。

时间风险：购买的产品需要等待，等待过程中造成的时间浪费带来的风险。

功能风险：产品功能不全或者相比于其他产品功能差所带来的风险。

身体风险：产品可能对消费者造成人身伤害的风险。

财务风险：产品定价过高、发生质量问题给消费者带来经济上的损失的风险。

社会风险：产品缺乏社会认同性，使消费者遭到社会排斥、嘲笑的风险。

心理风险：消费者感情受到伤害的风险。

1993 年，Stone 和 Gronhaug③ 通过实证证实了这六个风险维度的确是感知风险的主要维度，并且可以解释 88.8% 的感知风险。在感知风险研究的具体应用中，国内学者的创新不断，曹媛媛、李琪（2008）④ 在融合文化纬度理论后为感知风险新增构面：个体主义/集体主义、男性化/女性化、不确定性回避、长期导向/短期导向。也有学者使用信任（赵冬梅、纪淑娴，2010）⑤、情境和满意度

① Cox, D. F. (ed.). *Risk Taking and Information Handling in Consumer Behavior* [M]. Boston: Harvard University Press, 1967.

② Roselius, T. R. Consumer Rankings of Risk Reduction Methods [J]. *Journal of Marketing*, 1971: 56-61.

③ Stone, R. N, Gronhaug, K. Perceived Risk: Further Considerations for the Marketing Discipline [J]. *European Journal of Marketing*, 1993, 27 (3): 39-50.

④ 曹媛媛，李琪．中国文化下的移动支付使用者使用意愿与行为分析——基于整合型信息接受模型［J］．社会科学家，2008（8）：50-53.

⑤ 赵冬梅，纪淑娴．信任和感知风险对消费者网络购买意愿的实证研究［J］．中国软科学，2010（3）：305-314.

(董婷，2013)[①]、沟通风险（许晖、许守任、王睿智，2013)[②] 等构面来研究感知风险。

二、行为金融学的分析框架

经济学中绝大多数经典理论假定人群是理性的，但随着各种金融异象的积累和心理学科的发展，传统“理性人”假定已经无法解释现实人的经济生活与行为。越来越多的学者开始尝试从心理的角度来研究经济行为问题，行为金融理论开始悄然兴起。行为金融学突破了传统金融理论研究的窠臼，以心理学的研究成果为依据，从投资者的实际心理出发，重视投资者心理因素在决策行为方面的作用和影响。

1936 年凯恩斯发表了空中楼阁理论，由此学界逐渐开始重视投资者的心理影响。凯恩斯提出投资者是非理性的，价格是不同投资者的心理预期的合力（李心丹，2005)[③]。这一理论符合现实股票价格的波动，更解释了为什么价格可能长期背离价值，也形成了对传统范式理论的挑战。1951 年，Burrel 发表了《投资研究的可能性》，Burrel 主张将心理学引入进金融学，认为行为方法和定量投资模型相结合更具意义。1985 年，Werner de Bondt 和 Thaler 发表了《股票市场过度反应了吗?》一文，从而引发了对行为金融理论的热潮（黄少军，2003)[④]。此后，行为金融学进入了 20 世纪 90 年代研究的黄金时期。

行为金融学在现代经济学领域举足轻重，近 20 年内两次登上诺贝尔经济学奖的舞台。2002 年的诺贝尔经济学奖被授予丹尼曼·卡尼曼（Daniel Kahneman），行为金融学从幕后走到台前。卡尼曼是行为金融学的代表人物，1979 年他便与伙伴 Tversky 提出了对行为金融影响巨大的“前景理论”。他将来自心理研究领域的综合洞察力应用在了经济学中，特别是研究了在不确定状态下人们如何作出判断和决策。2017 年，诺贝尔经济学奖再次被授予行为金融学代表人物理查德·塞勒（Richard Thaler），经济学界对行为金融学的研究声再次鼎沸。塞勒出版了很多畅销学术书籍，如《助推》《赢者的诅咒》等，他关于心理账户、行为生命周期理论、禀赋效应等的研究成果引起了学界的重视。行为金融学已经成为金融学的重要组成部分和分支领域。

行为金融学的主要分析工具包括：

---

① 董婷．移动支付用户持续使用意愿研究——基于 UTAUT、感知风险情景和满意度的整合模型［D］．南京：南京大学，2013.

② 许晖，许守任，王睿智．消费者旅游感知风险维度识别及差异分析［J］．旅游学刊，2013 (28)：71－80.

③ 李心丹．行为金融理论：研究体系及展望［J］．金融研究，2005（5)：175－190.

④ 黄少军．行为金融理论的前沿发展［J］．经济评论，2003（1)：101－105.

1. 有限理性

行为金融学与传统经济学最大的不同也是其最大的立论点在于，人的理性是有限的。其理性受到心理账户和禀赋效应的制约。

传统经济学认为，人进行任何决策时总是能够考虑全局，会将钱都用到效用最大、预期回报最高的地方。但行为金融学认为在现实生活中，人们存在心理账户：将钱分成各种专款，例如40%的钱用于日常消费，20%的钱用于娱乐，剩下的钱进行投资。在进行专款专用时，即使用50元买一个面包是相对昂贵和不值的，人们也并不十分计较，他们在意的是这50元属于我日常消费的范畴，同时这个面包的确用来果腹了。这种效用被称为心理账户效应。塞勒发现的雨天打车难现象也是心理账户效应的一种：虽然下雨天出租车生意火爆，但纽约的下雨天运营的出租车数量甚至不及冷清时的数量，所以消费者打车非常难甚至是根本打不到车。塞勒认为原因是司机设立了心理账户，当所赚数目达到心理账户金额时，便选择早早收工，即使从理性角度出发他应该继续开车赚取超额的收益。心理账户效应的存在说明人在思考经济决策的时候很难像传统经济学假设的那样综观全局，因此现实中决策质量会比理论假设的低很多（包特、戴芸，2017）①。

禀赋效应（Endowment Effect）是指某人一旦拥有某项物品，那么他对该物品价值的评价要比未拥有之前大大提高。禀赋效应最早由理查德·塞勒（Richard Thaler）提出，并通过以下买卖杯子的实验进行了验证。参加实验的是44名大学生，随机抽取其中的一半人即22人做买家，另一半做卖家。每个买家（或卖家）在0.25～8.75美元区间且间隔为0.5美元的相应表格上作出自己是否购买（或销售）的决定。这个实验反复进行多轮，每轮实验结束后，买家和卖家均被告知交易数量和市场出清价格。按照传统的经济学理论，当市场出清时，买家的支付意愿价格应该等于卖家的接受意愿价格。然而上述实验的结果却是：对于拥有杯子的卖家来说，如果平均价格低于5.25美元，那么他们就不愿意出售；而对于没有杯子的买家来说，如果平均价格高于2.75美元，那么他们就不愿意购买，即接受意愿价格大约是支付意愿价格的两倍。这表明人们对于所有物通常会有强烈的高估价值倾向。这对于产权理论具有重要意义：一是在禀赋效应下，科斯定理可能会不成立；二是禀赋效应也可能使人更愿意为保卫自己的财产而战，从而形成产权制度（连洪泉、董志强、张沛康，2016）②。

---

① 包特，戴芸. 2017年诺贝尔经济学奖得主理查德·塞勒对行为经济学的贡献［J］. 经济与管理，2017（6）：1－4.

② 连洪泉，董志强，张沛康. 禀赋效应的行为和实验经济学研究进展［J］. 南方经济，2016（11）：96－112.

2. 前景理论

前景理论由 Kahneman 和 Tversky（1979）[①] 提出，研究的是投资者决策行为和行为特征。

传统理性人假说下，根据“预期效应理论”对投资者决策行为的研究可以得出以下结论：投资者在不确定状态下作出的投资决策主要是基于期末财富和结果发生的概率大小，即投资者的决策行为是建立在对各种信息资讯的充分占有和对情景的全面分析的基础上的。然而在现实金融市场中，由于外部环境的变迁、投资者的知识水平、信息占有水平、分析判定工具的先进性以及自身心理素质等种种因素的制约，投资者难以按照这一框架进行决策（王冀宁、盛昭瀚、李心丹，2003）[②]。因此，前景理论对此进行了修正：在不确定条件下，投资者的决策动机会受到自身和外界各种变量的影响，投资者对所获取的信息进行整合，并根据个人偏好对信息进行排序、对收益和风险进行预期，排序和预期结果最终决定了投资者行为（李心丹，2005）[③]。

根据前景理论对不确定条件下的投资者决策行为特征进行研究后发现，投资者决策行为特征大致分为三种效应：反射效应、确定性效应和隔离效应。

反射效应：对于不确定条件下的决策行为可能产生的收益和损失，投资者存在两种相反的行为特征，即在面对收益时投资者有风险趋避的倾向，希望尽快实现既得盈利；而对于损失则存在风险偏好的行为特征，不愿意将既得损失变成现实。

确定性效应：相对于不确定的决策后果，投资者对于结果相对确定的决策方案更加重视，而对于结果不明朗的决策方案持有比较排斥的态度。换言之，投资者对自己熟悉的、能够确定的结果更容易接受，而对自己不熟悉、不确定的结果则很难愿意主动冒险。

隔离效应：对于涉及多阶段、多结果的投资决策方案，投资者往往根据个人偏好，将投资方案人为地分隔开来，只接受其中符合自己决策偏好的某个片段而忽略整体的决策方案。如果在该决策片段中，前景符合投资者预期，投资者选择整体决策方案的可能将大大提升（王冀宁、盛昭瀚，李心丹，2003）[④]。

3. 社会偏好

很多情境的合理近似都可基于个体自利行为假设。因此，传统经济学将人设定为自私的。塞勒提出的社会偏好对此提出了挑战：塞勒进行了“独裁者实

---

① Kahneman, D., A. Tversky. Prospect Theory: An Analysis of Decision under Risk [J]. *Econometrica*, 1979 (47): 263-291.

② 王冀宁，盛昭瀚，李心丹．证券投资者的有限理性决策［J］．经济管理，2003（10）：65-69.

③ 李心丹．行为金融理论：研究体系及展望［J］．金融研究，2005（5）：175-190.

④ 王冀宁，盛昭瀚，李心丹．证券投资者的有限理性决策［J］．经济管理，2003（10）：65-69.

验”，实验中参与者两两一组，一人扮演独裁者负责项目金额的分配，另一人扮演接受者没有发言机会和决定权，只能接受结果。塞勒给每组分发10美元，根据理性人假设，独裁者会独吞这10美元，但事实上独裁者平均会留2美元给搭档。爱心、面子、社会效应都被用来解释这个结果，这个结果清楚地显示了在社会氛围内人们除了关心自己的物质收益外还关心很多别的东西（连洪泉、董志强、张沛康，2016）①。

4. *羊群效应*

“投资收益日复一日的波动中，显然存在着某种莫名的群体偏激，甚至是一种荒谬的情绪在影响着整个市场的行为。”这是最初对群体行为进行研究的Sells（1963）② 进行的描述。群体效应研究是行为金融学理论的重要组成部分，群体效应研究中最出名的便是羊群效应。羊群效应引申自羊群行为：羊群成群移动、觅食，一旦个别羊受到外界刺激并作出反应，那么羊群中的其他羊也会作出相同反应，即使其他羊并不知道发生了什么。羊群效应认为人群与羊群一样，容易被影响并作出从众决定，正是这些从众与模仿，最终导致行为趋同和行为偏差。

对于羊群效应的实验和实证不胜枚举：Cunningham、Deutsch 和 Gerard（1965）③ 所做的著名的“判断长短线问题”和“色彩信号板答题”实验，反映了人们决策时具有典型的受到群体成员行为和信息传导影响而作出错误决策的倾向。Jegadeesh 和 Titman（2001）④ 等研究了所谓的“信息瀑布”现象，即信息不同时到达所有投资者手中对投资者行为的影响（李心丹，2005）⑤。Davis（1989）⑥ 和 Wang（1993）⑦ 等通过实证分析发现存在无信息交易者利用公共信息来决定其交易的情形。Hwang 和 Salmon（2004）⑧ 利用实证研究验证了证券分

① 连洪泉，董志强，张沛康．禀赋效应的行为和实验经济学研究进展［J］．南方经济，2016（11）：96－112.

② Sells S. Dimensions of Stimulus Situations which Account for Behavior Variance［J］. *Behavior Variance*, 1963：148－155.

③ Cunningham, S. *Perceived Risk as a Factor in Product Oriented Word of Mouth Behavior：A First Step*［C］. Reflections on Progress in Marketing Proceedings, 1964 Educational Conference AMA, ed. L. G. Smith, 1965：229－238.

④ Jegadeesh, N., Titman, S.. Probfitability of Momentum Strategies：An Evaluation of Alternative Explanations［J］. *Journal of Finance*, 2001（56）：699－720.

⑤ 李心丹．行为金融理论：研究体系及展望［J］．金融研究，2005（5）：175－190.

⑥ Davis, F. D. Perceived Usefulness, Perceived Ease of Use, and User Acceptance of Information Technology［J］. *MIS Quarterly*, 1989（3）：319－339.

⑦ Wang, P. G, Schilke, O, Wirtz, B. W. Understanding Consumer Acceptance of Investing：An Empirical Analysis［J］. *Electronic Commerce Research and Applications*, 1993, 9（3）：209－216.

⑧ Hwang, S., M. Salmon. Market Stress and Herding［J］. *Empirical Finance*, 2004（11）：586－616.

析师和投资者之间存在羊群效应。杨炘、王小征、腾召学（2004）[①] 通过实证证明中国投资市场上个人投资者具有非常明显的羊群效应，而机构投资者的羊群效应不明显。韩少春、刘云等（2011）[②] 建立了动态舆论演化博弈模型，研究了羊群效应在舆论演化过程中的产生机理及其动态发展，证明个人投资者群体中存在羊群效应。后又仿真分析了动态舆论演化博弈树和收益矩阵，证明投资者的记忆长度、参与成本、代理人类型比例都会影响羊群效应产生的时间。但羊群效应有利于信息传播，有利于提高证券市场的信息传递和信息对称。

三、文献综述

1. 关于移动支付感知风险的文献综述

Dan 和 Jing（2011）[③] 通过实证指出，感知有用性、感知易用性和网络外部性显著影响消费者行为。Liu（2011）[④] 通过 TAM 模型得出，财务风险是影响消费者行为的最主要因素。Zhou（2011）[⑤] 认为感知安全性、感知普遍性、感知易用性对移动支付用户信任的影响最大。Shin（2010）[⑥] 基于 TAM 模型构建并引入结构方程模型（SEM），得出的结论是，感知风险显著影响用户的使用态度，信任水平则显著影响用户的接受意愿。

Lui 和 Jamieson（2003）在研究电子商务接受意愿时使用 TAM 模型与信任和风险变量结合的方式，提出了 Tri-TAM 模型。通过 Tri-TAM 模型，Liu 与 Jamieson（2003）[⑦] 得出了与之前学者类似的结论：信任通过影响感知风险而影响交易意愿。Pavlou（2003）[⑧] 在此基础上提出了扩展技术接受模型（ETAM），并提

---

① 杨炘，王小征，腾召学．中国股市个人与机构投资者的羊群效应［J］．清华大学学报（自然科学版），2004（12）：1610－1614．

② 韩少春，刘云，张彦超，等．基于动态演化博弈论的舆论传播羊群效应［J］．系统工程学报，2011（2）：275－281．

③ Dan，L，Jing，Z. TAM-Based Study on Factors Influencing the Adoption of Mobile Payment［J］. *China Communications*，2011，8（3）：198－204.

④ Liu Y，Li L. Exploring the Impact of Use Context on Mobile Hedonic Services Adoption：An Empirical Study on Mobile Gaming in China［J］. *Computer in Human Behavior*，2011（2）：890－898.

⑤ Zhou，T. The Effect Of Initial Trust on User Adoption of Mobile Payment［J］. *Information Development*，2011，27（4）：290－300.

⑥ Shin，D. H. Modeling The Interaction of Users and Mobile Payment System：Conceptual Framework［J］. *International Journal of Human-computer Interaction*，2010，26（10）：917－940.

⑦ Lui H K，Jamieson R. *Integrating Trust and Risk Perceptions in Business-To-Consumer Electronic Commerce with the Technology Acceptance Model*［C］. Proceedings of The 11th European Conference on Information Systems，2003：1154－1170.

⑧ Pavlou P A. Consumer Acceptance of Electronic Commerce：Integrating Trust and Risk with the Technology Acceptance Model［J］. *International Journal of Electronic Commerce*，2003，7（3）：101－134.

出信任不仅直接影响感知风险，还直接影响感知有用性、感知易用性和交易意愿。Chircu、Davis 和 Kauffman（2000）[①] 在 IDT 和 TAM 模型的基础上，开展了“用户对移动支付采纳影响因素”的研究，以感知风险和兼容性作为因变量，得出的结论是感知风险显著影响采纳行为，而兼容性的影响不显著。Karnouskos（2004）[②] 使用 TAM 和 TPB 的融合模型研究了网上银行业务的使用情况，他发现安全隐私风险和金融风险是网银使用意向的主要阻碍因素。

Mallat（2007）[③] 利用 UTAUT 模型研究了“移动支付使用意图”，在他的信任传递模型中，社会影响对使用行为显示出了显著作用。Mallat、Rossi 和 Tuunainen（2009）[④] 证实了社会影响正向影响移动支付的使用态度。

国内学者也利用主流模型对移动支付展开了诸多研究。段钢、蒋杉杉、唐芙蓉（2010）[⑤] 以 TAM 模型为基础，对用户使用意愿和影响因素进行研究。结果显示，网络外部性和感知风险是影响移动支付用户使用意向的重要因素。因此，通过适当的营销策略来降低感知风险最终有助于用户形成积极的使用意向。吴先锋和樊吉宏（2010）[⑥] 结合以往对移动支付的接受和使用研究，根据 TAM 模型构建了基于感知风险的移动支付使用行为模型，他们根据使用意愿影响效果对构面进行排序的结果是：感知有用性、感知经济风险、感知功能性、感知行为风险、感知技术风险。其中感知有用性、感知经济风险对于用户使用意愿起至关重要的作用，因此平台增强消费者对移动支付有用性的感知、降低经济风险感知可以提升其使用意愿。岳星（2011）[⑦] 利用 TAM 模型研究移动支付使用意愿时引入了“文化变量”，通过实证他指出，处于高不确定性文化中的消费者对移动支付的使用意愿低于处于低不确定性文化中的消费者的使用意愿。

朱阁、敖山、戴建华（2011）[⑧] 等人采用改进的 VAM 模型对手机移动支付

---

① Chircu, A. M., Davis, G. B., Kauffman, R. J.. *Trust, Expertise and E-Commerce Intermediary Adoption* [C]. The Sixth Americas Conference on Information Systems. Long Beach, CA, 2000.

② Karnouskos S. Mobile Payment: A Journey through Existing Procedures and Standardization Initiatives [J]. *Communications Surveys & Tutorials IEEE*, 2004, 6 (4): 44-66.

③ Mallat N. Exploring Consumer Adoption of Mobile Payments—A Qualitative Study [J]. *Journal of Strategic Information Systems*, 2007, 16 (4): 413 - 432.

④ Mallat N, Rossi M, Tuunainen V K, et al. The Impact of Use Context on Mobile Services Acceptance: The Case of Mobile Ticketing [J]. *Information & Management*, 2009, 46 (3): 190 - 195.

⑤ 段钢，蒋杉杉，唐芙蓉．移动支付使用意向影响因素的实证研究［J］．价值工程，2010（31）：206-207.

⑥ 吴先锋，樊吉宏．基于感知风险的移动支付使用行为实证研究［J］．统计与决策，2010（20）：145-148.

⑦ 岳星．引入文化变量的移动支付业务模型研究［D］．北京：北京邮电大学，2011：84-88.

⑧ 朱阁，敖山，戴建华，等．手机移动支付的价值接受度模型及实证［J］．北京信息科技大学学报（自然科学版），2011（1）：42-48.

用户的接受度进行了研究。结果表明，影响用户移动支付使用意愿的最主要因素是社会价值和功能价值，两者正向影响用户使用意愿。同时实证显示，感知风险和费用水平对用户态度产生负向影响。陈洋等（2014）[①] 将 TAM 与技术准备理论（TPM）相结合，研究了感知有用性、感知易用性、不适感、乐趣、创新性和不安全感对消费者的移动支付采纳行为的影响。得出的结论与前人类似：感知有用性是影响用户行为的最重要因素。杨永清等（2011）[②] 基于信任转移理论和效价理论，分析了互联网信任是如何影响消费者在移动环境下的移动支付初始信任的，划分了互联网信任中的正效用因素和负效用因素，并总结了正效应因素对移动支付使用意愿的影响逻辑和路径。接下来的一年，杨永清（2012）[③] 继续研究了移动支付的消费者用户接受行为，结果发现感知价值是影响用户接受行为的最重要因素。

曹媛媛和李琪（2008）[④] 使用 UTAUT 模型，以权力距离、个体主义/集体主义、男性化/女性化、不确定性回避、长期导向/短期导向作为构面，研究了在特定文化背景下移动支付使用者的接受和使用行为。实证显示，集体主义影响社会影响；权力距离影响期望效用；不确定性规避和男性主义影响成本认知。接着，曹媛媛和李琪（2009）[⑤] 继续使用 UTAUT 模型研究了成本、期望效用、努力期望、社会影响、便利条件五个因素对移动支付使用意愿的影响，结果显示，成本和社会影响对使用意愿有显著负向影响，期望效用、努力期望、便利条件对使用意愿有显著正向影响。因此建议降低移动支付使用成本，积极建设移动支付的软硬件环境。刘泓里（2014）[⑥] 在基于 UTUAT 模型测度移动支付感知风险的分析中新增支付场景因素，实证表明，支付场景的广度作为促进因素正面影响消费者使用意愿。同时，绩效期望比努力期望对用户的影响更大，可能原因在于用户接受能力强，需要的努力程度较小。

---

① 陈洋，周绿林，金帅．预测移动支付采纳倾向的关键因素研究——基于神经网络模型的分析［J］．统计与信息论坛，2014（10）：85－91.

② 杨永清，张金隆，聂磊．移动增值服务消费者感知风险维度实证研究工业［J］．工程与管理，2011（2）：91－96.

③ 杨永清，鲁耀斌，曹玉枝．移动支付服务初始采纳模型及其实证研究［J］．管理学报，2012（9）：1365－1372.

④ 曹媛媛，李琪．中国文化下的移动支付使用者使用意愿与行为分析——基于整合型信息接受模型［J］．社会科学家，2008（8）：50－53.

⑤ 曹媛媛，李琪．移动支付使用者使用意向与使用行为模型及实证研究［J］．统计与信息论坛，2009（2）：72－77.

⑥ 刘泓里，基于 UTAUT 的移动支付用户接受模型研究［D］．广州：广东工业大学，2014.

2. 关于感知风险影响因素的文献综述

刘百灵（2017）[①] 等人基于交换理论和双因素理论，从保健和激励双重视角对移动支付感知风险进行分析，认为隐私政策、企业信誉、感知愉悦性是影响用户感知风险的保健因素，而资金激励、信息质量是影响用户感知风险的激励因素。Sharma（2014）[②] 等通过运营场景实验来探索用户感知风险后发现，用户感知风险对企业声誉有着敏感的反应，这里企业声誉指公司能力、企业是否诚实、是否行善。林家宝（2011）[③] 同样指出，声誉作为重要因素影响用户对企业能够承担的产品风险与服务风险的判断，是影响用户感知风险的因素之一。刘凤军（2012）[④] 指出品牌影响力能够显著影响消费者行为。

除了企业层面的影响因素外，个人认知对用户自身的感知风险也有影响。李凯等（2013）[⑤] 对移动支付用户采纳因素进行了研究，得出的结论是用户的个人创新性正向影响消费者的感知利益和感知风险，即个人创新性越高，则感知到的利益和风险就越高；Thakur 等（2014）[⑥] 认为个人创新性对于消费者行为意愿具有积极影响并以印度市场为例实证了这一观点。王震勤等（2010）[⑦] 实证发现，消费者对产品知识的积累及网上购物经验等认知要素会显著影响消费者网上购物的行为意愿。Arvidsson（2014）[⑧] 还发现消费者的支付习惯也会影响其对手机支付的感知风险。袁亮、吴佩勋（2017）[⑨] 以家具产品为例，提出产品线上质量展示、线上服务质量展示和线上购物环境展示对感知风险有显著的负向影响。

---

① 刘百灵，夏惠敏，李延晖，等．保健和激励双因素视角下影响移动支付意愿的实证研究［J］．管理学报，2017（4）：600－608.

② Sharma S，Crossler RE. Disclosing Too Much? Situational Factors Affecting Information Disclosure in Social Commerce Environment［J］. *Electronics Commerce Research and Applications*，2014，13（5）：305－319.

③ 林家宝，鲁耀斌．移动证券用户的初始信任模型研究［J］．管理评论，2011，23（11）：59－68.

④ 刘凤军，李敬强，李辉．企业社会责任与品牌影响力关系的实证研究［J］．中国软科学，2012（1）：116－132.

⑤ 李凯，孙旭丽，严建援．移动支付系统使用意愿影响因素分析：基于交换理论的实证研究［J］．电子商务与信息管理，2013，25（3）：91－100.

⑥ Rakhi Thakur，Mala Srivastava. Adoption Readiness，Personal Innovativeness，Perceived Risk and Usage Intention Across Customer Groups for Mobile Payment Services in India［J］. *Internet Research*，2014，24（3）：369－392.

⑦ 王震勤，王维才，董荔．消费者网上购物感知风险影响因素的实证研究［J］．江苏商论，2010（9）：71－73.

⑧ Niklas Arvidsson. Consumer Attitudes on Mobile Payment Services—Results from a Proof of Concept Test［J］. *International Journal of Bank Marketing*，2014，32（2）：150－170.

⑨ 袁亮，吴佩勋．基于结构方程模型的线上展示、感知风险与购买意愿［J］．统计与决策，2017（22）：183－186.

3. 关于感知风险防范措施的文献综述

早期的研究者 Barach（1969）[①] 认为，广告是一种比较有效的风险降低策略，而 Arndt（1967）[②] 则认为口口相传的策略具有降低社会心理风险的功效。Taylor（1974）[③] 指出，消费者在进行购买决策时受感知风险影响会产生焦虑，这时候消费者就会找寻方法以减少风险，使消费行为产生后果的不确定程度与消费行为产生不利后果的严重程度降到最低。当感知风险下降至消费者能够接受的范围或者彻底消失的时候，消费者就会作出购买的决定。他还提出了两种策略以减少消费者的感知风险，一种是通过收集信息来使消费行为产生某种后果的确定性增加，另一种是通过降低消费者个人期望的标准，使消费的次数减少或者放弃消费从而减少损失。Tarpey（1975）[④] 认为消费者可以选择以下两种策略来降低感知风险：一是使感知上的不确定性降低，如利用各种方法获取相关信息；二是使可能损失的金额减少，如使个人期望的标准降低、使购买数量减少等。李健生、赵星宇、杨宜苗（2015）[⑤] 也认为降低风险发生的可能性或降低后果的严重性可以有效降低用户感知风险。降低风险发生的可能性可以通过购买大品牌产品、从朋友处获得信息等方法解决；降低不利后果的严重性可以通过采取购买更有品质保障如价位高、反馈好的产品来为产品品质做背书。Roselius（1971）[⑥] 认为，降低感知风险必须面面俱到，他提出了 11 种方法，其中最有效的是提高对品牌的忠诚，提高品牌声誉和门店声誉，接下来依次是质量、政府检验、选购、免费样品、证书保证、退钱保证，私人检验和购买昂贵的产品。

4. 对上述文献的简单评述

国外对移动支付感知风险的研究起步于 20 世纪 90 年代，相比之下国内的相关研究在 2010 年后才逐渐增多，对模型的创新更是罕见。总体而言，国内针对移动支付感知风险的文献数量和创新程度远不如国外。其原因可能在于移动支付在国内外发展历程不同：移动支付在国内始于 2011 年，而在国外，移动支付

① Barach, J. A. Advertising Effectiveness and Risk in the Consumer Decision Process [J]. *Journal of Marketing Research*, 1969 (8): 314 – 20.

② Arndt, J. Word of Mouth Advertising and Informal Communication [J]. *Op. cit.*, 1967: 188 – 239.

③ Taylor Ted. Consumer Rankings of Risk Reduction Methods [J]. *Journal of Marketing*, 1974 (35): 56 – 61.

④ Tarpey O E. The Economic Institutions of Capitalism: Firms, Markets, Relational Contracting [J]. *American Political Science Association*, 1975, 32 (4): 61 – 75.

⑤ 李健生，赵星宇，杨宜苗. 外部线索对自有品牌购买意愿的影响：感知风险和信任的中介作用 [J]. 经济问题探索，2015 (8): 44 – 51.

⑥ Roselius, T. R. Consumer Rankings of Risk Reduction Methods [J]. *Journal of Marketing*, 1971: 56 – 61.

的发展最早可追溯到20世纪90年代初。如今国内移动支付的发展速度和规模远超国外，中国已经成为全球移动支付发展的领头羊，对比之下国内外研究的差距显著。

在现有的国内外文献中，绝大部分文献针对感知风险如何影响使用意愿、使用决策，其落脚点在于“行为”，如“感知风险对于消费者移动支付的使用意向存在负向的影响”“感知利益对于消费者移动支付的使用意向存在正向的影响”等。较少从移动支付感知风险这一前端层面出发，这不利于移动支付研究成果的细化和深化。此外，对于移动支付感知风险构面的确定上，几乎所有学者都沿用了传统构面，鲜有就移动支付构面进行确定的研究。这一做法虽然有助于简化研究内容，但是却可能形成方向性的偏离。我们在这一点上首先对构面的确定进行研究，不贸然使用传统构面，并对个性化问题通过创新构面进行研究。

现有文献的理论基础大多只有感知风险理论，虽然最初感知风险并非由行为金融学学者提出，但是在漫长的研究发展过程中，已变得同根同源起来。感知风险描述的消费者心理，包括消费者对风险、收益、社会效应等的判断，是消费行为的决策过程中的重要传导因素。这与行为金融学从心理学角度研究消费者行为大相径庭。将行为金融学与感知风险的影响因素相结合是一次大胆而有益的尝试。

移动支付发展的过程中暗礁不断，准确把握移动支付用户感知风险及其影响因素有利于进一步深化对消费者情绪和行为的理解，或可解决移动支付市场发展的关键问题。因此，谨慎研究移动支付感知风险的构面，通过调查，构建引起消费者移动支付感知风险各维度的影响因素模型并通过实证进行验证，成为领域内必不可少的一步。我们也将从以上角度为领域内研究作出有益的补充。

第二节 模型构建与研究假设

一、识别与度量移动支付感知风险的主要维度

当前没有研究明确提出移动支付感知风险的构面，仅依靠沿用传统感知风险构面展开研究。这一方面是因为学者的落脚点在于用户的使用行为，出于目标导向性所以不对感知风险的构面进行过深的讨论，另一方面也是因为简化构面的研究有利于降低工作量。

我们在进行移动支付感知风险构面的确定时，首先通过文献回顾收集到11个已有感知风险构面，然后在这11个构面的基础上，对12位用户进行了深度访谈和焦点小组访谈，探查在已有的构面下移动支付感知风险的要素有哪些，并整理可

能需要创新的构面。在访谈中笔者引导被访问者说观点、提意见，基本确定了移动支付感知风险的构面及其包含的要素，同时笔者还得到了3种已有构面不能涵盖的感知风险要素，将其命名为“感知服务风险”，作为新的风险构面。这样，我们共得到了21个移动支付感知风险要素，如表1-1所示。

表1-1 移动支付感知风险识别与度量的要素①

感知风险构面	包含要素	感知风险构面	包含要素
感知财务风险	E1 财产被盗	感知时间风险	E12 开通及使用耗费时间
	E2 多扣费	感知隐私风险	E13 个人信息泄露
	E3 密码泄露		E14 交易记录被窃取
感知技术风险	E4 引起终端问题	感知社会风险	E15 被家人朋友反对
	E5 易引起网络不畅		E16 被他人反对
	E6 易遭到攻击	感知心理风险	E17 心理压力
感知功能风险	E7 功能不全不能满足需求	感知身体风险	E18 身体伤害
	E8 有些功能会带来不利影响	感知服务风险	E19 没有及时的客服服务
感知行为风险	E9 用户行为造成不必要的风险		E20 没有损失保障服务
感知法律合规风险	E10 法律保障不全面		E21 损失保障服务流程复杂
	E11 产品不合规		

对上述11个构面及其21个要素进行预测试。向受访者解释每一个构面的含义与该构面所包含的因素，并对每一个要素的“发生可能性”与“后果严重性”进行测试，对于“发生可能性”采用从“可能性很小”到“可能性很大”5级量表进行测量，对于“后果严重性”采用从“非常不严重”到“非常严重”5级量表进行测量。预测试调查了26位用户，在采用问卷调查的同时还对每一位用户进行了个人访谈，记录下其对于问题的问法、有无未包含的要素等问题的意见。

预测试结果显示：超过76%的用户认为E9、E17与E18这三个要素无论是发生可能性还是后果严重性都非常小，对于当前我们研究的问题影响不大，所以考虑将行为风险、心理风险、身体风险这三个构面删除。在进行专家访谈时专家提出要素E12的内涵与用户“努力期望”的内涵相近，根据文献，对用户使用行为有影响的因素主要有感知风险、绩效期望、努力期望、社会影响和便利条件五大因素，因此就我们而言，在研究感知风险及其影响因素时如果混入努力期望因素可能会形成干扰，因此也将E12剔除出感知风险构面。

预测试中并未发现被访问者提及新的风险，也说明现有要素已基本涵盖了

① 表中部分内容参考了董大海，李广辉，杨毅. 消费者网上购物感知风险构面研究［J］. 管理学报，2005（2）：55-60.

用户所有的感知风险。

根据文献回顾及访谈的结果，我们将移动支付的七个构面进行整理，各个构面的来源与定义如下：

（1）感知财务风险

日常生活中，除了具有公益性质的服务之外，大部分服务都需要通过交易获得，但凡交易中使用到财务资产消费者都无法避免一种担忧——这一服务是否会导致财务受损？受损的程度几何？这形成了消费者对产品的感知财务风险，移动支付也不例外。由于支付产品是财务的载体，支付产品将在很大程度上起着保障财产安全的作用，因此，移动支付用户很难忽视对产品财务安全的关注。根据文献与座谈会梳理，我们将移动支付范畴的财务风险定义为用户对财产被盗、支付中密码泄露以及被多扣费的风险。感知财务风险为对财务风险的感知水平。

（2）感知技术风险

感知技术风险源于用户对技术缺失及利弊不确定性的担忧。除了简单的警惕之外，2017 年初发生的“支付宝熟人漏洞”事件与年中发生的“勒索病毒”等事件也的确印证了网络技术中威胁因素的存在，因此用户产生技术失效或无效的风险预期是实际且合理的。我们根据文献与座谈结果将技术风险定义为移动支付过程中发生的数据传输中断、网络不畅、频宽不足、信号不稳以及黑客袭击等风险。感知技术风险则是对上述风险的感知水平。

（3）感知功能风险

我们将功能风险定义为使用移动支付的应用场景缺乏、功能不足带来的风险，以及功能对用户产生负面影响的风险。感知功能风险是对上述风险的感知程度。处在发展过程中的移动支付产品，其功能必然存在局限性，可能导致部分用户的需求无法满足。另外，由于产品的功能需要通过实践的检验，因此可能出现功能不符合用户需求的情况。例如，支付宝曾经推出“圈子”功能，本意是让用户通过发布社交状态彼此打赏以提升产品的社交属性，然而这一功能最后发展为晒照比赛，青春靓丽甚至露骨的姿态成了风潮。最终这一功能因偏离社会价值观而遭到弃用，同时过程中受到负面影响的用户不在少数。因此功能风险切实存在，已成为大多数用户担忧的风险之一。

（4）感知法律合规风险

目前移动支付企业在经营中存在的主要法律合规问题包括：第一，主体资格。《非金融机构支付服务管理办法》明确界定第三方支付为“非金融机构”，要进行合规支付首先要依法取得“支付业务许可证”。由于现实中获取经营许可牌照的难度较大，很多第三方公司便在未得到经营许可的情况下为其他人的交易活动提供服务。在这种情况下，就容易产生相关的法律责任。第二，沉淀资金利息归属。由于支付技术及规则的发展，一些交易可以延迟支付，在此过程中产生的沉淀资金及利息的归属问题在实务及法理层面还存在争议，平台可能因此产生法律合规问题。第三，非法交易活动。在资金可以匿名自由转移的情况下，非法交易的成本极低，因此第三方支付的流程可能为套现、洗钱等非法活动提供可乘之机。诸如此类的情况可能直接或间接导致用户权益受损，因此用户有理由怀疑是否存在相关风险。我们将这一风险定义为法律合规风险，具体指产品可能身陷法律问题最终导致用户权益受损的风险。感知法律合规风险为用户对法律合规风险的感受情况。

（5）感知隐私风险

用户对产品保障自身隐私的要求由来已久，这一方面源于隐私无形资产需要受到保护，另一方面源于泄露隐私的后果可能是非常严重的，必须加以保障。在移动支付领域，由于监管规范性等要求，用户在使用初期就需要提供姓名、身份证号、手机号、职业、收入和地址等若干重要信息，这些信息的暴露直接提高了保护隐私的需求。同时由于用户在使用移动支付的过程中在不停地创造隐私信息，这部分信息的增值性可能超过个人的基础信息，因此移动支付用户对隐私泄露的风险预期和后果严重性的判断一直存在且难以忽略。我们将隐私风险定义为使用移动支付时，私人信息和信用卡信息可能通过网络技术泄露的风险。感知隐私风险指对上述风险可能发生及后果严重程度的感知水平。

（6）感知社会风险

在传统的感知风险解读中，社会风险被认为是行为不受社会大众认同，出现背离和情感伤害的风险。移动支付领域也不例外，使用移动支付可能造成用户不被别人所认同，感知社会风险则是用户对这一风险的预期。

（7）感知服务风险

服务风险是本次座谈会中由三个全新的要素概括出的新风险，在此次座谈会中，“没有及时的客服服务、没有损失保障服务和损失保障服务流程复杂”被多次提及，虽然这仅是用户从个人感受角度提出的要点，不代表客服服务或者损失保障服务真实缺失，但用户具有缺失感却是重要的。我们将服务风险提炼为用户在使用移动支付过程中难以得到运营商服务，或运营商服务难以满足顾客需求的风险，感知服务风险为对服务风险的感知水平。

二、移动支付感知风险的影响因素

根据文献我们得知成熟的用户的感知风险影响因素主要有消费者经历、认知水平、收入水平、受教育水平以及激励因素、隐私政策与企业品牌等。进行梳理后我们将以上多种因素归类为个人层面因素与企业层面因素两类。这一分类的依据在于：一方面，进行感知风险判断的主体是用户个人，用户自身的特点需要被考虑，这不仅有利于细化用户的感知影响因素，更有利于企业掌握不同类型的用户画像并进行区别刻画和针对性营销；另一方面，企业及其产品是用户感知风险的主要载体，因此是必要的感知风险影响因素之一。因此我们就这两类因素以个人因素和平台因素进行沿用，但对其内核进行修改和丰富。此外笔者又组织了专家访谈与小组聚焦讨论，提出了另外两点因素：制度因素和环境因素。由于制度因素可以同时作用于企业和用户，既影响企业行为，又影响用户对监管环境与企业行为的预判，因此最终将影响用户的感知风险。环境因素涵盖了技术与社会期望，这是除了制度因素产生主观影响之外的客观因素，大量事实证明技术壁垒能影响用户对行业前景的判断，期望的达成程度能影响用户的使用感受，因此这一维度的设置对讨论移动支付用户的感知风险是必要的。

以下对四类影响因素的内核与影响的逻辑进行详细解释：

（1）个人因素

自然人并非都是理性的经济人，用户的主观态度、经历、偏好都影响着其感知风险的程度（李凯等，2013）①。除此之外用户的性别、职业、学历也影响着其对各种消息的综合判断从而影响感知风险（Thakur，2014）②。

基于以上所述，我们将个人因素定义为用户对移动支付产品的态度、是否有使用移动支付产品的经历、风险偏好以及用户的性别、年龄、学历、职业七点，并将个人因素列为影响用户感知风险的潜在因素之一。

（2）平台因素

平台因素包括平台自身以及平台对其支付产品推出的活动。

平台是指各支付产品背靠的集团、企业或渠道，这些平台本身具有的定位、特点、公众力、社会影响力等可能会对用户的感知风险产生影响（刘百灵，2017）③。例如微信支付依托微信这一通道，其支付功能是在微信的社交功能基础上逐渐衍生和发展起来的；支付宝支付则依托于母公司阿里巴巴，专注于支付功能的实现，后逐渐发展其他移动金融功能；而 Apple Pay 则完全依靠苹果手机才能执行支付。各大平台均有其定位和特点，这些特点影响着用户对不同支付工具的判断和感知风险，当平台进步时，其产品受到的关注增强，而当平台发生恶性事

---

① 李凯，孙旭丽，严建援．移动支付系统使用意愿影响因素分析：基于交换理论的实证研究［J］．电子商务与信息管理，2013，25（3）：91－100.

② Rakhi Thakur，Mala Srivastava. Adoption Readiness，Personal Innovativeness，Perceived Risk and Usage Intention Across Customer Groups for Mobile Payment Services in India［J］. *Internet Research*，2014，24（3）：369－392.

③ 刘百灵，夏惠敏，李延晖，等．保健和激励双因素视角下影响移动支付意愿的实证研究［J］．管理学报，2017（4）：600－608.

件时，平台旗下的支付产品也将受到直接或间接的影响。

平台活动是指移动支付产品推出的各类活动，如支付宝的奖励金、圈子、绿色能量、集五福活动，微信支付的摇一摇中奖活动，云闪付在特定店铺进行满减活动等。这些活动意在扩大产品知名度与影响力，扩大用户规模、增强用户活跃程度，但并非所有活动都能够轻松实现以上目标，活动本身具有“推”“拉”两面性，必然使得一部分用户走近这一工具，另一部分用户由于感知风险上升而远离这一工具。

基于以上所述，我们将平台与平台活动综合为平台因素列为影响用户感知风险的潜在因素之一。

（3）制度因素

制度因素对用户感知风险的影响体现在监管部门对移动支付的规定和管理水平，制度的松、严、紧的程度会影响支付产品的使用环境和执行空间，进而影响企业行为，同时监管部门对支付产品进行具体的限额、限时等措施和规定会影响用户对行业发展的预期，最终可能影响用户对移动支付产品的感知风险。据此我们将制度因素列为可能影响用户感知风险的因素之一。

（4）环境因素

环境因素的含义复杂，经过梳理后选取了最主要的三点：社会宣传；技术更新；社交圈口碑。

社会宣传指媒体披露与公众教育。媒体披露的导向性以及公众教育的深度、对风险的提示水平都影响着用户的感知风险。

技术更新则指突破性的、具有较大影响力的相关技术进展。刷脸支付逐渐走入支付领域，这一支付技术在业内较为领先，但却在用户中却掀起了截然不同的态度浪潮。在与技术进步相反的技术威胁方面，2017 年针对比特币的勒索病毒还没有淡出人们的视线，勒索病毒针对的是 PC 端文件，其对文件进行封锁并索要赎金，这一类针对性病毒不在少数，是否有一天新的勒索病毒会聚焦到移动端，对移动支付形成巨大的冲击？支付技术、黑客技术的更新都会影响用户的感知风险。

社交圈口碑相较以上两点则较为微观，是指用户的社交范围内受到的推荐、被告知的评价等。

我们将以上三点综合为环境因素，并列为影响用户感知风险的潜在因素之一。

三、模型设定与假设提出

通过上文对移动支付用户的感知风险的逻辑分析，最终我们将移动支付感知风险构面确定为财务风险、技术风险、功能风险、法律合规风险、隐私风险、社会风险、服务风险。影响用户感知风险的因素确定为个人因素、平台因素、环境因素、制度因素。以下建立模型与假设。

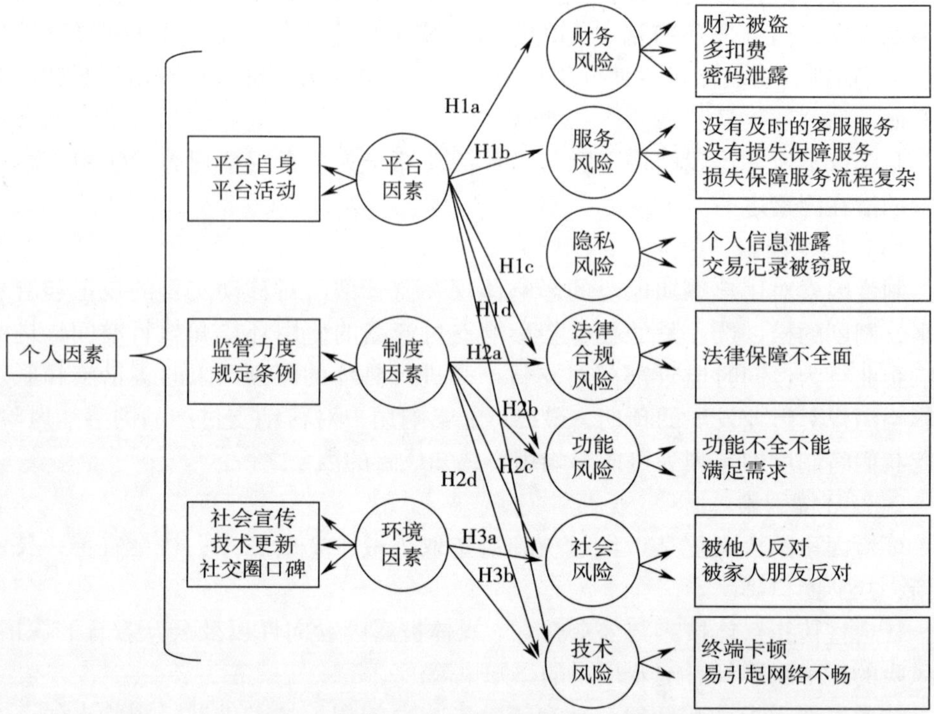

图1－2　影响移动支付用户感知风险的因素模型图

根据移动支付感知风险相关理论，用户感知风险影响因素的确定既包括理论影响，也包括推论影响，因此我们提出的假设包括理论影响和推论影响，其中理论影响包括：平台因素影响感知法律合规风险、感知功能风险和感知技术风险；制度因素影响感知法律合规风险和感知社会风险；推论影响包括：平台因素影响感知财务风险和感知服务风险；制度因素影响感知隐私风险和感知功能风险；环境因素影响感知社会风险和感知技术风险。

以上因素影响各感知风险的逻辑分别是：

（1）平台因素对财务风险、技术风险、功能风险、服务风险和法律合规风险的影响

平台因素包括平台及平台活动，正是这两点明显区分了移动支付产品。平台间的区别在于知名度、专业水平和规模程度；平台活动的区别在于，是否能够使用户获得更多的便利或好处，以及是否加强了平台自身的特点，或是树立

了新的平台形象。诸多定位和特点的不同，形成了用户对移动支付产品优劣势印象的区别。

根据新闻报道，不同平台的技术声誉与财务风险具有显著差别，例如，支付宝平台享有财产安全的盛誉，无论是是否可充值的技术识别、充值到账的提醒服务，还是财产保险的覆盖与执行，都较其他平台有更高的社会口碑和认可度，而云闪付则具有较高的业内认可度。最终，由于移动支付产品运用的技术、技术水平及财产保护措施不同，因此知名度越高、技术水平越高的平台的移动支付产品，可能使用户的感知财务风险、技术风险、功能风险、服务风险越低。

此外，根据“惰性心理”，人们很少愿意主动改变或接受改变，因为人们恐惧改变有可能造成的损失，即使这一改变也有可能带来好处，所以人们往往选择继续维持原状。因此在各大平台对支付领域的分割较为稳定，平台现有的特点也较能为人接受的情况下，平台活动越能加强平台现有特点，可能导致用户对产品的感知法律合规风险越低，而越偏离平台现有特点的创新活动感知法律合规风险越高。

基于此，我们提出以下假设：

H1a：平台因素正向影响感知财务风险；

H1b：平台因素正向影响感知技术风险；

H1c：平台因素负向影响感知功能风险；

H1d：平台因素负向影响感知服务风险；

H1e：平台因素正向影响感知法律合规风险。

（2）制度因素对社会风险、功能风险、法律合规风险、隐私风险的影响

根据制度经济学的相关理论，制度与经济发展相互影响，制度对经济行为和经济发展具有重大影响，同时经济发展又会影响制度的演变。基于这一启发，我们认为，制度是行业发展的风向标，更是用户对企业经营情况进行判断的标杆，完善的制度使经营有法可依，降低了企业因法律空白而遭受损失的风险，同时也降低了用户权益受损的可能，因此用户感知的法律合规风险、隐私风险和社会风险会随之降低。但如果制度对一个行业施加的约束越多，也可能会影响产品功能的发挥，甚至对现有的功能产生影响，因此负面影响用户的功能感知风险。

基于此，我们提出以下假设：

H2a：制度因素正向影响感知法律合规风险；

H2b：制度因素负向影响感知隐私风险；

H2c：制度因素正向影响感知功能风险；

H2d：制度因素正向影响感知社会风险。

（3）环境因素对技术风险、社会风险的影响

环境因素主要包括社会宣传、技术更新和社交圈口碑。

根据广告心理学，通过广告对产品形象进行合理创造，能够达到增强消费者产品认同感、获取丰富的形象联想的效果。因此企业会利用媒体进行形象创造和品牌传播，例如，媒体的公众宣传、企业的典型树立、“3·15”晚会的批评和表扬等都将极大地影响企业形象。社会宣传越到位，用户及其家人朋友受到的正面感召越到位，用户的感知社会风险可能越低。除社会宣传外，社交圈的口碑也极为重要，如果用户们愿意推荐产品或对产品作出正面评价，则可能降低周围用户的感知社会风险。

相关技术更新包括支付技术的更新和反支付技术的更新，此处的反支付技术特指病毒、勒索等反面技术。支付技术的更新有利于降低用户的感知技术风险，但反支付技术的更新将增加用户的感知技术风险。

基于此，我们提出以下假设：

H3a：环境因素负向影响用户感知社会风险；

H3b：环境因素负向影响用户感知技术风险。

（4）个人认知各项假设的影响

本研究把个人因素分为基础信息及用户认知。其中，基础信息是指用户的性别、年龄、学历、职业，用户认知具体指用户的态度、使用产品的频率和风险偏好。我们认为，性别、年龄、学历、职业等刻画了人的基本特征，基础因素的不同会导致用户感知不同。举个简单的例子，面对相同的问题，女性关注的是情绪，男性关注的是如何解决问题。因此，我们推论女性受环境因素的影响较男性而言更为显著。用户的使用习惯、态度和风险偏好等对其感知的影响逻辑大致如下：对移动支付产品熟悉程度不同的用户来说使用体验是不一样的，由此用户产生的风险预期可能是不同的。很少使用移动支付的用户或许会顾虑很多，而习惯了移动支付的用户可能因为从未发生过问题而产生幸存者偏差，认为移动支付带来的风险很小。用户态度和风险偏好也会带来类似的感知风险区别。因此我们将 7 个个人因素作为调节变量，在验证了以上各项假设后，再进行分类验证。

第三节 问卷设计与初步分析

本研究采用问卷调研法收集相关的数据，并主要使用结构方程模型法进行实证检验。

一、问卷设计

我们采用了 Likert 5 级指标对量级进行测度，1 表示完全不同意或者完全不重要，2 表示不同意或不重要，3 表示不确定，4 表示同意或重要，5 表示完全同意或极其重要（亓莱滨，2006）①。

量表的设计应当借鉴已有研究成果，但是由于我们的研究角度比较新颖，无法完全参考已有文献，因此我们在结合实际的情况下引入了新的变量，设计了部分没有参考项的测量问项。

表 1－2 题项与参考文献

变量测量项	参考文献
财务风险	
使用移动支付可能使我的资产被盗	杨永清、张金隆等（2011）② 曹媛媛、李琪（2009）③ Jacoby、Kaplan（1972）④
移动支付可能造成多扣费	
使用移动支付可能泄露我的交易密码	
技术风险	
使用移动支付时，更容易出现终端不兼容、终端卡顿	刘泓里（2014）⑤ 陈华等（2006）⑥ Rossi 等（2009）⑦
使用移动支付时，更容易引起网络不畅/信号不稳定	
使用移动支付更容易引起黑客的攻击、交易信息被篡改等	
隐私风险	
使用移动支付可能导致个人信息被使用、售卖	潘煜等（2010）⑧
使用移动支付可能导致交易记录被窃取	
社会风险	
使用移动支付更容易遭到家人、朋友的反对	井淼等（2007）⑨ 刘百灵等（2017）⑩
使用移动支付更容易遭到其他人的反对	

① 亓莱滨．李克特量表的统计学分析与模糊综合评判［J］．山东科学，2006（2）：19－23.

② 杨永清，张金隆，聂磊．移动增值服务消费者感知风险维度实证研究工业［J］．工程与管理，2011（2）：91－96.

③ 曹媛媛，李琪．移动支付使用者使用意向与使用行为模型及实证研究［J］．统计与信息论坛，2009（2）：72－77.

④ Jacoby，J.，Kaplan，L. B. *The Components of Perceived Risk*［C］. Proceedings of the 3rd Annual Conference，Association for Consumer Research，1972：382－393.

⑤ 刘泓里．基于 UTAUT 的移动支付用户接受模型研究［D］．广州：广东工业大学，2014.

⑥ 陈华，唐军．移动支付的使用者与使用行为研究［J］．管理科学，2006，19（6）：48－55.

⑦ Mallat N，Rossi M，Tuunainen V K，et al. The Impact of Use Context on Mobile Services Acceptance：The Case of Mobile Ticketing［J］. *Information & Management*，2009，46（3）：190 － 195.

⑧ 潘煜，张星，高丽．网络零售中影响消费者购买意愿因素研究——基于信任与感知风险的分析［J］．中国工业经济，2010（7）：115－127.

⑨ 井淼，周颖，王方华．网上购物感知风险的实证研究［J］．系统管理学报，2007（16）：164－169.

⑩ 刘百灵，夏惠敏，李延晖，等．保健和激励双因素视角下影响移动支付意愿的实证研究［J］．管理学报，2017（4）：600－608.

续表

变量测量项	参考文献
功能风险	
我认为现有的移动支付功能不足	Bae、Lee（2011）① 孙祥（2011）②
我认为移动支付的一些功能会给我带来不利影响	
法律合规性	
现有的法律能够完全保障移动支付用户的权益	赵冬梅、纪淑娴（2010）③ 杨永清、张金隆等（2011）④
移动支付产品还有不合规性	
服务风险	
移动支付没有及时的客服服务	董大海、李光辉等（2005）⑤
移动支付没有损失保障服务	
移动支付的损失保障服务很难实现	
个人认知	
性别、年龄、学历、职业	董大海、李光辉、杨毅（2005）⑥
是否有意愿使用移动支付	
是否有移动支付经历	
风险偏好程度	
平台因素	
我会因为移动支付产品依托的平台不同（如支付宝—阿里巴巴、百度钱包—百度）而对产品产生不同的感知风险	杨永清、鲁耀斌、曹玉枝（2012）⑦
产品开展的所有活动（如微信摇一摇红包、支付宝"圈子"）都不使我反感，都将降低我对移动支付的感知风险	
平台进行的支付活动越符合平台定位（如腾讯—社交、阿里巴巴—支付），越降低我对其产品的感知风险，否则我将感到抵触	

① Soonyong Bae , Taesik Lee. Product Type and Consumers' Perception of Online Consumer Reviews [J]. *Electron Markets*, 2011 (21): 255 - 266.

② 孙祥．电子商务中消费者的风险来源与风险认知［J］．管理学报，2005（1）：45－54.

③ 赵冬梅，纪淑娴．信任和感知风险对消费者网络购买意愿的实证研究［J］．中国软科学，2010（3）：305－314.

④ 杨永清，张金隆，聂磊．移动增值服务消费者感知风险维度实证研究工业［J］．工程与管理，2011（2）：91－96.

⑤ 董大海，李广辉，杨毅．消费者网上购物感知风险构面研究［J］．管理学报，2005（2）：55－60.

⑥ 董大海，李广辉，杨毅．消费者网上购物感知风险构面研究［J］．管理学报，2005（2）：55－60.

⑦ 杨永清，鲁耀斌，曹玉枝．移动支付服务初始采纳模型及其实证研究［J］．管理学报，2012（9）：1365－1372.

续表

变量测量项	参考文献
制度因素	
移动支付的监管越完善，我对移动支付的感知风险越低	赵冬梅、纪淑娴（2010）①
一些规定条例（如对额度、时间的规定等）有时限制了移动支付的功能	
环境因素	
社会对移动支付大力宣传使我觉得使用移动支付风险不大	
朋友的推荐使我觉得使移动支付风险不大	
（1）支付技术（如刷脸支付、瞳孔扫描支付）的更新使我觉得移动支付的风险降低了	
（2）黑客技术的更新（如勒索病毒）使我对移动支付的感知风险上升了	

二、数据收集

问卷形成之初，本研究选取了20名在校生（9名本科生、11名研究生）对问卷进行了预调查。收集被测试者对“问卷题目数量多少，问题编排是否合理，问题是否有歧义”等问题的看法，并根据反馈对问卷进行合理的修正。问卷收集采用线上有偿调研为主，结合线下调研同时进行的形式展开。线上有偿调研指通过网络发放有偿问卷进行调研，线下调研指依靠笔者在写字楼、办公楼等地发放纸质问卷展开调研。有赖于线上问卷技术的发展，曾经以线下纸质问卷为主的调研方法得以转变。与线下问卷相比，线上有偿调研有几大显著的优势。首先，线上问卷通过网页链接的形式发放，节省了各类材料。同时用户在收到链接后即明白如何使用，不必进行过多解释，因此节省了相当的人力资源。其次，线下发放问卷时，被访问者可能因为缺乏耐心而中途作废、粗心大意造成漏填，也有可能因为不理解题项而弃填，造成无效问卷。而线上问卷采用“必答”设置，一旦被访问者出现未答题项则无法提交，这使线上的有效问卷远高于线下。另外，因为线上问卷采用有偿方式，被访问者在填写问卷前即被告知是有偿填写，因此填写态度也比较端正，问卷质量较高。最后，因为线上获得的数据在问卷平台上已经被整理，因此能够获得一部分直观分析，同时数据保存在平台上，不会被篡改也不会丢失，比起线下获得的问卷使用效率更高。

① 赵冬梅，纪淑娴．信任和感知风险对消费者网络购买意愿的实证研究［J］．中国软科学，2010(3)：305－314.

关于样本数量，温忠麟等（2004）① 指出可靠的问卷调查需要的样本数量应该至少为100，同时，如果需要进一步的分组研究则需要酌情考虑数倍的样本量。由于本研究拟对性别、年龄、学历、职业和使用意愿进行分组研究，因此将目标有效样本量定在400以上。

本次调研共计发放纸质问卷56份，回收56份，有效问卷48份；发放线上问卷521份，回收445份，有效问卷445份；共计有效问卷493份。对493份有效问卷的描述性统计分析结果如表1－3所示。

表1－3 描述性统计

变量	类型	频数	频率（%）	累积频率（%）
性别	男	238	48.28	48.28
	女	255	51.72	100
年龄	25岁以下	132	26.77	26.77
	25～35岁	162	32.86	59.63
	36～45岁	79	16.02	75.66
	46～55岁	99	20.08	95.74
	55岁以上	21	4.26	100.00
学历	高中或中专	34	6.90	6.90
	大专	59	11.97	18.86
	本科	287	58.22	77.08
	硕士	94	19.07	96.15
	博士	8	1.62	97.77
	其他	11	2.23	100.00
职业	学生	100	20.28	20.28
	白领	83	16.84	37.12
	创业	33	6.69	43.81
	公务员	59	11.97	55.78
	其他	218	44.22	100.00
使用意愿	不愿意使用	24	4.87	4.87
	愿意使用	469	95.13	100.00

① 温忠麟，侯杰泰，马什赫伯特．结构方程模型检验：拟合指数与卡方准则［J］．心理学报，2004（2）：186－194.

续表

变量	类型	频数	频率（%）	累积频率（%）
使用频率	从未用过	53	10.75	10.75
	用过几次就不再用了	15	3.04	13.79
	偶尔使用，不太习惯	41	8.32	22.11
	经常使用，比较习惯	219	44.42	66.53
	几乎完全依靠移动支付	165	33.47	100.00
风险偏好	完全厌恶风险	69	14.00	14.00
	能接受很小的风险	270	54.77	58.77
	风险收益各占一半	51	10.34	69.11
	愿意冒险且能接受一部分损失	72	14.60	83.71
	乐意冒险完全践行高风险高收益	31	6.29	100.00

从性别分布来看，男女占比为16∶17，基本上是自然并且理想的。在年龄分布上，55岁以下的用户占本次调查的95%以上，其中45岁以下的占75%，55岁以上的用户仅占4%。降低对中老年人群的侧重虽然不符合均衡性原则，但考虑到移动支付用户画像，又认为是合理的——根据移动支付网公布的用户画像①，70%以上的移动支付用户年龄在40岁以下，因此降低对55岁以上用户的侧重、加强对中青年人的调研，是符合现代用户特点的。从学历分布来看，受教育水平虽略高于社会平均水平，但样本不缺乏研究意义。

从职业分布来看，55%以上的职业被囊括在学生、白领、创业和公务员中，另外44%在其他中。使用意愿显示，95%以上的被访问者愿意使用移动支付。使用频率显示，从未使用过移动支付的人群略高于不愿意使用移动支付的人群，也就是说，存在着愿意使用移动支付的新用户。另外，超过77%的用户对移动支付的使用频率非常高，这也印证了移动支付的发展和普及。从风险偏好来看，被访问者的分布呈纺锤形，风险程度居中的人数占55%，其余低风险偏好端占14%，高风险偏好端占20%。样本的描述性统计说明样本的分类比较合理，具有良好的研究意义。

三、数据分析方法

我们采用结构方程模型法（SEM）对数据进行实证分析。结构方程模型是一种综合运用多元回归分析、路径分析和验证型因子分析而形成的一种统计数据分析工具。可用来解释一个或多个自变量与一个或多个因变量之间的关系

① 移动支付网，以支付宝、微信为例，深度剖析移动支付APP优缺点，2017.

(苏为华，2000)①。SEM具有验证性功能，通常研究人员利用一定的统计手段对复杂的理论模式加以处理，并根据模式与数据关系的一致性程度对理论模式作出适当的评价，从而证实或证伪研究者事先假设的理论模式。而且SEM允许其因变量之间可以有相关性，因为这些相关性并不影响整体模型路径的分析结果，因此它比一般线性模式统计程序有更突出的优越性（阳志梅、胡振华，2006)②。

本研究通过AMOS.23与SPSS.24对数据进行基础分析与检验、信度分析与效度分析和验证性因子分析，最后对建立的模型进行结构方程分析，并对假设进行分组检验。

第四节 计量检验

一、基础分析与检验

1. 变量均值分析

从变量均值中可以基本了解用户对各风险的关注水平，以及对影响风险的各因素的倚重程度。

从表1-4可知，被访问者对服务风险感知最强，其次是法律合规风险、隐私风险、功能风险、技术风险和财务风险，对社会风险的感知最弱，也就是说大部分用户认可移动支付的有效性，社交中朋友和家人对移动支付的反对较弱，市场基础比较扎实；同时用户对财务丢失的风险考虑得较少，这传递给我们一个信息——移动支付的财产保护工作得到了广大用户的认可。这既是喜人的又是必要的，只有当用户的注意力从财产安全上解放出来，才可能进一步地谈对产品的喜爱和使用忠诚；另外结果也显示用户的感知服务风险水平很高，可能是由于在配套服务上不够完善，或者比较完善但缺乏市场暴露，不能够为用户熟知，因此感知服务风险水平高居不下。在对风险的影响因素的关注中，被调查对象对平台因素和制度因素可能产生的影响较为赞同，对环境因素可能产生的影响不太在意。

---

① 苏为华．多指标综合评价理论与方法问题研究［D］．厦门：厦门大学，2000.

② 阳志梅，胡振华．组织学习能力与集群企业竞争优势的关系实证研究［J］．科技管理研究，2009(8)：462-464，481.

表 1-4　变量均值分析

变量	编码	均值	总均值	变量	编码	均值	总均值
服务风险	FW1	3.16	3.11	制度因素	ZD1	3.46	3.34
	FW2	3.09			ZD2	3.22	
	FW3	3.08					
法律合规风险	FLHG1	2.60	2.88	平台因素	PT1	3.29	3.21
	FLHG2	3.17			PT2	3.13	
隐私风险	YS1	2.86	2.81	环境因素	HJ1	3.01	3.11
	YS2	2.76			HJ2	2.95	
					HJ3	3.20	
					HJ4	3.28	
功能风险	GN1	2.71	2.57				
	GN2	2.42					
技术风险	JS1	2.31	2.35				
	JS2	2.18					
	JS3	2.56					
财务风险	CW1	2.29	2.30				
	CW2	2.21					
	CW3	2.39					
社会风险	SH1	1.95	1.90				
	SH2	1.85					

2. 正态检验

利用 AMOS. 23 进行结构方程检验的重要前提是，所用数据是多元正态分布的，以免非正态分布的数据影响假设，因此需要对数据进行正态检验。我们使用 SPSS. 24 对数据进行正态检验，检验结果如表 1-5 所示。

表 1-5　正态检验结果

项目	标准差	偏度		峰度	
	统计	统计	标准误	统计	标准误
ZD1	1.181	-0.591	0.110	-0.445	0.220
ZD2	1.055	-0.487	0.110	-0.471	0.220
HJ1	1.035	-0.277	0.110	-0.776	0.220
HJ2	1.026	-0.128	0.110	-0.737	0.220
HJ3	1.111	-0.358	0.110	-0.699	0.220

续表

项目	标准差	偏度		峰度	
	统计	统计	标准误	统计	标准误
HJ4	1.036	-0.714	0.110	-0.116	0.220
PT1	1.053	-0.580	0.110	-0.252	0.220
PT2	1.031	-0.404	0.110	-0.500	0.220
CW1	0.928	0.282	0.110	-0.287	0.220
CW2	0.966	0.535	0.110	-0.060	0.220
CW3	1.034	0.276	0.110	-0.642	0.220
JS1	1.022	0.515	0.110	-0.228	0.220
JS2	1.002	0.639	0.110	-0.072	0.220
JS3	1.082	0.063	0.110	-0.793	0.220
YS1	1.215	-0.096	0.110	-0.941	0.220
YS2	1.127	-0.084	0.110	-0.812	0.220
SH1	0.900	0.851	0.110	0.619	0.220
SH2	0.857	0.771	0.110	0.261	0.220
GN1	1.048	0.114	0.110	-0.746	0.220
GN2	1.000	0.442	0.110	-0.247	0.220
FLHG1	1.015	0.228	0.110	-0.428	0.220
FLHG2	1.049	-0.543	0.110	-0.308	0.220
FW1	1.106	-0.455	0.110	-0.482	0.220
FW2	1.125	-0.223	0.110	-0.656	0.220
FW3	1.076	-0.314	0.110	-0.512	0.220

对于正态检验的标准，Kline 提出，偏度统计值的绝对值小于3，峰度统计值的绝对值小于8，则数据是符合正态分布的，偏度统计值的绝对值大于10，或者峰度统计值的绝对值大于20，则数据严重不符合正态分布，无法进行结构方程检验（李新民，2010）①。表1-5中的数据显示，所有因素的偏度统计值的绝对值都小于1，远小于3，峰度统计值的绝对值也小于1，远小于8，因此数据符合正态分布，可用于结构方程模型。

二、信度分析

信度分析是为了检验问卷的设计是否贴切反映了研究主题、是否具有一致

① 李新民．引入高阶矩的GARCH模型理论研究及实证［D］．大连：东北财经大学，2010.

的主题。所谓信度是指问卷调查结果所具有的一致性或者稳定性的程度，所谓一致性是指同一调查项目调查结果的一致程度。较高的一致性即意味着同一群受访者接受关于同一项目的各种问卷调查所得到的各测试结果间显示出强烈的正相关；所谓稳定性则是指在前后不同的时间内，对相同受测者重复测量所得结果的相关程度，如果一群受访者在不同时空下接受同样的问卷调查时，结果的差异很小，则说明调查问卷具有较高的稳定性（曾五一、黄炳艺，2005）[①]。

本研究使用常用的 Cronbach Alpha 系数、检验量表和题项。其中，Cronbach Alpha 系数对应的信度结果如表 1－6 所示。

表 1－6　Cronbach Alpha 系数信度标准

Cronbach Alpha	标准
Cronbach Alpha≤0. 3	不可信
0. 3 < Cronbach Alpha≤0. 4	比较不可信
0. 4 < Cronbach Alpha≤0. 5	初步可信
0. 5 < Cronbach Alpha≤0. 7	可信
0. 7 < Cronbach Alpha≤0. 9	很可信
Cronbach Alpha >0. 9	非常可信

本研究使用 SPSS. 24 软件得出的信度检验结果如表 1－7 所示。

表 1－7　信度检验结果

变量	编号	修正后的项与总计相关性	删除项后的 C&A 系数	总体 C&A 系数	结论
整体题项				0. 863	很可信
制度因素	ZD1	0. 427			可信
	ZD2	0. 427		0. 693	且无须删除题项
环境因素	HJ1	0. 550	0. 670		
	HJ2	0. 517	0. 630	0. 708	很可信
	HJ3	0. 502	0. 640		且无须删除题项
	HJ4	0. 410	0. 694		
平台因素	PT1	0. 671			很可信
	PT2	0. 571		0. 727	且无须删除题项

① 曾五一，黄炳艺．调查问卷的可信度和有效度分析［J］．统计与信息论坛，2005（6）：11－15.

续表

变量	编号	修正后的项与总计相关性	删除项后的C&A系数	总体C&A系数	结论
财务风险	CW1	0.550	0.729	0.763	很可信 且无须删除题项
	CW2	0.644	0.625		
	CW3	0.593	0.685		
技术风险	JS1	0.635	0.621	0.757	很可信 且无须删除题项
	JS2	0.610	0.651		
	JS3	0.522	0.753		
隐私风险	YS1	0.725		0.839	很可信 且无须删除题项
	YS2	0.725			
社会风险	SH1	0.697		0.821	很可信 且无须删除题项
	SH2	0.697			
功能风险	GN1	0.400		0.617	可信 且无须删除题项
	GN2	0.400			
法律合规风险	FLHG1	0.081		0.601	可信 且无须删除题项
	FLHG2	0.081			
财务风险	CW1	0.623	0.753	0.801	很可信 且无须删除题项
	CW2	0.667	0.707		
	CW3	0.650	0.726		

注：C&A 即 Cronbach Alpha。

首先，整体题项的 Cronbach Alpha 系数为 0.863，在 0.8 以上接近 0.9，因此整体而言问卷设计具有良好的一致性，很可靠。其次，按细分类别来看，11 类因素中有 3 类因素（制度因素、功能风险、法律合规风险）的 Cronbach Alpha 系数在 0.5 至 0.7 区间中，接近 0.7，属于可信；另外 8 类因素则在 0.7 以上，属于很可信，因此对每类因素而言，问卷仍然有效、可靠。最后，每类因素“删除项后的 Cronbach Alpha 系数”与“总体 Cronbach Alpha 系数”对比，前者均小于后者，这意味着每一个题项都提高了整体 Cronbach Alpha 系数，因此每一个题项都无须删除。本次问卷从整体到局部，其设计的可信度是较高的。

三、效度分析

效度主要评价量表的准确度、有效性和正确性，即测定值与目标真实值的偏差大小（蒋小花、沈卓之、张楠楠、廖洪秀、徐海燕，2010）[①]。在通过了信度检验之后我们可以认为，问卷的设计是具有内在一致性的，但是每个题项在具有主题一致的前提下，是否能够反映主题的不同方面呢？题项的设计是否有效呢？这就需要对问卷进行效度分析。效度分析主要分为内容效度、效标效度和结构效度三种。

内容效度也称表面效度或逻辑效度，是指测量目标与测量内容之间的适合性与相符性。对内容效度常采用逻辑分析与统计分析相结合的方法进行评价。逻辑分析一般由研究者或专家评判所选题项是否“看上去”符合测量的目的和要求。

效标效度是指用几种不同的测量方式或不同的指标对同一变量进行测量，并将其中的一种方式作为效标，用其他的方式或指标与这个效标做比较，如果其他方式或指标也有效，那么这个测量即具备效标效度。使用这种方法的关键在于作为准则的测量指标一定是有效的，否则越比越差。现实中，我们评价效标效度的方法是相关分析或差异显著性检验，但是在调查问卷的效度分析中，选择一个合适的准则往往十分困难，也使这种方法的应用受到一定限制。

结构效度也称构想效度、建构效度或理论效度，是指测量结果体现出来的某种结构与测值之间的对应程度。也就是说，如果问卷调查结果能够测量其理论特征，使调查结果与理论预期一致，就认为数据是具有结构效度的。它一般是通过测量结果与理论假设相比较来检验的。确定结构效度的基本步骤是，首先从某一理论出发，提出关于特质的假设，然后设计和编制测量并进行施测，最后对测量的结果采用相关分析或因子分析等方法进行分析，验证其与理论假设的相符程度。结构效度分析所采用的方法是因子分析（亓莱滨、张亦辉、郑有增、周朋红、杨云，2003）[②]。

通过以上分析，本研究适合采用结构效度检验。综合使用 SPSS. 24 和 AMOS. 23进行结构效度检验。

1. 因子分析适应性检验

由于结构效度采用因子分析，因此在进行结构分析之前，需要进行因子分析的适应性检验（苏为华，2000）[③]。这一检验需使用 KMO 和巴特利特检验，数据需要同时满足 KMO 与巴特利特显著性的要求，才视作通过适应性检验。KMO 和巴特利特检验的检验标准如下：

---

① 蒋小花，等. 问卷的信度和效度分析［J］. 现代预防医学，2010（3）：429－431.

② 亓莱滨，等. 调查问卷的信度效度分析［J］. 当代教育科学，2003（22）：. 54－55.

③ 苏为华. 多指标综合评价理论与方法问题研究［D］. 厦门：厦门大学，2000.

表 1-8 KMO 和巴特利特指标标准

变量	标准
KMO≤0.5	不合适
0.5 < KMO≤0.6	不太合适
0.6 < KMO≤0.7	勉强合适
0.7 < KMO≤0.8	合适
0.8 < KMO≤0.9	很合适
0.9 < KMO	非常合适
Sig < 0.05	显著，合适
0.05≤Sig	不显著，不合适

本研究利用 SPSS.24 进行 KMO 和巴特利特检验，输出结果如表 1-9 所示。

表 1-9 KMO 和巴特利特检验结果

KMO 和巴特利特检验		
KMO 取样适切性量数		0.882
巴特利特球形度检验	近似卡方	5620.315
	自由度	378
	Sig	0.000

KMO 值为 0.882，Sig 为 0.000，两者均通过了适应性检验，适合进行因子分析。

2. 探索性因子分析

根据上述结论，数据适合做因子分析，因此正式展开因子分析。

因子分析主要有两种：探索性因子分析与验证性因子分析（周晓宏、郭文静，2008）。探索性因子分析是在没有先验信息的情况下，将变量通过主成分分析法提取为数量较少的变量的因子分析方法。数据浓缩后重新提取到的变量，代表问卷能够反映出几个“面”，如果该“面”下包含的原有变量与理论预期一致，则证明题项设计的层次能够被清晰地识别出来，能够反映研究主题的不同方面，因此数据是具有结构效度的。验证性因子分析又称实证性分析，是指在存在先验假设，因子已经根据理论进行了分类的情况下，去验证这种结构是否与实证数据一致。周晓宏、郭文静（2008）① 认为，探索性因子分析和验证性因

① 周晓宏，郭文静．探索性因子分析与验证性因子分析异同比较［J］．科技和产业，2008（9）：69-71.

子分析是因子分析的两个不可分割的重要组成部分，结合应用才更加有利于研究的深度。李学娟、陈希镇（2010）① 认为，存在较强理论假设时进行探索性假设存在一个明显缺点——探索性因子分析在提取公因子时会损耗数据的效率，因此在数据组较多的情况下结果往往会与假设相悖。综合多位学者的意见我们同时使用探索性因子分析和验证性因子分析，但也会综合考虑探索性因子分析中的误差。

利用 SPSS. 24 进行的探索性因子分析检验结果如表 1 - 10 所示。

表 1 - 10　公因子提取结果

项目	初始	提取	项目	初始	提取
ZD1	1.000	0.584	YS1	1.000	0.764
ZD2	1.000	0.530	YS2	1.000	0.788
HJ1	1.000	0.733	SH1	1.000	0.778
HJ2	1.000	0.823	SH2	1.000	0.760
HJ3	1.000	0.625	GN1	1.000	0.590
HJ4	1.000	0.636	GN2	1.000	0.670
PT1	1.000	0.783	FLHG1	1.000	0.756
PT2	1.000	0.610	FLHG2	1.000	0.588
CW1	1.000	0.792	FW1	1.000	0.763
CW2	1.000	0.668	FW2	1.000	0.758
CW3	1.000	0.646	FW3	1.000	0.694
JS1	1.000	0.721			
JS2	1.000	0.771			
JS3	1.000	0.713			

提取方法：主成分分析法

因子的初始效率都为 1，进行公因子提取后，效率如表 1 - 10 所示。按照国际标准，因子提取效率在 0.6 以上是比较理想的。本次的提取结果显示，制度因素和功能因素的损失略超过 40%，其他所有因子的提取效率都在 60% 以上，基本上是理想的。表 1 - 11 展示了旋转后的成分矩阵。

① 李学娟，陈希镇．结构方程下的因子分析［J］．科学技术与工程，2010（10）：5708 - 5711.

表 1-11 旋转成分矩阵

项目	1	2	3	4	5	6	7	8	9
PT1	0.86								
PT2	0.72								
YS2		0.84							
YS1		0.83							
FW2			0.81						
FW1			0.79						
FW3			0.72						
SH1				0.83					
SH2				0.79					
GN2									
GN1									
HJ2					0.88				
HJ1					0.72				
HJ4					0.67				
HJ3					0.77				
JS2						0.76			
JS1						0.65			
JS3						0.77			
ZD1							0.64		
ZD2							0.61		
CW1								0.75	
CW2								0.79	
CW3								0.96	
FLHG1									0.61
FLHG2									0.71

本次旋转共提取了 8 个变量，这比理论假设中少 1 个——功能风险没有被归类。根据表 1-10，功能风险的归因系数低于 0.6，这说明公因子提取时感知功能风险的提取损耗比较大，出现归因不明显的情况大概率是由于误差产生的。除了感知功能风险以外的所有变量都符合理论假设，因此整体而言数据通过了探索性因子分析检验。具体需要再结合下文验证性因子进行分析。

3. 验证性因子分析

验证性因子检验可以检验潜变量（感知风险与影响因素）与观测指标（各题项）之间的关系。本研究通过 AMOS. 23 软件采用极大似然法进行验证性因子分析，参考的指标包括绝对拟合指数、相对拟合指数、信息指数等。

表 1－12 验证因子模型拟合优度分析表

项目	适配度检验指标	理想标准	一般标准
绝对拟合指数	CMIN/DF	1～5	越小越好
	RMSEA	<0.08	<0.1
	RMR	<0.08	<0.1
	GFI	>0.90	>0.8
相对拟合指数	CFI	>0.90	>0.8
	IFI	>0.90	>0.8
信息指数	PNFI	>0.50	

研究采用问卷调查方式得到的数据，进行验证性因子分析，并对误差项进行优化修正后模型拟合情况结果如表 1－13 所示。

表 1－13 验证因子模型拟合优度结果分析

项目	适配度检验指标	模型结果	结论
绝对拟合指数	CMIN/DF	3.321	良好
	RMSEA	0.062	良好
	RMR	0.069	良好
	GFI	0.883	一般
相对拟合指数	CFI	0.896	一般
	IFI	0.897	一般
信息指数	PNFI	0.659	良好

结果显示，模型的卡方自由度比值为 3.321，小于 5.000，表示模型是适配度良好。从其他绝对拟合指数、相对拟合指数和信息指数来看，所有指标均达到适配标准，模型拟合情况良好。

表 1－14 展示了验证因子结构分析情况。

表 1－14 验证因子结构分析表

潜变量	测量项	因子载荷	C. R.	P	组合信度	AVE
平台因素	PT2	0.753			0.727	0.571
	PT1	0.758	14.932	***		
制度因素	ZD2	0.725			0.692	0.529
	ZD1	0.73	12.293	***		
环境因素	HJ4	0.686			0.815	0.524
	HJ3	0.781	11.039	***		
	HJ2	0.711	9.837	***		
	HJ1	0.714	11.591	***		

续表

潜变量	测量项	因子载荷	C. R.	P	组合信度	AVE
财务风险	CW1	0.622			0.763	0.52
	CW2	0.747	12.934	***		
	CW3	0.784	13.328	***		
服务风险	FW1	0.742			0.802	0.574
	FW2	0.756	15.28	***		
	FW3	0.775	15.582	***		
隐私风险	YS1	0.846			0.841	0.725
	YS2	0.857	20.421	***		
法律合规风险	FLHG1	0.734			0.682	0.517
	FLHG2	0.705	13.29	***		
功能风险	GN1	0.798			0.701	0.542
	GN2	0.668	10.496	***		
社会风险	SH1	0.823			0.821	0.697
	SH2	0.846	14.252	***		
技术风险	JS1	0.704			0.791	0.558
	JS2	0.763	12.992	***		
	JS3	0.772	15.763	***		

分析结果显示，问卷模型由十个因子构成，各题项的标准化因素负荷量值绝大部分大于0.5，临界比率均大于1.96，且均在0.001水平上显著；此外各因子的组合信度均大于0.7，说明模型的组合信度非常好；各因子的平均方差抽取量AVE均大于0.5，模型聚合效度比较高。结合表1－13的模型拟合优度结果可得，问卷结构模型组合信度和结构效度均比较好，与实际数据契合度较高。

四、结构方程模型分析

基于上文所提出的理论模型，本研究将通过结构方程模型分析对整体模型架构和各变量之间的关系进行检验，以验证前文所提出的研究假设。本研究整体结构模型中共有10个研究变量：财务风险、隐私风险、功能风险、技术风险、社会风险、服务风险、平台因素、环境因素、制度因素、个人因素。其中，平台因素、环境因素、制度因素是外衍变量；财务风险、隐私风险、功能风险、技术风险、社会风险、服务风险是内衍变量；个人因素是调节变量。

1. 全体样本的检验结果

在确认了测量模型的信度和效度之后，将各潜变量及其观察变量对应的数据分别代入结构方程模型中，并在样本数据中运行AMOS.23，基于最大似然估计法来计算模型的拟合指标和各路径系数的标准化估计值。表1－15展示了使用 AMOS. 23 进行结构方程拟合的指标。

表 1-15　结构方程拟合指标

指数名称		评价标准
绝对拟合指数	χ^2（卡方）	越小越好
	GFI	大于 0.9
	RMR	小于 0.05，越小越好
	RMSEA	小于 0.05，越小越好
相对拟合指数	NFI	大于 0.9，越接近 1 越好
	TLI	大于 0.9，越接近 1 越好
	CFI	大于 0.9，越接近 1 越好
信息指数	AIC	越小越好
	CAIC	越小越好

表 1-16 展示了使用 AMOS. 23 进行结构方程拟合的结果。

表 1-16　结构方程拟合结果

指数名称		模型结果	结论
绝对拟合指数	χ^2（卡方）	76.39	良好
	GFI	0.983	良好
	RMR	0.032	良好
	RMSEA	0.049	良好
相对拟合指数	NFI	0.979	良好
	TLI	0.864	一般
	CFI	0.896	一般
信息指数	AIC	953.907	一般
	CAIC	1447.955	一般

拟合结果显示，模型的绝对拟合指标全部是良好，相对拟合指标有两个是一般，整体而言，拟合情况满足结构方程的要求。

根据我们提出的研究假设构建结构方程模型图，并进行 AMOS. 23 模型运算，对运行结果进行整理分析，得到的研究模型的具体参数如表 1-17 所示。

表 1-17　结构方程模型参数

路径关系			标准路径系数	标准误差	C. R.	显著性
财务风险	<---	平台因素	0.272	0.049	5.528	***
服务风险	<---	平台因素	0.86	0.074	11.656	***
法律合规风险	<---	平台因素	-4.593	32.108	-0.143	0.886

续表

路径关系			标准路径系数	标准误差	C. R.	显著性
功能风险	<---	平台因素	-70.626	474.934	-0.149	0.882
技术风险	<---	平台因素	3.944	1.046	3.769	***
隐私风险	<---	制度因素	0.828	0.098	8.416	***
法律合规风险	<---	制度因素	5.433	35.551	0.153	0.879
功能风险	<---	制度因素	78.881	525.827	0.15	0.881
社会风险	<---	环境因素	-3.993	1.228	-3.251	0.001
技术风险	<---	环境因素	-3.547	1.036	-3.424	***
社会风险	<---	制度因素	4.448	1.371	3.245	0.001

注：*** 表示 P 值小于 0.001；显著性水平为 0.05。

各假设的标准路径系数如图 1-3 所示。

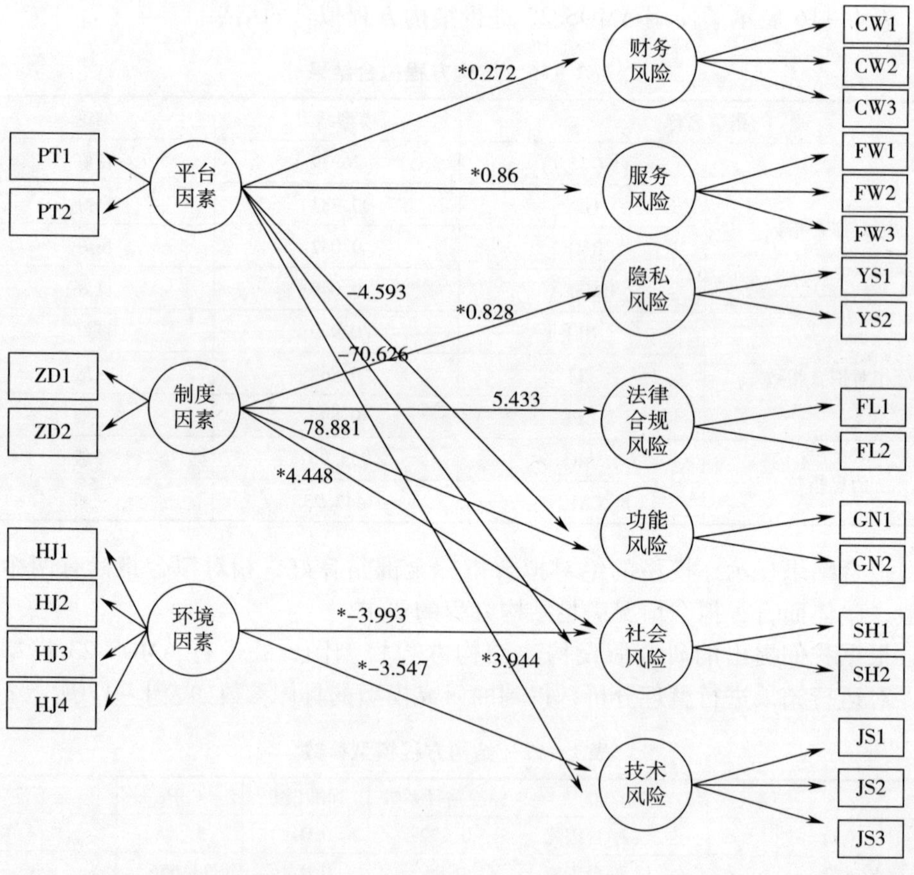

注：* 表示该假设路径通过了检验。

图 1-3 结构模型标准系数路径图

根据显著性判断，在5%的置信水平下，11个假设成立了7个，具体结果如表1-18所示。

表1-18 假设验证结果

H1a 通过假设	H2a 通过假设	H3a 通过假设
H1b 通过假设	H2b 不通过假设	H3b 通过假设
H1c 不通过假设	H2c 不通过假设	
H1d 不通过假设	H2d 通过假设	
H1e 通过假设		

从结果分析，7个通过的假设，显著性都小于等于0.001，也就是说，从显著性角度来看，这些假设不但通过，而且如板上钉钉一般。

平台因素的5个假设中，成立的有三个，即平台因素正向影响感知财务风险、感知服务风险、感知技术风险。其中平台因素对感知技术风险的影响最大，其标准路径系数为3.944，对感知财务风险与感知服务风险的影响系数均小于1，分别为0.272和0.860。未通过的假设包括平台对感知法律合规风险和感知功能风险的影响。

制度因素的4个假设中，成立的有两个，即制度因素正向影响感知隐私风险和社会风险，标准路径系数分别为0.828和4.448，制度因素对社会风险的影响既显著又重大。未通过的假设为制度因素影响感知法律合规风险与功能风险。

环境因素的两个假设都通过了验证，对感知社会风险与感知技术风险的标准路径系数分别为-3.993和-3.547，影响较大。

2. 以个人因素作为调节变量的检验结果

(1) 以性别作为区分

本次被访问对象中，男性占48.28%，女性占51.72%，约各占半数。适合以性别作为区分的调节性检验。表1-19展示了以性别作为区分的各假设检验的显著性水平。

表1-19 以性别作为区分的结构方程模型显著性水平

路径关系			女性	男性
财务风险	<---	平台因素	***	***
服务风险	<---	平台因素	***	***
法律合规风险	<---	平台因素	0.897	0.812
功能风险	<---	平台因素	0.894	0.788
技术风险	<---	平台因素	***	0.043

续表

路径关系			女性	男性
隐私风险	<---	制度因素	***	***
法律合规风险	<---	制度因素	0.891	0.794
功能风险	<---	制度因素	0.893	0.785
社会风险	<---	环境因素	0.001	0.051
技术风险	<---	环境因素	***	0.052
社会风险	<---	制度因素	0.001	0.061

注：*** 表示 P 值小于 0.001；显著性水平为 0.05。

结果显示，较于女性，男性并不赞同“制度因素影响感知法律合规风险、环境因素影响感知社会风险和感知技术风险”这三个假设。女性受环境因素的影响大于男性。

（2）以年龄作为区分

本次问卷的被访问对象中，除了 55 岁以上的人群占比较少（4.26%），其余人群的比例分别是 25 岁以下 26%、26～35 岁 32%、36～45 岁 17%、46～55 岁 20%。这一分布基本符合移动支付用户的年龄分布特征，因此适合在剔除 55 岁以上年龄群体外的样本中进行以年龄为区分的检验。

表 1－20　以年龄作为区分的结构方程模型显著性水平

路径关系			25 岁以下	26～35 岁	36～45 岁	46～55 岁
财务风险	<---	平台因素	***	0.003	***	***
服务风险	<---	平台因素	***	***	0.004	***
法律合规风险	<---	平台因素	0.737	0.021	0.279	0.426
功能风险	<---	平台因素	0.004	0.010	0.352	0.823
技术风险	<---	平台因素	0.002	0.053	***	***
隐私风险	<---	制度因素	***	***	***	***
法律合规风险	<---	制度因素	0.767	0.726	0.006	0.857
功能风险	<---	制度因素	0.049	0.036	0.003	0.820
社会风险	<---	环境因素	0.512	0.050	0.746	***
技术风险	<---	环境因素	0.013	0.078	0.041	***
社会风险	<---	制度因素	0.517	0.050	0.121	***

注：*** 表示 P 值小于 0.001；显著性水平为 0.05。

结果显示，26～35 岁年龄层的被访问者在面对 11 个假设时，认同其中 8 个，这是所有年龄层中假设成立最多的年龄层。这一年龄层的被访问者关注了其他年龄层都没有关注的一点："平台因素影响感知法律合规风险"。35 岁以下的人群对平台因素影响其感知风险的认同多于其他年龄层的用户；26～45 岁的人群对制度因素的关注远超其他人群；45 岁以下的被访问者受环境因素的影响低于46 岁以上的人群。

（3）以学历作为区分

本次问卷的被访问对象中，学历分布情况以本科占多，超过一半（58.22%）。考虑到样本数量，此处对学历重新分为本科以下、本科、本科以上三类。需要指出的是，此次被访问者的学历分布情况和现实社会中的学历分布情况有区别，本科及本科以上的比例高于社会一般水平。本科以下样本量的缺乏可能导致结论存在误差，但是这部分数据占总数据量的15%以上，仍然具有参考意义。

表1－21 以学历作为区分的结构方程模型显著性水平

路径关系			本科以下	本科	本科以上
财务风险	<---	平台因素	0.007	***	***
服务风险	<---	平台因素	***	***	***
法律合规风险	<---	平台因素	0.414	0.885	0.499
功能风险	<---	平台因素	0.576	0.878	0.041
技术风险	<---	平台因素	0.006	***	0.002
隐私风险	<---	制度因素	***	***	***
法律合规风险	<---	制度因素	0.277	0.873	0.854
功能风险	<---	制度因素	0.276	0.877	0.177
社会风险	<---	环境因素	0.023	0.002	0.037
技术风险	<---	环境因素	0.025	0.002	0.033
社会风险	<---	制度因素	0.010	0.002	0.051

注：*** 表示P值小于0.001；显著性水平为0.05。

结果显示，除了本科以上人群对"制度因素对社会风险"的影响感受略弱以外，不同学历层次对其他所有假设的看法都是一致的。

（4）以职业作为区分

本次问卷的被访问对象中，学生占20%，企业占22%，事业单位占11%，其他职业（农民、赋闲等）占40%左右。基本符合社会职业的分布情况，适合以职业作为区分进行检验。

表1-22 以职业作为区分的结构方程模型显著性水平

路径关系			学生	企业	事业单位	其他
财务风险	<---	平台因素	0.090	***	***	***
服务风险	<---	平台因素	***	***	0.008	***
法律合规风险	<---	平台因素	0.338	0.276	0.201	0.842
功能风险	<---	平台因素	0.016	0.014	0.067	0.837
技术风险	<---	平台因素	0.536	***	0.018	***
隐私风险	<---	制度因素	***	***	0.001	***
法律合规风险	<---	制度因素	0.720	0.750	0.162	0.832
功能风险	<---	制度因素	0.063	0.033	0.002	0.835
社会风险	<---	环境因素	0.045	0.542	0.030	0.003
技术风险	<---	环境因素	0.516	***	***	0.002
社会风险	<---	制度因素	0.034	***	0.987	0.001

注：*** 表示P值小于0.001；显著性水平为0.05。

结果显示，学生对各路径的认同最少，甚至学生人群是所有分类中唯一一组否认平台因素影响感知财务风险的人群，其余人群则与整体人群对假设的认同没有太大差异。

（5）以是否愿意使用移动支付作为区分

本次问卷的493位被访问对象中，仅有24位不愿意使用移动支付，这虽然使区分检验的想法落空，但也反映出移动支付的社会接受度、认同度已经很高。除非扩大样本数量5倍以上，才能勉强使用不愿意使用移动支付人群的样本进行检验。在问卷调查收集数量的要求中，主流的意见认为样本量达到200即可。本次调查收集的问卷数量在各类研究中已经非常突出，继续扩大样本容量困难较大，因此放弃以使用意愿作为区分的验证。

（6）以使用频率作为区分

本次问卷的被访问对象中，使用移动支付属于中低频的被访问者占22%，高频的占44%，完全依赖的占33%。适合按频率作为区分进行检验。

表1-23 以使用频率作为区分的结构方程模型显著性水平

路径关系			中低频	高频	完全依赖
财务风险	<---	平台因素	***	***	0.007
服务风险	<---	平台因素	***	***	***
法律合规风险	<---	平台因素	0.602	***	0.104
功能风险	<---	平台因素	0.698	0.059	0.006

续表

路径关系			中低频	高频	完全依赖
技术风险	<---	平台因素	0.010	***	0.034
隐私风险	<---	制度因素	***	***	***
法律合规风险	<---	制度因素	0.070	0.184	0.253
功能风险	<---	制度因素	0.678	***	0.027
社会风险	<---	环境因素	0.017	***	0.236
技术风险	<---	环境因素	0.796	***	0.048
社会风险	<---	制度因素	0.001	***	0.224

注：*** 表示 P 值小于 0.001；显著性水平为 0.05。

结果显示，使用移动支付频率在高频及以上的被访问者，对各项因素都非常敏感，例如，高频人群认可的假设达到 9 个。同时高频及以上的人群对平台因素影响感知风险非常赞同，5 个关于平台因素的假设中，他们均认同 4 个。而中低频人群对三类因素引起的感知风险并不敏感，总共认同 6 个，其中平台因素只成立了 2 个。

（7）以风险偏好作为区分

本次问卷的被访问对象中，完全厌恶风险人群占 15%，中低风险偏好人群占 64%，高风险偏好人群占 20%。适合按风险偏好作为区分进行检验。

表 1－24　为风险偏好作为区分的结构方程模型显著性水平

路径关系			完全厌恶风险	中低风险偏好	高风险偏好
财务风险	<---	平台因素	0.003	***	0.003
服务风险	<---	平台因素	***	***	***
法律合规风险	<---	平台因素	0.005	0.094	0.274
功能风险	<---	平台因素	0.720	***	0.938
技术风险	<---	平台因素	0.124	***	***
隐私风险	<---	制度因素	***	***	***
法律合规风险	<---	制度因素	0.851	0.148	0.377
功能风险	<---	制度因素	0.702	0.002	0.050
社会风险	<---	环境因素	0.072	0.003	0.004
技术风险	<---	环境因素	0.588	***	0.004
社会风险	<---	制度因素	0.160	0.004	0.006

注：*** 表示 P 值小于 0.001；显著性水平为 0.05。

结果显示，风险厌恶者认为只有 4 个假设成立，而中低风险偏好者和高风险偏好者分布赞同 9 个假设和 8 个假设。也就是说，低风险偏好者并非能够更好地识别风险，相反，高风险偏好者关注的风险问题多于低风险偏好者。

3. 全体样本与分类样本的对比

表 1－25　假设验证全样本与分样本比较

项目	H1a	H1b	H1c	H1d	H1e	H2a	H2b	H2c	H2d	H3a	H3b
全体样本	通过	通过			通过	通过			通过	通过	通过
男	通过	通过			通过	通过					
女	通过	通过			通过	通过	通过			通过	通过
25 岁以下	通过	通过		通过	通过	通过		通过			通过
26～35 岁	通过	通过	通过	通过		通过		通过	通过	通过	
36～45 岁	通过	通过			通过	通过	通过	通过			通过
46～55 岁	通过	通过			通过	通过			通过	通过	通过
本科以下	通过	通过			通过	通过			通过	通过	通过
本科	通过	通过			通过	通过			通过	通过	通过
本科以上	通过	通过			通过	通过			通过	通过	通过
学生		通过		通过		通过			通过	通过	
企业	通过	通过		通过		通过		通过	通过		通过
事业单位	通过	通过			通过	通过		通过		通过	通过
其他职业	通过	通过			通过	通过			通过	通过	通过
中低频	通过	通过			通过	通过			通过	通过	
高频	通过	通过	通过		通过	通过		通过	通过	通过	通过
完全依赖	通过	通过		通过	通过	通过		通过			通过
完全厌恶风险	通过	通过	通过			通过					
中低风险偏好	通过	通过		通过	通过	通过		通过	通过	通过	通过
高风险偏好	通过	通过			通过	通过		通过	通过	通过	通过

进行分类验证的结果与总体样本的结果有共性，也有显著的区别。总体样本与分类样本在 H1a、H1b、H2a 的认识上是一致的。区别较大的是 H1d 和 H2c，还有少数样本在 H1c、H2b 上也有认同。总体样本通过了 7 个假设，分类样本最多通过 9 个假设，最少通过 4 个。因此综合来看对样本按照个人因素作为调节变量的验证是有效的，用户的个人因素对其感知风险具有影响，关于个人因素的假设成立。

五、计量结果及讨论

1. 感知风险讨论

根据感知风险的均值分析，感知服务风险位列第一。据此，笔者考察了支付宝、微信支付、壹钱包的客服服务，发现支付平台的服务模式基本是在维权首页列出常见问题供用户自行对号，转至客服服务后只是与机器对话，在通过对话明确指示需要人工服务后，才会转接或保留至人工服务。此外，人工服务的电话并不显示在首页，需通过与客服交谈获取。平台这种出于节省人工的考虑虽然有利于简化服务工作，但却造成用户认为客服服务不完善、体验降级的情况。笔者通过访谈了解到，用户对客服服务的需求是普遍的，平台的客服体系也是基本完整的，但为什么用户常有客服不完整、服务不到位的感受呢？主要原因有两个：第一，人机对话智能性低，服务及时性差。大部分平台在进行营销活动时会设立种种规则，一旦用户在代金券、满减、4999 黄金等活动中出现疑问，求助客服服务时便会因为人机对话不智能、服务流程稍显复杂而难以得到满意的答复。第二，人工客服培训不到位，存在着不同客服对同一事件结论不同的情况。因此，对客服服务的针对性改进迫在眉睫。

2. 影响感知风险的潜变量实证结果讨论

我们使用的潜变量包括平台因素、制度因素和环境因素。通过研究平台因素对各感知风险的影响路径发现，平台因素正向影响感知财务风险、感知服务风险、感知技术风险，未来平台有针对性地提升将有效减弱用户对财务丢失、服务欠缺以及技术不足风险的感知。

我们对平台因素进行了进一步的研究，调查用户对企业与平台活动的倚重情况，研究依旧使用 Likert 5 级指标。

用户对平台属性及平台活动的看重情况如图 1－4 所示。

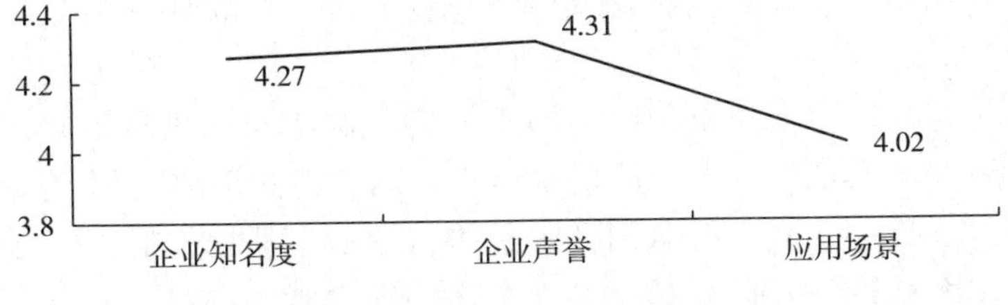

图 1－4　平台属性重要程度均值统计

图 1－4 显示了用户对平台属性看重程度的均值统计。统计结果显示，题项中出现的 3 个属性均值都超过了 4，因此都属于比较看重以上的范畴。其中“企业声誉”在属性中最为重要，“应用场景”靠后。这反映在目前阶段应用场景的

发展比较到位，因此用户对场景的重视可能正在逐渐成为过去式，但用户对企业声誉与企业知名度的关注丝毫没有减弱。

图 1-5 显示了用户对平台活动属性重要程度的均值统计。

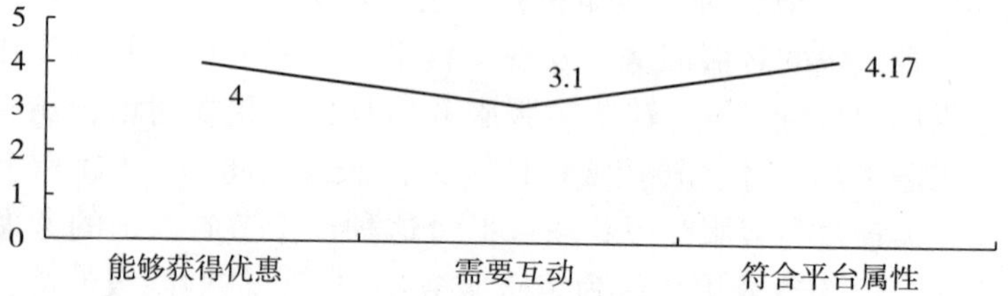

图 1-5 平台活动属性重要程度均值统计

结果显示，活动优惠属性与活动符合平台属性被认为比较重要，而活动对互动的要求却未受到青睐。这意味着各平台的活动要想达到效果不但需要给用户带来优惠，同时还需遵循平台自身的属性。

制度因素正向影响感知隐私风险、感知社会风险。制度的进步无论是增强隐私保护，还是规范市场竞争行为和促进各方合作创新，都具有十分重要的意义。同时，社会因素正向影响感知技术风险和感知社会风险。这说明提高社会宣导与用户评论有利于降低用户感知社会风险，相关支付技术进步有利于降低用户感知技术风险。

3. 影响感知风险的调节变量实证结果讨论

个人因素作为调节变量的验证中，共使用了七个因素，包括性别、年龄、学历、职业、使用意愿、使用频率和风险偏好。在以上因素中，性别、年龄、职业和使用频率能够有效区别相应人群的感知风险，适合以此作为区分进行精准营销。

以性别作为区分的验证说明，女性与男性相比，受环境因素影响更大，社会评价、亲友规劝将很明显地影响女性的感受，进一步说明在女性中存在明显的羊群效应。

以年龄作为区分的验证说明，不同年龄的人群认同的风险影响因素有明显区别：26~35 岁年龄层认同的风险路径最多，风险意识较强；35 岁以下人群最关注平台因素；26~45 岁人群对制度因素的关注远超其他人群；45 岁以下的被访问者受环境因素的影响低于46 岁以上的人群。造成人群感知区别很大的原因是不同年龄层人群对未来前景的判断不一样。前景理论的确定性效应可以解释这一现象。不同年龄层的人群经历和见闻在广度和深度上都不相同：35 岁以下中青年人群是最早接触移动支付的人群，对于移动支付他们接受得很快，但较好的风险意识使他们在接受新产品的同时也十分注重产品风险。其对产品风险的看重是所有年龄层中最重的。这一人群在看待移动支付时最重视产品自身，不仅体现在这一人群的平台因素下成立的假设最多，还体现在假设的标准路径系数绝对值大。例如，35岁以下人群赞同的平台因素假设有4个，而其他年龄层人群最多赞同3个。另外，35岁以下人群平台因素对财务风险和服务风险的系数分别是0.375和0.86，而36岁以上人群的系数分别是0.288与0.248。26~45岁的人群对制度因素的重视显著强于其他群体，该人群对制度因素的重视较好理解，其在逐步了解社会的过程中，若干微观的变化其实都受到宏观制度因素的影响，因此制度因素对这一年龄层人群来说，熟知而且更待了解，因此更认同这一因素对感知风险变化的影响。46岁以上的人群在受环境因素影响上较45岁以下人群显著，这是因为对于这部分人群而言，社交圈相对固定，对事物的看法也相对固定，因此外界的引导、朋友的建议是他们形成对新事物看法的主要来源。不同年龄的人群熟知的事物不同，但他们都对自己熟知的事物会带来的影响表达了肯定的态度。

以学历作为区分的实证结果虽然表明学历并不能较好地区分人群感知程度，但却透露出一个信号——无论学历水平，用户对移动支付的态度基本上是一致的。这一点并不容易，同期的其他产品如微博、微信、小红书都不能使社会全体形成一致观点。这说明移动支付产品功能、品牌公信力都较为成功，未来或许可以据此植入更多功能。

以职业作为区分的实证结果显示，学生对移动支付具有更低的风险判断，甚至倾向于忽略移动支付的各项风险。

以使用频率作为区分的验证显示，频率在高频及以上的用户的风险判断更高，认同的风险路径远多于低频使用的用户。这一结果看似出人意料——不常使用移动支付的人群并非因为感知风险高而谨慎使用，高频使用的人群也不是因为感知风险较低而放心使用。实际上关于这一点行为金融学的禀赋效应也给出了解释：人们对既有的物品价值看得比尚未拥有的人高。因此使用移动支付频率高的用户，对移动支付服务可能存在的风险更为重视。

以风险偏好作为区分的验证显示，低风险偏好的人群并未识别出更多的风险路径，相反，高风险偏好者认同的风险路径更多，路径影响更大。也就是说，低风险偏好者并非因为能够更好地识别风险而选择规避风险，而是简单地放弃可能性。这是典型的有限理性：在理想状况下，用户获取所有信息并按照个人的风险偏好识别风险。低风险偏好者厌恶风险、难以接受不确定事件，因此倾向于识别出大量的风险因素进行综合判断；高风险偏好者由于爱好风险，对风险因素的识别动力低于前者，因此可能识别出较少的风险因素。然而事实显示，低风险偏好者在识别风险时并没有显示出极大的厌恶状态，相反，高风险偏好者却识别了较多的风险因素。因此用户按风险偏好的划分结果将与理论结果不同，所谓的低风险偏好者可能只是因为对风险难以完全识别而放弃对事物的了解，选择全盘规避；而中高风险偏好者并没有表现出对风险的轻视。这启发我们，中高风险偏好者需要更加详尽的产品信息和可靠的实现途径，才能作出选择。

第五节 本章结论与建议

一、本章结论

本章的研究在已有文献和前人研究成果的基础上，参考座谈结果构建了移动支付感知风险的构面及其影响因素模型，通过问卷调查法收集数据，并利用结构方程模型对数据包含的信息进行了挖掘和解读，对各因素对移动支付具体感知风险维度的影响进行了深入的探讨，针对总体样本得到以下主要研究结论。

第一，根据用户对移动支付感知风险的问卷情况，我们得到用户对感知风险的关注程度排序为：服务风险为首，法律合规风险、隐私风险、功能风险和技术风险居中，财务风险与社会风险居末，用户的感知服务风险最需要关注与解决。

第二，平台因素对移动支付用户的感知财务风险和技术风险的影响均正向显著。即平台的知名度越高、平台母公司实力越强、平台的专业性等都降低了用户对这两大风险的感知，未通过的假设包括平台对感知法律合规风险和感知功能风险的影响，这说明不同平台在法律合规与功能上带给用户的顾虑是不明显的，这从侧面说明移动支付的发展存在不同平台功能趋同、支付同质化的问题。

第三，制度因素对移动支付的感知隐私风险和感知社会风险的影响是正向显著的。即监管水平、法规和条例的完善程度，影响用户对产品隐私风险和社会风险的认识。制度越严格、越完善，用户对产品可能承受的法律空白风险越小，但是违规风险越高。同时移动支付制度越严格、越完善，则会明显提高亲友、陌生人对移动支付的认同，降低用户对隐私泄露的预感。未成立的假设中有 1 个假设是“制度因素影响功能风险”，我们假设制度的严格性可能带来使用移动支付的不便，即可能提高感知功能风险。例如自从央行约谈各平台后，平台陆续作出反应：微信转账设置上限、提现收费，支付宝的余额宝使用受限等。但本次调查的结果显示，被访问者对这一逻辑并不认同，这是一个好的消息，制度的双刃性虽然会限制一些功能，但诸类限制并没有给用户造成明显的不便，证明目前制度的积极作用比消极作用更大，民众也更盼望制度进一步丰富和完善。

第四，社会环境对用户移动支付感知技术风险与感知社会风险的影响负向显著。这意味着环境因素显著影响感知社会风险和感知技术风险，社会宣传和社交圈口碑建设到位将极大地减轻社会的反对和质疑情况，同时将降低用户对产生技术漏洞、发生技术问题的预感。

第五，性别、年龄、职业、使用频率能够显著区分不同人群的风险路径，可以据此对人群进行划分，实现精准营销。

二、对策与建议

1. 引导用户高效利用服务功能，有针对性地改进客服服务

提高对服务的宣传、提升客服服务的存在度，不让原本完整的客服服务成为用户心中的摆设。可以通过在服务页面上方滚动提示如何使用客服服务、服务结束后收集用户意见来改进服务质量。另外提升人机对话的智能度，在用户否认当前问题时不再反复出现相同答案，并且应该在平台中主动告知客服服务的联系方式，方便大家在需要人工服务时随时联系，避免用户通过其他网站获取客服联系方式存在的信息风险。最后，加强人工服务的培训，为员工提供解决各种问题的模板，一类问题的统一解决方案。

2. 持续打造平台声誉与承担公益责任，平台活动不过分脱离平台属性

调查显示，用户对应用场景的需求趋于弱化，平台形象更受关注。用户看中平台属性，平台在进行营销活动时应珍惜自身属性，尽量“不变味”。

据此，我们建议，企业应着重打造公众形象，加强舆情引导。平台形象的持续打造可以从两个方面入手：第一，在平台内发展个人与公益结合的模块，在帮助用户完成个人目标的同时增强公益贡献，这有利于增强客户认同、提高企业声誉。例如增加个人财务管理功能、管理买买买计划，在用户实现财务目标时进行奖励，或者以用户名义对公益进行捐款等。还可以单独设立对保险政策提出建议、为保护环境捐款等功能。第二，成立小组进行舆论管理。对于舆情发生的种种疑问，做到及时回复和解答。对焦点问题进行整理并在官方媒体平台上进行解答，同时可以定期进行官媒播报，用视频、文章、问答形式对平台和平台活动进行传播。

通过关于平台活动的调查我们发现，支付宝曾举行的“圈子”活动，遭到了多数用户的反对。现行的“蚂蚁森林”活动也被一些用户认为，太过于强调社交的互动属性。支付宝的蓝图中一直包含社交，所以在增强产品社交属性上下了大功夫，然而事实却显示用户非常看重平台原有的属性，并且希望活动能尽量“不变味”。用户对活动的互动性给出黄牌更是印证了这一点：支付宝推广的发红包赚赏金、发链接抽大奖等活动，在老用户中反响一般，正是因为其过

于强调互动性而减弱了用户的参与动机。因此平台在进行活动时应尽量遵循定位，不过分脱离平台属性，对互动性的运用要适当和谨慎。

3. 加强对移动金融的立法，规范信息披露，丰富监管手段

第一，加强对移动金融的立法，健全相应的法律法规。移动支付的法律关系，不宜放在电子商务或传统金融领域里加以规定，需要专门立法。法律须由全国人大制定。国务院还应根据相关政策出台配套的行政法规，全面、系统地规范市场参与各方行为，不断完善投诉受理与处理机制。当前，我国应尽快制定《个人信息保护法》《互联网金融企业法》《电子货币法》等法律。只有明确各种类型移动金融企业的法律性质，哪些应纳入金融机构，哪些应纳入非金融机构，监管才能做到有法可依。

第二，强化行为监管，规范信息披露，丰富监管手段，注重监管效率。对移动支付企业内控制度建设与实施情况进行检查是行为监管的重点，敦促企业全力推进内控体系建设，制定明确、完善的内控政策，通过精细化管理切实提升风险防控能力；建立分工合理、职责明确的组织机构，明确所有与风险和内部控制相关的部门、岗位、人员的职责和权限；要求移动支付企业充分提示收费项目及标准、业务风险、售后服务、民事责任等与消费者有重大利害关系的内容。监管部门应督促企业实行严格的审计制度并及时披露信息，定期分析企业报送的财务报表、重大事项报告、交易纠纷、诉讼案件报告等，提供风险预警预报信息或风险排查整改意见，引导合规经营。监管部门要做好员工培训工作，尤其是应加强监管人员对移动金融新知识的学习，综合利用大数据监管等科技手段，促使监管效率不断提升。

第三，平衡好引导与监管的相互关系，明晰引导范围，优化引导方法。移动支付的发展和推广有利于普惠金融建设，在发展初期，监管机构应给予积极鼓励和支持，引导市场参与各方积极开展合作与创新，促其快速、健康发展。但引导不能代替监管，监管应牢守风险底线。对不良竞争和存在安全隐患等行为，监管必须及时使出重拳。当前，移动金融行业无论是某一子行业内部（如第三方支付行业下的不同企业之间），还是不同子行业（如第三方支付行业与电信运营行业）之间，均存在多种技术标准，业务规则也不统一，人为设置障碍问题严重。这些问题不但浪费社会资源，而且损害用户体验，并最终影响市场开拓和发展。政府应强化服务意识，组织市场参与各方进行定期交流，条件成熟时甚至可牵头成立行业协会，引导各方达成合作共识，尽快出台统一的行业技术标准。

4. 推动技术进步，发挥环境因素的有利影响

环境因素影响明显，技术进步仍扮演重要角色，我们建议重点关注生物识

别、区块链等技术的研发和利用，生物识别技术指利用人体的生理特征和行为，借助计算机和网络技术实现自动身份验证，主要包括虹膜识别、指纹识别、人脸识别、掌纹识别、脉搏识别、语音识别等，帮助客户通过手机完成生物识别认证。基于数字证书的身份认证技术和数字签名技术在移动支付的安全保障方面仍可继续发挥作用，着力探索区块链技术在移动金融领域的运用。区块链是一种把加密数据（区块）按时间顺序进行叠加（链）而生成的永久、不可逆向修改的记录，记录的数据分布式存储、点对点传输，传输效率高且较为安全。在病毒扫描、非法入侵和系统安全等方面，企业应与计算机杀毒领域的厂商积极合作，对移动支付服务平台进行风险评估，模拟并共同应对网络黑客的非法攻击。此外，还可以通过在适当时期提高媒体宣传力度来降低用户社会感知风险。

5. 区分用户群，实行精准营销

女性比男性表现出更强的羊群效应，受社会宣导与亲友评价影响显著。因此我们建议，平台可以举行“女性关注日”主题活动，甚至可以在3月8日进行，推出的活动只能由女性参加，女性用户可以邀请女性朋友一同参与，最终进行活动收益共享。一来在节日的气氛下，活动容易为人接受；二来此举适当利用了女性的从众心理，增强相关用户的活跃程度并推广了品牌。

年龄方面，实证显示，35岁以下的中青年人群比中老年人群更加关注平台因素与制度因素可能带来的影响。这一点提示我们在进行日常的平台建设的同时，需要关注这部分用户对制度信息的需求，可以在官方媒体平台上增加制度建设的信息，公布用户关注的法律合规问题与制度保障情况，或者可以在平台中针对这部分用户进行单独推送相关信息，帮助这部分用户做好心理建设。

职业信息显示，在校学生有着明显弱于其他职业的风险感知，这可能是由于缺乏阅历与使用习惯导致的，但对支付企业而言不失为一个好的信号。当下的学生会是未来的各行各业的从业者，学生时期形成的习惯将在未来发挥巨大的作用。因此企业可以针对学生进行多样的活动，一方面可以增强学生用户的使用黏度、获取更多的用户信息，另一方面可以打造平台形象，增强平台的公益属性。活动可以包括学生证打折活动、学生权益活动、赢取×××奖学金活动等，具体需要平台与商家进行沟通和协商，以为学生群体形成优惠为目标。

在使用频率作为区分的验证中，我们发现高频用户感知风险的影响路径远多于低频用户。这意味着低频使用者并非具有较高的风险意识而对移动支付进行回避，使用意愿低可能来源于其他方面，而高频使用者却恰恰相反，具有较高的风险意识。因此在面对依赖性较强的用户时，平台更应该重视用户诉求和风险保障，适当进行风险提示与风险措施的普及。

第二章　移动支付的操作风险

移动支付正成为人们日常生活中越来越不可或缺的重要组成部分，并已演变成我国经济和社会发展中的重要商业基础设施。然而，伴随着移动支付的快速发展，其面临的风险也日益突出，尤其是操作风险。

本部分通过比较和借鉴商业银行操作风险的各种度量模型，首先运用 AHP 法构建了评估我国移动支付操作风险的层次结构模型，并以互联网词条搜索量为主要原始数据，测算了我国移动支付的操作风险。结果表明，用户自身行为对移动支付的操作风险影响最大，其余依次是第三方支付平台、监管当局和电信运营商。然后，基于上述研究结果（用户对移动支付操作风险的影响最大），利用网络搜集的 275 个真实案例并采用损失分布法（LDA）和 Monte Carlo 模拟量化评估了移动支付用户各类操作风险的具体大小。随后，将数据扩充到 505 个进行二次实证检验。结果表明，“身份未确认类”操作风险给用户带来的损失最大（超过 3000 元），“密码安全意识类”“软件/技术安全类”“支付场景安全类”紧随其后，“手机硬件安全类”和“其他类”最低，但有上升趋势。这一分析结果能帮助移动支付用户获得直观感受并不断提高操作风险的自我防范能力。

通过对实证结果的分析，我们发现，用户作为移动支付的使用主体，一方面是移动支付操作风险的受害者，另一方面却是影响操作风险的最主要因素；支付平台是为用户提供移动支付的主要渠道，也是保障用户财产安全的重要主体；电信运营商能够起到“桥梁”作用，连接移动支付各参与方，同时也是数据传输的主要渠道；监管机构能够为移动支付环境的安全提供最有力保障。因此，用户是防范移动支付操作风险的关键力量，但支付平台、电信运营商以及监管当局都具有不可推卸的责任。各方应在金融新科技开发、用户隐私信息保护、大数据协同监管创新等方面不断深化合作，共同推进移动支付健康发展。

第一节　文献综述与理论分析

一、文献综述

通过梳理移动支付操作风险的研究成果，能够及时了解并从中界定出移动支付操作风险的科学概念，这是正确评估其操作风险的重要前提。

1. 关于移动支付用户风险、操作风险的文献综述

对移动支付用户而言，操作不当带来的风险是最常见也是最容易发生的。其中，为求一时快捷或方便而对操作风险损失估计不足是关键原因。在用户层面，不少学者研究了用户对是否愿意使用移动支付的感知风险。这些文献大多基于UTAUT模型，或改变控制变量，或结合其他模型（如TAM模型等）和理论（如交换理论、双因素理论等），相关数据主要通过问卷调查获得，实证过程主要围绕“哪些因素会影响用户对移动支付的使用意愿”等主题展开。例如，张虎等人（2017）利用MaxDiff调查法对移动支付用户进行测量，将其分为“安全和场景”“优惠和便捷”“功能和速度”三类[①]。陈晓颖和邱国栋（2017）从移动支付系统特征和社会影响的角度，构建用户的技术接受模型[②]。Jalayer等（2017）采用结构方程模型（SEM）和412家餐厅的客户相关数据，实证分析了北美餐馆客户对NFC的使用意愿情况，并结合UTAUT和TAM模型解释了NFC未受欢迎的原因[③]。基于网上搜集到的289份数据，Mihail & Houda（2016）的实证结果显示，感知风险是决定用户是否使用NFC的最重要因素[④]。Liébana-Cabanillas等（2017）以TAM模型为基础，纳入信任和感知风险，通过分析用户的性别、年龄等因素，研究得出感知风险与用户的使用意愿呈负相关关系[⑤⑥]。以支付宝为研究对象，李琪等（2018）基于TAM和IDT理论，构建了支付宝的用户采纳模型，实证结果显示，感知易用性、有用性以及感知信任会促使用户对支付宝的使用，而感知风险会削弱用户的信任，从而影响使用意愿[⑦]。这些成果给我们最大的启示在于，心理因素是研究移动支付操作行为时极其重要的一个角度。本章后面的理论分析部分将充分借鉴这些研究经验。

---

① 张虎，王国华，郑文芳．基于MaxDiff和潜在类别分析的移动支付客户细分研究［J］．数理统计与管理，2017（3）：506－517.

② 陈晓颖，邱国栋．第三方移动支付的用户使用意愿研究——基于系统特征和社会影响视角［J］．管理现代化，2017（5）：79－82.

③ Jalayer K, Ahmet B O, Anil B. Security-Related Factors in Extended UTAUT Model for NFC Based Mobile Payment in the Restaurant Industry [J]. *Computers in Human Behavior*, 2017 (70): 460－474.

④ Mihail C, Houda T. An Integrated Value-Risk Investigation of Contactless Mobile Payments Adoption [J]. *Electronic Commerce Research and Applications*, 2016 (20): 159－170.

⑤ Liébana-Cabanillas F, Muñoz-Leiva F, Sánchez-Fernández J. A Global Approach to the Analysis of User Behavior in Mobile Payment Systems in the New Electronic Environment [J]. *Service Business*, 2017: 1－40.

⑥ 陈洋．基于移动支付服务价值的互联网支付用户渠道转移行为研究［D］．镇江：江苏大学，2016.

⑦ 李琪，殷猛，孙乔．我国消费者支付宝钱包使用意向研究——基于TAM和IDT理论［J］．大连理工大学学报（社会科学版），2018（1）：23－29.

在操作风险研究方面，现有文献对操作风险定义的研究主要是围绕银行具体业务展开的，其中《巴塞尔协议》中的定义被很多学者采纳。该定义认为，操作风险是指“由不完善或有问题的内部程序、人员及系统或外部事件所造成损失的风险。本定义包括法律风险，但不包括策略风险和声誉风险①”。在利用标准法度量操作风险时，巴塞尔委员会将银行业务分为 8 类：企业财务、交易和销售、零售银行、商业银行、支付和结算、代理服务、资产管理以及零售经纪；在使用内部衡量法时，巴塞尔委员会又将操作风险事件分为 7 类：内部欺诈（IF）、外部欺诈（EF）、就业政策和工作场所安全性（EPWS）、客户产品及业务操作（CPBP）、实体资产损失（DPA）、业务中断和系统失败（BDSF）、执行和交割及流程管理（EDPM）②。因此，该定义中的操作风险事件实际上是一个 8×7 的二维矩阵形式，这为我们划分移动支付的操作风险提供了很好的参照标准。

在通信技术和电子商务等快速发展的当今社会，快速发展的互联网金融隐藏并已产生了一些风险，其中操作风险引起了一些学者的重点关注。例如，王绍龙（2013）从硬件设施、操作人员主观心理等方面介绍了影响网上银行操作风险的因素，认为细节对分析操作风险意义重大③。张松等（2013）认为金融信息化的操作风险主要有：新型支付方式带来的操作风险、互联网背景下银行自我防护以及业务经营的操作风险④。郑联盛（2014）指出，从典型业务模式来看，互联网金融有其特定的风险，其中基于人为和程序技术的操作风险更为凸显⑤。阮清娴（2015）认为互联网为保险业带来了更大的操作风险，由于互联网的开放性，为客户提供了更多样化的产品和服务，导致客户操作风险增加，同时也增加了工作人员操作失误的可能性⑥。李克穆（2016）认为，互联网金融的操作风险“主要是产品开发设计缺陷及业务操作失误导致的风险”⑦。

虽然移动支付是互联网金融的核心分支（吴晓求，2015）⑧，其隐藏的较大

---

① 巴曙松，王思奇，金玲玲．巴塞尔Ⅲ下的银行操作风险计量及监管框架［J］．大连理工大学学报（社会科学版），2017（1）：36－42.

② 鲁政委，陈昊．巴塞尔协议Ⅲ操作风险资本监管的新标准法与实施挑战［J］．金融监管研究，2019（4）：1－14.

③ 王绍龙．网上银行操作风险及其防范研究［D］．天津：天津大学，2013.

④ 张松，史经伟，雷鼎．互联网金融下的操作风险管理探究［J］．新金融，2013（9）：33－36.

⑤ 郑联盛．中国互联网金融：模式、影响、本质与风险［J］．国际经济评论，2014（5）：103－118.

⑥ 阮清娴．我国互联网保险的操作风险分析——以众安保险为例［D］．广州：暨南大学，2015.

⑦ 李克穆．互联网金融的创新与风险［J］．管理世界，2016（2）：1－2.

⑧ 吴晓求．互联网金融：成长的逻辑［J］．财贸经济，2015（2）：5－15.

风险已对我国监管制度造成巨大挑战（封思贤、包丽红，2016）①，但在研究互联网金融操作风险时，绝大部分文献的研究对象要么是整体意义上的互联网金融，要么是互联网金融中另一个分支——P2P（互联网金融国家社科基金重大项目课题组，2015）②。少量文献从定性层面解释了移动支付的操作风险。例如，张艳等（2015）认为，移动支付的操作风险是指，由于移动支付技术的不完善性，以及有问题的内部操作流程设计等因素导致移动支付业务流程中当事人操作纰漏，进而致使当事人遭受直接或者间接损失的风险③。我们从搜集到的大量真实案例中发现，在引发移动支付操作风险的所有因素中，用户自身风险意识不强等因素占比很高，因而，前述定义中把操作风险产生的原因主要归于支付技术或支付服务的提供方是有待商榷的。

移动支付的参与主体众多、流程复杂，任何一方的任何一个环节都会诱发操作风险（谢平、刘海二，2013）④。关于如何界定移动支付的操作风险，我们还很难做到囊括上述所有当事人及其所有的操作行为。借鉴商业银行操作风险的界定标准和前述研究成果，我们将移动支付操作风险界定为：由于移动支付用户不正当操作或薄弱的安全意识、支付机构硬件及软件和无线网络的脆弱性以及监管当局管理漏洞等造成损失的风险。

2. 关于操作风险测度的文献综述

在经济和金融等研究领域，学者们在量化研究操作风险时主要针对的是商业银行，主流方法包括极值理论法、损失分布法（LDA）、贝叶斯网络法等。实务中，根据《巴塞尔协议Ⅲ》的规定，银行测度操作风险的方法包括基本指标法（BIA）、标准法（SA）和高级计量法（AMA）等。

国外相关研究：Omid Momen 等（2012）基于损失分布法，重点研究了伊朗银行的操作风险⑤。由于商业银行操作风险具有“低频率、高风险”的特点，Fengge Yao 等（2013）使用 EVT 法构建了操作风险的 CVaR 模型，运用牛顿迭代算法计算得出不同分组的似然估计参数，返回结果显示，EVT 法能很好地衡

① 封思贤，包丽红. 监管第三方支付机构的博弈分析［J］. 中国经济问题，2016（4）：49-60.

② 互联网金融国家社科基金重大项目课题组. 互联网金融的发展、风险与监管——互联网金融发展高层论坛综述［J］. 经济研究，2015（11）：183-186.

③ 张艳，帅青红，王坤. 我国移动支付的运营模式、风险与风险监管研究［J］. 电子科技大学学报（社科版），2015（4）：43-49.

④ 谢平，刘海二. ICT、移动支付与电子货币［J］. 金融研究，2013（10）：1-14.

⑤ Omid Momen, Alimohammad Kimiagari, Eaman Noorbakhsh. Modeling the Operational Risk in Iranian Commercial Banks: Case Study of a Private Bank［J］. Journal of Industrial Engineering International, 2012, 8（1）：1-10.

量商业银行的操作风险①。考虑了操作风险数据之间的依赖性和稀缺性，Eike Brechmann 等（2014）应用灵活的 Copulas 函数评估了操作风险资本占总体风险资本的比例，最后得出的结果比巴塞尔委员会规定的标准低了 38%②。通过分析《巴塞尔协议Ⅲ》对银行操作风险测量方法提出的更高要求，Jose、Enrique 和 Ola（2015）等选取 1994—2009 年间 3959 个操作风险事件，利用 LDA 法进行实证研究，并强调在进行内部计量时要注重对操作损失过度分散现象的关注③。Jinmian Han 等（2015）以中国商业银行在 1995—2012 年间公布的 533 项操作风险损失事件为样本，使用 POT 模型量化了其操作风险④。Xiaoping 等（2016）认为，估计的稳定性是度量模型的关键，若运用最大似然估计法（MLE）、损失分布法等估计操作风险的资本，则会与现实存在显著偏差；可将加权最小二乘法引入估计模型来改进损失分布法⑤。Jose 等（2016）采用一种新的贝叶斯方法识别和度量了商业银行的操作风险⑥。James E. McNulty 等（2017）认为银行较弱的内部控制可能会带来过多的诉讼（即操作风险），因此为研究银行内部控制强弱对操作风险的影响，其使用了 OLS 模型和面板数据加以研究⑦。

国内相关研究：丰吉闯等（2011）运用极值理论法和损失分布法分别度量了商业银行的操作风险，认为商业银行本身对于模型的运用是影响其操作风险度量的关键因素，而非模型的选择⑧。考虑到大量数据难以获取，宋坤、刘天伦（2012）基于贝叶斯网络模型构造了稳态的 Markov 链，并通过 WinBUGS 软件测

---

① Fengge Yao, Hongmei Wen, Jiaqi Luan. CVaR Measurement and Operational Risk Management in Commercial Banks According to the Peak Value Method of Extreme Value Theory [J]. *Mathematical and Computer Modelling*, 2013 (58): 15 - 27.

② Eike Brechmann, Claudia Czado, Sandra Paterlini. Flexible Dependence Modeling of Operational Risk Llosses and its Impact on Total Capital Requirements [J]. *Journal of Banking & Finance*, 2014 (40): 271 - 285.

③ José M F, Enrique J, Ola S. Tackling the Over-Dispersion of Operational Risk: Implications on Capital Adequacy Requirements [J]. *North American Journal of Economics and Finance*, 2015 (31): 206 - 221.

④ Han, J. M., Wang, W., Wang, J. Q. POT Model for Operational Risk: Experience with the Analysis of the Data Collected from Chinese Commercial Banks [J]. *China Economic Review*, 2015 (36): 325 - 340.

⑤ Xiaoping Z, Antonina V D, Frank J F. On Stability of Operational Risk Estimates by LDA: From Causes to Approaches [J]. *Journal of Banking & Finance*, 2016 (68): 266 - 278.

⑥ Martínez-Súnchez, José Francisco, Martínez-Palacios, María Teresa V, Venegas-Martínez, Francisco. An Analysis on Operational Risk in International Banking: A Bayesian Approach (2007—2011) [J]. *Estudios Gerenciales*, 2016, 32 (140): S0123592316300390.

⑦ James E. McNulty, Aigbe Akhigbe. What do a Bank's Legal Expenses Reveal about its Internal Controls and Operational Risk? [J]. *Journal of Financial Stability*, 2017 (30): 181 - 191.

⑧ 丰吉闯，李建平，高丽君. 商业银行操作风险度量模型选择分析 [J]. 国际金融研究，2011 (8): 88 - 96.

算了小样本数据下操作风险的 VaR[①]。对于商业银行操作风险的“高频低损”和“低频高损”两类事件，王宗润等（2012）利用 1994—2010 年间 426 个操作风险损失数据，结合 Bootstrap 抽样法和损失分布法（LDA），分别使用对数正态分布和广义帕累托分布进行了分布拟合[②]。陆静和张佳（2013）基于 1990—2010 年间中国商业银行操作风险的损失数据，使用非寿险精算的信度理论测度了商业银行的操作风险[③]。理论分析操作风险价值的形成机理，张明善等（2014）基于操作风险损失强度符合 Weibull 分布的前提，通过推导得出操作风险的监管资本和度量精度是随着 Weibull 分布参数的变动而变动[④]。随着金融全球化的发展，商业银行面临的操作风险逐渐增加，汪冬华和徐驰（2015）以厚尾分布的非参数法为主要工具，对我商业银行的操作风险进行度量，最终给出了 VaR 的点估计法和区间估计法[⑤]。基于损失分布模型框架，莫建明等（2015）将监管资本变动作为控制变量，对操作风险度量精度进行了研究，实证结果发现，监管资本越高，度量精度越低，而频数参数和置信度也有一定影响[⑥]。通过搜集到的银行内部数据和外部数据，高丽君和高翔（2017）利用幂率模型调整外部数据，并结合两阶段阈值未知参数混合模型选择适合的损失强度分布，从而度量银行内部操作风险[⑦]。

总体上，关于移动支付的研究多数从用户层面研究技术接受度和感知风险或者从理论层面分析移动支付的使用风险，很少有学者系统分析移动支付的操作风险，对于移动支付操作风险的测度更是少见。在操作风险度量方面，绝大多数是基于商业银行数据进行测度的，选择度量模型并不仅限于巴塞尔委员会所提供的几种，而是根据数据特征进行挑选，这为我们选择合适的模型提供了思路。

---

① 宋坤，刘天伦．小样本下贝叶斯参数估计法对操作风险的度量［J］．统计与信息论坛，2012（8）：27－32.

② 王宗润，汪武超，陈晓红，王小丁，周艳菊．基于 BS 抽样与分段定义损失强度操作风险度量［J］．管理科学学报，2012（12）：58－69.

③ 陆静，张佳．基于信度理论的商业银行操作风险计量研究［J］．管理工程学，2013（2）：1160－1167.

④ 张明善，唐小我，莫建明．Weibull 分布下操作风险监管资本及度量精度灵敏度［J］．系统工程理论与实践，2014（8）：1932－1943.

⑤ 汪冬华，徐驰．基于非参数方法的银行操作风险度量［J］．管理科学学报，2015（3）：104－113.

⑥ 莫建明，刘锡良，卿树涛．损失分布法下操作风险度量精度变动规律［J］．统计研究，2015（1）：79－87.

⑦ 高丽君，高翔．基于混合数据的银行操作风险参数混合模型分析［J］．中国管理科学，2017（5）：11－16.

二、CAS 理论视角下移动支付系统的复杂适应性

用户是移动支付操作风险的最直接受害者。在现实和理论层面，用户产生操作风险的原因之一是对移动支付系统及其特征认识不足。约翰·H. 霍兰等（2011）认为，“一个城市的协调运作，似乎是与人们永不停止的流动和他们形成的种种结构分不开的……没有哪个组成要素能够独立地保存不变，但城市本身却延续下来了①。”这样的系统被称为复杂适应系统（CAS），其一般包括七个基本点，即四个特性（聚集、非线性、流、多样性）和三个机制（标识、内部模型、积木）。

在移动支付的 CAS 系统中，其基本点的释例如表 2－1 所示。

表 2－1 移动支付复杂适应系统中的基本要素②

基本点	含义	释例
聚集（aggregation）	（1）简化复杂系统的一种标准方法；（2）简单主体形成具有高度适应性的机制	（1）各种移动支付工具操作流程简单、相似；（2）移动支付工具越来越大众化，海量的线上和线下交易都通过在支付平台上的“聚集”完成
标识（tagging）	隐含在 CAS 中具有共性的层次组织机构背后的机制	每一个移动支付平台都有自身相对规范的运营机制，都建立了各自的商标
非线性（nolinear）	不能用简单的线性函数求解，非线性引起 CAS 的复杂性	单个支付工具可拥有很多使用者；单个使用者可能不会只用一种支付工具
流（flows）	具有乘数效应和再循环效应	移动支付打破了场地和时间限制，促进了现金流、物流、信息流的加速运转
多样性（diversity）	是一种动态模式，通常具有持存性和协调性	指纹支付、扫脸支付、NFC 支付、虹膜支付等共同发展，聚合支付不断创新
内部模型（internal model）	实现预知的机制，有隐式的和显式的两类	支付平台可根据用户交易记录，推断用户消费习惯或授信（大数据技术）
积木（blocks）	能够生成内部模型	普通员工、管理人员、技术人员等组成了支付平台、物流公司等内部组织

① 约翰·H. 霍兰，陈禹，方美琪．隐秩序：适应性造就复杂性［M］．周晓牧，韩晖，译．上海：上海科技教育出版社，2011.

② 表中部分内容参考自：约翰·H. 霍兰，陈禹，方美琪．隐秩序：适应性造就复杂性［M］．周晓牧，韩晖，译．上海：上海科技教育出版社，2011.

根据 CAS 理论，结合移动支付的基本流程（见图 2－1），可以明确移动支付系统也是一个复杂适应性系统：由“聚集”形成的主体有各种类型的用户，如消费者、商家等；而各类商家都有其自身的商标或标志，此为“标识”；“多样性”体现在支付技术种类繁多、应用场景丰富、参与主体多元等方面；“流”主要包括信息流、资金流和物流，信息在买家、平台、卖家等之间的流动，以及金钱和货物的进出都形成了复杂的流；每一个支付过程都不是简单的金钱由买家向卖家的转移，其中还会涉及第三方支付平台、电信运营商，甚至银行等，因此“非线性”体现了交易过程中“内部模型”的运作；简单的“积木”通过改变组合方式生成内部模型，形成复杂的系统，如移动支付系统员工、管理人员、技术人员等能够组成支付平台、物流公司等内部组织。从图 2－1 可知，简单个体的组合构成了纷杂的买家与卖家体系、物流体系及支付体系等，每个体系因个体行为习惯的不同又可细分为不同类型，如消费者体系中的个体可分为习惯型、理智型、经济型、冲动型等。

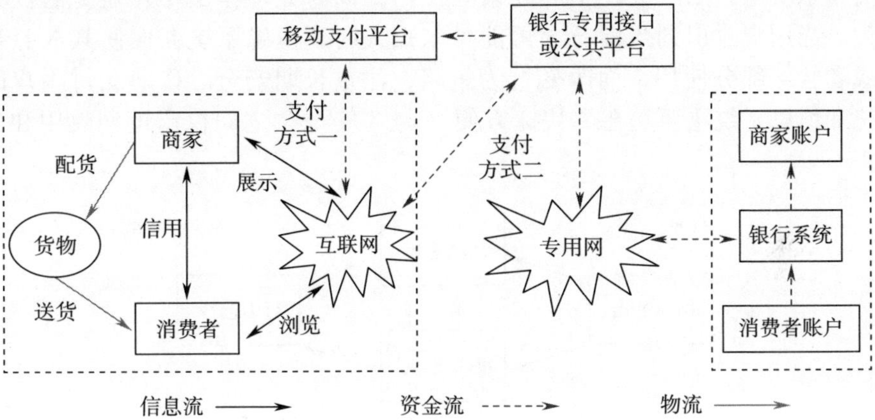

图 2－1　用户（消费者）的移动支付流程①

移动支付系统的上述复杂性特征表明，任何一个环节都会诱发操作风险，虽然表面上看去只是用户自身的操作风险，但实际上是包括商家、平台等各环节在内的潜在风险点交织在一起形成的最终结果。移动支付系统的上述适应性特征意味着，操作风险虽不可避免但具有部分“自我消化”能力，“自我消化”的程度主要依赖于处置各个环节潜在风险点的协调能力；只要将风险控制在有效范围内，移动支付系统就会不断提高适应新变化的能力，从而推动移动支付

① 中国电信移动支付研究组. 走进移动支付：开启物联网时代的商务之门［M］. 北京：电子工业出版社，2013.

行业持续创新。对于用户而言，应该认识到移动支付系统的复杂性，提高对交易对象真实性、支付平台合法性、支付环境及支付技术安全性等环节的辨识能力，不断学习各式风险防范手段，提高自身适应移动支付系统的综合能力。

三、行为经济理论视角下用户的操作行为

用户产生操作风险的另外一个原因是对自身操作行为的理性程度过分高估。正确认识用户行为一方面能够为选择评估移动支付操作风险模型提供关键前提，另一方面为防范相关风险提供根本措施和重要保障。

用户操作风险的发生与其自身行为密不可分。根据行为经济学中的“二元心理假说”可知，一般情况下，对于来自外界的信息冲击个体会将其分为相互独立又密不可分的两类系统：情绪系统和慎思系统（见图2－2）。其中，情绪系统是指贪图眼前利益，注重当期或短期效用最大化；慎思系统则更加关心长期效用。例如，当用户在使用移动支付时，某些操作可能会突然带来一些风险。根据情绪系统论，用户会在不放弃某些使用的同时立即作出尽量避免隐性损失的行为。当用户意识到当前行为可能带来损失时，慎思系统会促使其放弃某些尝试或者暂停部分使用，而改变行为策略，注重长期安全。移动支付用户的情绪系统和慎思系统主要是在“快捷方便”与“安全”之间权衡短期效用和长期效用。

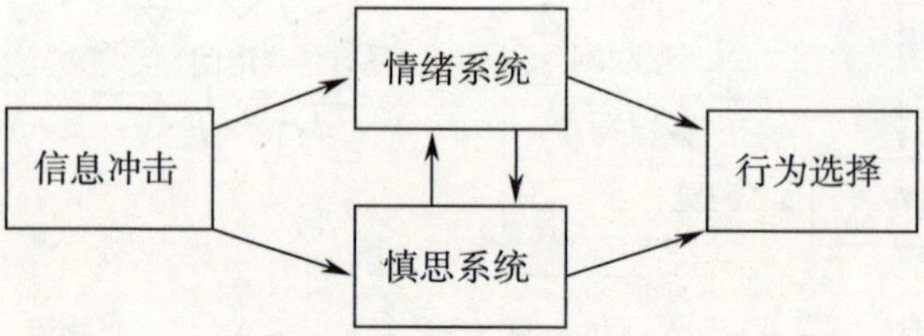

图2－2 用户操作行为的二元心理系统①

例如，某用户没有手机锁屏的习惯，如果这时有人提醒他，手机不锁屏可能会带来金钱损失，尤其是在使用移动支付的情况下。那么，这位用户又会如何选择呢？是选择继续使用移动支付并设置手机锁屏，还是放弃使用移动支付而不设置手机锁屏呢？

假设：在使用和放弃之间，用户选择的是使用移动支付行为（x_1）；在锁屏与不锁屏之间，用户选择的是手机锁屏行为（x_2）；使用移动支付带来的便捷效用为 x_{11}，安全效用为 $-x_{12}$（因使用移动支付会给人们带来便利，故便捷效用为

① 董志勇．行为经济学原理［M］．北京：北京大学出版社，2006.

正；又因移动支付存在一定风险，故安全效用为负）；手机锁屏带来的便捷效用为 $-x_{21}$，安全效用为 x_{22}（锁屏会让用户觉得每次使用时都要开锁、有点麻烦，故锁屏的便捷效用为负；同时，锁屏会大大降低风险，故锁屏的安全效用为正）。由于我们讨论的是移动支付中的操作风险，因而用户选择“使用移动支付”，即 $x_{11} > x_{12}$。在锁屏这个行为上，每个个体的便捷效用和安全效用大小则随用户的心理评估价值不同而变化。

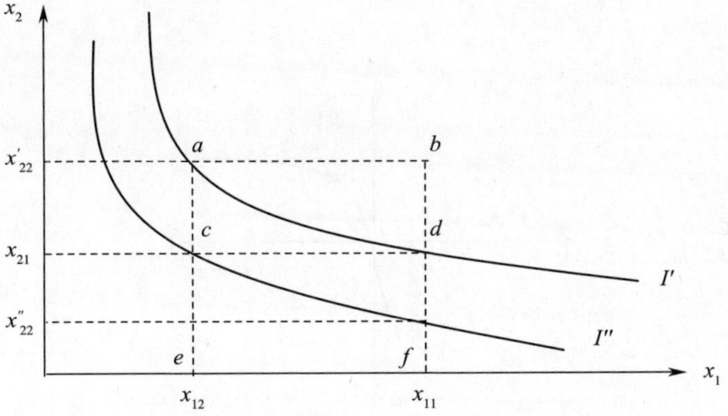

图 2－3 消费者行为选择的无差异曲线

根据上述分析，用户共有四种效用组合：（x_{11}，x_{21}）、（x_{11}，x_{22}）、（x_{12}，x_{21}）、（x_{12}，x_{22}）当（$x_{21} < x'_{22}$）时，使用者有四种方案可选，即图 2－3 中的 a、b、c 和 d。基于我们的研究前提，用户可选择方案 b、d，由图 2－3 可知，b 的效用大于 d 的效用，因此用户此时的选择是（$x_{11} < x'_{22}$），则对应的行为选择为（使用移动支付，手机锁屏）；当（$x_{21} > x''_{22}$）时，用户会有 d 和 f 两种方案可选，显然 d 的效用大于 f，故用户的选择是（x_{11}，x_{21}），则对应的行为是（使用移动支付，手机不锁屏）。因此，要想知道用户是否选择“手机锁屏”，必须清楚“手机锁屏”行为带来的便捷效用或安全效用的大小。

根据“前景理论”，在一定风险条件下，人们会依据参照依赖、损失厌恶、敏感度递减进行行为选择的价值评估。所谓“参照依赖”是指每个个体对于损失和获得都存在一个心理界定，超过某一临界值即可视为损失，低于该临界值即为获得；“损失厌恶”是指等量损失给人们带来的影响比等量获得更大（见图 2－4）。董志勇（2006）曾表示，“在金钱（或在其他失去和所得能够被衡量时）方面，人们对失去的价值感通常是相同数量所得的两倍”①。“敏感度递减”

① 董志勇．行为经济学原理［M］北京：北京大学出版社，2006.

是指随着损失或获得的增加，人们对其价值评估的边际变化量会不断减少，因此大部分人往往是风险厌恶型。那么，用户是否会选择“手机锁屏”这一行为，首先就需要确定“手机锁屏”行为的“价值”，然后人们才能将“手机锁屏”的实际价值与自身的心理价位进行比较。“手机锁屏”的价值就是前文所说的“手机锁屏”带来的“安全效用”，而用户自身对“手机不锁屏”所带来的“损失值”会有最大值限定，即“参照依赖”。若“损失值”超过或等于（符合“损失厌恶”）“安全效用”，用户会选择“手机锁屏”；反之，则会选择“手机不锁屏”。

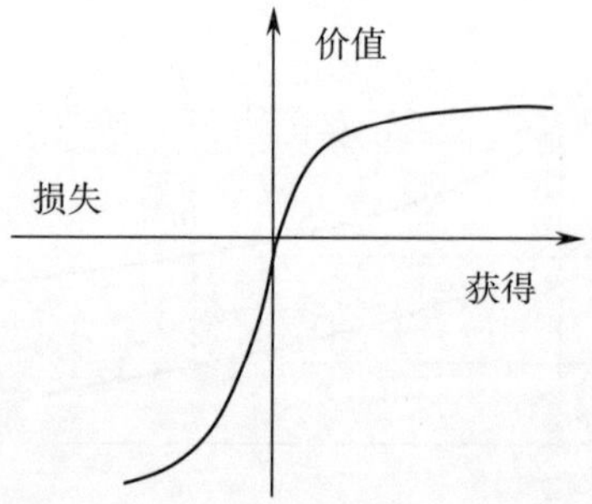

图 2-4　损失和获得的效用曲线①

由于不同用户个体之间存在巨大差异性，且即使是同一个体在不同应用场景下也会存在情绪上的差异，所以，测算心理价位的工作将十分艰难。换个角度，如果我们能测算到“手机锁屏”的安全效用或“手机不锁屏”等行为在现实中的平均损失，那么，用户将会依据这个标准来决定自己的操作行为。

综上所述，正确界定移动支付的范围、了解移动支付运作流程、认识移动支付系统的复杂性以及确定用户行为价值是评估和测度移动支付操作风险的关键。

第二节　操作风险度量模型的比较与选择

目前，商业银行操作风险的度量模型主要来源于《巴塞尔协议》，分为基本指标法、标准法和高级计量法。巴塞尔委员会又进一步将高级计量法划分为内部衡量法、记分卡法和损失分布法；学术界更多地将高级计量法细分为损失分

① 董志勇．行为经济学原理［M］．北京：北京大学出版社，2005.

布法（LDA）、极值理论法（EVT）、AHP 法和贝叶斯网络法等[①]。

一、基本指标法（BIA）

此方法主要根据银行的总收入来判定操作风险（K）的大小。这里的总收入为净利息收入加上非利息收入，代表着商业银行操作风险的暴露程度，主要用于反映所有准备金的总额，不包括银行账户上出售证券实现的利润或损失及特殊项目和保险的收入。涉及的函数有

$$K_{BIA} = GI \times \alpha \tag{2.1}$$

其中，K_{BIA}表示需要的资本；GI 表示前三年银行总收入均值，此处收入应为正，当应剔除收入为负或者为零时年份的数据；α 是固定比例系数，一般为 15%，主要目的是根据行业水平反映监管资本水平。

该方法的主要优点有：(1) 简单易操作、成本低，不需要花费人力物力来开发新的度量模型；(2) 适用于历史损失数据不足的情况；(3) 适用于中小非跨国银行等。主要缺点有：(1) 所用收入数据在银行间不具可比性；(2) 没有考虑如业务结构等细节问题，导致结果敏感性不高；(3) 不适用于大中型银行等[②]。

二、标准法（SA）

巴塞尔委员会将银行业务分为 8 类，分别是公司金融、交易和销售、零售银行业务、商业银行业务、支付和清算、代理服务、资产管理和零售经纪。标准法则是先分别计算每类业务的操作风险，然后将 8 类业务的操作风险加总得到总的操作风险。故操作风险的资本计算公式为

$$K_{TSA} = \sum_{i=1}^{8} GI_i \times \beta_i \tag{2.2}$$

其中，$GI_{1\sim8}$表示每类业务近三年总收入均值；β_i 是不同业务部门的总收入水平所需的必需资本规定的百分比，由巴塞尔委员会统一规定[③]（具体数值见表 2 - 2）。

---

① 张金清．金融风险管理［M］．上海：复旦大学出版社，2011.

② 此处的计算方法和优缺点分析参考安娜・S. 彻诺拜，斯维特洛扎・T. 维特夫，法兰克・J. 法伯兹．操作风险：新巴塞尔协议资本要求、模型与分析指南［M］．龙海明，主译．大连：东北财经大学出版社，2010.

③ 巴塞尔金融管理委员会．国际清算银行（2006b）［EB/OL］．国际清算银行网站，https://www.bis.org/.

表2-2 标准法下的β值

业务单元	部门	β
投资银行	公司金融	18%
	交易和销售	18%
银行	零售银行业务	12%
	商业银行业务	15%
	支付和清算	18%
其他	代理服务	15%
	资产管理	12%
	零售经纪	12%

SA法的最大优点是将银行业务进行了分类，且不同业务规定有不同的β系数，可操作性强，比基本指标法得到的结果更加准确。存在的缺点主要有：由于β系数是一个固定比例，没有考虑到不同银行业务部门的不同特点，故敏感性不高；未体现出银行业务部门之间的关联性；同一业务下可能会存在不同类型的操作风险事故，但未给予考虑，从而削弱了风险防范措施的针对性①。

三、高级计量法（AMA）

巴塞尔委员会规定，一些大型银行可根据《巴塞尔协议》定性和定量标准向监管当局申请采用高级计量法来度量操作风险，只要该方法具有一定的系统性和综合性。具体方法如下：

1. 内部衡量法（IMA）

银行假定预期损失和意外损失之间具有稳定的线性关系，根据历史损失数据计算每类业务的风险发生概率和损失值，结合事先规定的风险暴露指标计算每类业务的最终损失。操作风险资本配置的函数为

$$K = \gamma N \cdot P \cdot L \quad (2.3)$$

②

其中，K表示操作风险的资本金，γ是巴塞尔委员会规定的系数，N是一个量化指标，P为风险发生概率，L是每类业务由操作风险造成的损失额度。

该方法使用了银行内部历史数据，反映了银行自身的风险特征，得到的结

① 此处的计算方法和优缺点分析参考安娜·S. 彻诺拜，斯维特洛扎·T. 维特夫，法兰克·J. 法伯兹. 操作风险：新巴塞尔协议资本要求、模型与分析指南［M］. 龙海明，主译. 大连：东北财经大学出版社，2010.

② 张金清. 金融风险管理[M]. 上海：复旦大学出版社，2011.

果更为精确，也比前两种方法更具敏感性。然而内部数据难以获得，且相比于前两种方法需要更多的人力物力等难题是其推广的最大阻力；由于银行操作风险一般源于内部，因此外部数据来源不具可比性。

2. 记分卡法（SCA）

该方法是一种高度定性的方法。主要有以下6个步骤：（1）将所涉及业务分类；（2）将每个风险单元进行流程细分，找出业务流程；（3）确定每个流程的风险因子；（4）设计记分卡，由专家对风险发生概率打分；（5）汇总流程得分，从而得到每个风险单元发生风险的概率；（6）由专家确定每个风险单元发生风险事件的损失程度，并计算出操作风险资本，具体算法为

$$K_{SCA} = \sum_{i}\sum_{j} EI(i,j) \times \omega(i,j) \times RS(i,j) \tag{2.4}$$ ①

其中，$EI(i,j)$ 表示 i 类业务的 j 类操作风险的暴露指标；$\omega(i,j)$ 表示 i 类业务的 j 类操作风险可能的损失程度；$RS(i,j)$ 表示 i 类业务的 j 类操作风险的发生概率。该类方法不依赖大量损失数据，但每一项指标和权重却依赖专家设计，因而存在主观性和随意性较强等局限性。

3. 损失分布法（LDA）

损失分布法是目前测度银行操作风险最为复杂的方法，其核心思想是根据银行数据分别构建损失频率分布函数和损失强度分布函数。受数据有限性影响，该方法通常会利用蒙特卡罗模拟得到更多的拟合数据以计算每类业务的在险值。

损失分步法首先根据历史数据拟合出损失频率分布函数，主要函数类型有：

（1）二项分布

该分布是最简单的分布之一，假设事件之间是相互独立的，且只有两种结果，即发生和不发生，其中发生的概率为 p，则该事件在一段时间内发生的次数服从二项分布，即

$$P(x = k) = C_n^k p^k (1-p)^{n-k}, k = 0,1,\cdots,n \tag{2.5}$$ ②

其中，k 表示某类操作风险发生的次数。此时，其期望值和方差分别为 np 和 $np(1-p)$。

（2）几何分布

几何分布的前提条件是事件与概率之间是相互独立的，且概率是一个固定的常数。在某一特定时间范围内，事件发生的概率为 p，则事件第 k 次首次发生

---

① 张金清. 金融风险管理[M]. 上海：复旦大学出版社，2011.

② 李晶晶. 我国商业银行操作风险实证研究——基于蒙特卡洛模拟的损失分布法[D]. 湘潭：湘潭大学，2014.

的概率为

$$P(x=k)=(1-p)^{k-1}p, k=1,2,\cdots \text{①} \tag{2.6}$$

该公式意味着前面的 $k-1$ 次事件均是失败的，直到第 k 次才成功发生。

（3）泊松（Poisson）分布

二项分布需要知道一段时间内操作风险发生的总次数 n，显然数据难以得到。当某类操作风险发生的概率很小，发生的次数很大，且二者的乘积为有限值时，可以使用 Poisson 分布，即二项分布趋近于 Poisson 分布。

$$P(x=k)=\frac{\lambda^k}{k!}e^{-\lambda}, \lambda=np \text{②} \tag{2.7}$$

在实际情况中，当 $n\geqslant 20$，$p\leqslant 0.05$ 时，使用 Poisson 分布比二项分布好；当 $n\geqslant 100$，$np\leqslant 10$ 时，效果会更好。

（4）负二项分布

负二项分布又称帕斯卡分布，是泊松分布的一种特殊形式。其中 λ 服从伽马分布，实质上负二项分布就是泊松分布与伽马分布的结合。

$$P(x=k)=\binom{n+k-1}{k}^k p(1-p)^n, k=0,1,\cdots \text{③} \tag{2.8}$$

其中，$p=\dfrac{\beta}{1+\beta}$；k 表示某类操作风险发生的次数；n 和 β 可用伽马分布拟合得到。

其次，损失分布法需要拟合出损失强度的分布函数，主要涉及的函数类型有：

（5）正态分布

正态分布是一种理想型分布，其密度函数曲线是对称的钟形。

$$f(x)=\frac{1}{\sqrt{2\pi}\sigma}e^{-\frac{(x-\mu)^2}{2\sigma^2}} \text{④} \tag{2.9}$$

其中，μ 表示均值，σ^2 表示方差，反映随机变量的离散程度。

---

① 安娜·S. 彻诺拜，斯维特洛扎·T. 维特夫，法兰克·J. 法伯兹. 操作风险：新巴塞尔协议资本要求、模型与分析指南：*A Guide to Basel Ⅱ Capital Requirements, Models and Analysis*［M］. 大连：东北财经大学出版社，2010.

② 曲绍强，王晓芳. 我国利用损失分布法（LDA 法）度量操作风险探析［J］. 经济问题，2006（10）：65－67.

③ 张金清. 金融风险管理［M］. 上海：复旦大学出版社，2011.

④ 魏超. 基于损失分布法的健康保险欺诈风险度量研究［D］. 青岛：青岛大学，2014.

（6）对数正态分布①

操作风险涉及的均是资金数额，数值一般为正且较大，为了方便计算一般会选择对数正态分布。若 x 服从对数正态分布，则其密度函数为

$$f(x) = \frac{1}{\sqrt{2\pi}\sigma x} e^{-\frac{(\log x-\mu)^2}{2\sigma^2}} \quad (2.10)$$

其中，μ 表示位置参数，σ 表示尺度参数，可以通过最大似然估计法得到

$$\hat{\mu} = \frac{1}{n}\sum_{j=1}^{n} \log x_j, \hat{\sigma}^2 = \frac{1}{n}\sum_{j=1}^{n} (\log x_j - \hat{\mu})^2 \quad (2.11)$$

对数正态分布有一点“厚尾性”特征，因此在计算操作风险时可以先对数据取对数，然后再使用正态分布拟合。

（7）指数分布

当事件以一个固定的平均速度发生且相互独立时，就可以使用指数分布进行拟合。指数分布是泊松分布中事件发生时间的概率分布。

$$f(x) = \lambda e^{-\lambda x}, x > 0 \quad (2.12)$$②

指数分布是几何分布的连续模拟函数，它的一个重要特征就是无记忆性。

（8）Weibull 分布

Weibull 分布概括了指数分布，指数分布仅有一个参数，而 Weibull 分布有两个参数，因此其具有更大的灵活度和“厚尾性”。

$$f(x) = \frac{\alpha}{\beta}\left(\frac{x}{\beta}\right)^{\alpha-1} e^{-\left(\frac{x}{\beta}\right)^{\alpha}}, x \geqslant 0 \quad (2.13)$$③

其中，α 为形状参数，β 为尺度参数，x 为位置参数。

最后，使用 Monte Carlo 模拟得到损失数据，进一步计算总损失分布情况。

损失分布法以研究对象的损失数据为基础，通过对每条业务线的损失分布和损失强度的估计，会使结果更具前瞻性和敏感性，但现实中部分银行历史损失数据的严重缺失会导致计算难以完成。另外，该方法严重依赖历史损失数据；未考虑银行各业务之间的相关性；也没有处理好尾部数据等。

4. 极值理论法（EVT）

EVT 法有两种模型：BMM 模型（分块样本极值模型）和 POT 模型（超过阈值峰态模型）。BMM 模型一般用来检验等分样本时间段内样本的极大值；POT 模型主要用来分析超过某一阈值的损失行为。目前学界更多的是使用后者进行损失值的计算，其主要步骤如下：

---

① 丰吉闯，李建平，陈建明．基于左截尾数据的损失分布法度量操作风险：以中国商业银行为例[J]．管理评论，2011（7）：171－176.

② 魏超．基于损失分布法的健康保险欺诈风险度量研究[D]．青岛：青岛大学，2014.

③ 魏超．基于损失分布法的健康保险欺诈风险度量研究[D]．青岛：青岛大学，2014.

（1）损失强度建模（广义 Pareto 分布）①

设 $X_1, X_2, \cdots, X_n$ 为独立同分布的随机序列，分布函数为 $F(x)$，$F(x)$ 存在最大值 $x_{\max}$，对于 $\mu < x_{\max}$ 称为阈值，而 $X_i - \mu$ 为超量，则超量的分布为

$$F_{\mu}(y) = P(X - \mu \leqslant y | X > \mu) = \frac{F(y+\mu) - F(\mu)}{F(\mu)}, 0 \leqslant x < \infty \quad (2.14)$$

$$F(x) = F_{\mu}(y)(1 - F(\mu)) + F(\mu) \quad (2.15)$$

当 μ 足够大时，超量分布函数就会收敛于广义 Pareto 分布，即

$$G(y) = \begin{cases} 1 - (1 + \frac{\xi y}{\beta})^{-\frac{1}{\xi}}, \xi \neq 0 \\ 1 - exp(-\frac{y}{\beta}), \xi = 0 \end{cases} \quad (2.16)$$

其中，ξ 为形状参数，决定了厚尾的减退速度；β 为尺寸参数。

（2）确定阈值（Hill 图法）

假设有一组顺序统计量，则各参数的 Hill 的估量为

$$H(k) = \frac{1}{k}\sum_{i=1}^{k}(\ln x_{(i)} - \ln x_{(k)}) = \frac{1}{k}\sum_{i=1}^{k}\ln\frac{x_{(i)}}{x_{(k)}} \text{②} \quad (2.17)$$

其中，x_i 表示样本中第 i 个降序统计量；$k = 1, 2, \cdots, n-1$；n 表示样本容量。

（3）参数估计

确定阈值之后，可以利用极大似然法估计尾部参数，即 ξ 和 β。

$$\ln(L(\beta,\xi)) = \begin{cases} -n\ln\beta - (1 + \frac{1}{\xi})\sum_{i=1}^{n}\ln(1 + \frac{\xi(Xi - \mu)}{\sigma}), \xi \neq 0 \\ -n\ln\beta - \frac{1}{\beta}\sum_{i=1}^{n}(Xi - \mu), \xi = 0 \end{cases} \text{③} \quad (2.18)$$

（4）VaR 和 ES 的确定

得到相关参数之后就能确定分布函数，便可以通过计算得到风险的 *VaR* 和期望损失（*ES*）。

$$VaR = \begin{cases} \mu + \frac{\hat{\beta}}{\hat{\xi}} \cdot \left[\frac{k}{n}(1-\alpha)^{-\xi} - 1\right], \xi \neq 0 \\ \mu + \hat{\beta}\ln\left[\frac{k}{n}(1-\alpha)\right], \xi = 0 \end{cases} \text{④} \quad (2.19)$$

---

① 丰吉闯．商业银行操作风险与系统性风险度量研究［D］．合肥：中国科学技术大学，2012.

② 汪冬华，徐驰．基于非参数方法的银行操作风险度量[J]．管理科学学报，2015(3)：104－113.

③ 陈倩．基于极值理论的商业银行操作风险度量研究[J]．中国管理科学，2012(S1)：332－339.

④ 陆静，张佳．基于极值理论和多元 Copula 函数的商业银行操作风险计量研究[J]．中国管理科学，2013(3)：11－19.

$$ES = \frac{VaR}{1-\hat{\xi}} + \frac{\hat{\beta} - \hat{\xi}\mu}{1-\hat{\xi}} \quad (2.20)$$

①

极值理论法重视对尾部数据的度量，主要描述超过阈值部分的损失数据。这比较贴近银行操作风险一般具有"厚尾性"的现实，特别是在数据严重缺失时更具操作性。但此方法忽略了阈值以外数据对操作风险的影响，且存在阈值计算方法不统一、参数估计复杂等缺陷。

5. 层次分析法（AHP）

此方法结合了定性与定量分析，通过构建层次分析结构，比较各影响因素的相对权重，获得对目标问题影响最大的因素。主要公式②有

（1）权重公式：$\omega_i = \sum_{j=1}^{m}\omega_{ij} / \sum_{i=1}^{n}\sum_{j=1}^{m}\omega_{ij}$　(2.21)

（2）一致性检验：$CI = \frac{\lambda_{max} - n}{n-1}$　(2.22)

（3）满意一致性检验：$CR = \frac{CI}{RI}$　(2.23)

AHP 法将定性问题量化，不依赖损失数据，对各项指标能适时调整，但存在一定主观性，且耗时较长，成本较高。

6. 贝叶斯网络法（BBN）

该方法综合了定性和定量两种方法，通过构造风险的贝叶斯网络拓扑结构，并结合历史损失数据或专家赋值来计算每个节点的概率。它是一个因果网络，能够很好地对操作风险产生的原因进行追溯，便于操作风险的管理。

假设有两个事件 A 和 B，其贝叶斯公式为 P(A,B) = P(B,A)P(A)/P(B)。图形模式如图 2-5 所示。

结合历史数据和专家经验等可以给出部分节点的概率和条件概率，然后利用正推法或倒推法，推出每一个节点的条件概率。一个贝叶斯网络可以表示为 $BN = (S,P), S = \{(X_j, X_i) | X_i \in X, X_j \in pa_i\}, P = \{P(X_i | pa_i) | X_i \in X\}$ ③。其中，S 是一个有向无环图；P 表示概率分布集合。BBN 不完全依赖历史数据也不完全抛弃历史数据，联系主客观数据进行计算，但整个贝叶斯网络结构绘制极

① 李宝宝，王言峰．基于 CVaR-POT 模型的我国银行业操作风险度量研究［J］．华东经济管理，2011(7)：76－79.

② 张炳江．层次分析法及其应用案例［M］．北京：电子工业出版社，2014.

③ 刘睿，巴曙松，刘家鹏．运用贝叶斯网络量化和控制商业银行操作风险——一个基于实际业务流程的例子［J］．投资研究，2011（7）：106－117.

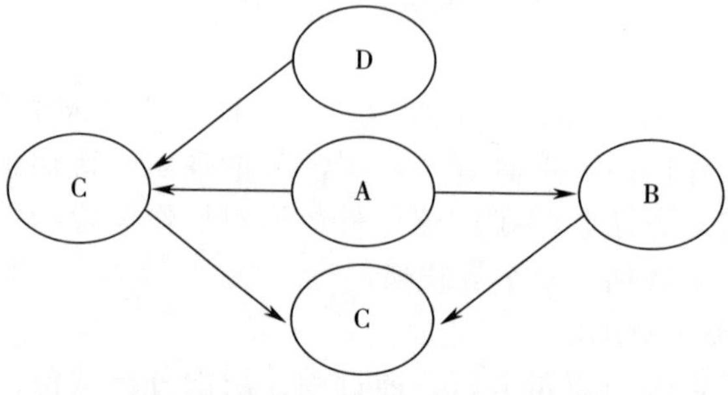

图 2－5　贝叶斯网络模型节点图①

为复杂，无法做到面面俱到，且各节点均需专家赋值，因而主观性较强。

四、模型确定及理由

根据上述各模型的特点，下面比较分析各模型的主要函数和优缺点，为模型的选择奠定基础。

表 2－3　不同操作风险度量模型的比较②

模型		主要函数	优点	缺点
基本指标法		$K_{BIA} = GI \times \alpha$ GI：前 3 年银行总收入的平均值； α：15%（固定比例系数）	（1）简单易操作； （2）成本低等	（1）总收入不具可比性； （2）敏感性不高等
标准法		$K_{TSA} = \sum_{i=1}^{8} GI_i \times \beta_i$ $GI_{1\sim8}$：8 类业务中各业务类别过去 3 年总收入的平均值； β_i：巴塞尔委员会设定的固定百分数	（1）将银行业务进行了分类，不同业务具有不同的 β 系数； （2）操作性较强等	（1）同一类别业务的不同操作风险事故的 β 值可能不同； （2）敏感性不高； （3）不能反映银行自身特点等
高级计量法	内部衡量法	$K = \gamma NPL$ γ：巴塞尔委员会为每个业务或损失类型规定的系数； N：一个量化指标；P：风险发生概率； L：每个业务线或风险类型的操作风险损失强度	（1）更加精确； （2）使用内部数据，更加真实等	（1）内部损失数据难以获得； （2）需要更多人力物力等

① 刘睿，巴曙松，刘家鹏．运用贝叶斯网络量化和控制商业银行操作风险——一个基于实际业务流程的例子［J］．投资研究，2011（7）：106－117.

② 此处公式均基于前文内容整合而来。

续表

模型		主要函数	优点	缺点
高级计量法	记分卡法	$K_{SCM}=\sum_{i}\sum_{j}EI(i,j)\times\omega(i,j)\times RS(i,j)$ EI：风险暴露；ω：损失程度；RS：发生概率	对一线工作人员形成良好激励	(1) 过度依赖设计专家； (2) 主观性和随意性较强等
	损失分布法	(1) 损失频率：泊松分布 $P(x=k)=\frac{\lambda^{k}}{k!}e^{-\lambda},\lambda=np$ n：样本个数 (2) 损失强度：对数正态分布 $f(x)=\frac{1}{\sqrt{2\pi}\sigma x}e^{-\frac{(\log x-\mu)^{2}}{2\sigma^{2}}}$ x：损失额度；σ：形状参数 (3) 总损失分布：Monte Carlo 模拟	(1) 估计每条业务线损失分布，以整体损失数据为基础； (2) 估计非预期损失； (3) 更具前瞻性和风险敏感性	(1) 数据严重缺乏； (2) 过于依赖损失数据； (3) 未考虑银行各类业务之间的相关性； (4) 尾部数据没有得到很好的处理等
	极值理论法	(1) 损失强度建模（广义 Pareto 分布） $G(y)=\begin{cases}1-(1+\frac{\xi y}{\beta})^{-\frac{1}{\xi}},\xi\neq 0\\ 1-exp(-\frac{y}{\beta}),\xi=0\end{cases}$ ξ：形状参数；β：尺寸参数 (2) 确定阈值：Hill 图法 $H(k)=\frac{1}{k}\sum_{i=1}^{k}(\ln x_{(i)}-\ln x_{(k)})=\frac{1}{k}\sum_{i=1}^{k}\ln\frac{x_{(i)}}{x_{(k)}}$ x_i：样本中第 i 个降序统计量； $k=1,2,\cdots,n-1$；n：样本容量 (3) 模型参数估计 $ln(L(\beta,\xi))=$ $\begin{cases}-n\ln\beta-(1+\frac{1}{\xi})\sum_{i=1}^{n}\ln(1+\frac{\xi(Xi-\mu)}{\sigma}),\xi\neq 0\\ -n\ln\beta-\frac{1}{\beta}\sum_{i=1}^{n}(Xi-\mu),\xi=0\end{cases}$ (4) VaR 和 ES 的确定 $VaR=\mu+\frac{\hat{\beta}}{\hat{\xi}}\cdot\left[\frac{k}{n}(1-\alpha)^{-\hat{\xi}}-1\right]$ $ES=\frac{VaR}{1-\hat{\xi}}+\frac{\hat{\beta}-\hat{\xi}\mu}{1-\hat{\xi}}$ VaR：在险值；ES：期望损失	(1) 只描述超过阈值部分的损失数据，不必对整个损失数据进行估计； (2) 利用较少样本较准确地估计 VaR	(1) 数据难以得到； (2) 仅描述极端损失数据，忽略阈值以外数据对操作风险的影响； (3) 阈值很难确定； (4) 参数无统一有效的估计方法； (5) 未考虑与其他风险之间的相关性等

续表

模型		主要函数	优点	缺点
高级计量法	层次分析法	(1) 权重公式：$\omega_i = \sum_{j=1}^{m}\omega_{ij} / \sum_{i=1}^{n}\sum_{j=1}^{m}\omega_{ij}$ ω_i：因素 i 对目标的相对权重 (2) 一致性检验：$CI = \frac{\lambda_{\max} - n}{n-1}$ $\lambda_{\max}$：最大特征值；n：样本个数 满意一致性：$CR = \frac{CI}{RI}$ RI：随机一致性指标	(1) 将定性问题量化； (2) 数据依赖性不强； (3) 对指标的权重能适时调整，以符合本银行的特点等	(1) 有一定主观因素； (2) 成本较高； (3) 时间较长等
	贝叶斯网络	(1) 一个贝叶斯网络的描述函数 $BN = (S,P)$ $S = \{(X_j,X_i) \mid X_i \in X, X_j \in pa_i\}$ $P = \{P(X_i \mid pa_i) \mid X_i \in X\}$ (2) 概率 $P(y \mid x) = \frac{P(x \mid y)P(y)}{P(x)}$	(1) 不完全依赖历史数据； (2) 联系主客观数据； (3) 可以解决多种操作风险问题等	(1) 贝叶斯网络的绘制较为复杂，不能保证面面俱到； (2) 网络的每个节点都需要专家赋值，主观性较强； (3) 成本较高，时间较长等

我们旨在研究移动支付操作风险的影响因素及风险值的大小。因此，第一，需要确定移动支付操作风险的影响因素类型。第二，找出影响力最大的因素并对其影响力大小进行计算；第三，根据实证分析提出相关意见。然而，移动支付发展较晚，目前国内尚无机构或组织对其操作风险数据进行专门统计，因而相关数据极其缺乏。由于移动支付应用范围广泛，每时每刻都有人因操作不当丢失钱财，故推断移动支付操作风险的损失数据具有“高频、小额”的特点。无论是媒体报道（一般是造成较大影响的事件），还是互联网搜索（使用互联网的人群限制及案例搜索的难度），或是问卷调查（覆盖面窄）等方式，目前都很难得到具有代表性的数据。

综上所述，我们根据上述各类模型的特点和适用范围以及搜集得到的数据特点，最终决定首先采用 AHP 法构建移动支付操作风险层次结构模型，评估各类影响因素影响力的大小，得出用户行为对移动支付操作风险的影响力最大；接着使用 LDA 法，计算用户行为造成的具体损失大小。

第三节　移动支付各参与主体操作风险的层次分析

一、移动支付中的各参与主体

对于绝大多数移动支付用户来说，手机是最常见的载体。下面以手机网上购物为例，具体介绍移动支付过程。

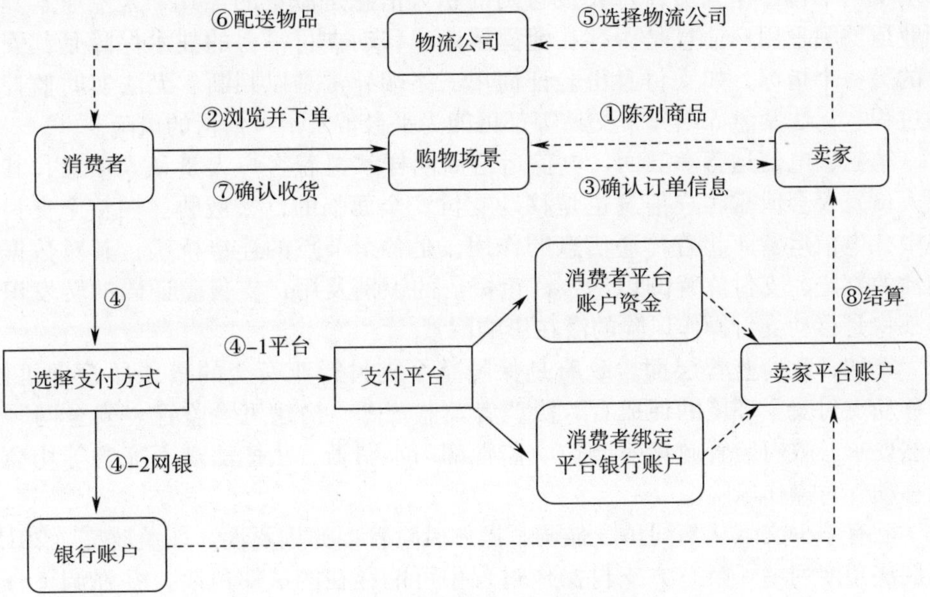

图 2-6　移动支付流程图（以手机购物为例）①

由图 2-6 可见，移动支付的主要环节包括：

（1）消费者利用手机浏览卖家陈列在购物网站上的商品并选择下单；

（2）消费者选择付款方式（主要是网上银行或第三方支付平台）；

（3）卖家根据消费者订单信息以及消费者付款情况通知物流公司开始配送商品；

（4）消费者收到商品，确认是否合格并选择确认收货还是退货；

（5）消费者确认收货后，移动支付平台将款项转入卖家账户。

结合这些支付环节，我们可将移动支付的操作风险归类为以下几个层面。

第一，用户层面。主要包括两个方面：一是用户自身安全意识薄弱，如多账户使用相同密码、随意连接免费公用 WiFi、容易相信各种诈骗短信和诈骗电话、轻易扫描陌生人的二维码、不设手机屏保密码、应用程序退出不彻底、不从正规渠道下载软件、支付软件绑定大额银行卡、小额消费免密、淘汰手机私人信息不删除等；二是移动终端的脆弱性，易受到黑客攻击，如手机未安装安全软件、手机操作系统过于开放、手机硬件设施不够完善等。

---

① 中国支付清算协会．移动支付理论与实务［M］．北京：中国金融出版社，2015.

第二，移动支付平台[①]层面。主要包括工作人员和技术保障两个维度。作为移动支付平台工作人员，每天接触到的私人信息是海量的，其个人专业素养和职业道德关乎用户信息是否存在泄露风险。移动支付平台的技术保障是其安全性的另一个指标，如支付身份验证简单、终端异常难以判断、无法实时监控交易过程、无法紧急冻结异常交易等都可能为平台带来不可估量的风险。

第三，电信运营商层面。电信运营商同样掌握着客户大量私人信息，其工作人员是否会泄露客户信息也是移动支付安全面临的巨大威胁。在整个支付过程中，电信运营商起着传递信息的作用，是各个节点的连接桥梁，其对数据真实性的判定、支付位置的识别、钓鱼短信的识别及用户支付验证码的转发识别等都将是移动支付操作风险的潜在影响因素。

第四，政府监管层面。政府是保障整个支付行业安全的最顶层管理机构，是移动支付安全环境的促成者、协调者及监管者，构建风险监管“安全网”是必然要求。政府监管政策不到位、监管部门不明晰、法律法规不完善等均会造成移动支付操作风险。

已有不少文献从不同角度强调了操作风险管理的重要性。如黄晓亮（2015）从刑法角度列举了第三方支付操作过程中可能存在的法律风险，并强调了合理管控风险的重要性[②]。李鸿（2016）分析了微信支付风险管理措施后指出，安全的互联网金融环境是防范操作风险、促进移动支付平台更好地服务于民的最重要保障[③]。可见，全面认识和合理归类各种具体的操作风险，是构建操作风险评估模型的重要前提。

二、移动支付操作风险层次结构模型的构建

层次分析法（Analytic Hierarchy Process，AHP）[④] 是一种将定性分析与定量分析结合[⑤]的科学决策方法，由美国著名运筹学家 T. L. Satty 教授等人于 20 世纪 70 年代提出[⑥⑦]。该方法的基本理念是，基于对具有“多目标、多准则、无结构”特征的复杂问题中各因素隶属关系的分析，构建层次结构模型，利用相关

① 移动支付：包括手机银行、第三方手机支付等以移动设备为载体的支付平台。

② 黄晓亮．第三方支付风险的刑法防控［J］．法学，2015（6）：103－110.

③ 李鸿．移动支付风险防控实践［J］．中国金融，2016（6）：20－21.

④ Thomas L. Saaty. *Models*, *Methods*, *Concepts & Applications of the Analytic Hierarchy Process* [M]. Springer, 2012.

⑤ 赵月，王来花，郭旭，李泽群．基于层次分析法的云架构下教育平台安全评价［J］．电子技术，2018（12）：51－53，50.

⑥ 宋慕龄．基于平衡计分卡的科研团队绩效指标体系研究［D］．长沙：国防科学技术大学，2016.

⑦ 易欣．基于 QFD 的木塑材料评价体系构建与制品设计方法研究［D］．哈尔滨：东北林业大学，2017.

数据，计算模型最底层各因素对最高层因素的影响力。

由于用户层面关于移动支付操作风险的影响因素多而杂，我们将其中各因素先归类：密码安全意识类（包括随意转发验证码、小额免密功能开启、手机未设屏保密码等）、软件或技术安全类（包括非正规渠道下载手机软件、支付软件后台运行等）、支付场景安全类（包括随意扫描陌生人的二维码、点击未知网页链接、连接免费 WiFi 等）、手机硬件安全类（包括旧手机随意丢弃或者售卖、手机被盗窃等）以及法律意识类等。

综合理论部分对移动支付流程的分析以及支付过程中操作风险因素的识别，我们最终确定的移动支付操作风险层次结构模型如图 2－7 所示。

图 2－7 显示，移动支付操作风险的结构有三大层次：

（1）A 层为目标层：表示模型要解决的最终问题，即如何测算移动支付操作风险；

（2）B 层为准则层：表示为实现该目标的分类准则，主要从不同利益体的角度划分；

（3）C 层为方案层：表示每类准则下解决该问题的具体方案，指各利益体的具体操作行为。

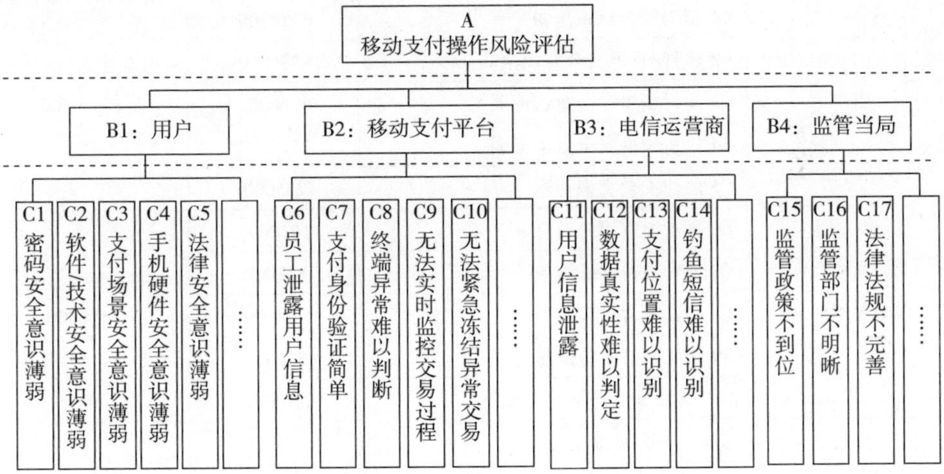

图 2－7　移动支付操作风险层次结构

三、数据获取

数据获取途径通常有 3 条：相关的数据库获取、调查取得、网络搜索。然而我国至今仍未建立起移动支付行业的数据统计体系，尤其是与操作风险相关的指标数据仍严重缺失。基于这种情况，我们将人工搜索百度相关词条出现的频次，以此描述该类情况发生次数或者人们关注的程度，借以衡量每种因素的权重。随着互联网的快速普及，网络词条搜索量已成为不少学者研究金融等行为时使用的重要指标。比如，宋双杰等（2011）利用谷歌中关键词的周搜索量衡量了投资者对股票的关注度，并发现网络搜索量具有很强的解释力①；在预测金融和消费时，袁铭（2016）通过筛选相关关键词，并根据网络搜索量构建了混合频率模型。借鉴这些文献，我们使用网络词条出现频次来衡量各因素的权重②。

通过百度搜索引擎，我们获得了截至2016年12月31日的相关关键词的词条搜索量（见表2-4）。以图2-7中的电信运营商层面中的“用户信息泄露（C11）”和“数据真实性难以判定（C12）”事件为例，在百度搜索引擎上以关键词“电信运营商泄露用户信息手机支付诈骗”对C11事件进行搜索，截至2016年12月31日，该关键词共出现74000次。以“电信运营商数据真实性难以识别手机支付诈骗”为关键词对C12事件进行搜索，共出现41100次。这样，C11相对于C12的重要性就为1.8（74000/41100≈1.8）。依此类推。

表2-4　各事件的网络搜索量

B层	C层	搜索量（次）	合计（次）
用户	C1 密码安全意识薄弱	3118700	15910500
	C2 软件/技术安全意识薄弱	4276200	
	C3 支付场景安全意识薄弱	5966000	
	C4 手机硬件安全意识薄弱	2314600	
	C5 法律安全意识薄弱	235000	
移动支付平台	C6 员工泄露用户信息	1630000	3558500
	C7 支付身份验证简单	851000	
	C8 终端异常难以判断	687000	
	C9 无法实时监控交易过程	334000	
	C10 无法紧急冻结异常交易	56500	
电信运营商	C11 用户信息泄露	74000	188800
	C12 数据真实性难以判定	41100	
	C13 支付位置难以识别	60200	
	C14 钓鱼短信难以识别	13500	

① 宋双杰，曹晖，杨坤．投资者关注与IPO异象［J］．经济研究，2011（1）：145-155.

② 袁铭．基于网络搜索量和混合频率模型的经济变量预测研究［J］．统计与信息论坛，2016（5）：27-35.

续表

B 层	C 层	搜索量（次）	合计（次）
监管机构	C15 监管政策不到位	259000	1772300
	C16 监管部门不明晰	73300	
	C17 法律法规不完善	1440000	

四、基于层次分析法（AHP 法）的实证分析

1. 构造比较判断矩阵

根据搜索所得数据，对比两两因素，将因素相对重要性以数值表示。构造的矩阵形式一般如下①：

Bm	*C*1	*C*2	…	*Cn*
*C*1	C_{11}	C_{12}	…	C_{1n}
*C*2	C_{21}	C_{22}	…	C_{2n}
…	…	…	…	…
Cn	C_{n1}	C_{n2}	…	C_{nn}

其中，C_{ij}表示因素 Ci 和因素 Cj 相对于 B 的重要性，C_{ij}值越大表示因素 Ci 相对于 Cj 的重要性越大。根据上述定义可知，矩阵 Bm（即 $n \times n$ 的方阵）有以下性质：(1) $C_{ij} > 0$；(2) $C_{ij} = 1/C_{ji}(i \neq j)$；(3) $C_{ii} = 1(i = j = 1,2,\cdots,n)$。

根据上文百度搜索所得词条频次处理后的数据，将各层各因素进行两两比较，得到的判断矩阵分别为$A = \begin{bmatrix} 1 & 4 & 84 & 9 \\ 1/4 & 1 & 19 & 2 \\ 1/84 & 1/19 & 1 & 1/9 \\ 1/9 & 1/2 & 9 & 1 \end{bmatrix}$、

$$B1 = \begin{bmatrix} 1 & 1 & 1/2 & 1 & 13 \\ 1 & 1 & 1 & 2 & 18 \\ 2 & 1 & 1 & 3 & 25 \\ 1 & 1/2 & 1/3 & 1 & 10 \\ 1/13 & 1/18 & 1/25 & 1/10 & 1 \end{bmatrix}、B2 = \begin{bmatrix} 1 & 2 & 2 & 5 & 29 \\ 1/2 & 1 & 1 & 3 & 15 \\ 1/2 & 1 & 1 & 2 & 12 \\ 1/5 & 1/3 & 1/2 & 1 & 6 \\ 1/29 & 1/15 & 1/12 & 1/6 & 1 \end{bmatrix}、$$

① 何逢标．综合评价方法 MATLAB 实现［M］．北京：中国社会科学出版社，2010.

$$B3=\begin{bmatrix}1 & 2 & 1 & 5\\ 1/2 & 1 & 1 & 5\\ 1 & 1 & 1 & 5\\ 1/5 & 1/5 & 1/5 & 1\end{bmatrix}、B4=\begin{bmatrix}1 & 4 & 1/6\\ 1/4 & 1 & 1/20\\ 6 & 20 & 1\end{bmatrix}。$$

2. 计算最大特征值和特征向量（层次单排序）

只有计算出矩阵的特征值和特征向量，我们才能比较上述不同矩阵的性质并据此进一步得到各因素的权重。因为允许存在一定误差，故计算特征值和特征向量时可以使用近似算法。我们将使用方根法计算矩阵的最大特征值和特征向量。以矩阵 $B=(C_{ij})_{n\times n}$ 为例，具体步骤如下①：

第一步，计算矩阵每一行因素的乘积：

$$M_i=\prod_{j=1}^{n}C_{ij},i=1,2,\cdots,n \tag{2.24}$$

第二步，计算 M_i 的 n 次方根：

$$\overline{W_i}=n\sqrt{M_i} \tag{2.25}$$

第三步，将向量 $\overline{W}=(\overline{W_1},\overline{W_2},\cdots,\overline{W_n})^T$ 进行归一化处理：

$$W_i=\overline{W_i}/\sum_{k=1}^{n}\overline{W_k} \tag{2.26}$$

则 $W=(W_1,W_2,\cdots,W_n)^T$ 为特征向量。

第四步，计算最大特征根：

$$\lambda_{max}=\frac{1}{n}\sum_{i=1}^{n}\frac{(CW)_i}{W_i} \tag{2.27}$$

其中，$(CW)_i$ 表示向量 CW 的第 i 个分量。

基于上述方法，可得矩阵 A、$B1$、$B2$、$B3$、$B4$ 的最大特征值分别为 $\lambda_{max}=4.0018$、$\lambda_{max1}=5.0655$、$\lambda_{max2}=5.0148$、$\lambda_{max3}=4.0407$、$\lambda_{max4}=3.0037$，特征向量（权重向量）分别为 $W=(0.7340,0.1738,0.0090,0.0832)^T$、$W_1=(0.1963,0.2761,0.3645,0.1483,0.0147)^T$、$W_2=(0.4495,0.2354,0.2077,0.0915,0.0159)^T$、$W_3=(0.3818,0.2380,0.3041,0.0762)^T$、$W_4=(0.1447,0.0384,0.8169)^T$。

3. 矩阵的一致性检验②

一致性检验是指在对因素相对重要性进行判断时要协调一致，不能出现相互矛盾的结论。然而在面对现实问题时，由于各种情况，如人思维的复杂性、因素的多样性等，都会使判断很难达到“完全一致性”，但是也不能出现完全相

① 何逢标. 综合评价方法 MATLAB 实现［M］. 北京：中国社会科学出版社，2010.

② 此处的检验过程及方法参考张炳江. 层次分析法及其应用案例［M］. 北京：电子工业出版社，2014.

反的情况，因此要求判断达到“满意一致性”还是有必要的。

（1）“完全一致性”

$$CI = \frac{\lambda_{\max} - n}{n - 1} \tag{2.28}$$

CI 越大，表示判断矩阵的“完全一致性”越差；CI 越小，表示判断矩阵的“完全一致性”越好；当 $CI = 0$ 时，判断矩阵具有“完全一致性”。

（2）“满意一致性”

$$CR = \frac{CI}{RI} \tag{2.29}$$

其中，RI 是随机一致性指标。具体数值详见表 2－5。

表 2－5　随机一致性指标的检验结果

阶数	1	2	3	4	5	6	7	8	9
RI	0.00	0.00	0.58	0.89	1.12	1.24	1.32	1.41	1.45

当 $CR < 0.1$ 时，可以认为判断矩阵具有“满意一致性”。因此，对于矩阵 A，$CI = 0.0006$，$CR \approx 0.0007 < 0.1$，符合“满意一致性”；对于矩阵 $B1$，$CI_1 \approx 0.0164$，$CR_1 \approx 0.0146 < 0.1$，符合“满意一致性”；对于矩阵 $B2$，$CI_2 = 0.0037$，$CR_2 \approx 0.0033 < 0.1$，符合“满意一致性”；对于矩阵 $B3$，$CI_3 = 0.0136$，$CR_3 \approx 0.0152 < 0.1$，符合“满意一致性”；对于矩阵 $B4$，$CI_4 = 0.0019$，$CR_4 \approx 0.0032 < 0.1$，符合“满意一致性”。

4. *层次总排序*

所谓层次总排序是指从最高层次向最低层次逐层计算，确定最底层元素对最高层次元素的影响力，并进行排序。具体计算过程如下：

（1）层次单排序中得到各判断矩阵的特征向量[①]

判断矩阵 A 的特征向量为 $W_a = [b_1 \quad \cdots \quad b_m]^T$；

判断矩阵 B1 的特征向量为 $W_{b1} = [c_{11} \quad \cdots \quad c_{n1}]^T$；

依此类推，判断矩阵 Bm 的特征向量为 $W_{bm} = [c_{1m} \quad \cdots \quad c_{nm}]^T$。

（2）权重合成[②]

层次	$B1$	$B2$	……	Bm	总排序：$\sum_{j=1}^{m} b_j c_{ij}(i = 1,2,\cdots,n)$
	b_1	b_2	……	b_m	
$C1$	c_{11}	c_{12}	……	c_{1m}	$c_1 = b_1 c_{11} + b_2 c_{12} + \cdots + b_m c_{1m}$

① 张炳江. 层次分析法及其应用案例 [M]. 北京：电子工业出版社，2014.

② 单美静. 基于 AHP 法的移动支付安全风险评估 [J]. 计算机科学，2015 (S2)：368－371.

续表

层次	B1	B2	……	Bm	总排序：$\sum_{j=1}^{m} b_j c_{ij}(i=1,2,\cdots,n)$
	b_1	b_2	……	b_m	
C2	c_{21}	c_{22}	……	c_{2m}	$c_2 = b_1c_{21} + b_2c_{22} + \cdots + b_mc_{2m}$
……	……	……	……	……	……
Cn	c_{n1}	c_{n2}	……	c_{nm}	$c_n = b_1c_{n1} + b_2c_{n2} + \cdots + b_mc_{nm}$

根据以上过程，将上述计算结果填入表2-6，即可得到移动支付各层面操作风险程度的最终排序结果。

表2-6　移动支付操作风险层次总排序

评价指标	B1 用户	B2 支付平台	B3 电信运营商	B4 监管当局	总影响力	排序
权重系数	0.7340	0.1738	0.0090	0.0832		
C1	0.1963				0.1441	3
C2	0.2761				0.2027	2
C3	0.3645				0.2675	1
C4	0.1483				0.1089	4
C5	0.0147				0.0108	11
C6		0.4495			0.0781	5
C7		0.2354			0.0409	7
C8		0.2077			0.0361	8
C9		0.0915			0.0159	9
C10		0.0159			0.0028	14
C11			0.3818		0.0034	12
C12			0.2380		0.0021	16
C13			0.3041		0.0027	15
C14			0.0762		0.0007	17
C15				0.1447	0.0120	10
C16				0.0384	0.0032	13
C17				0.8169	0.0680	6

五、小结

表2-6显示，在所有因素中，用户层面的影响力最大，支付平台层面次之，紧接着是监管当局层面，最后是电信运营商层面。由此看来，用户行为对移动支付操作风险影响最突出，其中支付场景安全意识影响最大，其次是软件/技术安全意识；而电信运营商中所有影响因素排序均靠后，即其对移动支付操作风险的影响最弱。为防范风险，移动支付的使用主体以及操作风险的受害主体应首先明确哪些举动会带来不可挽回的财产损失。其次，各当事方应明确责任、协同管控。支付平台不但要提高员工职业素养，还要改善软件及硬件设施，保障使用者财产安全；相关监管部门应做到事前明晰责任、事中积极应对、事后处理得当；电信运营商应不断提高服务水平，为各方提供一个良好的传输渠道。

第四节 移动支付用户操作风险的测度

基于前一部分的实证结果，即用户是移动支付操作风险的最主要因素，本部分将从用户的角度进一步分析用户各类行为对移动支付操作风险影响力的大小。第一部分主要从理论上分析了移动支付用户操作行为的一些心理特征及其风险。由此可知，移动支付系统是一个复杂适应性系统，其任何一个环节都可能诱发操作风险，用户不但要了解移动支付运作模式，还要了解移动支付系统的复杂性。另外，根据行为经济学的前景理论，用户个体对于自身“操作行为”的效用大小和内心“损失值”的界定都有一个取值范围，在比较二者大小后进行行为选择。由于用户个体心理价值难以测度，而“手机不锁屏”带来的损失值却是可测的，因此本部分将测度用户不同行为带来的损失值大小。

一、数据来源及说明

我们利用百度搜索引擎，逐个搜集了2016年1月1日至12月31日移动支付操作风险发生的真实案例，共275个。我们主要讨论用户层面的移动支付操作风险，因此在此处实证时将不考虑第三方支付、电信运营商、政府等其他机构造成的操作风险损失。根据案例形成缘由，用户的操作风险可分为以下几类：第一，密码安全意识类。这是指用户由于保密意识不强而造成的密码泄露风险，表现形式有多账户密码相同、验证码告知他人、小额支付免密、手机未设置屏保密码等。第二，软件或技术安全类。根据360互联网安全中心发布的《2016年中国互联网安全报告》，360平台2016年共截获17万个新增的恶意软件，其中有34.8%会窃取手机内银行卡信息，因此用户在使用各类手机软件时应在官方指定网址下载。另外，用户不熟悉手机支付软件、支付软件退出不彻底等也是造成钱财丢失的主要因素。第三，支付场景安全类。“扫一扫”“连一连”“点一点”，一个个看似平常的举动可能潜伏着巨大隐患，“藏毒”二维码、开放WiFi、未知网页链接等都可能使手机内的个人信息、银行卡信息、密码信息泄露。第四，支付对象未确认类。主要是指支付者未确认被支付者的真实身份，这类操作风险有时发生在冒充的亲朋好友（含QQ、微信好友）、同事、领导、老师等“熟人”之间，有时发生在冒充的银行工作人员、医生、公检法等公务人员之间，后者常以团伙作案居多。第五，手机硬件安全类。这主要针对的是手机丢失后信息被窃取的受害者。旧手机随意出售而不彻底删除手机内的信息也容易泄露个人信息。总之，作为移动支付工具，手机机主应随时随地注意自己机内信息，在外尽量不要让手机脱离自己的视线。第六，其他类。主要包括虚假支付截图、微信朋友圈集赞等。

根据上述分类，整理所有案例的数据后得到表2－7，其中包括具体损失频次和损失额度。

表2－7 各类移动支付操作风险事件发生次数及损失金额（2016.1.1～12.31）

风险类型	释例	发生次数（次）	损失金额（元）
密码安全意识类	验证码泄露、小额免密、手机未设屏保密码等	40	1937317
软件/技术安全类	下载非正规APP、支付软件退出不彻底、移动支付使用不熟悉等	27	2188524
支付场景安全类	随意扫描陌生人的二维码、随意链接免费WiFi、点击未知网页链接等	57	1536826
支付对象未确认类	冒充QQ、微信好友或淘宝客服、卖家客服或热门节目、银行等工作人员	80	6971433
手机硬件安全类	旧手机随意丢弃或售卖、手机被盗、手机借给熟人/陌生人使用等	27	704340
其他类	虚假支付转账截图、微信朋友圈集赞等	44	458215

二、基于LDA法的实证分析

1. 损失频次分布建模

我们按照月份将上述每一类数据分为12组。以第一类（密码安全意识类）操作风险为例，我们利用MATLAB软件对其进行损失频次的分布拟合，并使用

K-S 值进行拟合优度检验。Kolmogorov-Smirnov 检验是一种非参数检验，其中当 $p \leqslant \alpha$ 时拒绝原假设（原假设为 x 服从指定分布），且 K-S 值越小表示拟合的效果越好。我们拟采用离散型分布中的二项分布和泊松分布对损失频次进行拟合。具体公式参见式（2.5）和式（2.7）。计算结果见表2－8。

表2－8　密码安全意识类操作风险损失频次分布拟合结果

分布类型	P值	K-S值	参数
二项分布	5.8574e－12	1.0000	$P=0.1455$；$n=275$
泊松分布	0.3479	0.2565	$\lambda=3.3333$

表2－8显示，在95%的置信水平下，第一类移动支付操作风险的损失频次不符合二项分布，但符合泊松分布（P值大于0.05）。于是，可以得到“密码安全意识类”操作风险的分布函数：$P(k=x)=\frac{3.3333^k}{k!}e^{-3.3333}$。依此类推，可得其他类型操作风险损失频次的分布及相关参数（见表2－9）。

表2－9　各类操作风险损失频次的损失分布类型及相关参数

风险类型	分布类型	P值	K-S值	参数
软件/技术安全类	泊松分布	0.0681	0.3593	$\lambda=2.2500$
支付场景安全类	泊松分布	0.4116	0.2431	$\lambda=4.7500$
支付对象未确认类	泊松分布	0.5876	0.2110	$\lambda=6.6667$
手机硬件安全类	泊松分布	0.0925	0.3425	$\lambda=2.2500$
其他类	泊松分布	0.1060	0.3348	$\lambda=3.6667$

2. 损失强度分布建模

将各类操作风险每月各次发生的损失额度加总可得该类操作风险该月的损失强度。仍以“密码安全意识类”数据为例拟合损失强度。我们试用连续型函数中的正态分布和指数分布进行拟合。由于损失额度一般较大，故在原始数据的基础上进行对数处理，即增加对数正态分布。具体公式参见式（2.9）、式（2.10）和式（2.12）。使用 K-S 值进行拟合优度检验后得到结果（见表2－10）。

表2－10　密码安全意识类操作风险损失强度分布拟合结果

分布类型	P值	K-S值	参数
正态分布	0.1686	0.3068	$\mu=161440$，$\sigma=157950$
指数分布	0.4244	0.2405	$\lambda=161440$
对数正态分布	0.7417	0.1849	$\mu=11.3558$，$\sigma=1.2067$

表2－10显示，在95%的置信水平下，三种分布均能较好地拟合操作风险损失强度（P值均大于0.05），可再通过观察K-S值大小予以确认（K-S值越小，则拟合效果越好）。从表2－10可知，"密码安全意识类"操作风险的损失强度可用对数正态分步拟合，其分布函数为$f(x)=\frac{1}{1.2067x\sqrt{2\pi}}e^{\frac{-(\ln x-11.3558)^2}{2\times 1.2067^2}}$。同理可得其他类型操作风险损失强度的拟合结果（见表2－11）。

表2－11　各类操作风险损失强度的分布类型及相关参数

风险类型	分布类型	P值	K-S值	参数
软件/技术安全类	对数正态分布	0.6891	0.1940	$\mu=11.5200$，$\sigma=1.1901$
支付场景安全类	正态分布	0.3475	0.2566	$\mu=128070$，$\sigma=103280$
支付对象未确认类	对数正态分布	0.9015	0.1531	$\mu=12.1815$，$\sigma=1.7589$
手机硬件安全类	指数分布	0.9372	0.1433	$\lambda=58695$
其他类	正态分布	0.7114	0.1902	$\mu=38185$，$\sigma=37065$

3. 总损失分布

我们获得的初始样本数据仅有275个，这对于测度移动支付操作风险来说远远不够，而实际数据又难以获得。于是，我们将通过Monte Carlo模拟法（原理参见图2－8），获得更多实验数据。

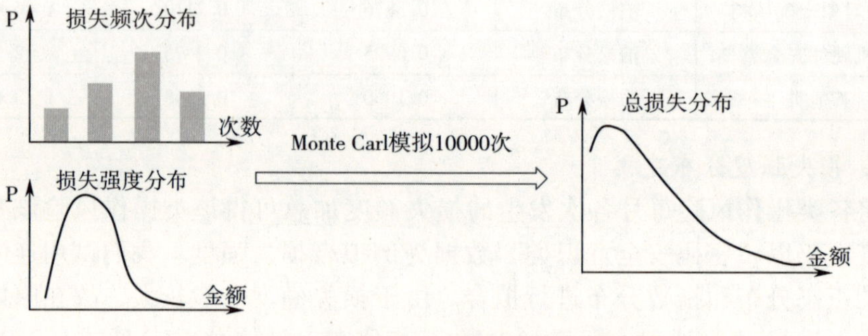

图2－8　Monte Carlo模拟原理示意图①

具体步骤如下（以密码安全意识类操作风险的分布函数为例）：

第一步：生成$\lambda=3.3333$的泊松分布随机数1个，令其为n，即根据移动支付操作风险损失频次的分布函数生成服从该分布的1个随机数n；

第二步：生成符合$\mu=11.3558$，$\sigma=1.2067$的对数正态分布随机数n个，

① 吴博，刘堃，胡丹．操作风险高级计量法国际监管规则的进展和启示［J］．国际金融研究，2012（5）：41－48.

然后将 n 个随机数相加，即根据移动支付操作风险损失强度的分布函数生成 n 个服从该分布的随机数 $m_1, m_2, \cdots, m_n$，得到样本期内移动支付操作风险的总损失额 $W = \sum_{i=1}^{n} m_i$；

第三步：重复上述步骤 10000 次，得到 10000 个 W 值；

第四步：将上述 10000 个 W 值从小到大按序排列，则 95% 置信水平下的 VaR 为第 9500 个 W 值。

基于表 2－9 和表 2－11 中各类操作风险的损失频次分布和损失强度分布，以“密码安全意识类”操作风险为例，进行 Monte Carlo 模拟后得到结果。由于模拟得到的结果为总损失，而模拟的次数为 10000 次，故单次损失金额等于总损失除以 10000（见表 2－12）。

表 2－12　密码安全意识类操作风险单次损失分布数据的描述性统计

单位：元

特征值	最小值	最大值	中位数	标准差
数值	0	1642.40	40.48	68.37

表 2－12 显示，“密码安全意识类”操作风险单次损失的最大值为 1642.40 元，最小值为 0。根据 VaR 的计算方法，可求得不同置信水平下操作风险损失的 VaR 数值（见表 2－13）。

表 2－13　不同置信水平下各类操作风险的单次损失额　　单位：元

风险类型	10%	30%	50%	70%	90%	95%	99%
密码安全意识类	6.27	22.51	40.46	66.75	128.52	177.56	308.47
软件/技术安全类	0.71	12.56	27.55	51.07	106.87	149.55	270.07
支付场景安全类	17.46	39.78	56.80	76.42	107.45	124.89	159.78
支付对象未确认类	78.95	201.81	358.86	601.66	1311.30	2002.00	3970.80
手机硬件安全类	0.01	4.81	10.23	17.58	30.92	38.37	54.76
其他类	2.43	7.36	11.80	17.57	27.81	33.48	45.28

从表 2－13 可知，99% 置信水平下移动支付用户各类操作风险单次造成的损失额都相当大，其中“支付对象未确认类”操作风险单次损失为 3970.80 元。由此可见，用户群体每次因为操作不当付出的代价是巨大的。这还只是各类移动支付操作风险中的一类。在 99% 的置信水平下，各类操作风险每发生一次带来的损失值如表 2－14 所示。

表 2 – 14 各类操作风险在 99%置信水平下每发生一次的损失值 单位：元

项目	密码安全意识类	软件/技术安全类	支付场景安全类	支付对象未确认类	手机硬件安全类	其他类
损失值	308.47	270.07	159.78	3970.80	54.76	45.28
排序	2	3	4	1	5	6

表 2 – 14 的排序结果显示，在移动支付各类操作风险中，“支付对象未确认类”操作风险给用户带来的损失最大，其次是“软件/技术安全类”和“密码安全意识类”的操作风险，而“支付场景安全类”和“手机硬件安全类”等其他操作风险的损失相对较小。

上述实证计算出每类操作风险的现实损失值，那么移动支付用户可根据各类损失值的大小与自己内心“损失值”进行比较，从而选择适合自己的行为。例如，某用户内心能够接受“手机不锁屏”（属于“密码安全意识类”操作风险）带来的最大“损失值”为 200 元，而实际测算的“密码安全意识类”操作风险每次带来的损失是 308.47 元，远超过 200 元的“心理价位”，因此该用户会选择“手机锁屏”。

三、数据扩充及结果比较

在本部分研究的过程中，课题小组邀请的项目中期检查专家曾提出“通过有限样本推断全局，影响了其研究结果结论的稳健性”的意见。因此，针对这一问题，我们对原先的样本进行了扩充，将样本时间延长到 2017 年 9 月 30 日。通过人工逐一搜索和核对，新增案例 230 个，使得基础样本就变为 2016 年 1 月 1 日至 2017 年 9 月 30 日共 505 个真实案例。依据上述分类进行整理，获得的具体损失频次和损失强度如表 2 – 15 所示。

表 2 – 15 各类移动支付操作风险事件发生次数及损失金额（2016. 1. 1 ~ 2017. 9. 30）

风险类型	释例	发生次数（次）	损失总额（元）
密码安全意识类	验证码泄露、小额免密、手机未设屏保密码等	75	2708198.99
软件/技术安全类	下载非正规 APP、支付软件退出不彻底、移动支付使用不熟悉等	64	4281918.82
支付场景安全类	随意扫描陌生人的二维码、随意链接免费 WiFi、点击未知网页链接等	94	2608643.00
支付对象未确认类	冒充 QQ、微信好友或淘宝客服、卖家客服或热门节目、银行等工作人员	145	11872229.60

续表

风险类型	释例	发生次数（次）	损失总额（元）
手机硬件安全类	旧手机随意丢弃或售卖、手机被盗、手机借给熟人/陌生人使用等	56	1236608.38
其他类	虚假支付转账截图、手机号被绑定为副卡①等	71	1238092.50

以505个案例为基础数据，再次使用LDA法进行损失频次、损失强度的拟合，然后采用Monte Carlo法模拟获得10000组数据，最后沿用VaR方法测得各类操作风险的具体损失值（具体结果见表2－16、表2－17、表2－18和表2－19）。

表2－16 各类操作风险损失频次的损失分布类型及相关参数（2016.1.1～2017.9.30）

风险类型	分布类型	P值	K-S值	参数
密码安全意识类	泊松分布	0.2595	0.2126	$\lambda=3.5714$
软件/技术安全类	泊松分布	0.0770	0.2697	$\lambda=3.0476$
支付场景安全类	泊松分布	0.1821	0.2308	$\lambda=4.4762$
支付对象未确认类	泊松分布	0.6662	0.1515	$\lambda=6.9048$
手机硬件安全类	泊松分布	0.1090	0.2548	$\lambda=2.6667$
其他类	泊松分布	0.1112	0.2539	$\lambda=3.3810$

表2－17 各类操作风险损失强度的分布类型及相关参数（2016.1.1～2017.9.30）

风险类型	分布类型	P值	K-S值	参数
密码安全意识类	对数正态分布	0.3034	0.2040	$\mu=11.2183$，$\sigma=1.0644$
软件/技术安全类	指数分布	0.8927	0.1192	$\lambda=203900$
支付场景安全类	正态分布	0.5982	0.1602	$\mu=124220$，$\sigma=104920$
支付对象未确认类	对数正态分布	0.5554	0.1658	$\mu=11.9836$，$\sigma=1.7403$
手机硬件安全类	指数分布	0.5887	0.1614	$\lambda=58886$
其他类	指数分布	0.8891	0.1198	$\lambda=58957$

① “手机号被绑定为副卡”，此类案件为2017年新型诈骗手段。

表2-18 不同置信水平下各类操作风险的单次损失额（2016.1.1~2017.9.30）

单位：元

风险类型	10%	30%	50%	70%	90%	95%	99%
密码安全意识类	7.23	21.45	36.14	55.54	97.82	125.55	207.93
软件/技术安全类	7.18	29.30	50.83	78.71	130.28	159.23	218.88
支付场景安全类	14.92	35.01	52.17	70.55	102.58	119.05	153.61
支付对象未确认类	70.44	172.67	299.37	504.77	1049.60	1518.30	3012.10
手机硬件安全类	0.89	6.59	12.30	20.10	34.43	42.64	59.08
其他类	2.95	9.86	16.96	25.17	40.74	49.27	66.32

表2-19 各类操作风险在99%置信水平下单次发生的损失值（两次实证结果的比较）

风险类型	2016.1.1~12.31		2016.1.1~2017.9.30	
	损失值	排序	损失值	排序
密码安全意识类	308.47	2	207.93	3
软件/技术安全类	270.07	3	218.88	2
支付场景安全类	159.78	4	153.61	4
支付对象未确认类	3970.80	1	3012.10	1
手机硬件安全类	54.76	5	59.08	6
其他类	45.28	6	66.32	5

比较两次实证结果发现，在99%的置信水平下，支付对象未确认类操作风险造成的损失依然是最大的，密码安全意识类、软件/技术安全类和支付场景安全类操作风险带来的损失值排名依然靠前，手机硬件安全类和其他类操作风险的损失值则较小。此外，除了手机硬件安全类和其他类操作风险损失值有所增加，其他类型的操作风险损失值均有所下降，一方面说明社会对于影响移动支付操作风险主要因素的关注度以及宣传力度不断加大，另一方面说明用户自身防范移动支付操作风险的意识逐渐增强。

四、小结

通过两次实证结果的比较，发现了一些更有意义的结论，比如第二次实证测算得到的各类操作风险值虽然存在一定差异，但普遍低于第一次的测算值。我们认为这个结果是可以被合理解释的。

（1）虽然“支付对象未确认类”风险造成的损失值依然明显高于其他类风险，但该类风险单次造成的损失值却下降了近1000元。移动支付广泛运用之初，出于便捷、新鲜等因素，用户自我防范意识较低，而随着该类风险案例发生频率越来越高，社会对其关注度逐渐提高，人们对于手机支付或转账对象确认意识增强。此外，政府、电信运营商以及各类手机生产厂家也提高了对于"伪短信"的识别与防范。例如国务院和阿里巴巴联合开发的反欺诈软件"钱盾"，该软件可以从用户登录到交易、支付等各环节提供实时风险扫描，现在已被越来越多的用户所使用。

（2）无论是支付密码还是验证码都是支付环节中的决定性因素。科学研究表明，拥有最好记忆力的人最多也只能同时记住6个不同的密码，多数人在不同网站或支付平台均使用同样的密码，这样就降低了"黑客"利用"撞库"等手段破解同一人不同平台密码的难度。随着密码破解风险的加大，以及相关案例频发，人们对于密码的保护意识是逐渐加强的，现在很多人选择使用"动态码+固定码"的形式设定不同平台的密码，这样就大大降低了因一个密码被破解的连环损失。

（3）软件是满足手机用户不同需求的主要条件。"软件/技术安全类"风险损失值的降低，一方面得益于国家对于不正规软件的监督、识别力度的加强，如"钱盾"的开发；另一方面则是手机商家对于应用商城的规范，例如近日苹果商店在中国地区下架了3万多款应用。此外，很多手机商家开始自带软件识别或者短信识别功能，能很好地拦截未知软件或带有未知下载链接的短信。这大大提高了用户手机软件应用安全。

（4）"支付场景安全类"风险的损失也有小幅度降低。一方面用户的"扫码"保护意识逐渐加强，另一方面手机软件对"伪基站"短信拦截量增加。例如，"反炸神器"钱盾不但能识别"钓鱼"短信、"木马"链接，检测5公里内伪基站等，还能为支付环节提供实时数据监测，为用户提供了更为安全的支付环境。

至于"手机硬件安全类"和"其他类"风险的损失值有所上升，我们认为主要原因在于：

（1）"手机硬件安全类"风险主要指手机被盗或丢失造成的损失。分析2017年相关案例发现，熟人作案明显增加。随着年轻一代交友圈的扩大，以及移动支付不断普及，一方面手机被"熟人""借用"的可能性增加，另一方面就是被"借用"后造成机主损失的可能性也在增加。

（2）常见移动支付操作风险不断被社会放大，用户的防范意识逐渐加强。因此，衍生了一些新型移动支付诈骗手段。例如，手机号被绑定为副卡、将个人微信头像修改与商家相同，以及利用支付宝非常用功能"亲密付"等，这些都是2016年发生案件较少，甚至从未出现过的案例。所以，"其他类"风险损失值有所上升。

综上所述，实证结果一方面为移动支付用户提供了行为选择的依据；另一方面，各类风险的具体损失值及排序也给了移动支付用户更直观的风险感受。综合两次实证结果，用户在使用移动支付时，应格外注意支付/转账对象的真实身份，不要与陌生人进行金钱交易；对于熟悉的人，应再三确认是否是本人。另外，用户还应加强密码的保护意识、手机软件的正规性意识以及手机支付技术的安全性认识等。至于支付场景安全类和手机硬件安全类操作风险的损失金额虽然相对较小，但用户也要引起重视，尽量避免损失。

第五节 本章结论与启示

近年来，我国移动支付发展迅速并已成为当前经济与社会发展的重要商业基础设施。与之相伴的是，移动支付安全事故频发。其中操作风险的覆盖面最广，发生次数最多，受害群体最大。一个高效安全的支付环境不但是所有用户的心声，也是国民经济发展的必然要求。

一、主要结论

我们在比较各类操作风险度量模型的基础上，结合移动支付操作流程、复杂性特征、用户行为特征以及损失数据特征，首先选择 AHP 法构建了移动支付操作风险的层次结构模型，采用互联网词条搜索频次数据，分析得出影响移动支付操作风险的最主要因素；其次根据互联网搜索得到的 275 个相关案例，利用 LDA 法进行损失频次分布和损失强度分布的建模，并使用 Monte Carlo 模拟拟合得到 10000 个损失数据，最后计算得出用户各类行为对移动支付操作风险影响力的大小。随后根据匿名审稿人的建议，对真实案例数据进行了扩充，通过网络搜索总共得到 505 个相关案例，并再次使用 LDA 法和 Monte Carlo 模拟进行实证研究。主要结论如下。

（1）移动支付已逐渐替代现金、银行卡等传统支付方式。由移动支付引起的各类风险层出不穷，其中以操作风险最为突出。

（2）移动支付操作风险数据具有“高频、小额”特点，且历史数据难以获得。移动支付系统具有“复杂性”，参与方众多，故操作风险影响因素多样。通过 AHP 法评估可知，对移动支付操作风险影响力最大的是用户行为，其余依次是第三方支付平台、监管当局和电信运营商。

（3）从用户角度出发，利用 LDA 法计算得出用户在使用移动支付过程中，如果未确认支付对象，一次支付可能会造成超过 3000 元的损失。防范移动支付操作风险，用户自身是主力，但其他参与主体也不能懈怠。

（4）两次实证结果的比较发现，随着移动支付操作风险新闻的增多，用户的风险意识在增强。随着监管的加强和金融科技创新步伐的加快，许多支付平台和支付软件的安全等级明显提高，漏洞明显减少，客观上帮助用户在一定程度上防范了操作风险事故。

（5）Monte Carlo 模拟是基于历史数据分布的拟合特征，通过“试验”而进行的模拟，是一种预测性检验方法。两次实证结果虽然存在一定差异，但总的趋势差距不大，从侧面说明我们采用的方法及其所得结果是相对稳定的。

二、相关启示

1. 提高用户的风险防范意识

用户是移动支付的使用主体，也是移动支付操作风险的受害主体，同时还是影响操作风险的最主要因素。因此，用户强烈的安全意识是移动支付操作风险的首要屏障。为此，我们提出以下几点建议。

第一，明确交易对象。网络是虚拟的，无论是熟人还是陌生人，都很难判断网络交易对象的真实身份，用户在使用移动支付进行网络交易时要保持高度警惕。对于熟人，在条件允许的情况下进行面对面交易或电话确认对方身份后再实施交易。对于陌生人，如“淘宝客服”“政府机关工作人员”“银行工作人员”等，可以直接终止交易或者在经正规途径确定身份后选择是否交易。此外，用户还要高度警惕各种陌生信息，不轻信各类中奖或者积分兑换礼品等带有不明链接的短信息，更不要随意点击。不随意添加陌生人的 QQ 账号或微信账号进行交易。

第二，加强密码安全意识。密码是盗取钱财的关键“钥匙”，也是保护钱财的最后一道防线。移动支付为人们日常支付提供了极大的便利，但用户不能为了便捷而淡化密码安全意识。应尽量避免密码设置过于简单、多账号密码相同、验证码转发他人、小额消费免密、手机未设锁屏密码等不良操作习惯。做到支付密码设置使用数字和字母的组合，不能过于简单，且各类网站不要使用相同密码。由于人记忆的有限性，用户对不同网站可以使用“动态密码”。所谓“动态密码”是指特定网站标志密码＋常用密码的一种组合，例如，网易邮箱的密码可以设置为“wy＊＊＊＊＊＊”，其中，“wy”为网易的首字母，“＊＊＊＊＊＊”表示用户记得住的或者常用密码。这样既便于记忆，也降低了“黑客”通过“撞库”的方式破解密码的可能性。

第三，提高手机软件及硬件的安全防范意识，坚守正确的手机使用方法。手机硬件为用户提供了基础功能，手机软件则满足了用户不同的使用需求，用户可以设置手机锁屏密码，以免手机丢失后机内信息被盗。移动支付平台或

APP 均属于手机软件，故手机内部软件环境安全极为重要。用户不应在非正规渠道下载应用软件，以免“藏毒”软件入侵手机，盗取支付密码等信息；可以在手机内安装病毒查杀软件，定期进行病毒扫描。此外，移动支付用户要确保手机在自己的可控范围内，特别是当手机内的第三方支付平台存有大量现金或绑定大额银行卡时，不要轻易将手机借给他人使用。

第四，增强支付场景安全意识。移动支付已经深入人们的日常生活，随处可见“扫码”付款，“请问 WiFi 密码多少?”已经成为大多数人的口头禅。然而，这些看似平常小事的背后却隐藏着巨大危机。当前，各种网络安全“漏洞”、“钓鱼”网站、“木马”程序等层出不穷，通过二维码和无线免费 WiFi 都可能获取手机内的支付信息，用户在使用这些功能时要格外注意，不轻易扫描“二维码”，不要时刻开启手机 WiFi 和蓝牙功能，慎重连接免费公用 WiFi 等。用户还应掌握各种紧急情况发生后的应对措施，如手机丢失后应先致电电信运营商和银行、支付宝等进行手机卡和账号的挂失，并上网冻结各类支付账号（若手机功能允许，可进行手机寻回等）。

2. 改进支付机构的内部管理措施

支付平台是为用户提供移动支付的主要渠道，也是保障用户财产安全的重要主体；电信运营商为移动支付各参与方服务，是连接移动支付各方的桥梁，也是数据传输的主要渠道。因此，支付平台和电信运营商应从软件、硬件、人员、技术等多个方面为用户提供一个安全高效的支付环境。

第一，提高计算机、网络等技术，实时监控流量数据。支付平台和电信运营商在很大程度上是依赖计算机和网络技术运作的，其软件和硬件技术是保障用户支付安全的重要条件。首先，支付平台和电信运营商后台每时每刻都有大量交易或上网数据，其应充分利用大数据技术紧密跟踪异常支付或登录行为，对这些异常行为应设置第二次甚至第三次再认证窗口。其次，支付平台应实时监控用户交易，利用各种算法或技术（如机器学习算法等）评估异常交易，并能做到及时发现及时冻结交易。另外，电信运营商对于某些便捷服务，如网上副卡绑定、网上急速换卡等，对于异常申请，应格外注重审核申请人身份。最后，支付平台和电信运营商还应加强系统的防御能力，抵抗“黑客”入侵，保护用户资料。

第二，加强员工管理，避免客户信息泄露。支付平台和电信运营商不但要加强软件和硬件抵御外来攻击的能力，还要确保工作人员的职业道德素养和职业技能。无论是支付平台还是电信运营商，其每天接触到的客户数据都非常庞大，如果没有良好的职业道德，员工可能就经不住金钱的诱惑或外人的鼓动，偷盗客户资料并将其卖入黑市以获取利益。此外，支付平台和电信运营商应强化对员工岗位变动的管理，特别是新进员工和调离职员工的操作权限管理，杜绝信息泄露和倒卖等违法行为。由于移动支付相关行业的特殊性，不但要求员工要有很强的职业道德，还要有过硬的职业技能，尤其是涉及核心技术的员工，在技能方面不能忽视，只有“道高一丈”才能压住“魔高一尺”。

第三，完善内部制度，及时处理各种事件。移动支付已经深入人们的日常生活，每时每刻都有人在进行资金转移，这就意味着每时每刻都可能有风险事件在发生。支付平台和电信运营商对各类事件都有相应的应急措施，如针对客户账号被盗的处理流程、“黑客”入侵的防护与反击等。后台部门应高度重视用户反馈，及时处置软件漏洞和硬件缺陷。对我们的结论之一，即电信运营商目前尚不是操作风险形成的最重要影响因素，要有十分清醒的认识。这一结论可能有着十分重要的现实原因，即移动支付的凭借方式主要是手机，而用户在使用手机通话时通常无法支付（通话时网络信息是中断的），由此可能造成电信运营商与移动支付操作风险的关系并不如想象的那么密切，但并不是完全没影响，电信运营商作为数据传输通道，还是要注意风险的防范措施和事件的处理能力。

第四，应用大数据、云计算等技术，构建反欺诈系统和风险监测机制。大数据、云计算、人工智能、生物识别、区块链等前沿科技以前所未有的速度融入金融领域。平台通过对此类金融科技的研究，不但可以保障客户的资金安全，还可以提高自身的竞争力。例如，应用大数据采集与分析技术，精准分析用户消费信息、行为信息等，一方面更好地服务用户，另一方面进行风险监控，一旦用户发生异于其行为习惯的操作，平台可对其实行相对应的风险监控策略，甚至中断其当下交易以确保账户资金安全。因此，平台还需建立一个事前监控、事中决策、事后分析的风险监测机制，用于保障各环节高效运行。

3. 健全多层次监管体系

由于移动支付过快发展，当前监管仍然存在某些不足，如监管政策不到位、相关法规不完善等。然而对于新兴行业来说，风险与创新是相互依存的，在对移动支付进行监管的过程中，应当处理好监管与创新的关系，努力构造一个平衡合理的监管结构。

第一，相关机构应尽快构建移动支付官方统计数据的监测体系。如今，移动支付领域的相关研究进程严重滞后于现实的快速发展步伐。其中的重要原因之一在于大量数据至今仍未纳入官方统计范围。统计部门、学界、业界可联合线下线上各银行、媒体、电商平台、移动通信等，尽快构建移动支付相关数据库。例如，移动支付用户数量、覆盖地区、年龄分布。日交易笔数、金额、渠道（手机银行、第三方手机支付等）。风险事件发生时间、地点、方式、金额、人物等。建成一个健全的统计数据库，并做到定期通过专门网站或以行业报告的形式披露相关数据。那么，无论是在帮助移动支付使用者防范风险，还是有利于移动支付行业分析行情，为研究者提供相关研究数据，或是为监管当局提供大数据监测依据等，移动支付统计数据库都能发挥极大的作用。

第二，加快推进个人征信系统建设。信息化时代对个人信誉要求很高。当前我国征信体系仍不完善，社会个体违约成本很低，各种违约事件层出不穷。因此，建立健全一个符合我国社会发展的征信体系，为广大人民群众营造一个良好的移动支付环境至关重要。可以利用现有的央行线下征信系统，结合网上购物缴费等平台以及互联网大数据、云计算等功能，建立一个以政府为主、各单位和企业为辅的个人互联网征信体系，确保每个人的基本情况、诚信记录等都是可查的。

第三，明晰市场准入规则和退出安排。截至2016年12月31日，共有92家企业获得了央行发放或续牌的第三方支付牌照。2017年1月5日，在移动支付网梳理的2016年支付行业最值得关注的五大罚单中，易宝支付罚单高达4200万元。如此看来，随着移动支付的迅速发展以及新风险不断涌现，政府对于支付行业的准入越来越严格，然而严格的准入规则是否一定能达到减少风险的目的？对于一个新兴行业来说，控制风险是必然要求，但是适当风险同样需要。因此，移动支付行业的市场准入制度应尽量实现用户权益保护、监管当局权威维护、支付企业和行业健康发展的相对平衡。监管当局应尽快制定市场准入的标准细则，适当淡化注册资本的强制要求，强化企业自有资金的可持续性要求。退出安排应以市场化为前提，同时建立备付金保险制度。

第四，加强行业自律，建立行业自律协会。充分发挥行业自律能力，是保障行业生态稳定和各参与主体合法权益的重要保障。目前负责监管网络支付行业的部门主要有科技司、支付结算司和反洗钱局等，而行业自律性组织尚未形成，相关部门可以组建移动支付行业协会，成员应该包括政府监管部门、支付平台、专业技术和行业研究人员等。协会应按照支付平台类型（手机银行、第三方手机支付等）制定行业标准和业务规则，不同平台之间相互监督。监管部门作为协会重要成员，要为提高行业自我约束力，强化各方守法意识提供保障。专业技术和行业研究人员应为协会提供技术指导和学术性参考。监管当局、支付平台、科研机构等应深化合作，只有努力做到政府监管、行业实践、研究理论相结合，才能为我国移动支付行业的可持续健康发展提供强有力的支持。

此外，随着移动支付的“国际化”，监管当局还应当积极寻找国际上具有相似支付模式、较强内控能力的合作伙伴，相互学习风险监管经验、寻求合作渠道。结合当前国内以政府为导向、支付行业为主体、外部媒体为辅的监管体系，形成一个多层次、多主体共同推动移动支付安全技术、交易数据、风险管理等共享的监督体系。

移动支付系统的复杂适应性特征，意味着移动支付操作风险的防范工作是一个系统工程。除了用户要不断规范自身的操作行为外，支付平台、电信运营商以及监管当局都具有不可推卸的责任。各方尤其应在金融新科技开发、用户隐私信息保护、大数据协同监管创新等方面不断深化合作，共同推进移动支付行业健康发展。

本章附录

附录 2－1　本章中 AHP 法实证过程的代码

一、层次单排序

判断矩阵 A：

>>A =[1 4 84 9；1/4 1 19 2；1/84 1/19 1 1/9；1/9 1/2 9 1] [①] 输入矩阵

>>[v,d] = eig(A)　得出矩阵特征向量（V）和特征值（d）

$$v = \begin{bmatrix} -0.9672 & 0.9666 & 0.9666 & 0.9644 \\ -0.2290 & -0.0642 & -0.0642 & -0.1594 \\ -0.0119 & -0.0003 & -0.0003 & -0.0263 \\ -0.1096 & -0.0759 & -0.0759 & 0.2092 \end{bmatrix}, d = 4.0018$$

>> v = v(:,1)　取出相应于最大特征值的特征向量

$v = (-0.9672\ -0.2290\ -0.0119\ -0.1096)^T$

>> W = v/sum(v) 归一化得到权重

$W = (0.7340\ 0.1738\ 0.0090\ 0.0832)^T$

判断矩阵 B1：

>> B1 = [1 1 1/2 1 13；1 1 1 2 18；2 1 1 3 25；1 1/2 1/3 1 10；1/13 1/18 1/25 1/10 1] 输入矩阵

>>[v,d] = eig(B1)　得出矩阵特征向量（V）和特征值（d）

$$v = \begin{bmatrix} 0.3779 & -0.4314 & -0.4314 & -0.2573 & -0.2956 \\ 0.5315 & 0.0052 & 0.0052 & 0.4075 & -0.7290 \\ 0.7017 & 0.6133 & 0.6133 & -0.7742 & -0.1018 \\ 0.2856 & 0.0868 & 0.0868 & 0.4101 & -0.5953 \\ 0.0283 & -0.0009 & -0.0009 & -0.0122 & 0.1283 \end{bmatrix}, d = 5.0655$$

---

① 斜体部分为输入的代码。

>> $v = v(:,1)$　取出相应于最大特征值的特征向量

$V = (0.3779\ 0.5315\ 0.7017\ 0.2856\ 0.0283)^T$

>> $W = v/sum(v)$　归一化得到权重

$W = (0.1963\ 0.2761\ 0.3645\ 0.1483\ 0.0147)^T$

判断矩阵 B2：

>> *B2* = [*1 2 2 5 29*; *1/2 1 1 3 15*; *1/2 1 1 2 12*; *1/5 1/3 1/2 1 6*; *1/29 1/15 1/12 1/6 1*]　输入矩阵

>> [*v*,*d*] = *eig*(*B2*)　得出矩阵特征向量（V）和特征值（d）

$$v = \begin{bmatrix} -0.8083 & 0.3705 & 0.3705 & 0.9302 & 0.9302 \\ -0.4234 & 0.6144 & 0.6144 & -0.2845 & -0.2845 \\ -0.3735 & -0.3174 & -0.3174 & -0.1378 & -0.1378 \\ -0.1646 & -0.0825 & -0.0825 & 0.0058 & 0.0058 \\ -0.0286 & -0.0160 & -0.0160 & -0.0040 & -0.0040 \end{bmatrix}, d = 5.0148$$

>> $v = v(:,1)$　取出相应于最大特征值的特征向量

$v = (-0.8083\ -0.4234\ -0.3735\ -0.1646\ -0.0286)^T$

>> $W = v/sum(v)$　归一化得到权重

$w = (0.4495\ 0.2354\ 0.2077\ 0.0915\ 0.0159)^T$

判断矩阵 B3：

>> *B3* = [*1 2 1 5*; *1/2 1 1 3*; *1 1 1 4*; *1/5 1/3 1/4 1*]　输入矩阵

>> [*v*,*d*] = *eig*(*B3*)　得出矩阵特征向量（V）和特征值（d）

$$v = \begin{bmatrix} -0.6963 & 0.6844 & 0.6844 & -0.7545 \\ -0.4340 & -0.2413 & -0.2413 & -0.3820 \\ -0.5545 & -0.2888 & -0.2888 & -0.3774 \\ -0.1390 & 0.0138 & 0.0138 & 0.3773 \end{bmatrix}, d = 4.0407$$

>> $v = v(:,1)$　取出相应于最大特征值的特征向量

$v = (-0.6963\ -0.4340\ -0.5545\ -0.1390)^T$

>> $W = v/sum(v)$　归一化得到权重

$W = (0.3818\ 0.2380\ 0.3041\ 0.0762)^T$

判断矩阵 B4：

>> *B4* = [*1 4 1/6*; *1/4 1 1/20*; *6 20 1*]　输入矩阵

>> [*v*,*d*] = *eig*(*B4*)　得出矩阵特征向量（V）和特征值（d）

$$v = \begin{bmatrix} 0.1742 & -0.0871 & -0.0871 \\ 0.0463 & -0.0231 & -0.0231 \\ 0.9836 & 0.9836 & 0.9836 \end{bmatrix}, d = 3.0037$$

>> $v = v(:,1)$ 取出相应于最大特征值的特征向量

$v = (0.1742\ 0.0463\ 0.9836)^T$

>> $W = v/sum(v)$ 归一化得到权重

$W = (0.1447\ 0.0384\ 0.8169)^T$

二、层次总排序（计算总排序权重）

>> b = [0.7340 0.1738 0.0090 0.0832]

>> c = [0.1963 0 0 0;0.2761 0 0 0;0.3645 0 0 0;0.1483 0 0 0;0.0147 0 0 0; 0 0.4495 0 0; 0 0.2354 0 0; 0 0.2077 0 0;0 0.0915 0 0; 0 0.0159 0 0; 0 0 0.3818 0; 0 0 0.2380 0; 0 0 0.3041 0; 0 0 0.0762 0; 0 0 0 0.1447; 0 0 0 0.0384; 0 0 0 0.8169]

>> $cj = c * b'$

$cj = (0.1441, 0.2027, 0.2675, 0.1089, 0.0108, 0.0781, 0.0409, 0.0361, 0.0159, 0.0028, 0.0034, 0.0021, 0.0027, 0.0007, 0.0120, 0.0032, 0.0680)T$

附录2－2 本章中LDA法实证过程的代码

一、2016年1月1日至12月31日真实案例的整理结果

附表2－2－1 各类操作风险每个月发生案例个数 单位：个

风险类型	1月	2月	3月	4月	5月	6月	7月	8月	9月	10月	11月	12月
密码安全意识类	4	2	1	4	6	2	3	6	3	4	1	4
软件/技术安全类	3	1	2	1	2	3	3	4	3	2	2	1
支付场景安全类	5	8	6	9	4	3	5	7	1	6	2	1
支付对象未确认类	11	7	4	2	6	3	7	3	4	7	6	20
手机硬件安全类	2	3	2	2	5	1	1	3	1	1	4	2
其他类	5	5	3	2	6	1	1	3	5	6	6	1

附表2－2－2 各类操作风险每个月损失总额 单位：元

风险类型	密码安全意识类	软件/技术安全类	支付场景安全类	支付对象未确认类	手机硬件安全类	其他类
1月	247386	460004	199800	2161700	40000	50655
2月	207017	50000	280499	242406	45600	21376
3月	35878	66373	199760	232700	121800	36000
4月	422000	57000	207512	2900	99840	7200
5月	407400	462000	24000	300460	185500	27600
6月	36285	396000	25400	34900	17000	1500

续表

风险类型	密码安全意识类	软件/技术安全类	支付场景安全类	支付对象未确认类	手机硬件安全类	其他类
7 月	67770	365499	113235	1058199	64000	700
8 月	389785	152988	257640	2342000	57900	89300
9 月	11796	85800	16733	246000	10000	30860
10 月	23000	24360	206247	72000	5000	66600
11 月	56000	58500	2000	114500	38000	124424
12 月	33000	10000	4000	163668	19700	2000

二、损失频次分布的实证代码①

1. 密码安全意识类操作风险

（1）二项分布

```
clear all
x =[ 4 2 1 4 6 2 3 6 3 4 1 4 ];
a = sum ( x )
q = a/275
alpha =0. 05;
r = binocdf ( x ,275 ,q );
[ h, p, ksstat, cv ] = kstest ( x, [ x', r'], alpha )
```

（2）泊松分布

```
clear all
x =[ 4 2 1 4 6 2 3 6 3 4 1 4 ];
alpha =0. 05 ;
lambdshat =poissfit ( x );
r = poisscdf ( x, lambdshat );
[ h, p, ksstat, cv ] = kstest ( x, [ x', r'], alpha )
```

代码输出结果：

	h	P 值	K-S 值	参数	选择
二项分布	1	5. 8574e - 12	1	P =0. 1455； n =275	
泊松分布	0	0. 3479	0. 2565	λ =3. 3333	✓

① 此附录仅附有数据未扩充时（2016. 1. 1 ~ 12. 31）的代码及主要结果。

2. 软件/技术安全类操作风险

（1）二项分布

```
clear all
x =[ 3 1 2 1 2 3 3 4 3 2 2 1 ];
a = sum ( x )
q = a/275
alpha =0. 05;
r = binocdf ( x, 275, q ) ;
[ h, p, ksstat, cv ] = kstest ( x, [ x', r' ], alpha )
```

（2）泊松分布

```
clear all
x =[ 3 1 2 1 2 3 3 4 3 2 2 1 ];
alpha =0. 05;
lambdshat = poissfit (x);
r = poisscdf (x, lambdshat );
[ h, p, ksstat, cv ] = kstest (x, [ x', r' ], alpha )
```

代码输出结果：

	h	P 值	K-S 值	参数	选择
二项分布	1	5. 8574e – 12	1	P = 0. 0982； n = 275	
泊松分布	0	0. 0681	0. 3593	λ = 2. 2500	✓

3. 支付场景安全类操作风险

（1）二项分布

```
clear all
x =[ 5 8 6 9 4 3 5 7 1 6 2 1 ];
a = sum (x)
q = a/275
alpha =0. 05;
r = binocdf ( x, 275, q );
[ h, p, ksstat, cv ] = kstest ( x, [ x', r' ], alpha )
```

（2）泊松分布

```
clear all
x =[ 5 8 6 9 4 3 5 7 1 6 2 1 ];
alpha =0. 05;
```

```
lambdshat = poissfit (x);
r = poisscdf (x, lambdshat );
[ h, p, ksstat, cv ] = kstest ( x, [ x', r'], alpha )
```

代码输出结果：

	h	P 值	K-S 值	参数	选择
二项分布	1	5. 8574e − 12	1	P = 0. 2073；n = 275	
泊松分布	0	0. 4116	0. 2431	λ = 4. 7500	✓

4. 支付对象未确认类操作风险

（1）二项分布

```
clear all
x = [ 11 7 4 2 6 3 7 3 4 7 6 20 ];
a = sum (x)
q = a/275
alpha = 0. 05;
r = binocdf ( x, 275, q );
[ h, p, ksstat, cv ] = kstest ( x, [ x', r'], alpha )
```

（2）泊松分布

```
clear all
x = [ 11 7 4 2 6 3 7 3 4 7 6 20 ];
alpha = 0. 05;
lambdshat = poissfit (x);
r = poisscdf ( x, lambdshat );
[ h, p, ksstat, cv ] = kstest ( x, [ x', r'], alpha )
```

代码输出结果：

	h	P 值	K-S 值	参数	选择
二项分布	1	5. 8574e − 12	1	P = 0. 2909；n = 275	
泊松分布	0	0. 5876	0. 2110	λ = 6. 6667	✓

5. 手机硬件安全类操作风险

（1）二项分布

```
clear all
x = [ 2 3 2 2 5 1 1 3 1 1 4 2 ];
```

```
a = sum (x)
q = a/275
alpha = 0. 05;
r = binocdf ( x, 275, q );
[ h, p, ksstat, cv ] = kstest ( x, [ x', r'], alpha )
```

（2）泊松分布

```
clear all
x = [ 2 3 2 2 5 1 1 3 1 1 4 2 ];
alpha = 0. 05;
lambdshat = poissfit (x);
r = poisscdf ( x, lambdshat );
[ h, p, ksstat, cv ] = kstest ( x, [ x', r'], alpha )
```

代码输出结果：

	h	P 值	K-S 值	参数	选择
二项分布	1	5. 8574e − 12	1	P = 0. 0982；n = 275	
泊松分布	0	0. 0925	0. 3425	λ = 2. 2500	✓

6. 其他类操作风险

（1）二项分布

```
clear all
x = [ 5 5 3 2 6 1 1 3 5 6 6 1 ];
a = sum (x)
q = a/275
alpha = 0. 05;
r = binocdf ( x, 275, q );
[ h, p, ksstat, cv ] = kstest ( x, [ x', r'], alpha )
```

（2）泊松分布

```
clear all
x = [ 5 5 3 2 6 1 1 3 5 6 6 1 ];
alpha = 0. 05;
lambdshat = poissfit (x);
r = poisscdf ( x, lambdshat );
[ h, p, ksstat, cv ] = kstest ( x, [ x', r'], alpha )
```

代码输出结果：

	h	P值	K-S值	参数	选择
二项分布	1	5.8574e-12	1	P=0.1600；n=275	
泊松分布	0	0.1060	0.3348	$\lambda=3.6667$	✓

三、损失强度分布的实证代码

1. 密码安全意识类操作风险

（1）正态分布

```
clear all
x=[247386 207017 35878 422000 407400 36285 67770 389785 11796 23000 56000 33000];
phat=mle(x,'distribution','norm','alpha',0.05)
r=normcdf(x,161440,157950)
[h,p,ksstat,cv]=kstest(x,[x',r'],0.05)
```

（2）指数分布

```
clear all
x=[247386 207017 35878 422000 407400 36285 67770 389785 11796 23000 56000 33000];
phat=mle(x,'distribution','expo','alpha',0.05)
r=expcdf(x,phat)
[h,p,ksstat,cv]=kstest(x,[x',r'],0.05)
```

（3）对数正态分布

```
clear all
x=[247386 207017 35878 422000 407400 36285 67770 389785 11796 23000 56000 33000];
phat=mle(x,'distribution','lognorm','alpha',0.05)
r=logncdf(x,11.3558,1.2067)
[h,p,ksstat,cv]=kstest(x,[x',r'],0.05)
```

代码输出结果：

	h	P值	K-S值	参数	选择
正态分布	0	0.1686	0.3068	$\mu=161440$，$\sigma=157950$	
指数分布	0	0.4244	0.2405	$\lambda=161440$	
对数正态分布	0	0.7417	0.1849	$\mu=11.3558$，$\sigma=1.2067$	✓

2. 软件/技术类操作风险

（1）正态分布

```
clear all
```

```
x = [ 460004 50000 66373 57000 462000 396000 365499 152988 85800 24360
58500 10000 ];
phat = mle ( x, 'distribution', 'norm', 'alpha', 0. 05 )
r = normcdf ( x, 182377, 173530 )
[ h, p, ksstat, cv ] = kstest ( x, [ x', r'], 0. 05 )
```

（2）指数分布

```
clear all
x = [ 460004 50000 66373 57000 462000 396000 365499 152988 85800 24360
58500 10000 ];
phat = mle ( x, 'distribution', 'expo', 'alpha', 0. 05 )
r = expcdf ( x, phat )
[ h, p, ksstat, cv ] = kstest ( x, [ x', r'], 0. 05 )
```

（3）对数正态分布

```
clear all
x = [ 460004 50000 66373 57000 462000 396000 365499 152988 85800 24360
58500 10000 ];
phat = mle ( x, 'distribution', 'lognorm', 'alpha', 0. 05 )
r = logncdf ( x, 11. 5200, 1. 1901 )
[ h, p, ksstat, cv ] = kstest ( x, [ x', r'], 0. 05 )
```

代码输出结果：

	h	P 值	K-S 值	参数	选择
正态分布	0	0. 2040	0. 2944	$\mu = 182377$，$\sigma = 173530$	
指数分布	0	0. 6053	0. 2081	$\lambda = 182377$	
对数正态分布	0	0. 6891	0. 1940	$\mu = 11.5200$，$\sigma = 1.1901$	✓

3. 支付场景安全类操作风险

（1）正态分布

```
clear all
x = [ 199800 280499 199760 207512 24000 25400 113235 257640 16733 206247
2000 4000 ];
phat = mle ( x, 'distribution', 'norm', 'alpha', 0. 05 )
r = normcdf ( x, 128070, 103280 )
[ h, p, ksstat, cv ] = kstest ( x, [ x', r'], 0. 05 )
```

（2）指数分布

```
clear all
x =[ 199800 280499 199760 207512 24000 25400 113235 257640 16733 206247 2000 4000 ];
phat = mle ( x, 'distribution', 'expo', 'alpha', 0. 05 )
r = expcdf ( x, phat )
[ h, p, ksstat, cv ] = kstest ( x, [ x', r'], 0. 05 )
```

（3）对数正态分布

```
clear all
x =[ 199800 280499 199760 207512 24000 25400 113235 257640 16733 206247 2000 4000 ];
phat = mle ( x, 'distribution', 'lognorm', 'alpha', 0. 05 )
r = logncdf ( x, 10. 9482, 1. 6568 )
[ h, p, ksstat, cv ] = kstest ( x, [ x', r'], 0. 05 )
```

代码输出结果：

	h	P 值	K-S 值	参数	选择
正态分布	0	0. 3475	0. 2566	μ = 128070， σ = 103280	✓
指数分布	0	0. 2186	0. 2898	λ = 128070	
对数正态分布	0	0. 2674	0. 2759	μ = 10. 9482， σ = 1. 6568	

4. 支付对象未确认类操作风险

（1）正态分布

```
clear all
x = [ 2161700 242406 232700 2900 300460 34900 1058199 2342000 246000 72000 114500 163668 ];
phat = mle ( x, 'distribution', 'norm', 'alpha', 0. 05 )
r = normcdf ( x, 580950, 792550)
[ h, p, ksstat, cv ] = kstest ( x, [ x', r'], 0. 05 )
```

（2）指数分布

```
clear all
x = [ 2161700 242406 232700 2900 300460 34900 1058199 2342000 246000 72000 114500 163668 ];
phat = mle ( x, 'distribution', 'expo', 'alpha', 0. 05 )
```

```
r = expcdf ( x, phat )
[ h, p, ksstat, cv ] = kstest ( x, [ x', r'], 0. 05 )
```

（3）对数正态分布

```
clear all
x = [ 2161700 242406 232700 2900 300460 34900 1058199 2342000 246000 72000 114500 163668 ];
phat = mle ( x, 'distribution', 'lognorm', 'alpha', 0. 05 )
r = logncdf ( x, 12. 1815, 1. 7589 )
[ h, p, ksstat, cv ] = kstest ( x, [ x', r'], 0. 05 )
```

代码输出结果：

	h	P 值	K-S 值	参数	选择
正态分布	1	0. 0386	0. 3883	$\mu=580950$，$\sigma=792550$	
指数分布	0	0. 0867	0. 3462	$\lambda=580950$	
对数正态分布	0	0. 9015	0. 1531	$\mu=12.1815$，$\sigma=1.7589$	✓

5. 手机硬件安全类操作风险

（1）正态分布

```
clear all
x =[ 40000 45600 121800 99840 185500 17000 64000 57900 10000 5000 38000 19700 ];
phat = mle ( x, 'distribution', 'norm', 'alpha', 0. 05 )
r = normcdf ( x, 58695, 51028 )
[ h, p, ksstat, cv ] = kstest ( x, [ x', r'], 0. 05 )
```

（2）指数分布

```
clear all
x =[ 40000 45600 121800 99840 185500 17000 64000 57900 10000 5000 38000 19700 ];
phat = mle ( x, 'distribution', 'expo', 'alpha', 0. 05 )
r = expcdf ( x, phat )
[ h, p, ksstat, cv ] = kstest ( x, [ x', r'], 0. 05 )
```

（3）对数正态分布

```
clear all
x =[ 40000 45600 121800 99840 185500 17000 64000 57900 10000 5000 38000 19700 ];
```

```
phat = mle ( x, 'distribution', 'lognorm', 'alpha', 0. 05 )
r = logncdf ( x, 10. 5510, 1. 0109 )
[ h, p, ksstat, cv ] = kstest ( x, [ x', r'], 0. 05 )
```

代码输出结果：

	h	P 值	K-S 值	参数	选择
正态分布	0	0. 6021	0. 2086	$\mu=58695$，$\sigma=51028$	
指数分布	0	0. 9372	0. 1433	$\lambda=58695$	✓
对数正态分布	0	0. 8507	0. 1644	$\mu=10.5510$，$\sigma=1.0109$	

6. 其他类操作风险

（1）正态分布

```
clear all
x =[ 50655 21376 36000 7200 27600 1500 700 89300 30860 66600 124424 2000 ];
phat = mle ( x, 'distribution', 'norm', 'alpha', 0. 05 )
r = normcdf ( x, 38185, 37065 )
[ h, p, ksstat, cv ] = kstest ( x, [ x', r'], 0. 05 )
```

（2）指数分布

```
clear all
x =[ 50655 21376 36000 7200 27600 1500 700 89300 30860 66600 124424 2000 ];
phat = mle ( x, 'distribution', 'expo', 'alpha', 0. 05 )
r = expcdf ( x, phat )
[ h, p, ksstat, cv ] = kstest ( x, [ x', r'], 0. 05 )
```

（3）对数正态分布

```
clear all
x =[ 50655 21376 36000 7200 27600 1500 700 89300 30860 66600 124424 2000 ];
phat = mle ( x, 'distribution', 'lognorm', 'alpha', 0. 05 )
r = logncdf ( x, 9. 7035, 1. 6418 )
[ h, p, ksstat, cv ] = kstest ( x, [ x', r'], 0. 05 )
```

代码输出结果：

	h	P 值	K-S 值	参数	选择
正态分布	0	0.7114	0.1902	$\mu=38185$，$\sigma=37065$	✓
指数分布	0	0.6593	0.1990	$\lambda=38185$	
对数正态分布	0	0.4735	0.2311	$\mu=9.7035$，$\sigma=1.6418$	

附录 2-3　本章中蒙特卡洛模拟的实证代码

一、密码安全意识类操作风险

损失频率：泊松分布（$\lambda=3.3333$）

损失强度：对数正态分布（$\mu=11.3558$，$\sigma=1.2067$）

```
clear all
for n = 1:10000
   k = poissrnd ( 3. 3333 )
   m = lognrnd ( 11. 3558, 1. 2067, 1, k )
   e (n)  = sum ( m (:) )
end
sort (e) (从小到大排序)
```

二、软件/技术安全类操作风险

损失频率：泊松分布（$\lambda=2.2500$）

损失强度：对数正态分布（$\mu=11.5200$，$\sigma=1.1901$）

```
clear all
for n = 1:10000
   k = poissrnd ( 2. 2500 )
   m = lognrnd ( 11. 5200, 1. 1901, 1, k )
   e (n)  = sum ( m (:) )
end
sort (e) (从小到大排序)
```

三、支付场景安全类操作风险

损失频率：泊松分布（$\lambda=4.7500$）

损失强度：正态分布（$\mu=128070$，$\sigma=103280$）

```
clear all
for n = 1:10000
   k = poissrnd ( 4. 7500 )
m = normrnd ( 128070, 103280, 1, k )
   e (n)  = sum ( m (:) )
```

```
end
sort (e) (从小到大排序)
```

四、支付对象未确认类操作风险

损失频率：泊松分布（λ=6.6667）

损失强度：对数正态分布（μ=12.1815，σ=1.7677）

```
clear all
for n = 1:10000
    k = poissrnd ( 6.6667 )
    m = lognrnd ( 12.1815, 1.7677, 1, k )
    e (n) = sum ( m (:) )
end
sort (e) (从小到大排序)
```

五、手机硬件安全类操作风险

损失频率：泊松分布（λ=2.2500）

损失强度：指数分布（λ=58695）

```
clear all
for n = 1:10000
    k = poissrnd ( 2.2500 )
    m = exprnd ( 58695, 1, k )
    e (n) = sum ( m (:) )
end
sort (e) (从小到大排序)
```

六、其他类操作风险

损失频率：泊松分布（λ=3.6667）

损失强度：正态分布（μ=38185，σ=37065）

```
clear all
for n = 1:10000
    k = poissrnd ( 3.6667 )
m = normrnd ( 38185, 37065, 1, k )
    e (n) = sum ( m (:) )
end
sort (e) (从小到大排序)
```

附录2－4　本章分析中使用的真实案例

附表2－4－1　密码安全意识类操作风险案例

时间	受害人	方式	损失金额（元）
2016年1月	胡先生	陌生电话，验证码泄露	4810
2016年1月	叶女士	银行短信，链接网址，验证码等泄露	200000
2016年1月	小徐	银行短信，链接网址，卡号、密码、验证码泄露	2576
2016年1月	张先生	银行短信，链接网址，验证码等泄露	40000
2016年2月	戴小姐	银行短信，网页链接，身份信息、验证码泄露	200000
2016年2月	张同学	网上兼职，扫二维码刷单	7017
2016年3月	徐某	网购补回执单，验证码泄露	35878
2016年4月	王女士	小额免密，孩子玩游戏支付	3000
2016年4月	小许	验证码泄露	50000
2016年4月	陈某	支付宝密码被篡改	9000
2016年4月	王先生	网银密码、短信验证码泄露	360000
2016年5月	张某	验证码泄露，银行卡钱财被转	200000
2016年5月	王先生	虚假短信，验证码被骗	50000
2016年5月	陈女士	网购退货，虚假淘宝页面，验证码泄露	70000
2016年5月	陈女士	网购退货，验证码泄露	900
2016年5月	周女士	“唯品会客服”退款，验证码泄露	80000
2016年5月	小唐	网上售卖鞋子，验证码泄露	6500
2016年6月	小李	网购退货，虚假链接，验证码泄露	35800
2016年6月	小杨	网购退货，虚假链接，验证码泄露	485
2016年7月	小钟	支付码泄露	20000
2016年7月	刘小姐	网购退货，虚假官网登录界面，验证码丢失	46273
2016年7月	小张	微信付款二维码被骗	1497
2016年8月	张女士	海淘，商家电话，理赔网址，验证码泄露	200000
2016年8月	蓝某	身份信息、验证码泄露	101105
2016年8月	郑女士	付款码和收款码分不清	2400
2016年8月	刘女士	验证码泄露	70000
2016年8月	胡先生	短信验证码泄露	7600
2016年8月	小赵	购买游戏币，扫描陌生二维码	8680

续表

时间	受害人	方式	损失金额（元）
2016 年 9 月	刘小姐	验证码丢失	5000
2016 年 9 月	高先生	“银行”发来消费额度，联系所留号码，验证码泄露	4796
2016 年 9 月	徐女士	“银行客服”，提升信用卡额度，验证码丢失	2000
2016 年 10 月	小方	Q 币充值，扫二维码	8000
2016 年 10 月	老邵	蹭邻居 WiFi	3000
2016 年 10 月	袁某某	网购遭遇退货，验证码给“客服”	6000
2016 年 10 月	顾女士	欲信用卡套现，扫二维码被骗	6000
2016 年 11 月	陈某	短信验证码泄露，银行卡钱财被转	56000
2016 年 12 月	某淘宝卖家	购物称网速不好，索要付款码	10000
2016 年 12 月	张女士	短信验证码泄露，信用卡被刷	10000
2016 年 12 月	王女士	小额免密开启，支付宝被盗刷	3000
2016 年 12 月	陈女士	电话购票，手机验证码被骗	10000
2017 年 1 月	小李	买家称网络不正常，索要支付账号及付款码	10000
2017 年 1 月	吴女士	电商客服退款，短信链接输入信息及验证码	17312
2017 年 2 月	张女士	网上购买二手手机，泄露支付宝账号和密码，被蚂蚁贷款	6000
2017 年 2 月	马力	手机丢失，未设屏保密码	20000
2017 年 3 月	吴先生	冒充送餐员索要支付宝条形码	999
2017 年 3 月	潘先生	QQ 群中兼职消息，加陌生好友，付款码泄露	99.99
2017 年 3 月	刘女士	航班取消短信，验证码 4 次泄露	80000
2017 年 4 月	李女士	信用卡逾期短信，办理解冻业务，泄露银行卡号、密码、验证码	19300
2017 年 4 月	徐某某	信用卡解冻，套走验证码	10000
2017 年 5 月	李女士	“银行客服”，信用卡解冻，套走验证码	9863
2017 年 5 月	王某	手机送修，修理人员发现其小额免密开启，银行卡被盗刷	4500
2017 年 5 月	某美甲店	手机借给他人，支付账号及密码泄露，盗刷蚂蚁借呗、银行卡	116100
2017 年 5 月	王某	手机被路人借用，支付密码泄露，卡被盗刷	5700
2017 年 5 月	张先生	“银行客服”，信用卡解冻，套走验证码	10000
2017 年 6 月	小赵	手机被借走，手机锁屏密码和支付密码泄露	8450
2017 年 6 月	小赵	“付款码”和“收款码”未分清，将“付款码”泄露	997
2017 年 6 月	钱先生	微信群贷款信息，验证码泄露	5000

续表

时间	受害人	方式	损失金额（元）
2017年6月	某休闲会所	手机被盗，未设支付密码	1918
2017年6月	聂某某	直播好友，刷单返现，扫二维码	22700
2017年7月	李女士	收微信红包，打开输入个人信息及微信支付密码	1000
2017年7月	周女士	伪微信红包，输入个人信息及支付密码	30000
2017年7月	李女士	积分兑换话费活动，验证码丢失	666
2017年7月	王女士	积分兑换话费活动，验证码丢失	800
2017年7月	帅女士	淘宝客服电话，货物质量存在问题，要求理赔，验证码泄露	6188
2017年7月	辛某	信用卡还款，验证码泄露	11698
2017年7月	刘女士	机票改签退款诈骗，先后三次在指定网页输入验证码	118216
2017年7月	刘先生	冒充贷款人员，索要刘先生支付宝账号、登录密码和验证码	10000
2017年8月	李某	网上查找共享单车客服，要求退押金，将微信付款码泄露	5000
2017年8月	刘女士	网购货物没收到，接到客服电话，验证码泄露	120000
2017年8月	刘女士	“公安电话”称其涉嫌“洗钱案”，泄露验证码和网银密码	80000
2017年9月	刘先生	手机遗落出租车，未设开机密码，绑定银行卡被盗刷	14000
2017年9月	陆女士	退单车押金遇伪客服，收款码泄露	1479
2017年9月	小张	手机丢失，小额免密开启	14000
2017年9月	黄先生	退单车押金遇伪客服，收款码泄露	996
2017年9月	吴先生	支付密码过于简单，“123456”	7900

附表2-4-2　软件/技术安全类操作风险案例

时间	受害人	方式	损失金额（元）
2016年1月	唐小姐	银行短信，升级APP，卡号、密码、验证码泄露	170000
2016年1月	张小姐	下载抢红包软件，手机被锁，要求付款开锁	4
2016年1月	某公司	内部员工盗走支付宝密码（财务电脑支付宝直接登录）	290000
2016年2月	周某	修改手机游戏虚拟道具	50000
2016年3月	小张	木马短信，下载“支付宝控件”	8000
2016年3月	吴女士	网购流程不熟悉，被“淘宝客服”诈骗	58373
2016年4月	王某	下载抢红包软件，被骗	57000

续表

时间	受害人	方式	损失金额（元）
2016年5月	任女士	不懂支付宝操作，二维码被骗	2000
2016年5月	林某	下载BADOO交友APP，被骗	460000
2016年6月	梁先生	手机中毒，支付宝、银行卡被盗刷	60000
2016年6月	高某	下载手机贷款APP，被骗	6000
2016年6月	刘女士	“公安电话”，下载APP	330000
2016年7月	某手机店	银行卡号故意输错，导致转账失败	5499
2016年7月	某女子	手机APP诈骗	330000
2016年7月	刘先生	未知手机APP	30000
2016年8月	孟女士	下载手机APP，巨额流量流走	800
2016年8月	林女士	“公安电话”，下载APP	18800
2016年8月	龚女士	短信链接，下载APP	51788
2016年8月	蔡大姐	银行短信，办卡业务，下载银行APP	81600
2016年9月	方先生	违章停车处罚短信链接，下载手机软件	1000
2016年9月	谢女士	转账时收款人姓名和收款人账号不一致	4800
2016年9月	吴某	手机APP游戏	80000
2016年10月	陈先生	手机下载未知软件，钱财通过财付通被转走	3000
2016年10月	小张	APP找兼职，加陌生人好友，代刷	21360
2016年11月	刘先生	碰瓷，支付宝转账被骗	500
2016年11月	王女士	运营商客服电话，下载未知APP	58000
2016年12月	张女士	未设锁屏密码，支付宝自动登录	10000
2017年1月	小顾	兼职APP，被骗	10000
2017年1月	肖女士	学校短信，内含链接，下载未知软件	8000
2017年2月	刘先生	朋友短信，内含链接，下载“录像”软件	3920
2017年2月	黄先生	“分付君”APP付租金，被骗	20000
2017年2月	章先生	朋友短信，内含链接，下载“录像”软件	0
2017年2月	王女士	网上下载贷款手机APP，被骗	17800
2017年3月	潘某	手机APP借贷被骗	40000
2017年3月	王女士	交友软件，被骗	330000
2017年3月	高女士	商场公共充电，手机被安装软件，植入木马	1300
2017年4月	孙女士	下载“利市派”购物APP，被骗	80376.82
2017年4月	李某	下载“兆丰投资”APP，被骗	50000

续表

时间	受害人	方式	损失金额（元）
2017年4月	林先生	理财 APP	35000
2017年5月	小夏	“零钱用”手机投资 APP	150000
2017年5月	某男子	交友软件交友，被骗	5200
2017年5月	吴某	手机丢失，未设锁屏密码，微信后台登录，支付密码设置简单	22638
2017年5月	王志	“运满满货主”APP 寻找货运司机，货丢	1400
2017年5月	莫先生	手机被同事借走，支付宝后台登录，支付密码泄露	5000
2017年6月	小单	“手机 APP 挂机赚钱”骗局	206
2017年6月	王先生	手机下载投资 APP，被骗	170000
2017年6月	刘先生	“创远世纪投资公司”手机理财 APP	100000
2017年6月	王小姐	投资平台，存款20000元，无法打开	20000
2017年7月	林女士	高考填志愿 APP，充值500元	500
2017年7月	周女士	某 APP 订购机票，客服改签短信，支付宝转账	9900
2017年7月	王先生	网上投资 APP	17000
2017年7月	陈先生	下载创远世纪 APP，手机理财，被骗	360000
2017年7月	谭女士	下载创远世纪 APP，手机理财，被骗	30000
2017年7月	李某	下载交友 APP，被骗	68
2017年7月	陈女士	校讯通短信，内含链接，下载最新版校讯通 APP	142000
2017年7月	张某	网页链接下载色情 APP，充值	99
2017年7月	李女士	手机 APP 理财，被骗	130000
2017年8月	王先生	学校短信，内含链接，下载未知软件	107000
2017年8月	祝先生	校讯通短信，内含链接，下载校讯通 APP	50000
2017年8月	陈先生	校讯通短信，内含链接，下载校讯通 APP	18000
2017年9月	胡先生	“运满满货主”APP 寻找货运司机，货丢	74800
2017年9月	王先生	下载理财 APP，被骗	30000
2017年9月	王先生	手机理财 APP	30000
2017年9月	洪先生	学校短信，下载学习 APP，被骗	23187

附表 2-4-3　支付场景安全类操作风险案例

时间	受害人	方式	损失金额（元）
2016年1月	王女士	虚假淘宝链接，刷单。支付宝花呗被盗刷	20000
2016年1月	唐小姐	伪基站短信，内含链接	170000
2016年1月	马先生	钓鱼网站购买游戏币	1800
2016年1月	刘先生	伪基站短信，内含链接	3800
2016年1月	龚先生	中奖彩票短信	4200
2016年2月	许先生	短信链接	110000
2016年2月	将某	诈骗短信，“e支付”等开通方式不对	36000
2016年2月	刘女士	中奖短信链接	30000
2016年2月	小刘	QQ陌生网友，游戏装备，1元木马链接	7901
2016年2月	赵先生	陌生短信，木马链接	4958
2016年2月	陈某	中奖短信链接	23000
2016年2月	小风	陌生QQ好友，支付宝扫二维码刷单	1140
2016年2月	肖女士	指定网址购物刷单	67500
2016年3月	王同学	提供英语考题	4760
2016年3月	刘女士	网络兼职刷单	9000
2016年3月	将某	虚假短信，内含链接	36000
2016年3月	赵某	网络兼职刷信誉	5000
2016年3月	刘先生	诈骗短信，木马链接	130000
2016年3月	闫女士	“校讯通”短信差孩子成绩，木马链接	15000
2016年4月	陈同学	虚假购物钱款冻结信息	10000
2016年4月	詹女士	网络兼职刷信誉	8000
2016年4月	颜同学	网络兼职刷单	3750
2016年4月	刘小姐	网上二手手机，被骗	20000
2016年4月	车女士	10086短信，积分兑换现金，病毒植入	8000
2016年4月	李先生	“车辆违法”短信，木马链接	6562
2016年4月	李小姐	中奖短信，钓鱼网站	51800
2016年4月	王某	网上购物，被骗	40000
2016年4月	小王	网络游戏虚假广告	59400
2016年5月	李先生	推销短信+购物链接	10000
2016年5月	李先生	某电商网站推销短信，虚假购物官网	10000
2016年5月	陈先生	中奖短信，不明网页链接，填写银行卡、身份信息	1000

续表

时间	受害人	方式	损失金额（元）
2016 年 5 月	女子	中奖短信	3000
2016 年 6 月	小余	网购，退款电话，被骗	5000
2016 年 6 月	郑女士	兼职网络刷单	17400
2016 年 6 月	刘女士	陌生 QQ，二维码链接，刷单	3000
2016 年 7 月	丁先生	不明演唱会售票网站	1855
2016 年 7 月	陈先生	淘宝购物，“客服”谎称退款，不明链接	50000
2016 年 7 月	孟女士	不明演唱会售票网站	1580
2016 年 7 月	妍妍	中奖诈骗短信，钓鱼网站链接	9800
2016 年 7 月	吴某	中奖诈骗短信	50000
2016 年 8 月	小张	微信诈骗	30000
2016 年 8 月	史先生	中奖诈骗	15000
2016 年 8 月	刘女士	老熟人短信，请帖链接	120000
2016 年 8 月	王女士	陌生微信好友，扫二维码刷单	30000
2016 年 8 月	李某某	QQ 购买苹果手机	38000
2016 年 8 月	王先生	短信连接	16000
2016 年 8 月	小梦	网络兼职刷单	8640
2016 年 9 月	小张	QQ 陌生网友，游戏装备，1 元木马链接	16733
2016 年 10 月	薛某某	刷单返佣金	47400
2016 年 10 月	小朱	网络购物，便宜	37000
2016 年 10 月	杨某	假淘宝客服，制造钓鱼网站	1000
2016 年 10 月	王女士	陌生 QQ，网页刷单	9000
2016 年 10 月	倪某某	“校友”短信，木马连接	21847
2016 年 10 月	张先生	中奖诈骗短信	90000
2016 年 11 月	小赵	低价购买苹果手机	1000
2016 年 11 月	张女士	银行短信链接，输入银行卡信息	1000
2016 年 12 月	林某	同学短信，钓鱼链接	4000
2017 年 1 月	某游戏玩家	电脑被植入木马程序，输入支付宝密码	16999
2017 年 1 月	小陈	扫描“淘宝客服”提供的二维码	31654
2017 年 1 月	范女士	学校短信，内含链接	2200
2017 年 1 月	袁先生	网络游戏广告，低价售卖道具，加好友，点击 1 元激活链接	1900

续表

时间	受害人	方式	损失金额（元）
2017年1月	徐某	刷单返佣金，扫描对方二维码	7080
2017年1月	刘某	网络购买二手手机，扫描对方二维码转账	2600
2017年1月	某市民	“朋友”短信链接，点击后，手机绑定的银行卡被盗刷	57480
2017年2月	某市民	催缴电费单上附有二维码	200
2017年2月	徐女士	手机积分兑换话费短信，网址链接，输入个人信息及验证码	5000
2017年2月	陈某	陌生短信，文字+链接，附有木马病毒，盗取支付宝账户信息	5917
2017年2月	江先生	名人微博广告，网络刷单，扫描二维码	15600
2017年2月	张某	扫描陌生人的二维码	3822
2017年2月	喻女士	兼职刷单，被骗扫描二维码	2900
2017年2月	小裴	扫单车“二维码”	99
2017年2月	伍先生	某平台售卖游戏账号，账户被冻结，为解冻提现扫二维码充值	17000
2017年3月	小李	催缴电费单上附有二维码	300
2017年3月	小燕	网上订餐，进入钓鱼网站，输入银行卡号和密码	6000
2017年4月	吴先生	车辆违章短信，木马链接	1000
2017年5月	姚某	误点手机短信链接，银行卡被盗刷	100000
2017年5月	陈某	网页链接，观看视频	53
2017年5月	胡女士	银行积分兑换现金短信，短信链接	4200
2017年6月	石女士	顾客将虚假“付款成功”链接发给电商后，要求退货退款	1500
2017年6月	程某某	冒充其好友借钱	0
2017年6月	刘先生	网上购买二手手机，添加陌生人QQ，点击“付款链接”	999
2017年6月	某女士	网页链接，手机黑屏，支付宝绑定银行卡被盗刷	154920
2017年6月	陈女士	车辆违章短信，木马链接	90000
2017年7月	杨女士	群内连接，网上购物	399
2017年7月	郭先生	收到短信称车辆违章，点链接后卡内10余万元被盗	117000
2017年8月	小唐	扫描“网店客服”二维码，填写个人信息	16000
2017年8月	陈先生	校讯通短信，内含链接	60000
2017年9月	张女士	QQ陌生好友，宣传兼职刷单，扫码支付	9000
2017年9月	张女士	孩子校讯通续费，内含充值链接	300
2017年9月	钱某	网上购买苹果手机，微信扫码付钱	5688
2017年9月	黄女士	扫描陌生人的“二维码”	180000
2017年9月	唐女士	学校短信，内含链接	150000
2017年9月	小静	淘宝购物，扫码支付	1179
2017年9月	某学生	“淘宝”短信，刷信誉，微信扫码支付	2828

附表 2-4-4 支付对象未确认类操作风险案例

时间	受害人	方式	损失金额（元）
2016 年 1 月	林同学	购买游戏币诈骗	4600
2016 年 1 月	小李	便宜苹果手机	130000
2016 年 1 月	李同学	好友 QQ 被盗，被套取个人信息及验证码	2000
2016 年 1 月	江同学	冒充 QQ 好友充话费	800
2016 年 1 月	小刘	银行积分兑换现金，网页链接	6000
2016 年 1 月	季女士	“学生没钱坐公交”，借钱虚假转账截图	400
2016 年 1 月	李先生	58 同城，便宜二手相机	9000
2016 年 1 月	王某	银行积分兑换现金，网页链接	3000
2016 年 1 月	周先生	冒充好友，诈骗	5000
2016 年 1 月	李女士	10086 积分兑换现金	900
2016 年 1 月	张某	假冒上司，要求汇款	2000000
2016 年 2 月	小乐	陌生 QQ，购买 Q 币和游戏装备	80000
2016 年 2 月	鹏鹏	陌生 QQ，购买游戏外挂	133080
2016 年 2 月	李女士	孩子购买游戏装备	7000
2016 年 2 月	马某	陌生 QQ，购买网游点券	7726
2016 年 2 月	吕某	陌生 QQ，购买游戏装备	2000
2016 年 2 月	小田	陌生 QQ，售卖游戏账号	11900
2016 年 2 月	王某	银行积分兑换现金，网页链接	700
2016 年 3 月	陈某	假“淘宝卖家”，订单异常，虚假连接，填写银行卡号密码	27700
2016 年 3 月	张某	“董事长”办私事，员工转账，虚假转账截图	180000
2016 年 3 月	马同学	银行积分兑换诈骗，短信，钓鱼网站	5000
2016 年 3 月	刘女士	微信朋友圈信息，扫码刷单	20000
2016 年 4 月	李女士	“客服”要求退款，提供流程	2600
2016 年 4 月	小王	网络兼职打字	300
2016 年 5 月	张女士	借钱给丢钱包的“大学生”，假支付宝转账证明	700
2016 年 5 月	张某	帮助淘宝卖家刷单返利	34560
2016 年 5 月	陈某	YY 平台奖品领取公告，被骗充值	7000
2016 年 5 月	小帆	“客服”打电话，退款	200000
2016 年 5 月	陈女士	购物，客服，订单异常，退款，被骗	58000
2016 年 5 月	某留学生	假支付宝转账证明	200

续表

时间	受害人	方式	损失金额（元）
2016年6月	王女士	支付宝核实认证短信链接	9900
2016年6月	罗小姐	银行积分兑换礼品，网页链接	5000
2016年6月	黎先生	网游，代刷装备	20000
2016年7月	蒋同学	娱乐节目中奖诈骗	12000
2016年7月	姜先生	银行积分兑换现金，网页链接	4999
2016年7月	李女士	“结婚”通知短信	2000
2016年7月	小张	上司QQ要求打钱	970000
2016年7月	小李	冒充QQ好友买机票	5200
2016年7月	卓女士	网络游戏，购买游戏币	4000
2016年7月	林女士	帮假冒”好友”买机票	60000
2016年8月	猫玎玎	“客服人员”短信提醒，骗取验证码	30000
2016年8月	贺某	熟人/上司QQ诈骗	2300000
2016年8月	小尹	陌生QQ，购买游戏装备	12000
2016年9月	小陈	网络游戏装备售卖，加陌生QQ	18000
2016年9月	小王	购买网络游戏装备，售后“客服”指导输入支付密码	20000
2016年9月	王先生	陌生QQ，购买网游点卡	10000
2016年9月	刘某	“假冒消防工作人员”，购买消毒水被骗	198000
2016年10月	庄某	“好友”骗取银行卡号和验证码	5000
2016年10月	李先生	网络兼职打字	1000
2016年10月	刘某	微信朋友，代还信用卡	34000
2016年10月	刘女士	支付宝假客服	6800
2016年10月	徐小姐	网络刷单，支付宝缴纳马甲费、培训费等	4000
2016年10月	王先生	“淘宝客服”“银行工作人员”连环诈骗	15000
2016年10月	张先生	陌生QQ，游戏币充值	6200
2016年11月	小徐	陌生QQ，购买网游点券	3000
2016年11月	小邹	陌生QQ，代刷游戏装备	20000
2016年11月	刘女士	刷单兼职，微信扫码下单付款	46000
2016年11月	刘女士	电信积分兑换链接	1000
2016年11月	小杰	网络兼职诈骗	3800
2016年11月	刘某某	“警官”电话诈骗，支付宝、借呗转账	40700

续表

时间	受害人	方式	损失金额（元）
2016 年 12 月	石女士	网络贴吧，陌生人购物	1000
2016 年 12 月	小吴	银行积分兑换现金，网页链接	6287
2016 年 12 月	陈女士	银行积分兑换现金，网页链接	1980
2016 年 12 月	漆先生	银行积分兑换现金，网页链接	7123
2016 年 12 月	郑某某	网络刷单	6052
2016 年 12 月	陈某	银行积分兑换诈骗，短信，钓鱼网站	9999
2016 年 12 月	程某	相信“中奖高手”，为中奖，被骗	40000
2016 年 12 月	李小姐	银行假冒短信，木马链接	13312
2016 年 12 月	何先生	银行假冒短信，积分兑换现金	7755
2016 年 12 月	黄先生	银行假冒短信，积分兑换现金，木马链接	5000
2016 年 12 月	郑女士	冒充 QQ 好友充话费、游戏点卡	4200
2016 年 12 月	李先生	银行假冒短信，积分兑换	900
2016 年 12 月	王先生	银行假冒短信，称账户异常冻结	1966
2016 年 12 月	闫先生	银行积分兑换现金，网页链接	10200
2016 年 12 月	赵先生	银行积分兑换现金，网页链接	10000
2016 年 12 月	曾女士	银行积分兑换现金，网页链接	15000
2016 年 12 月	李某	QQ 群好友代购手机	4000
2016 年 12 月	小蓝	陌生 QQ 群，代购火车票，支付宝转账	534
2016 年 12 月	王某	网络刷单兼职	17000
2016 年 12 月	陈女士	“老乡”代购火车票，订票成功截图	1360
2017 年 1 月	刘先生	航班取消电话，诱骗其支付宝转账	49951
2017 年 1 月	沈先生	“95588”短信积分兑换现金，点击链接，输入信息及验证码	4999
2017 年 1 月	王女士	航班取消短信，客服人员电话改签，信息泄露，支付宝转账	13000
2017 年 1 月	苏女士	冒充公检法机关办案人员，诱骗苏女士开通手机银行并转账	3770000
2017 年 1 月	许先生	集五福，加陌生好友，被骗	1000
2017 年 1 月	李女士	加网页贷款客服支付宝账号为好友，被骗	7100
2017 年 2 月	叶先生	车辆违章短信，内含链接	5000

续表

时间	受害人	方式	损失金额（元）
2017年2月	徐女士	淘宝客服要求退货理赔，帮助其提高支付宝芝麻信用分数	14600
2017年2月	小何	网络购买二手苹果手机，一系列诱骗	3600
2017年2月	宁女士	朋友短信，内含链接	100
2017年2月	张女士	学校短信，内含链接	5200
2017年2月	王小姐	“免费看电影”广告，添加好友，缴纳押金等	54000
2017年2月	小韩	“银行短信”，内含链接	1980
2017年2月	小张	网络搜索“抢红包神器”，加好友，被骗	6300
2017年2月	小王	“95533”短信积分兑换礼品，登录木马链接	1900
2017年2月	罗某	购买抢红包软件被骗	7536
2017年2月	廖先生	车辆违章短信，好奇骗子骗术，点击木马链接	30000
2017年2月	王某	破解抢红包软件，被骗	21500
2017年2月	黄某	网上购买抢红包软件，被骗	7696
2017年3月	小黄	冒充“淘宝客服”退款，受害者扫付款二维码	754.6
2017年3月	李珊	向网友购买抢红包软件被骗	4320
2017年3月	廖某	购买抢红包软件被骗	1000
2017年4月	王女士	以提高支付宝蚂蚁花呗额度、贷款额度为由，缴纳手续费	7000
2017年4月	杜某	陌生微信好友，办理贷款，被骗	43500
2017年4月	刘小姐	“小红书客服”称产品质量有问题，退款，索要支付宝账号、验证码	26700
2017年4月	小张	“申通快递员工”称包裹丢失，退款，诱骗其开通蚂蚁花呗	14300
2017年4月	石某	航班取消短信，致电客服，支付宝转账	4998
2017年4月	朱女士	购买抢红包软件被骗	6000
2017年4月	小王	网购客服为其办理退款退货，要求添加支付宝“亲密付”	6000
2017年4月	孙先生	“10086”短信，话费充值链接，输入个人信息和验证码	5000
2017年5月	黄先生	“淘宝客服”要求退款，泄露验证码	10000
2017年5月	小周	购买游戏币被骗	5630
2017年5月	姚先生	“交通违法处罚单”，短信链接	10000
2017年5月	小杨	退共享单车押金，网络搜索客服，加好友，被骗	2940
2017年5月	谢先生	“社保卡中心”电话，一系列理由诱骗其验证码	1610
2017年5月	周先生	“交通违法处罚单”，短信链接	4000

续表

时间	受害人	方式	损失金额（元）
2017年6月	阿浪	“老友”加微信，诱骗其用支付宝帮买机票	15701
2017年6月	小杨	虚假扣款短信，工作人员与其联系，验证码泄露	3200
2017年6月	刘女士	陌生电话，“公安人员”，查案网站套走验证码	62000
2017年6月	李某	交友APP网恋，先后被骗转账	50000
2017年6月	王女士	支付宝转账错误，网络搜寻解决方法，被某网络公司诈骗	25000
2017年6月	周女士	购买“一键转发”软件，被骗	128
2017年6月	某群众	QQ群内有人出售支付宝账户，需缴纳120元购买费	120
2017年6月	张某	手机移动支付充值，未到账，网络搜索解决方案，被骗	20000
2017年6月	陈某某	“银行工作人员”完善个人卡号信息，支付宝账号和验证码泄露	11000
2017年7月	盘某	“快递人员”告知货物有误需退款，泄露验证码	9100
2017年7月	金女士	航班取消短信，联系客服，开通“亲密付”	8307
2017年7月	林某	QQ电子婚礼邀请函，输入密码，QQ被盗，找好友借钱	9200
2017年7月	钟某某	“淘宝客服”要求退款，需验证码	0
2017年7月	小段	航班取消短信，致电客服，泄露支付宝账号，开通“亲密付”	10000
2017年7月	李华	“通信公司客服”，称其涉嫌诈骗案件，验证码泄露	0
2017年8月	刘某	“支付宝工作人员”帮助提高支付宝信用额度，泄露账号和密码	13000
2017年8月	刘女士	QQ结识“支付宝公司员工”，泄露支付宝账号、密码、验证码	11000
2017年8月	某公司	公司“老总”要求转账	200000
2017年8月	张小姐	微信被盗，找其朋友借钱	3000
2017年8月	张大姐	添加单车“客服人员”好友，被骗	1000
2017年8月	小李	“网购异常退款”，诱骗支付宝转账	6000
2017年8月	王女士	航班取消短信，轻信“航空公司客服”开通“亲密付”	18000
2017年8月	李某某	“快递小哥”理赔电话，短信链接，填写信息	19850
2017年8月	王某某	“申通客服”，快递理赔，加支付宝微信好友，支付宝转账	29476
2017年8月	孟女士	“淘宝客服”称物品出现问题，被骗	2700
2017年9月	陈女士	“淘宝客服”主动退款，发来二维码获取验证码	210000
2017年9月	沈同学	QQ好友表示：朋友圈转发图片和文字将获得美图手机	3800
2017年9月	裴先生	“10086短信”积分兑换礼品，工作人员索要验证码	0
2017年9月	刘女士	快递公司理赔中心，加客服微信好友，网页链接	0

附表 2-4-5　手机硬件安全类操作风险案例

时间	受害人	方式	损失金额（元）
2016 年 1 月		熟人借手机	20000
2016 年 1 月	荣先生	手机丢失，银行卡、支付宝被盗刷	20000
2016 年 2 月		手机丢失	12800
2016 年 2 月	李某	手机借出，支付宝钱财被转出	2800
2016 年 2 月	杨女士	快递员借手机，盗取信息	30000
2016 年 3 月	唐女士	手机 SIM 卡被窃	120000
2016 年 3 月	王女士	手机被熟人借走，小额免密	1800
2016 年 4 月	黄女士	手机卡被复制，绑定的银行卡被盗刷	90000
2016 年 4 月	郑某	手机被盗，银行卡被盗刷	9840
2016 年 5 月	侯某	熟人借钱	150000
2016 年 5 月	康女士	手机被盗，银行卡被盗刷	2500
2016 年 5 月	叶女士	手机丢失，支付宝、蚂蚁花呗被盗刷	20000
2016 年 5 月	赵先生	手机丢失，银行卡被盗刷	7000
2016 年 5 月		手机被盗，银行卡被盗刷	6000
2016 年 6 月	楚先生	手机丢失，无锁屏密码，银行卡被盗刷	17000
2016 年 7 月	孙先生	手机号被停机，信用卡盗刷	64000
2016 年 8 月	张女士	手机丢失，支付宝被刷	2900
2016 年 8 月	谭某	手机借出，支付宝钱财被转出	40000
2016 年 8 月	李先生	手机丢失，银行卡被盗刷	15000
2016 年 9 月	陈某	手机离身，被好友转账	10000
2016 年 10 月	朱先生	手机被盗，银行卡被盗刷	5000
2016 年 11 月	梅某	手机借出，支付宝钱财被转出	10000
2016 年 11 月	某店主	手机借给客户，支付宝被刷	10000
2016 年 11 月	詹某	手机借出，被贷款，支付宝内钱财被转	8000
2016 年 11 月	宗某	手机丢失，银行卡、微信被盗刷	10000
2016 年 12 月	于某	手机丢失，蚂蚁借呗、花呗被盗刷	8000
2016 年 12 月		手机丢失	11700
2017 年 1 月	某女士	手机售卖，信息泄露	0
2017 年 1 月	梁某	手机被同事借走，将自己的指纹录入手机系统	21000

续表

时间	受害人	方式	损失金额（元）
2017 年 1 月	老韩	手机让同事帮助设置微信密码，绑定银行卡，熟睡之际，被转账	27000
2017 年 2 月	唐女士	快递员借用手机，顺走 SIM 卡，通过网银转走 12 万元	120000
2017 年 2 月	男士	手机被盗，支付宝、微信被破解登录	30000
2017 年 2 月	某市民	手机丢失，没有设定锁屏，蚂蚁借呗被盗刷	6606
2017 年 2 月	李某	手机被朋友借走，身份信息泄露	10000
2017 年 3 月	赖某某	同事操作受害人手机，修改支付宝密码	19900
2017 年 3 月	黄某	员工盗用手机，支付密码泄露	15000
2017 年 4 月	朱女士	弃用手机号，没有解绑支付宝	3200
2017 年 5 月	小娟	手机被盗，绑定的银行卡被盗刷	10000
2017 年 6 月	杨某某	同事操作手机，修改支付宝密码，盗取蚂蚁花呗，盗刷绑定银行卡	27399. 8
2017 年 6 月	赵女士	手机丢失，新机收到丢失手机“定位”信息，点击链接	999
2017 年 6 月	罗小姐	苹果手机丢失，网上搜索解决办法，先后汇款	3200
2017 年 6 月	小晖	同事趁其熟睡，偷其手机，改支付宝微信密码	3160. 98
2017 年 6 月	张某	手机滞留宿舍，微信支付密码泄露	10000
2017 年 6 月	吴某	办理贷款业务时，支付宝密码被修改	2075
2017 年 7 月	小黄	同学借走手机，同时告知支付宝账号、密码	38497. 6
2017 年 7 月	左女士	手机被偷走，绑定的信用卡遭盗刷	3000
2017 年 7 月	辛先生	手机借给好友，微信内的钱被转走	7000
2017 年 7 月	尤女士	手机遗失，手机内的钱通过微信被转出	13310
2017 年 8 月	汪某	手机被店员拿去“刷机”，重置密码	18000
2017 年 8 月		获取同事身份信息，借用手机，刷机，重置支付宝密码	25000
2017 年 8 月		获取同事身份信息后，以借用手机为由，刷机后，重新下载支付宝，忘记密码，重置密码，盗刷两名同事支付宝，共 45001 元	20000
2017 年 8 月	小叶	手机被偷拿去办贷款	14720
2017 年 8 月	小李	手机丢失，网上查找“定位公司”，诱骗转账	300
2017 年 8 月	廖先生	手机遗失，手机内的钱通过微信、支付宝被转出	1500
2017 年 9 月	徐女士	手机被偷，支付宝绑定的银行卡内的钱被取	30000
2017 年 9 月	赖女士	手机被盗，支付宝、银行卡被盗刷	51400

附表 2-4-6 其他类型操作风险案例

时间	受害人	方式	损失金额（元）
2016 年 1 月	沈某某	“花呗”套现，被骗刷单	23600
2016 年 1 月	牛某某	“花呗”套现，被骗刷单	10500
2016 年 1 月	张小姐	被借用身份信息注册淘宝账号	10398
2016 年 1 月	李女士	盗用女友支付宝账号，蚂蚁借呗	1500
2016 年 1 月	张女士	现金通过 QQ 财付通被转走	4657
2016 年 2 月	孟先生	苹果手机 ID 解锁	300
2016 年 2 月	周某	陌生人免费升级游戏道具，锁死手机、敲诈	1300
2016 年 2 月	林某	网上购物信息泄露	1200
2016 年 2 月	王先生	某手机小众软件办理贷款	6800
2016 年 2 月	手机店	虚假支付宝转账记录	11776
2016 年 3 月	小苏	虚假支付宝转账记录	11000
2016 年 3 月	某金融公司	虚假支付宝转账记录	18000
2016 年 3 月	小王	网上购买苹果手机，货到付款，免费更换	7000
2016 年 4 月	赵某	虚假支付宝转账记录	1200
2016 年 4 月	王先生	虚假转账截图	6000
2016 年 5 月	老徐	打车，以充话费抵充车费手法骗钱	300
2016 年 5 月	孙某	虚假支付宝转账记录	13000
2016 年 5 月	杨女士	朋友圈集赞	3000
2016 年 5 月	陈先生	钱款通过快付通被转走	3300
2016 年 5 月	小张	虚假转账截图	5000
2016 年 5 月	某市民	朋友圈集赞	3000
2016 年 6 月	王师傅	虚假转账截图	1500
2016 年 7 月	小刘	虚假转账截图	700
2016 年 8 月	小谭	虚假转账截图	3000
2016 年 8 月	郑某	虚假转账截图	62300
2016 年 8 月	陈先生	虚假转账截图	24000
2016 年 9 月	田某	被男友盗取身份信息及支付宝密码	12000
2016 年 9 月	顾某	虚假转账截图	1000
2016 年 9 月	小梦	网络刷单赚钱，拉好友缴纳入会费	2000
2016 年 9 月	冯某	“花呗”套现，被骗	10860

续表

时间	受害人	方式	损失金额（元）
2016年9月	小刘	虚假转账截图	5000
2016年10月		虚假转账截图	15000
2016年10月	小王	“花呗”套现，被骗	2000
2016年10月	李先生	微信朋友圈，小额贷款	600
2016年10月	小李	虚假转账截图	6000
2016年10月	李某	微信朋友圈虚假贷款广告，诈骗	8000
2016年10月	刘某	虚假转账截图	35000
2016年11月	某服装店	虚假支付宝转账记录	974
2016年11月	孙女士	微信朋友圈集赞	999
2016年11月	小梅	虚假转账截图	2000
2016年11月	刘某	虚假转账截图	40000
2016年11月	张小姐	二手交易平台售健身卡，被骗	74451
2016年11月	刘某	虚假转账截图	6000
2016年12月	某烟酒店	虚假支付宝转账记录	2000
2017年1月	孟某	网络刷单	4840
2017年1月	某初中生	游戏充值公告	137985
2017年2月	何先生	手机号被设为犯罪分子的副号，京东账户被盗刷	53000
2017年2月	秦女士	安装抢红包软件，被骗	2400
2017年3月	陈某	陌生人主动帮助开通蚂蚁借呗，要求花光蚂蚁花呗额度	4300
2017年3月	李先生	身份证、银行卡、名片丢失，支付宝被盗刷	56000
2017年3月	刘女士	孩子用手机下载游戏，充值买装备	50000
2017年3月	顾某	前男友更改支付宝密码	5000
2017年3月	石先生	看直播，被诱导在线充值	20000
2017年3月	黄先生	将同伙微信头像改为与店家相同的，购物后将货款付到同伙账户内	680
2017年4月	关女士	身份信息泄露，原手机号被失效，手机银行密码重置	300000
2017年4月	某超市	“付款成功”截图	200
2017年4月	敬某	结识网友，帮助其提高花呗信用额度，转账	4000
2017年4月	某超市	将同伙微信头像改为与店家相同的，购物后将货款付到同伙账户内	1000

续表

时间	受害人	方式	损失金额（元）
2017 年 5 月	张某	帮朋友买彩票，收到虚假支付宝转账记录	14160
2017 年 6 月	张某某	微信支付密码被孩子记住，游戏充值点券	9017
2017 年 6 月	郭某某	微信红包诱骗其参加网络博彩，诱骗其通过支付宝转钱	58000
2017 年 6 月	某超市	将同伙微信头像改为与店家相同的，购物后将货款付到同伙账户内	1115. 5
2017 年 6 月	杨某	修改支付成功截图	5000
2017 年 7 月	丁某	网上购买监控女友手机的软件	5880
2017 年 7 月	高女士	孩子下载各种手机游戏，绑定的银行卡密码被猜出	19800
2017 年 7 月	某小卖部	更改微信头像与店家相同的，购物后将货款付到自己账户内	1300
2017 年 7 月	某小卖部	诈骗者将微信头像改为与店家相同的，购物后将货款付到自己账户内	1300
2017 年 7 月	张先生	诈骗者将微信头像改为与店家相同的，购物后将货款付到自己账户内	1300
2017 年 7 月	陈某	手机被抢，逼问支付密码	2000
2017 年 8 月	阿花	手机被男友盗用，进行支付宝转账	13600
2017 年 9 月	某超市	诈骗者将微信头像改为与店家相同的，购物后将货款付到自己账户内	8000

第三章　移动支付的行业风险

移动支付的广泛使用，加速了社会结算速度、降低了结算成本，给人们的生活带来了极大便利，已成为不可逆转的支付行业趋势，但移动支付的快速发展也带来了很多新问题，包括各类风险频发、行业相关法律法规不完善、行业竞争畸形化、账户管理不规范、信息保护机制不健全等风险隐患，这些都严重阻碍了我国移动支付产业的健康发展。

在使用系统的安全方面，我国现有手机系统的漏洞较多，甚至会有恶意程序窃取用户隐私。钓鱼网站、诈骗短信威胁手机钱包。除此之外，围绕手机支付产生的二维码骗局、手机贷款骗局、手机卡攻击骗局等层出不穷。目前我国有超过 10 万人从事移动支付黑产（利用病毒木马来获得利益的行业）。①

虽然网联已经运行，但是成功接入的非银行支付机构还不够多，现有的非银行支付机构直连银行的模式还没有完全被叫停，因此，对于第三方支付机构的交易信息及资金流向的监管真空问题依然严重。同时，我国监管队伍、人才的发展远远跟不上移动支付业务的发展，老式的监管手段满足不了日益综合化、复杂化、专业化的移动支付业务的监管要求。对消费者来说，维权难度高，在实际问题出现后存在解决纠纷时无法可依，维权困难等情况。

第一节　移动支付行业风险的表现

移动支付行业的风险主要表现为信用风险、操作风险、技术风险、市场风险以及其他风险等。

一、信用风险

信用风险通常也称为违约风险，是指交易的一方未能履行约定义务而造成另一方经济损失的风险，对移动支付业务来说，信用风险主要来自交易双方对移动支付交易的否定。信用风险的发生严重危害社会和金融秩序的稳定，损害

① 侯云龙．国内超 10 万人从事移动支付黑产［N］．经济参考报，2016－08－26.

消费者的权益。

近年来，我国支付行业无证机构挪用商户结算资金或持卡人预付资金时有发生。2017 年上半年，因为涉嫌没有资质却开展了第三方支付业务而被点名的有 5 家平台，分别为易付宝、财付宝、阿里缘宝支付、积木支付和有付支付。与此同时，一家大型 OTA 企业也被举报无资质甚至滥用资质，越来越多的无证企业违法经营，这些无证机构的存在加大了移动支付行业的信用风险。

央行会议材料显示，目前除了少数排名比较靠前、口碑较好的第三方支付公司能实现盈利，其他大部分支付公司均处于亏损运营状态，第三方支付机构携款跑路的风险较大。

虽然监管部门已经加大了对第三方支付领域的监管，加大了检查力度及处置力度，仍有一些机构抱着“捞一票跑路”的目的，顶风作案，蓄意无照违规经营，大大加大了卷款潜逃的概率，同时也容易发生洗钱等非法行为。

我国第三方支付企业卷款潜逃的首个案例为著名的上海畅购企业服务有限公司。该公司专门经营预付卡发行等业务，是人民银行批准的持有第三方非金融机构支付牌照的独立的对外发卡机构。畅购发售的卡集商业、餐饮和娱乐于一体，属于综合消费卡，可以覆盖江浙沪鲁皖等多个省份共两万多家商户。但是在 2014 年 12 月初，畅购卡在宁波的多个商家被停刷，随即出现畅购资金链断裂、跑路、倒闭等负面新闻，引发了大规模兑付。至 12 月中下旬，开始波及其他多个地区，如上海、苏州、常州、无锡等地。即使全力追索资金去向，尽量保全企业资产，除了人民银行，银监局、消保委等相关部门已介入调查，但至今没有一个部门能给出一个明确的答复①。

移动支付信用风险发生的主要原因为信息不对称、备付金管理松懈以及退出机制欠规范。信息不对称引发的移动支付信用风险事件时有发生，因为目前我国的诚信管理体制还不够完善，移动支付行业没有形成有效的行政管理和行业自律机制，违规行为缺乏行之有效的监管及处罚。另外，支付企业挪用客户备付金很容易导致公司资金链断裂进而引发资金清算问题。由于缺乏规范的退出机制，在第三方支付企业运营出现问题时，善后应急方案缺失。因此，信息不对称问题、备付金管理松懈及缺乏规范的退出机制是移动支付信用风险发生的主要原因。

二、操作风险

移动支付的操作性风险来自当事人的有意操作和无意误操作②。来自外部的

---

① 李娟．央行今日集中通报上海畅购等多家支付机构风险事件［EB/OL］．［2017 - 01 - 14］．http：//sh. eastday. com/m/20170114/u1ai10259065. html.

② 迟永慧．第三方移动支付的风险与监管对策［J］．现代管理科学，2016（11）：60 - 62.

欺诈风险为有意操作，而用户由于缺乏经验导致的操作失误及操作纰漏为无意误操作。无意误操作风险很小，而移动支付的操作风险主要来自有意的操作风险。这些都给广大人民的财产安全造成了重大的威胁。

有关资料显示，我国从事移动支付违法犯罪的已超过10万人，并且形成了一条完整的产业链。犯罪分子通过制造木马病毒、钓鱼网站，借助伪基站将木马伪装成正常的应用，然后通过短信网络控制、隐身防卸载的方式藏在手机中，实现隐私数据盗窃、精准攻击等犯罪目的。

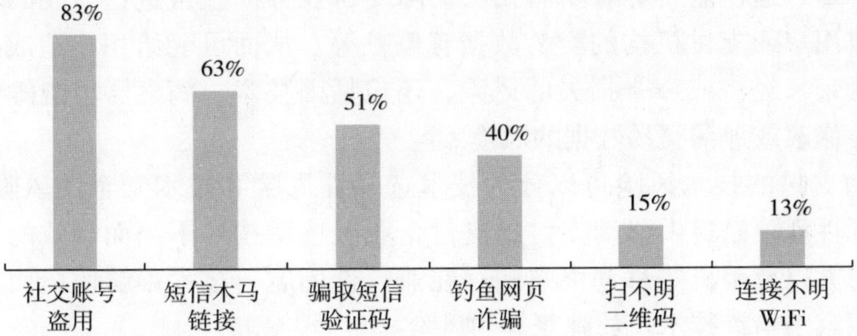

图3－1 常见欺诈方法遭遇比例

（资料来源：银联《2016移动支付安全大调查》）

从图3－1中我们可以看出，移动支付常见的欺诈方法主要有：社交账号盗用、短信木马链接、骗取短信验证码、钓鱼网页诈骗、扫不明二维码、连接不明WiFi。而社交账号盗号、短信木马链接、骗取短信验证码分别占83%、63%、51%，位列前三。扫不明二维码与连接不明WiFi占比较低，均不足20%。

除以上方式之外，移动支付诈骗方式还有很多，比如微信红包诈骗、收款码偷梁换柱、利用小额免密支付盗刷等。

随着微信推出抢红包功能，不法分子开始动起了诈骗的脑筋。据报道，在2016年的春节，网上开始出现有网友被莫名拉进一个微信红包群，群里的人不实名，网友抢红包后发现自己中了500元代金券，领取时除了要求输入身份证号、手机号、微信账户等个人信息外，还要求扫描二维码，当扫完二维码后网友发现自己成功转账了1万元。除此之外，类似分享给好友、AA红包、需输入密码的红包等都可能为诈骗。

移动支付操作风险发生的主要原因有诈骗成本低获益快、取证难量刑轻、用户安全防范意识差等。移动支付的诈骗往往只需要盗取用户信息，然后有针对性地进行诈骗就可能骗取每人几千甚至上万元的资金，获得高收益，同时这种移动支付的诈骗涉及多个部门，比如移动通信运营商、移动支付企业等，并且发生的数量大，单纯地依靠公安难以解决问题，犯罪风险较低。另外，用户的防范风险意识薄弱，安全意识较低也导致了诈骗成功率的提高。因此，诈骗成本低获益快、取证难量刑轻和用户安全防范意识差是移动支付操作风险的主要原因。

三、技术风险

移动支付的技术性风险是指因技术原因给移动支付业务带来的风险①，如因移动支付系统发生技术故障导致支付过程中断、交易暂停、银证转账不畅，或因存储容量、运作能力等有限而无法保障支付业务的正常进行，或因软件设计缺陷造成用户或支付机构的交易数据有偏差等，从而可能给用户造成损失、给金融机构带来经济或声誉损失的风险，还包括因技术、病毒、攻击等原因造成的破坏、修改或泄漏交易数据的风险。

移动支付的技术风险可以分为技术选择性风险和技术安全性风险两大类。技术选择性风险是提供移动支付的支付企业因选用技术不当而导致的与产业链其他参与方以及手机等移动终端间存在兼容性问题、技术不够便捷而不被用户接纳、国家不给该技术发放牌照等的风险。

技术安全性风险是由于使用某项技术所带来的安全风险。对移动支付的运营主体来说，移动支付的技术安全性风险主要包括：移动支付系统平台硬件、软件或某项技术发生故障带来的风险，用户信息泄露的风险以及交易过程遭受黑客攻击导致的风险，服务网络及支付系统遭受黑客攻击导致的风险，信息污染导致的风险，技术外包带来的风险，以及移动支付系统的研发、维护不当带来的风险等。技术安全性风险是移动支付各类风险中的一大类型，它贯穿于移动支付的整个业务流程，并且与用户息息相关。

伴随着信息技术的进步，黑客技术也在飞速发展，以手机病毒和木马病毒为代表的各种安全威胁与日俱增。尤其是支付产品直接涉及银行卡号、密码等关键信息，因而成为被攻击的重要目标，攻击方式层出不穷，如修改移动应用进行攻击、植入恶意程序等。

以用户点了有“毒”图片电脑遭控制为例。2017 年 4 月，有人报警称自己的支付宝账户被人更改了信息，并且 4 个支付宝账号共被盗刷 29000 元。调查发现嫌疑人假扮买家，通过聊天工具向受害人发送隐藏“木马病毒”的图片或者链接，受害人一旦点击，电脑就会被远程控制，盗走受害人支付宝及其他账户里的资金。警方在掌握情况后展开抓捕行动，抓获了 4 名嫌疑人。接着，警方又打掉了一个为该犯罪团伙提供木马病毒程序的上线团伙以及 4 个以类似手法

① 周娅丽，万道濮．我国移动支付的金融风险分析［J］．大众理财顾问，2016（7）．

作案的团伙，破案 200 多起，共挽回被盗财物人民币 200 余万元。

移动支付的技术风险发生的原因主要有：支付平台存在安全漏洞，普通用户对安全状况不了解，收益高难度低的诱使。除了一些大型的支付平台外，小的支付平台往往由于投入不足很难保证平台的绝对安全，往往存在系统漏洞。对于普通用户来说，网页是否有病毒难以区分，很容易被黑客入侵盗取电脑信息。另外，我国缺乏对个人信息的保护机制，导致个人信息泄露严重，黑客盗取信息难度较低，但收益却非常高，在这种利益的驱动下，黑客攻击事件难以有效遏制。因此，我国移动支付的技术风险主要是由于支付平台存在安全漏洞，普通用户对安全状况不了解，黑客产业收益高难度低等原因导致的。

四、市场风险

1. 我国移动支付行业的进入壁垒分析

在我国，非金融机构要想开展支付业务，需要取得人民银行颁发的非金融机构“支付业务许可证”。

截至 2017 年底，人民银行已发放了八批总共 270 块支付牌照。第一批共发放 27 块支付牌照，获得的企业包括支付宝、财付通、银联商务、拉卡拉、快钱等公司；第二批共发放 13 块支付牌照；第三批共发放 61 块支付牌照，三大通信运营商旗下支付企业中移电子商务、天翼电子、联通沃易付也在获得名单中；第四批发放牌照最多，共 96 块支付牌照；第五批支付牌照共有 26 家企业获得；第六批共发放 27 块支付牌照；第七批共发放 19 块支付牌照；第八批发放 1 块支付牌照。

表 3－1　中国人民银行发放的第三方支付牌照数量

批次	发放支付牌照数量（块）	目前已注销及到期未续展牌照数量（块）	现存牌照数量（块）
第一批	27		
第二批	13		
第三批	61		
第四批	96	23	247
第五批	26		
第六批	27		
第七批	19		
第八批	1		

资料来源：根据公开资料整理。

由于人民银行对支付牌照的发放态度更加谨慎，管理愈加严格，不再发放新的支付牌照，对已获得牌照的不合格企业采取了注销支付牌照等处理措施。

从表 3－1 可以看出，截至 2017 年上半年，人民银行已经注销了 13 家企业的支付牌照，另有 10 家企业的支付牌照未能成功续展。截至 2017 年 12 月 31 日，市场上只余 247 家企业的支付牌照。

因此，目前支付行业存在来自监管方的进入壁垒，新的企业想要进入只能通过并购等其他方式。

2. 市场份额与集中度分析

（1）第三方支付市场

在第三方支付市场中，支付宝和财付通两个支付平台的市场占有量远高于其他支付平台。从图 3－2 中可以看到，2017 年第一季度，支付宝和财付通分别占据 53.70% 和 39.51% 的市场交易份额，而位列第三名的壹钱包只占 1.76% 的市场交易份额，其他平台的市场占有率都不足 1%。

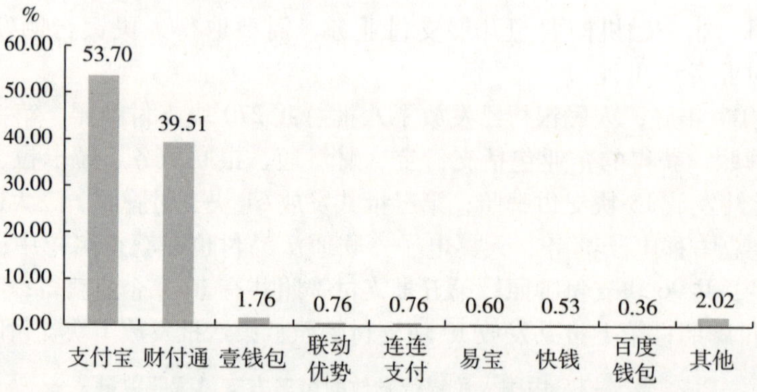

图 3－2 2017 年第一季度中国第三方移动支付市场交易份额

（资料来源：易观）

通过计算支付宝和财付通的赫芬达尔指数 H＝4444.73，大于 3000，可以看到赫芬达尔指数非常高，因此，第三方支付市场集中度很高，符合双寡头垄断市场的特征①。

（2）手机银行市场

我国共有国有大型商业银行 5 家，股份制商业银行 12 家，以及数量众多的城商行和农商行。随着移动支付的快速发展，为了抢占市场，各银行纷纷推出了手机银行 APP，并且利用原有的客户资源进行推广，相互之间的竞争十分激烈。

从图 3－3 中可以看到，2017 年第一季度，建设银行、工商银行、农业银

① 封思贤．我国证券投资基金业的结构、行为及绩效研究［J］．证券市场导报，2006（1）：43－49.

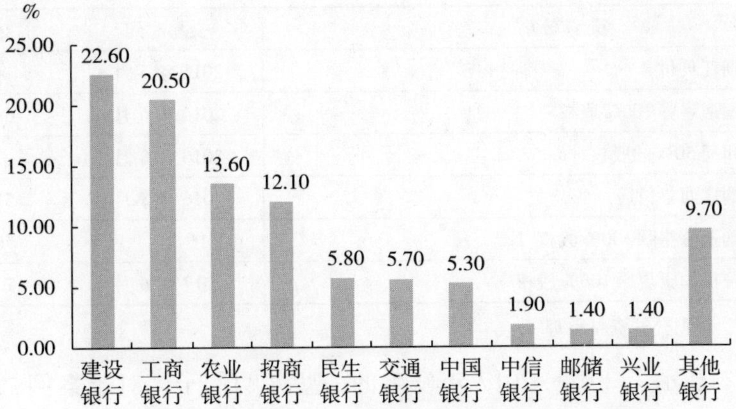

图 3－3　2017 年第一季度中国手机银行市场交易份额

（资料来源：Analysys 易观产业数据库）

行、招商银行的手机银行市场交易份额分别为 22.60%、20.50%、13.60%、12.10%，分别占据手机银行市场的前四位，其他银行的手机银行业务都不到 10%。

计算前十家银行的赫芬达尔指数 H = 1364.13，属于 1000 ~ 1400 之间，因此，可以看出手机银行市场集中度低于第三方移动支付市场，但总体行业集中度较高，属于低寡头市场。

3. 并购行为及其风险

由于人民银行暂停发放新的支付牌照，企业主要通过收购方式获得支付牌照，因此引发支付机构之间的并购潮，支付牌照供不应求，支付牌照价格水涨船高成为必然趋势。目前，支付领域已出现了几十起并购事件，金额大多在亿元以上。"支付牌照"成了从传统企业到互联网企业的哄抢对象。自人民银行 2015 年 8 月以来对支付牌照发放持续收紧后，市场上的存量正在成为稀缺的"抢手货"，属于完全的卖方市场。

表 3－2　2014—2017 年部分并购案例

交易双方	交易时间	交易价格
中国微电子拟 6 亿元收购集付通 100% 股权	2014 年 8 月	6 亿元
万达拟 3.15 亿美元收购快钱 68.7% 的股权	2014 年 12 月	3.15 亿美元
陆金发 10 亿港元认购中国支付通新股	2015 年 7 月	10 亿港元
蓝盾股份 11 亿元收购进军电商及第三方支付	2015 年 7 月	11 亿元
小米收购捷付睿通 65% 股权	2016 年 2 月	6 亿元

续表

交易双方	交易时间	交易价格
唯品会收购浙江贝付	2016 年 4 月	4 亿元
新大陆收购国通星驿 100% 股权	2016 年 6 月	6.8 亿元
美的收购神州通 50% 的股权	2016 年 8 月	3 亿元
恒大集团收购广西集付通	2016 年 8 月	5.7 亿元
银嘉金服并购上海德颐 100% 股权	2016 年 11 月	6 亿元
国美收购持牌机构银盈通 100% 股权	2017 年 6 月	7.2 亿元

资料来源：根据公开资料整理。

表 3-2 展示了 2014—2017 年发生的一些并购例子。对于案例二，万达在 2014 年 12 月拟 3.15 亿美元收购快钱 68.7% 的股权。此次收购的原因主要是万达认为需要自己的支付系统来搞电子商务，而收购快钱可以为万达建立电子商务生态系统奠定坚实基础。此次并购的价格非常高，属于国内现今并购案里的最高额。

就案例三而言，2015 年 7 月，陆金发以 2.38 港元/股，总金额约 10 亿港元认购中国支付通新股，获 25% 股权。陆金发以金融控股投资、基金投资、资产管理为重点，从事企业并购、金融及相关产业的投资与管理业务。陆金发战略投资参股中国支付通，持有上市公司 25% 股份，成为第一大股东，可将自身的金融平台业务布局延伸到金融支付和互联网金融服务领域。此次股权认购将促进陆金发金融平台与中国支付通第三方支付业务优势资源互补，提高医疗保险业务的战略格局。

此外，当前跨境支付业务全球化拓展。近些年，我国跨境电子商务飞速发展，并且出国旅游人数也逐年增加，因此，支付企业通过这两点向国外商家推广移动支付服务，取得良好的进展。在线下，支付宝和微信分别在我国香港、我国台湾、韩国、日本等多个国家和地区的线下开展了线下扫码支付。同时，国内支付企业还通过战略投资，入股并扶持国外本土的移动支付企业，与国外移动支付企业合作，试图在全球范围内推广本企业的移动支付产品和服务。目前，中国消费者可以在其他 28 个国家和地区的实体零售店使用他们的第三方支付工具。支付宝可以使用的国家比微信支付可使用的国家更多，除了亚洲、欧洲，甚至美洲都有国家可以使用。

4. 价格行为及其风险

移动支付市场尤其是第三方支付市场的集中度较高，市场份额主要集中在支付宝和财付通两家巨头手中，显示出双寡头垄断的特征。残酷的行业竞争不仅来自手机银行与第三方支付企业两个阵营的竞争，各个阵营内部的竞争也异常激烈，例如，支付宝和财付通为了提高自身的市场份额，除了在手续费等方面进行竞争之外，还分别通过各种优惠活动吸引用户，抢占市场份额。

（1）手续费之争

支付宝提现收费规则：个人用户每人累计享有人民币20000元的基础免费提现额度，超出基础部分后按提现金额的0.1%收取手续费，单笔服务费小于0.1元的，按照0.1元收取，在基础免费提现额度用完后，还可以使用蚂蚁积分兑换更多的免费提现额度。对签约商家，使用“提现”产品将支付宝余额内资金转到本人银行卡将继续免费。支付宝转账规则为：支付宝转账到支付宝账户，手机操作转账免服务费，电脑端按0.1%费率收取服务费，0.5元起收，10元封顶；支付宝转账到银行卡，手机操作免费，而电脑操作，2小时到账的费率为0.2%，收费在2元/笔到25元/笔之间，次日到账的费率为0.15%，收费在2元/笔到25元/笔之间。

微信支付收费规则①：微信支付对商户收取保证金5万元和0.6%~2%不等的手续费；对个人客户每人每月两万元的免手续费额度，对于超出的部分按0.1%的比例收取手续费。

（2）无现金日活动之争

2017年8月，支付宝推出了扫码最高立减4888元以及单日用支付宝付款2笔且每笔不低于2元则可以参加抽黄金的优惠活动。活动规定在8月1日至8日，周日到周四，用户用支付宝到店付款满2元就能获得奖励金，抢金额为1.88元、8.8元和88元不等的现金红包，最高金额可达4888元。从8月1日至7日，用户可以参与每88万人随机分18888克黄金的活动。另外，用支付宝扫描指定二维码、无现金联盟LOGO或点击页面抢红包，还有机会获得到店付款红包、流量充值券等随机福利。最后，从8月1日至3日，武汉、杭州的用户还可以用支付宝免费坐公交车。

微信在整个8月间也是优惠活动不断，从8月1日至7日，微信用户使用微信支付即可获得最高88元的鼓励金、现金红包或者代金券等。在8月8日当天，用户消费时可用鼓励金抵扣。从8月9日至31日，用户消费仍可获得鼓励金，并在一定时间段内核销。另外，用户可以在微信“无现金生活”的小程序中领取部分商家的优惠券，参与该活动的线下商户囊括了衣食住行吃喝玩乐各个领域，比如麦当劳、沃尔玛、中石油、摩拜、屈臣氏、顺丰等。

5. 第三方支付市场双寡头垄断

前文相关的数据显示，在第三方支付市场中，支付宝和财付通两个支付平

① 微信支付免费模式终结　每月超2万元后须加收0.1%手续费［EB/OL］. http://www.techweb.cn.

台的市场占有量远高于其他支付平台。2017 年第一季度，支付宝和财付通分别占据市场交易份额的 53.70% 和 39.51%，而位列第三名的壹钱包只占市场交易份额的 1.76%，其他平台的市场占有率都不足 1%。支付宝和财付通两家企业的市场交易份额达到整个市场总量的 93.21%，并且支付宝和财付通的赫芬达尔指数 H = 4444.73，大于 3000，说明市场集中度很高，因此，第三方支付市场为双寡头垄断市场。

第三方支付市场中，用户为王，谁拥有用户认可，吸引更多用户，谁就能获得利润保持竞争优势，而暂时的经营得失反而不那么重要。第三方支付市场中的垄断企业，如支付宝和财付通只有通过不断创新才能始终保持对用户的吸引力，保持着自己的竞争优势，不被其他支付企业赶超。而其他第三方支付企业也只有通过创新才能在行业竞争中取得优势，以创新吸引更多的用户，获得更多的市场份额，实现自身利益最大化。可以说，创新就是第三方支付企业的生命，创新能够帮助企业获得市场的认可，可以在行业竞争中保持优势，而缺乏竞争的企业则会失去用户，最终被市场淘汰。因此，第三方支付企业的创新动力非常强劲。

但是，第三方支付企业在风险管理方面存在着很多不足之处。市场上支付企业众多，对于一些巨头们来说，它们拥有更充沛的资金、更专业的人才队伍来打造更安全的系统、更严密的防火墙，以提升自身风险控制能力，比如支付宝的风险控制大脑，即可通过策略组合对交易风险进行打分并以此来判定交易风险的大小，然后，根据对于风险等级高的交易采取重新验证身份或者禁止交易的措施。但是对于一些实力相对较弱的企业来说，他们没有那么多的资金投入来保障自己的平台的绝对安全，对于黑客的攻击的防御能力不强，系统可能存在漏洞，在这种情况下，资金安全难以得到保障。

6. 手机银行市场竞争力明显落后于第三方移动支付机构

我们对手机银行市场进行了市场结构分析，在 2017 年第一季度，建设银行、工商银行、农业银行、招商银行的手机银行市场交易份额分别为 22.60%、20.50%、13.60%、12.10%，分别占据手机银行市场的前四位，其他银行的手机银行业务都不到 10%。计算前十家银行的赫芬达尔指数 H = 1364.13，属于 1000 ~ 1400 之间，因此，可以看出手机银行市场集中度低于第三方移动支付市场，但总体行业集中度较高，属于垄断竞争市场。市场上的手机银行产品相似度很高，产品同质化严重。

但是，银行业在我国发展历史悠久，业务成熟，各家银行的产品大同小异，彼此间虽然竞争激烈，但是缺乏创新动力，一家企业创新出新的产品很快就会被其他银行模仿，很难形成竞争优势，而且创新的投入成本较高。长期在这种环境下导致银行业普遍缺乏动力创新。近年来，第三方支付市场规模不断扩大，对传统的银行业务造成很大的冲击，逼迫银行不得不参与市场竞争，纷纷推出手机银行 APP，依托银行的原始客户推广手机银行，具有先天性的客户来源优势。但是银行的创新动力和能力方面都普遍不足，导致产品相对单一，用户体验不高，产品远不足及第三方支付企业的产品吸引用户。

手机银行的优势主要体现在风险管理能力方面，银行具有多年的风险管理经验，并且有相应的风险管理部门，无论是从经验还是人才方面都远超第三方支付企业。所以，手机银行在大额支付方面占据优势，用户普遍觉得手机银行大额转账支付更加安全。因此，在风险管理方面，第三方支付企业应该向银行学习。

综上所述，移动支付市场竞争呈现畸形化的主要原因为：（1）第三方支付行业为寡头垄断市场，除了两大巨头之间的竞争之外，其他支付企业力量较弱，难以和支付巨头抗衡。（2）第三方支付企业和银行都在各自的领域存在着优势与不足，彼此间缺乏合作。第三方支付企业在创新方面是非常值得手机银行去学习的。而手机银行在风险管理方面也是第三方支付企业学习的对象。未来，只有互相之间加强合作，共同进步，才能促进移动支付市场向更加合理健康的方向发展，也是符合消费者利益的发展方向。

五、其他风险

移动支付行业除了信用风险、操作风险、技术风险、市场风险外还存在着其他的一些风险，比如法律风险、政策风险、洗钱风险等。

移动支付法律风险，是指在移动支付过程中存在的法律层面的安全风险。主要包括信息安全法律风险、资金安全法律风险、金融法律风险等。

移动支付的政策风险指移动支付作为新兴业务，缺乏行业规范，尤其是准入政策和监管政策。行业中涉及的资源共享、服务质量保证、服务规范等都需要有明确的规定，唯有如此业务才能健康发展。

移动支付的洗钱风险主要是指部分不法分子利用移动支付具有交易虚拟化、便捷化和不限地域化，交易时间短、频率大等特性进行违法活动，比如通过移动支付将不正当收益进行“漂白”，即通常所说的洗钱。目前不法分子通过移动支付等网络支付手段进行洗钱，已经成为各国移动金融领域的一股暗流，严重影响了各国金融的正常发展。因为移动支付不限地域性，因此不法分子通过其洗白的黑钱不但有本国的，还可能有世界各地的。

近年来，随着第三方支付蓬勃发展，网络赌博、地下钱庄、金融诈骗、走私贩毒等洗钱案件频繁发生。2015 年上半年，蚂蚁金服向反洗钱监测分析中心报送的各种洗钱可疑交易报告达300多份。比如2013年发生的全国最大的网络赌博“116”专案，赌资近5000亿元共涉及9个省，大部分赌博资金就通过第三方支付平台、境外网络银行以及地下钱庄进行往来交易。除此之外，还出现了支付公司为诈骗团伙洗钱的案例。

具体案例[①]：2015年8月22日，镇江张女士在网上以10元购买2888个Q币，但当她点击二维码支付时，却收到了银行卡被转走6800元的短信通知。原来，张女士之前加入的一个游戏群里武某说用10元就可以充值2888个Q币，相比正常充值要便宜很多，于是张女士心动了，她先给对方转账了10元，但相应的Q币却没有到账，对方发来一个支付二维码告知张女士需要再扫码支付1元进行激活，还催张女士输入自己的银行卡号及密码。在填完所有信息后发现自己的银行卡被转走了6800元，张女士才发现自己被骗了。原来，网上有很多专门寻找受害者的诈骗人员，称为“找单手”，当张女士第一次支付10元时，找单手武某就已经获得了她的支付信息，包括账号、余额等。当第二次支付1元时，实际上金额已经被“秒单手”在后台被改成了6800元。通过调查，民警发现了犯罪流程：先由“找单手”在网上利用低价做诱饵寻找受害人，再由“秒单手”利用带有木马的支付链接以及由洗钱人员提供的结算通道，通过修改支付金额实施诈骗，而诈骗的金额最后会流入支付平台，最后由三方进行分赃。被此类诈骗手段诈骗的受害者多达3500名，损失金额大多都在千元以上，受害者多为年轻人。

移动支付其他风险发生的原因有多种，而洗钱风险发生的原因主要有：我国第三方支付机构过度重视支付的快捷方便，而在资金流向监控、交易真实性核实等方面存在明显不足，这在某种程度上为洗钱犯罪活动提供了土壤。此外，第三方支付机构业务扩展，由原来的支付单一业务扩展到线上预付卡发行与受理、移动电话支付、移动客户端应用、互联网理财等多个产品和领域，对反洗钱能力要求不断提高，而第三方支付机构缺少经验且系统建设不足。

第二节　影响移动支付行业风险的因素

移动支付行业有着多种经营模式，各种模式面临的行业风险之间会存在较大差异。不仅如此，移动支付的行业风险还会取决于其产业链、所处的生命周期、技术因素、基础设施因素、市场因素以及监管与政策等因素。

---

① 第三方支付为诈骗团伙洗钱：点一元支付卡里少6800［EB/OL］. 金融界，http://bank.jrj.com.

一、移动支付的商业模式

根据平台提供商不同，移动支付有三大商业模式，分别为商业银行主导的商业模式、移动通信运营商主导的商业模式以及第三方支付机构主导的商业模式①。

1. 商业银行主导的商业模式

在商业银行主导的商业模式中，依托商业银行开发的手机银行客户端，用户通过登录手机银行客户端，对账户进行管理。用户不但可以进行账户查询、转账汇款等基础的操作，还可以享受理财投资服务，购买银行提供的理财产品，实现资金的投资增值。从支付模式看，由于支付账户就是银行账户，因此账户资金相对比较安全，但是手机银行提供的主要是相关的银行业务，应用范围有限。并且对银行来说，开发和维护的成本也比较高。手机银行业务给银行带来的收益主要包括：手机银行账户余额给银行增加了可贷资金、利润分成，手机银行有利于用户黏性的增强以及用户活跃度的增加，减少网点投入经营费用，以及降低经营成本。

2. 移动通信运营商主导的商业模式

在这一商业模式中，用户充值话费账户，用扣除相应话费的方式支付相应的商品和服务费用。最后，由通信运营商与商家进行结算。线上商家主要有签约商户和自建网上商城引入的商户。代表性平台有一点手机钱包、电信翼支付以及联通沃易付。作为移动支付平台提供商，移动通信运营商作为用户和平台提供商之间的重要桥梁主要提供语音、短信、WAP 上网等多种服务，还为支付业务提供多种安全服务。获得的收益来源有：收取提供商品和服务的商户的佣金，比例为3%到20%；来自数据流量的收益，用户通过通信网络在手机上进行移动支付购物时会消耗相应的手机流量；沉淀资金收益，用户以话费形式预存在话费账户中的资金产生的额外收入。

3. 第三方支付机构主导的商业模式

在该商业模式中，第三方机构打造超级 APP，拓展丰富的支付场景，提供专属账户，用户绑定银行卡后，既可以将资金放入第三方机构提供的账户中，也可以直接用银行卡内的资金进行支付交易，第三方支付平台主要充当信用媒介，撮合用户和商家之间的交易，并且承当部分担保责任。同时，主要的第三方支付平台比如支付宝、微信等提供线下扫码支付服务以及近场刷手机支付服务。做到了线上线下双重发展，具有明显的竞争优势。第三方移动支付平台提

① 程子煊．三大移动支付运营模式的比较分析［J］．金融经济，2017（10）：80－81.

供商致力于为用户提供更加丰富的移动支付场景，吸引客户，提高市场竞争力，收入来源主要分为两方面：沉淀用户资金带来的收益；商家缴纳的服务费以及手续费收入。

二、移动支付的产业链

从图 3－4 可以看到，用户和商户分别位于产业链的两端，而其他参与者提供的服务主要是为了更好地促成商户和用户之间的交易。产业链上主要存在两条主线，分别为基础设备制造商和移动支付平台运营商。

基础设备制造商主要有手机厂商、硬件设备制造商和软件技术提供商。近几年来，手机厂商不断创新，推出的智能手机不论从外观上还是性能上都有很大的突破，成为移动支付业务快速发展的前提。硬件设备主要服务线下商户，有 POS 机、移动刷卡器、具备 NFC（近场支付）模块的设备等。而软件技术主要服务线上，比如搭建支付平台，如移动 APP，以及与支付安全等相关的软件技术支持。

移动支付平台运营商主要有三大类，分别为移动通信运营商、银行等金融机构和第三方支付机构。移动通信运营商在移动支付中起着桥梁作用，连接着用户、银行和第三方支付机构。

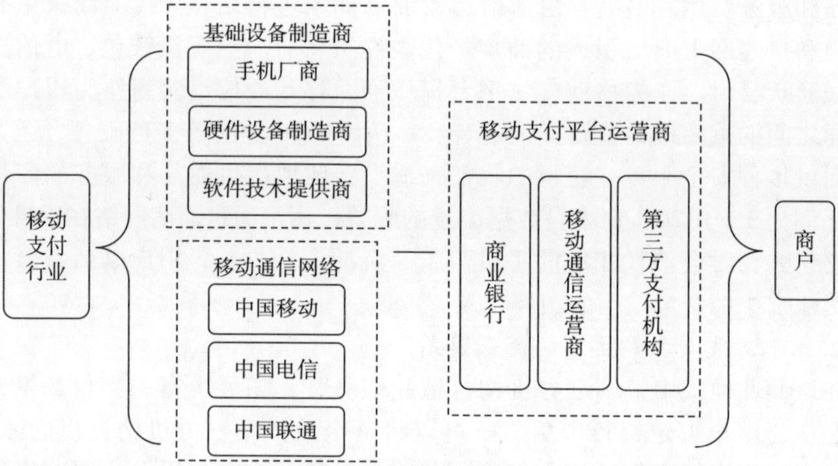

图 3－4 移动支付产业链①

① 陈珊．移动支付产业链的解析［J］．经济研究参考，2015（61）：66－74.

三、当前所处的行业生命周期

行业生命周期分为幼稚期、成长期、成熟期和衰退期。在幼稚期，市场对产品的接受度不高，行业风险较高。在成长期，消费者已接受了该产品，业务不断得到拓展，行业利润快速增加，市场上企业迅速增加，市场竞争激烈。在成熟期，行业的发展趋势与经济的发展趋势大致相同，市场份额被大型企业分割，行业中小企业生存困难。在衰退期，产品被新的产品所替代，需求下降，利润降低。

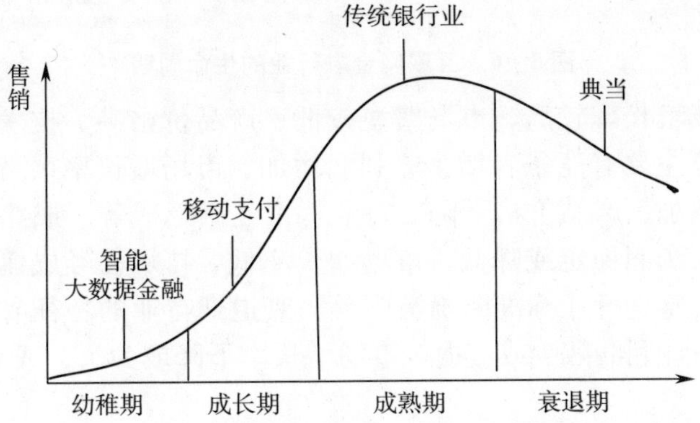

图3－5　常见金融行业的生命周期

常见的金融行业有传统银行业、证券行业、保险行业、金融衍生品行业、移动支付行业、典当行业、智能大数据金融行业等。图3－5展示了常见金融行业的生命周期，可以看到，智能大数据金融行业的发展依托智能技术的发展，技术还有待进步，行业应用水平不高，处于幼稚期。传统银行业历史悠久，业务成熟，监管规范、产品同质化严重，进入了成熟期。典当行业发展历史悠久，现在市场上业务量非常少，处于衰退期。而移动支付行业创新不断，凭借着高效便捷的支付体验，吸引了大批的用户，逐渐深入人们生活的各个方面，用户规模不断增加，业务规模飞速发展，因此处于成长期。

常见的互联网金融行业有移动支付、众筹和P2P。三者都处于成长期，移动支付所处的阶段低于P2P，而众筹所处的阶段在移动支付与P2P之间，如图3－6所示。移动支付行业由于市场需求最高，用户范围更加广泛，市场潜力巨大，有很大的成长空间。P2P指的是借助互联网、移动互联网技术的网络信贷平台的一种将小额资金聚集起来借贷给有资金需求客户的民间小额借贷模式，因为风险较高，受到的监管也很严格，所以成长性相对较低。而众筹位于二者之间。

生命周期图（见图3－7）显示，幼稚期行业的特征主要有竞争者少、企业

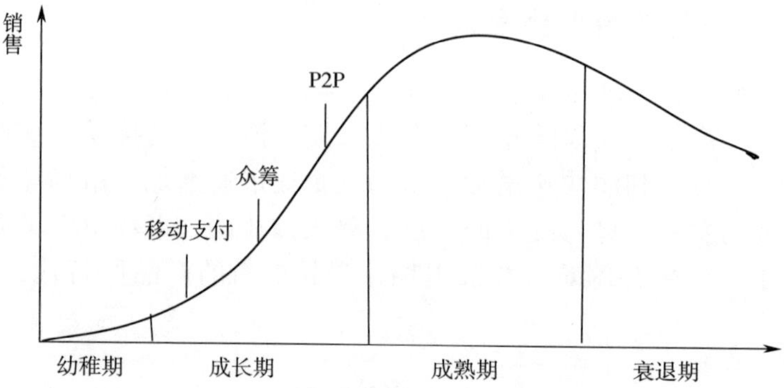

图3－6　互联网金融行业的生命周期

普遍亏损、市场增长率较高、市场壁垒较低、产品价格高、技术变动较大。成长期行业的特征主要有竞争者增多、利润增加、市场增长率很高、技术渐趋定型、市场壁垒增加、产品价格下降、行业标准逐渐形成等。成熟期行业的特征为竞争者渐少、利润稳定或降低、市场增长率低、技术已经成熟、市场壁垒很高、产品价格稳定、行业标准明确清晰等。衰退期行业的特征有竞争者少、企业面临转型、行业利润减少或亏损、市场增长率下降或为负，或有新技术出现，催生新市场。

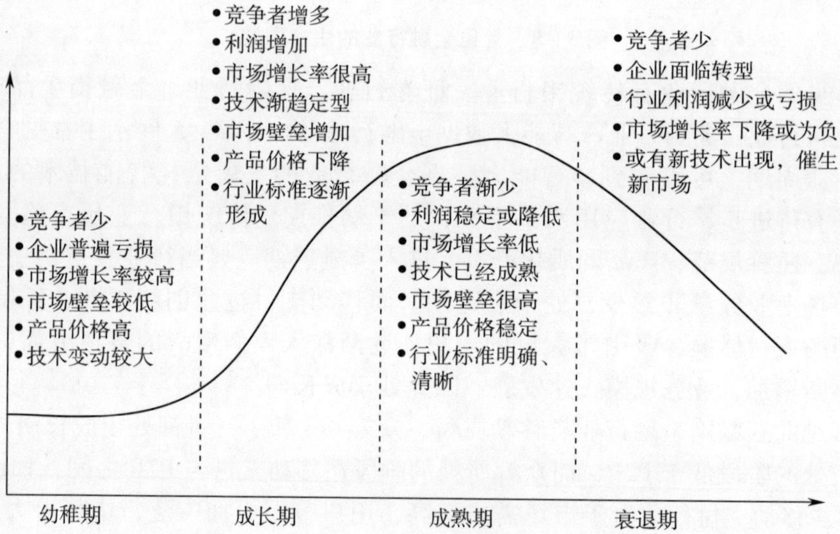

图3－7　生命周期图

从图3－8中我们可以看到，2013年、2014年和2015年移动支付业务金额增长率分别为317.56%、134.30%和379.06%，虽然到2016年增长率下降到

45.59%。但相比一般行业来说，移动支付行业的业务金额增长率很高。

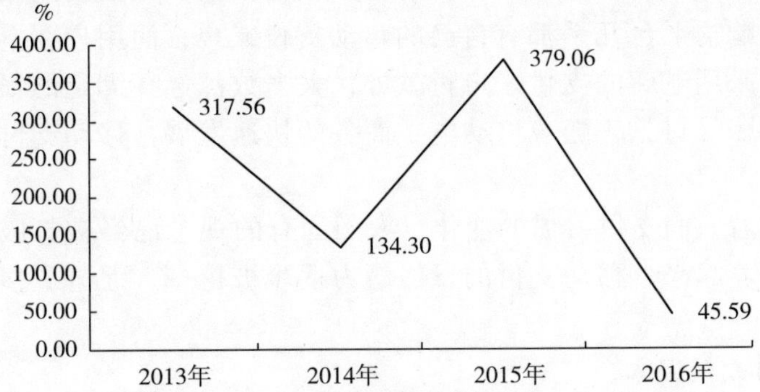

图3-8　2013—2016年移动支付业务金额增长率

（资料来源：易观）

2013年到2016年第三方支付市场的竞争者不断增加，行业管理混乱，因此，人民银行决定收紧牌照发放，并且对不符合规定的牌照进行注销或不予续展，导致市场进入壁垒增加。随着移动支付的发展，行业标准也开始逐渐形成，比如中国银联发布的银联二维码支付标准等。同时，随着竞争的日趋激烈，为了争夺市场和用户，支付巨头们纷纷降低手续费，挤压手续费利润。

综上所述，移动支付行业的特征符合成长期行业的特征，因此，移动支付行业处于成长期，移动支付业务的规模将进一步扩大。

四、技术、基础设施、市场及监管与政策等因素

1. 技术因素

影响消费者使用移动支付的因素有很多，最主要的就是便捷性问题和安全性问题，如何从技术上对两种问题加以解决，推动着移动支付技术的创新和发展，是影响移动支付业务发展的主要因素。如果用户在使用移动支付的过程中出现程序复杂、操作不便、网络速度慢、资金安全得不到保障等一系列问题，会大大降低用户体验感受，移动支付相对于传统支付的优势也难以体现。

2. 基础设施因素

首先移动支付需要一部支持移动支付功能的手机，而传统的老式手机往往没有这种功能，还有一些可用于近场支付的可穿戴设备，这需要额外的成本投入。而线下的商户往往要安装POS机、移动刷卡器等设备，这些都加大了商家的投入成本，基础设施的建设是发展线下移动支付的基础，制约着移动支付行业的发展。

3. 市场因素

移动电子商务的发展与移动支付的发展相辅相成，相互制约相互促进。大型的电子商务购物平台几乎都有自己的移动支付账户，而用户在电子商务平台上购物时除了采用电商的支付账户付款外，大多数都选择绑定的银行卡支付或者第三方支付账号付款，随着移动电子商务的快速发展，移动支付业务也随之快速增长。

同时，随着人们支付习惯的变化，人们固有的观念已经被打破，新的支付习惯已经被培养起来，移动支付的发展潜力逐步被挖掘，促进了移动支付业务的快速发展。

4. 监管与政策因素

移动支付业务的发展过程中涌现了一系列安全问题，这就迫切要求监管部门能够制定科学合理的政策加以有效的规范和引导，使得移动支付行业更加积极健康地发展。监管部门的监管不到位会导致行业管理混乱、不正当竞争、出现监管真空等各种问题，甚至引发市场风险。而缺乏相关的法律法规对移动支付涉及的各方面进行详细规定，就很容易导致问题发生后各方权利义务不明确，相互扯皮，追责困难，导致消费者的权益得不到保障，对使用移动支付产生后顾之忧。因此，监管与政策因素是制约移动支付业务发展的重要因素之一。

第三节　移动支付行业风险的成因分析

一、法律法规跟不上创新步伐

1. 移动支付的创新模式

移动支付的创新模式主要表现在商业模式、支付方式及其他技术方面的创新。

（1）商业模式的创新

支付企业打造闭合生态模式，除了收取相应的手续费外，还可以获得广告收入、消费金融和金融投资收入。支付通常被企业家认为是与消费者的初始接触点，也是大多数其他服务的关键。企业将支付视为基本的基础设施，是自身独特的生态系统关闭环路的关键通道，向用户提供有针对性的访问，并将用户引导到生态系统中更有利可图的业务，因此吸引用户才是主要目标，而盈利能力则是次要的。因此，近年来，支付巨头们着力拓宽支付场景，打造完善的生态系统，努力在自身的供应链中闭合支付，提供一站式服务。大型支付企业将整合思维作为自身发展的总体战略，巩固市场地位。

随着中国移动支付市场的竞争不断加剧，监管不断趋严，导致支付费率不断下降，提供支付服务本身虽然没有利润，但是，支付却是获取客户数据的重要途径。因此，利用大量的用户以及挖掘用户背后的大数据价值才是支付企业实现盈利的路径。拥有庞大的用户数量和完善的支付生态系统的企业完全可以将盈利模式转向广告收入、消费金融以及通过为用户提供金融投资管理服务来增加收入。

（2）支付方式的创新

移动支付主要通过短信、扫码、指纹、声波、虹膜、人脸识别、云闪付等方式进行支付。

扫码支付使用户只要打开手机扫描二维码即可完成支付交易，方便快捷，并且二维码成本很低，因此，市场接受度非常高。

指纹、声波、虹膜等支付方式都是利用生物识别技术，通过生物特征识别鉴定身份，比如支付宝的人脸识别系统，使用人脸识别登录支付宝的用户数大于1.5亿人；生物识别准确率达到99.99%；支付宝“刷脸”支付被《麻省理工科技评论》评为2017年全球十大突破性技术之一。

云闪付是银联推出的一款近场支付产品，无须上网，只要在支持云闪付的POS上一挥手机即可完成支付。应用了金融智能卡、NFC非接射频、可信服务管理（TSM）、支付标计化（Token）、动态密钥管理等创新技术与安全保障机制，能够实现不同机构之间二维码的互联互通，帮助商业银行有效整合不同机构的海量商户和用户资源。

（3）其他技术的创新

移动支付还有很多其他方面的创新，比如支付宝的技术创新有：一是云计算、区块链技术。阿里混合云遍布全球的存储和分发网络拥有5000多个CDN节点，部署国家和地区超过30个，覆盖六大洲；区块链技术应用于支付宝爱心捐赠平台。二是人工智能技术。人工智能处理客服比率达到97.5%；人工智能客服问题解决率达78%，高于75%的人工解决率；退货运费险人工介入率小于10%。通过人工智能了解用户，根据用户的消费产生行为数据，对数据进行收集分析，提供金融服务。三是利用大数据进行风险控制。在密码丢失后，支付宝有一个叫CTU的风控大脑，风控大脑根据账户、位置、行为、偏好、设备、关系等复杂的策略判定风险，对交易风险进行打分，分值在0~1之间。当分值较高的时候，支付宝会进行第二次验证身份请求，以此判定是否为本人。当分值大于0.93时，则直接拒绝交易。

第三方支付企业的大力创新推动着移动支付的不断创新，支付不断向智能化、综合化等方向发展，这些对移动支付的监管提出了更高层次的要求。而移动支付法律法规的出台步伐相对滞后，跟不上移动支付的创新步伐。

2. 我国针对移动支付的现有的法律法规

表3－3中列举了我国目前关于移动支付的法律法规，包括2005年出台的《电子支付指引（第一号)》和《支付清算组织管理办法（征求意见稿)》，2010年出台的《非金融机构支付服务管理办法》以及《支付机构反洗钱和反恐怖融资管理办法》，2012年出台的《支付机构预付卡管理办法》以及《中国金融移动支付系列技术标准》，2015年出台的《支付机构客户备付金存管办法》以及《关于促进互联网金融健康发展的指导意见》，2016年出台的《非银行支付机构网络支付业务管理办法》以及2017年出台的《关于实施支付机构客户备付金集中存管有关事项的通知》。

表3－3　我国现有的移动支付法律法规①

时间	政策文件	主要内容
2005年	《电子支付指引（第一号)》	将网络支付、移动支付等都纳入电子支付的范围，主要规定和限制了商业银行进行网上支付业务的相关内容
2005年	《支付清算组织管理办法（征求意见稿)》	规定支付机构不能以任何形式挪用客户备付金，并且支付机构只能在一家商业银行开立备付金专用账户，备付金的存管银行负责对此专用账户进行监督
2010年	《非金融机构支付服务管理办法》	明确了非金融机构要接受人民银行的监管，同时通过颁发牌照来规范市场准入和业务范围
2010年	《支付机构反洗钱和反恐怖融资管理办法》	规定了第三方支付企业要承担客户身份识别、交易记录保存、可疑交易报告等义务，并应当积极配合反洗钱和反恐怖融资等执法行为
2012年	《支付机构预付卡管理办法》	规定从严规范和管理预付卡业务。建立严格的风险监管机制，全面规范预付卡的发行、受理和使用，明确各方权利、义务和责任，维护预付卡市场秩序，防范风险
2012年	《中国金融移动支付系列技术标准》	分别从产品形态、联网通用、业务模式以及安全保障四个方面提出了系统化的技术要求，确立以“联网通用、安全可信”为目标的技术体系架构
2015年	《支付机构客户备付金存管办法》	规范了备付金的管理，包括对备付金进行分层分类管理，规定了备付金的存放、使用、划转等

① 迟永慧．第三方移动支付的风险与监管对策［J］．现代管理科学，2016（11）：60－62.

续表

时间	政策文件	主要内容
2015 年	《关于促进互联网金融健康发展的指导意见》	对非银行支付机构网络支付业务作出了详细规定
2016	《非银行支付机构网络支付业务管理办法》	规定了用户实名制和交叉验证以及交易限额等
2017 年	《关于实施支付机构客户备付金集中存管有关事项的通知》	规定自 2017 年 4 月 17 日起，支付机构应将客户备付金按照一定比例交存至指定机构专用存款账户，该账户资金暂不计付利息。商业银行为支付机构交存的客户备付金不计入一般存款，不纳入存款准备金交存基数

从表 3－3 中现有的法律法规中可以看出，目前，我国在移动支付监管方面的规章制度法律层次低、内容不具体，主要是中央银行制定的行政规章制度，而没有从立法层面制定法律，并且没有专门针对移动支付的规章制度，现有的规章制度大多是用来规范我国电子支付领域或非金融机构支付领域的，内容不具体，缺乏操作性。

另外，我国尚未出台专门的个人金融信息保护法律法规，仅在《中国人民银行法》《商业银行法》等法律法规中有涉及个人金融信息保护的条款，使得消费者在维权中缺乏具体法律依据。由于相关法律规范不完善，对于移动支付业务引发的纠纷难以明确双方的权利和责任，存在举证困难、诉讼期限长等多种问题，因此导致了消费者维权困难。

我国主要有三个部门有权监管移动支付业务，主要监管主体为中国人民银行，负责制定支付结算规则，监管非金融机构的移动支付业务准入及业务活动。因为三大监管主体级别相差不大，对其他部门没有领导权，因此，监管部门间协调性差，会导致监管效率低下。银保监会主要负责各项银行业务的监管，即只负责监管移动支付的手机银行业务。另外，工业和信息化部主要负责监管移动运营商开展的移动支付业务。虽然看上去，分工明确，但是在实际执行过程中，由于移动支付同时涉及多个市场主体，跨越不同行业，在跨行业的业务监管过程中，很容易导致多头监管及监管盲区的问题。

比如电信诈骗难以得到有效打击的问题。据统计，仅仅在 2016 年第四季度，福建的一个沿海地级市的反诈骗中心共接到了高达 1049 起诈骗报警，金额达 1445 万元，其中有 587 起的涉案资金流入了第三方支付平台，占总数的 56%。由于第三方支付平台的总部往往大多设在北京、上海等一线城市，当案件发生后，只有总部才能查询资金流向，严重影响了公安机关打击诈骗案件的时效。一些第三方支付平台安全标准低，对账户审核不严格，系统建设不完善，这些都导致了案发后不能很好地协助公安机关侦破案件。另外，由于电信运营商也未完全号码实名制，而如果第三方支付绑定的手机号不实名，就加大了追查的难度①。

3. 法律法规跟不上创新步伐的原因

导致法律法规跟不上创新步伐的原因有很多，主要为：（1）对金融科技的重视程度不够。（2）移动支付创新太快。（3）监管技术不够。金融科技的发展涉及金融科技公司、金融机构、监管当局、消费者、中介机构和自律组织等多方主体，这些主体之间的关系就形成了金融科技的生态，一个良性互动的生态环境有助于金融科技在风险可控的前提下实现健康、可持续的发展。而我国对金融科技的重视程度不够。第三方支付企业为了实现利润最大化的目标，力图绕开与银行业的直接竞争，不断进行创新。监管技术最初出现的目的是通过技术和系统帮助金融机构满足监管合规要求，但面对金融科技公司不断增长的海量业务，监管当局的监管成本将不断上升，金融科技与监管科技的发展出现相对失衡。因此，我国对金融科技的重视程度不够，移动支付创新太快以及监管技术不够是导致移动支付法律法规跟不上创新步伐的主要原因。

二、账户管理不规范

1. 实名制落实不到位

早在2016年我国出台了《非银行支付机构网络支付业务管理办法》对非银行支付机构网络支付业务进行管理，其中第六条规定：支付机构应当建立健全客户身份识别机制。支付机构应当对客户账户实行实名制管理，登记并采取有效措施验证客户身份等基本信息，按规定核对有效身份证件并留存有效身份证件复印件或者影印件，建立客户唯一识别编码，并在与客户业务关系存续期间采取持续的身份识别措施，确保有效核实客户身份及其真实意愿，不得开立匿名、假名支付账户。该条款规定了支付机构都应遵循建立健全客户身份识别机制，明确了支付账户应实行实名制管理，并提出了核实客户身份的相关要求。

但是，诈骗分子利用第三方支付平台转移、取现诈骗赃款事件时有发生。一些第三方支付平台正成为电信诈骗团伙套取、漂白非法资金的“绿色通道”。诈骗分子的常用犯罪手法有：一是用受害人存在第三方支付账户的资金进行网络购物，然后利用回收商城进行洗钱套现。二是用赃款在第三方支付平台购物将资金转到第三方支付公司绑定的POS机上进行套现。三是在第三方支付平台

① 滕秀兰．打击电信诈骗　第三方支付平台不应成监管“盲区”［EB/OL］．http：//www.legaldail.com.

和银行账户间多次转移躲避追查，然后通过银行 ATM 取现。据报道，厦门警方在 2016 年 10 月到 2017 年 2 月查获的诈骗分子通过第三方支付平台转移赃款的案件约占诈骗警情的 68.9%。调查发现，一些第三方支付平台管理混乱、滥发 POS 机、不落实实名制并且个别的第三方支付平台网络系统建设严重滞后，甚至无法查询平台准确交易信息、商户和交易者的身份，这些都给犯罪分子提供了可乘之机，威胁着用户的资金安全。

2. 预付卡管理不到位

早在 2012 年我国就出台了《支付机构预付卡管理办法》对预付卡业务进行规范，要求建立严格的风险监管机制，全面规范预付卡的发行、受理和使用，明确各方权利、义务和责任，维护预付卡市场秩序，防范风险。

但是，据中国消费者协会发布的预付式消费调查体验结果，目前预付卡消费的违法案例大概分为 19 类[①]。预付卡主要存在不能退卡、不能转让、高额转让费等问题，在健身行业尤为突出。预付式消费的主要问题有：（1）存在商家以超低价或免费体验诱导消费的情况；（2）存在商家经营不合法的情况，尤其以美容美发行业为甚，存在超范围经营；（3）存在商家存款“霸王”条款，自赋最终解释权；（4）存在商家提供的服务与承诺的不一致的情况；（5）存在部分商家诱使客户办理预付卡，但却卷款跑路等情况。

由于预付卡的消费周期较长，涉及金额较大，预付卡消费等于给商家发了一张大额“信用卡”，但消费者没有相应的监管和处罚能力，在这种不对等的情况下，以互信为基础的商业模式其实十分不稳定，存在商家失信的隐患。

三、信息保护机制不健全

随着互联网经济的发展，用户信息泄露问题日益凸显。比如从互联网企业方泄露出去的个人信息。人们通过网络平台购物，需要提供姓名、身份证号、联系方式、银行账号等信息，还有互联网企业利用大数据挖掘到的用户信息，这些都保存在互联网企业的服务器中，可能存在泄露的危险。来自黑客的网络攻击也是导致用户信息泄露的一个重要途径。在当前的信息时代背景下，机器学习技术、数据挖掘技术的出现，提高了金融数据信息的提取能力。然而在经济利益的驱使下，这些信息很有可能成为不法分子的攻击对象。黑客采用木马病毒等手段，就可能攻破系统的访问权限，继而获得各种金融数据信息。最后，个人的疏忽也会导致信息的泄露，人们无意识地在微博、微信等社交账号下留下的零碎的个人信息，也可能导致个人信息的泄露。

---

① 消协．预付式消费问题丛生　存在诱导消费强制服务［EB/OL］．http：//news. jcrb. com.

在我国，对个人信息的保护制度基本空缺，只在《刑法》《消费者权益保护法》《网络信息保护规定》等律法规范中存在零散的规定。另外，我国对于盗窃个人信息的不法行为的打击力度不够。为此，信息保护工作的效果不佳，出现了个人信息的收集、出售、购买等不法行为，滋生出黑色利益链条。

我国移动支付的账户管理不规范，信息保护机制不健全问题的主要原因是实名制落实不到位以及对个人信息保护不重视。虽然在2015年人民银行颁布了《非银行支付机构网络支付业务管理办法》，并规定第三方支付必须对支付账户实行实名制管理，但至今还存在着第三方支付账户未实名制的问题。对于个人信息保护方面，我国至今都没有出台相应的法律法规，个人信息得不到保护使得个人信息泄露频繁发生。因此，实名制落实不到位、对个人信息保护不重视是导致移动支付账户管理不规范，信息保护机制不健全问题的主要原因。

第四节　防范移动支付行业风险的建议

我们在前面分析了我国移动支付行业的现状，认为我国第三方支付市场为双寡头垄断市场，手机银行市场属于垄断竞争市场；企业采取并购行为和价格行为参与市场竞争，促进移动支付业务的发展和竞争优势的形成。运用生命周期分析法、经济周期理论分析法，分析了我国移动支付处于成长期，受经济周期波动的影响很小，认为移动支付业务未来将继续保持高增长。在市场竞争方面，第三方支付以其强大的创新能力推出新产品，使用新技术，获得更优良的用户体验，在小额支付领域占据主要市场份额。但在风险管理方面，除了支付宝、财付通两家行业巨头外，第三方支付企业对风险管理的能力不足。银行在第三方支付企业的冲击下被动地开展手机银行业务，依托银行庞大的原生客户获得了大批的用户，但是由于产品种类单一、缺乏创新性，同质化竞争严重，因此用户体验不如第三方支付平台。但是银行在风险管理方面拥有多年的经验，获得了用户的信任，在大额支付领域占据主要份额。由于银行和第三方支付企业间内部竞争激烈且彼此竞争、缺乏合作，移动支付市场竞争畸形化。除此之外，移动支付过快的发展还伴随着一系列其他问题，包括风险频发、行业相关法律法规不完善、账户管理不规范、信息保护机制不健全等。针对上述问题产生的原因，我们拟从法律、监管以及市场参与者等角度给出如下建议。

一、健全法律法规并强化制度建设

1. 加快立法，让移动支付行业有法可依

对于移动支付行业没有相关法律的情形，我国应加快推进立法进程，提高立法层次，充实移动支付的监管依据，让移动支付行业有法可依。同时，要针对移动支付业务发展的新问题，特别是针对消费者权益保护、反洗钱、不正当交易等问题，修订已有的法律法规，制定出可操作性强的详细的规章制度。另外，我国尚未出台专门的个人金融信息保护法律法规，仅在《中国人民银行法》《商业银行法》等法律法规中有涉及个人金融信息保护的条款，无法为个人金融信息保护的个案提供具体依据。在消费者权益保护方面也缺乏相关的可操作性强的法律法规，在出现损失时，消费者的权益也难以得到有效的保护。

2. 落实实名制

第三方支付账户如果不进行实名，则很容易被不法分子利用进行资金转移、洗钱等不法行为。手机号如果不实名，则大大降低了不法分子利用电信进行诈骗的难度。并且，一旦以上犯罪行为发生，公安机关很难追查到不法分子的踪迹以及资金的流向，给破案带来了非常大的难度。同时，犯罪难度的降低，让风险低收益高的违法行为难以得到有效的打击，将更加助长犯罪分子的气焰，使违法案件频发，难以从根本上治理。

因此，落实实名制是有效降低违法行为，维护移动支付行业健康发展的必要措施，必须严格落实。

3. 完善信息公开制度

行业中不少第三方支付平台经营不规范，用户对平台的经营状况、各项财务指标等情况一无所知，存在严重的信息不对称情况。在这种情况下，用户对于支付企业是否存在倒闭风险，是否可能出现负责人卷款潜逃的风险情况也一无所知。有些企业开展的预付卡业务吸收了大量的用户资金，一旦发生以上情形，用户的资金安全问题就难以得到保障，甚至可能出现全部损失的情况。

因此，完善第三方支付企业的信息公开制度，推动市场信息透明，有利于打消消费者的顾虑，同时也有利于消费者对第三方支付企业的监管，促进行业健康透明化发展。

4. 完善市场退出机制

我国第三方支付市场呈现双寡头垄断的市场格局，支付宝和财付通垄断了近90%的市场份额，但是拥有牌照的第三方支付企业有两百多家，很多小的第三方支付企业客户数量少，活跃度不高，主要靠风险投资实现正常经营，对风险管理的投入较低，支付平台安全难以保证，可能会出现诸如洗钱等不法行为，甚至会出现企业倒闭，企业负责人卷款跑路的犯罪行为，这就给用户的资金安全造成了很大的隐患。因此，完善市场退出机制，减少市场上的支付牌照，让没有实力的第三方支付企业退出市场竞争，是降低行业风险的有效途径。

二、创新监管科技并完善监管体系

1. 建立权责明确的移动支付监管体系

我国移动支付业务超速发展，其涉及的领域广泛，已经超出了我国现有的金融、通信、工商业监管体系的监管范围，原有的监管体系不能满足监管的需要。要提高监管效率和能力，我国必须建立权责明确的移动监管体系。人民银行应主要控制移动支付的风险，制定出关于移动支付企业的准入及退出机制政策，以及其他相关的行业规定；其他监管机构如证监会、银保监会积极配合人民银行做好相关的政策执行工作；工业和信息化部负责统筹制定移动支付技术标准；工商总局负责维护金融消费者权益；司法机关负责打击移动支付行业中的违法犯罪行为。监管体系必须做到明确监管界限，详细监管内容以及细化对于违法违规行为的处罚措施。同时，还要建立有效的协调机制，协调好各监管部门之间的利益关系，提高监管效率。

2. 重视金融科技发展，创新监管科技

长期以来，金融科技的快速发展加快了我国移动支付行业的发展，但监管机构并没有给予金融科技充分的重视，结果导致相关行业法律法规跟不上金融科技创新的步伐，相对滞后，对监管部门的监管能力提出了挑战。为降低合规成本，金融机构在相关业务中采用最新的金融科技，比如生物识别、大数据、区块链、云平台、云服务等，不一而足，传统的监管手段已经不能有效地监管。监管科技公司可以通过利用云计算、大数据等新兴数字技术对大量的公开和私有数据实行自动化分析，帮助有需求的金融机构核查是否符合反洗钱、信息披露等监管政策、遵守相关监管制度，避免因未满足监管合规要求而带来的处罚。监管科技使用先进金融科技提取、转换、加载数据集，不仅快速而且高效。

因此，监管部门必须重视金融科技的发展，并且在监管领域也要充分利用科技手段，创新监管科技。

3. 建立监管人才培养制度

移动支付产业链涉及的参与者众多，涉及软硬件设备制造商、移动通信运营商、商业银行、第三方支付机构等。这对移动支付行业的监管带来了很大的难度。对于监管机构的人员，不论从专业知识结构上还是实践经验方面都要十分优秀，要求监管人员不仅对于本单位的监管内容非常熟悉，还要对其他涉及的相关监管部门的业务有所了解。而我国现有的监管部门缺乏这种高素质的监管人才，导致在政策的制定以及执行速度上都很难跟上我国现有的移动支付业务发展的速度，在监管方面处于被动应付状态。因此，加强人才队伍建设势在必行。

三、协同市场主体合作与强化产品创新

1. 第三方支付企业与银行加强合作

银行凭借着其原始客户量开展手机银行业务，手机银行在客户来源方面具有优势，同时，银行具有多年的风险管理经验，拥有专业的风险管理人才队伍，风险管理能力很强，因此手机银行的安全性也更有保障，使其在大额支付市场中占据主导地位。但在创新方面缺乏动力，导致产品同质化严重，用户体验感较差。而第三方支付创新动力足，不断应用新技术、推出新产品，以强大的产品创新能力吸引更多的用户，以良好的用户体验增强用户黏性，提升活跃度，在小额支付市场上占据主导地位。但是第三方支付企业在风险管理方面有所欠缺，除了少数行业巨头之外，其他第三方支付企业普遍存在风险管理能力不足，系统有漏洞等问题，容易受到黑客的攻击，安全性难以保障。

因此，第三方支付企业与银行应该互相学习对方的优点，加强合作，共同推进支付行业的健康有序发展，保障用户的利益。

2. 安全联动，加大犯罪难度

支付机构应该安全联动。每个企业都有自己的特征库、数据库或独到的手段，例如每一个支付企业都有自己的黑名单，都有这种高危数据库，如果建立一种跨平台的协作机制，不法分子跨平台作案的难度将很高。不法分子越来越聪明，已经形成了一个产业链，现在通信欺诈有 48 种典型手法，其专业程度远远超出普通老百姓的想象。因此，行业联动是非常必要的一个防范手段。

3. 充分利用大数据技术，不断研发新产品

随着中国移动支付市场的竞争不断加剧，监管不断趋严，导致支付费率不断下降，使得来自支付的直接利润大幅下降。但是，支付却是获取客户数据的重要途径。因此，利用大量的用户以及挖掘用户背后的大数据价值才是支付企业实现盈利的路径。拥有庞大的用户数量和完善的支付生态系统的企业完全可以将盈利模式转向广告收入、消费金融以及通过为用户提供金融投资管理服务来增加收入。

不同的支付企业提供不同的移动支付平台，随着支付平台的增加，支付碎片化现象日趋严重，支付企业可以不断研发新产品，通过整合支付平台来提高用户体验，吸引更多的用户。比如聚合支付的兴起，它能够为特约用户提供一点接入和一站式资金结算与对账服务。聚合支付可以同时满足商户账户一键式管理、支付聚合、会员管理、数据分析、客户营销等多方面需求，帮助特约商户降低系统投入和运营成本，提高支付和对账效率。相比第三方企业，聚合支付企业在前端更便捷地接触客户，但是又不接触资金，合规成本低廉。相比智

能 POS 企业，聚合支付企业少了硬件开发的成本。因此，聚合支付更能适应市场需求，使其成为当前市场热点之一。

四、提高安全意识与养成良好的支付习惯

消费者是支付风险的直接损失承担者，大部分支付风险的发生都需要用户本人的参与，因此消费者自身的安全意识、防范风险的能力十分重要。

在日常使用手机时，我们应该尽量从专业的 APP 下载商店下载，而不是直接在百度搜索后随意下载，以防手机中毒，或者遇到钓鱼网站。在支付过程中如果遇到支付失败的情况，要提高警惕，不要听信陌生人发来的短信、打来的电话，泄露自己的账户信息，而是应该拨打官方客服电话进行咨询。有些人喜欢在社交网站上晒自己的生活，要注意不要轻易过度泄露个人隐私，如电话号码、地址等信息，这些很容易被不法分子利用。在接到陌生电话时，不要相信中奖等谎言，要相信天上不会掉馅饼，只可能是陷阱。随着二维码扫码的日益盛行，尽量不要扫来源不确定的二维码以防账户资金被盗。

移动支付安全离不开消费者的配合，良好的支付习惯可以有效防止移动支付风险的发生，消费者应提高安全意识、养成良好的支付习惯。

综上所述，移动支付的健康发展，不仅需要第三方支付企业和银行等市场主体的努力，同时也需要其他市场参与方如监管机构、立法机构、通信运营商以及用户的共同努力。立法部门应该制定并完善立法。监管部门应该创新监管科技，完善监管体系和管理机制。第三方支付企业和银行应该彼此学习先进经验，加强合作。消费者应该提高安全意识，养成良好的支付习惯。只有在市场各参与方的共同努力下，移动支付行业才能向良好健康的方向发展。

第四章　移动支付的欺诈风险

本章将主要以X银行为案例，在移动支付与欺诈风险理论的基础上，通过对X银行在其移动支付运营过程中的反欺诈系统的分析与研究，揭示其能够有效防范和管理欺诈风险的对策建议。

本章的结构安排如下：首先是当前移动支付欺诈风险的现实表现及国内外研究综述等内容；其次从理论角度分别解释了移动支付欺诈、反欺诈的概念及特征，之后以欺诈三角理论、舞弊风险因子理论和犯罪心理学的相关知识作为理论基础，结合移动支付场景分析欺诈风险特征，进而提出反欺诈的两种手段；随后从案例分析的角度来分析，先是介绍了X银行的基本概况及X银行移动支付市场布局分类，然后介绍了X银行现行的反欺诈运营体系，其中包括其组织架构现状、反欺诈处理模块、X银行反欺诈过程中的不足，之后从X银行移动支付反欺诈管理体系的三个不同阶段，即事前、事中、事后三个阶段分别讲述了其现有的防控措施及其存在的问题与原因；再分别从法律法规、技术运用以及监管体系三个角度介绍了商业银行在反欺诈方面的经验借鉴；最后分别从不断创新反欺诈处理技术、及时进行反欺诈交流和合作、优化反欺诈管理策略、规范银行内外部欺诈分析防控四个不同角度来解析X银行在移动支付过程中的反欺诈对策建议。

第一节　文献综述与理论基础

一、国内文献综述

苗文龙、万杰（2008）在《金融职务欺诈的行为经济学解析》中对金融职务欺诈进行了界定，其界定标准有三种类型，基于欺诈三角理论与经验数据，解释了金融机构欺诈风险存在的欺诈动机及欺诈机会[①]；林明峰（2011）在《电子银行反欺诈的思考》中指出了当前电子银行面临的主要安全风险，并且有

---

① 苗文龙，万杰．金融职务欺诈的行为经济学解析［J］．西部金融，2008（4）：34－35.

针对性地指出银行在反欺诈过程中应当关注事前、事中、事后三个不同阶段[①]；陈建增（2012）在《第三方支付业务的反欺诈措施与技术探析》中指出伴随着第三方支付业务的迅速发展，其在带来极大便利的同时也带来了很大的弊端，即第三方支付过程中存在欺诈风险，针对这些风险，支付机构、政府、监管机构及行业协会均推出了相应的反欺诈措施[②]；王洪波（2013）在《电子银行交易监控及反欺诈的发展》中指出了商业银行要建立交易监控的原因及相应的反欺诈防范体系、发展历程等[③]；邱雪涛、赵金涛（2013）指出银行所面临的主要欺诈类型包括客户交易欺诈、内部欺诈及洗钱三种类型，同时介绍了大数据的相关内容，包括定义、特点、处理技术和实施必要性，最后提出了基于实时大数据处理的交易欺诈侦测[④]。

如何有效防范客户的信贷欺诈问题如今已经成为我国商业银行面临的一个重大问题，并且受到了社会各界的普遍关注，因此如何防范客户信贷欺诈风险或最小化信贷欺诈风险所造成的严重后果是银行等金融机构需要研究的一个重要问题。桂香玉、刘柱（2014）在《商业银行反欺诈后续处置的难点及对策》中指出在商业银行的欺诈风险已经发生的前提条件下，后续处置问题变得必不可少，即如何有效合理地在后续规整工作中做好反欺诈是我们需要特别关注的问题，该文指出了当前商业银行反欺诈的形势和后续处置的现状问题，指出了反欺诈后续处置过程中存在的主要难点，最后针对这些难点问题提出了相对应的解决方案[⑤]。黄克捷、陈俊清、叶宗睿（2015）以工商银行运用大数据技术来强化金融交易反欺诈为案例，阐述了大数据技术在金融交易反欺诈中的重要应用与实践[⑥]。李琪（2015）以中国工商银行作为案例，通过研究工商银行存在的外部欺诈风险信息系统，同时结合如今运用广泛的大数据技术来建立风险信息数据库，并通过与银行各业务系统的对接应用和基于业务需求的规则制定，达到准确预警和控制外部欺诈的目的[⑦]。叶蕴芳（2015）通过介绍移动互联网信息欺诈的主要内涵进而分析出其传播方式和存在形式，说明了信息欺诈对移动互联网造成的主要危害，同时也提出了建立移动互联网实施反欺诈综合防护手段

① 林明峰．电子银行反欺诈的思考［J］．中国金融电脑，2011（8）：79－80.

② 陈建增．第三方支付业务的反欺诈措施与技术探析［J］．时代金融，2012（21）：294.

③ 王洪波．电子银行交易监控及反欺诈的发展［J］．中国信息安全，2013（4）：59－61.

④ 邱雪涛，赵金涛．基于实时大数据处理的交易欺诈侦测的研究［J］．软件产业与工程，2013（4）：36－40.

⑤ 桂香玉，刘柱．商业银行反欺诈后续处置的难点及对策［J］．现代金融，2014（5）：39－40.

⑥ 黄克捷，陈俊清，叶宗睿．应用大数据技术　加强金融交易反欺诈［J］．中国城市金融，2015（2）：42－44.

⑦ 李琪．大数据技术在银行外部欺诈风险防控领域的创新应用［J］．中国银行业，2015（8）：75－79.

的必要性，最后就如何建立移动互联网反欺诈综合防护体系给出了相关意见[①]。王璐（2016）以一起互联网方面的金融欺诈案例为引，详细介绍了网络欺诈风险问题、客户信息泄露风险问题、第三方支付风险问题以及客户安全意识薄弱等相关风险问题，针对上述存在的主要问题，从改进外部欺诈风险防控体系，加强消费者信息管理机制，增强消费者反欺诈安全意识等角度进行分析，最后根据文首的互联网金融欺诈案例得出相关启示[②]。陈磊（2016）则通过分析美国支付欺诈现状及其相对应的应对策略从而得出对我国的启示[③]。鲁统波（2016）指出在"互联网+"的背景条件下，传统银行业也面临着移动终端欺诈，伴随着智能手机的普及，欺诈者通过移动终端对用户发起的欺诈行为也越来越多，银行业面临移动端的欺诈风险，应当加速大数据风控技术的研发，进而建立一个专业完善的防控体系[④]。

二、国外文献综述

在国外研究文献中，Syeda（2002）等提出通过对模糊神经网络的运用，进而挖掘出欺诈交易过程中存在的一些欺诈规律，通过分析欺诈交易中所产生的一系列相关数据，最后提出模糊神经网络能够在相当短的时间内产生一些欺诈规律[⑤]。Elizabeth Langwith（2005）主要研究银行存在的信任风险，同时指出金融机构存在信任风险的主要成因是贷款的还贷力度过大，同时通过调查信用卡持用者的研究发现只有发卡银行严格管理其操作风险才能够使得信用卡风险损失减小，并且应当适当降低客户还款利率[⑥]。Hsiu-Fen Lin（2011）指出随着电子商务与移动金融的快速发展，移动支付业务的相关技术不断提升，移动终端设备趋于智能化，这些都促进了银行移动支付业务的飞速进展[⑦]。J. P. Shim（2010）则通过实证研究的方法论证了用户对银行移动端业务的多维信任与风险问题，同时指出银行的手机银行业务发展受限的主要原因在于其运用过程中出现的安全性问题，在客户使用移动终端处理业务时面临着多项风险，因此客户

---

① 叶蕴芳．移动互联网反欺诈综合防护体系建立探讨［J］．电信技术，2015（12）：88－92.

② 王璐．一起互联网金融欺诈典型案例的启示［J］．中国城市金融，2016（1）：56－58.

③ 陈磊．M 商业银行移动支付的对策研究［D］．广州：广东财经大学，2015.

④ 鲁统波．大数据反欺诈在银行互联网金融创新业务中的应用［J］．金融电子化，2016（1）：91－92.

⑤ Syeda M，Zhang Y Q，Pan Y．Parallel Granular Neural Networks for Fast Credit Card Fraud Detection［J］．*IEEE Computer Society*，2002.

⑥ Elizabeth Langwith. Credit Cards Held by College Students［J］．*Journal of Financial Counseling and Planning*，2005，16（1）.

⑦ Hsiu-Fen Lin. An Empirical Investigation of Mobile Banking Adoption：The Effect of Innovation Attributes and Knowledge-Based Trust［J］．*International Journal of Information Management*，2011，31（3）：1－260.

对手机银行的信任度并不高①。Flood D、West T、Wheadon D（2013）主要对不同国家的移动支付方式进行了对比，美国主要通过谷歌钱包的方式完成移动支付，而日本则是通过手机钱包形式，澳大利亚运用移动银行来完成移动支付②。Gaur A、Avison D、Ondrus J（2013）是以案例分析的形式表明不同国家由于经济体制等各方面的差异，其移动支付的形式也不尽相同③。Zakaria I. Saleh（2013）提出针对网络银行在其风险防控方面，应当从狭义的风险管理逐步转向广义的风险管理，即应当将更多关注点放在广义的风险防控上面，并认为在整个网络银行发展的过程中起到关键性作用的因素是银行等其他金融机构对其各种业务交易的安全性的担忧④。

三、欺诈与反欺诈的基本内涵

1. 欺诈与反欺诈的定义

不同文献有不同界定。《国际商事合同通则》中的定义是："欺诈行为是指意欲诱导对方犯错误，并因此从对方的损失中获益的行为。"《布莱克法律辞典》中的定义则是"欺诈是指故意歪曲事实，诱使他人依赖于该事实而失去属于自己的有价财产或放弃某项法律权利"。我国《民法》中的定义则是"欺诈是指当事人一方故意编造虚假情况或者隐瞒真实情况，是对方陷入错误而为违背自己真实意思表示的行为"。而《合同法》则规定"欺诈是指以使人发生错误认识为目的的故意行为"。

银行业欺诈是发生在银行领域内的欺诈行为，即银行的内部员工、外部客户或第三方人员，单独或与他人联合，通过虚构事实或隐瞒真相的方式骗取非法好处和利益，进而造成银行的财务、声誉或其他方面损失的行为⑤。

对反欺诈的定义则是对包含交易诈骗、网络或电话诈骗以及盗卡盗号等欺诈行为进行识别的一项服务。

2. 欺诈类型及形式

欺诈可以按照不同的分类标准列为不同的类型。按照欺诈者来源渠道的不

---

① J. P. Shim, et al. Examining Multi-dimensional Trust and Multi-Faceted Risk in Initial Acceptance of Emerging Technologies: An Empirical Study of Mobile Banking Services [J]. *Decision Support Systems*, 2010, 49 (2): 222-234.

② Flood D, West T, Wheadon D. Trends in Mobile Payments in Developing and Advanced Economies [EB/OL]. https://www.rba.gov.au/publications/bulletin/2013/mar/8.html.

③ Gaur A, Avison D, Ondrus J. Mobile Merchandising Exploring New Business Practices in the Mobile Payment Ecosystem [J]. *Indian Institute of Management Ahmedabad*, 2013.

④ Zakaria I. Saleh. *An Examination of the Internet Security and Its Impact on Trust and Adoption of Online Banking* [M]. Capella University, 2003.

⑤ 王燕，康滨．商业银行欺诈风险管理的问题与对策［J］．新金融，2008（11）：35-38.

同，可将欺诈分为内部欺诈及外部欺诈，企业内部人员参与的欺诈行为称为内部欺诈，由外部客户或第三方操作人员实施的欺诈行为称为外部欺诈；按照欺诈业务发生的不同领域，可将欺诈分为信用卡欺诈、信用证欺诈、贷款欺诈、凭证或票据欺诈等多种类型，其中利用各种非法手段骗取银行贷款的行为称为贷款欺诈；使用伪造或骗取的信用证进行诈骗活动的行为则称为信用证欺诈；不法分子利用信用卡进行非法欺诈活动的行为称为信用卡欺诈；通过伪造或仿冒银行票据或其他金融凭证进行非法欺诈的行为则称为凭证或票据欺诈①。

银行面临的主要欺诈类型有三类：内部欺诈、洗钱和客户交易欺诈，其中金融机构遭受欺诈损失最大的欺诈类型是内部欺诈，其次是客户交易欺诈，欺诈风险较高的产品主要出自客户交易欺诈，包括借记卡、信用卡和电子银行等，主要的客户交易欺诈又包含身份类欺诈、交易类欺诈和移动终端欺诈。我们研究的主要内容是银行在移动支付过程中造成的各种欺诈。

表 4-1 欺诈主要类型及形式②

欺诈类型	欺诈形式
身份类欺诈	申请欺诈、账户盗取欺诈
交易类欺诈	伪卡交易、非面对面伪冒交易
移动终端欺诈	手机银行、网上银行

3. 银行欺诈案件的特点

从当前银行发生的欺诈案件来看，主要有以下几个特点：（1）行为易生。相对于其他行业而言，银行业欺诈案件发生的可能性更大，由于银行业的特殊性，包括其客户群体结构、产品分类、业务渠道以及管理架构上与其他行业的区别决定了银行业更容易受到欺诈行为的威胁。（2）领域宽泛。由于银行业的业务领域较为广泛，包括负债业务、资产业务以及中间业务，而欺诈风险则可能产生于各个业务环节，甚至覆盖整个银行的业务经营活动。（3）风险内生。对于银行业而言，其内部欺诈风险主要来源于内部员工问题，内部欺诈风险往往是由银行内部风险衍生而成的，这主要与银行的内部管理体系不够成熟有关。（4）手段复杂。与以往相比，银行欺诈风险的手段变得更为丰富多样，其欺诈手段趋于专业化、智能化以及虚拟化，欺诈人员也逐渐偏向联手或团伙欺诈，进而对银行业欺诈风险的防范造成了很大的困扰。（5）管理困难。由于银行欺诈风险的历史数据不够充足，而且其度量模型也不够完善，因此对欺诈风险的

① 王燕，康滨. 商业银行欺诈风险管理的问题与对策［J］. 新金融，2008（11）：35-38.

② 邱雪涛，赵金涛. 基于实时大数据处理的交易欺诈侦测的研究［J］. 软件产业与工程，2013（4）：36-40.

识别、度量、防范都带来了很大的困难。（6）风险传递。商业银行作为一个金融中介，它的整个经营体系不是绝对独立的，而且其不同的业务领域之间的风险是可以相互传导的，最终影响了整个经营体系的稳健发展。

四、反欺诈管理的理论依据

1. 欺诈三角理论

著名的欺诈三角理论是由 Cressey D. R. 在 1953 年提出的，该理论主要是对欺诈的产生过程中所包含的几个重要因素进行了阐述，他认为在欺诈行为产生的整个过程中，存在着三个最主要的因素：动机（motive）、可利用的机会（perceived opportunity）与自我合理化借口（rationalization）①。动机主要是指欺诈行为人的犯罪心理动机，对于内部欺诈而言，银行内部员工欺诈的主要动机有可能是薪资水平较低或业务指标压力过大等，对于外部欺诈而言，他们欺诈有可能是个人经济问题所导致的。可利用的机会主要包含内部管理体系不完善或是反欺诈平台漏洞等。而欺诈行为之所以会发生的原因可以解释为：首先，在整个欺诈案件中欺诈行为人要有欺诈动机，任何人做任何事都是有动机的；其次，欺诈行为人需要一些可以利用的机会，并以这些机会作为欺诈事件发生的重要依据，与此同时，利用合理化借口来减弱自身实施欺诈行为所引起的重大心理压力，希望以此得到自我解脱，这实际上是自我说服的一个过程，甚至认为自己所做的一切欺诈行为都是完全正确的。

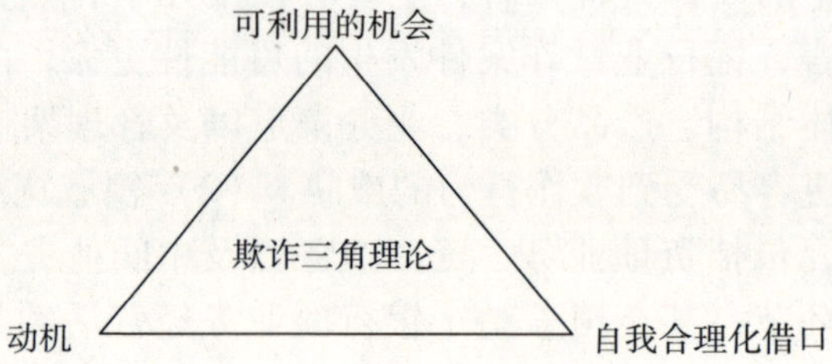

图 4-1　欺诈三角理论②

在银行移动支付的过程中，无论是银行内部工作人员还是外部欺诈分子均存在欺诈的心理动机，如欺诈分子经营或财务上的困境以及对资本的热切需求等其他动机。移动支付过程中出现的主要欺诈机会表现在双方信息的不对称以及移动支付运营流程中的漏洞，甚至是移动用户反欺诈意识不足、移动支付环境和交易流程的安全性过弱、银行安全系统建设不够稳健、银行的各个部门之

① 苗文龙，万杰．金融职务欺诈的行为经济学解析［J］．西部金融，2008（4）：34-35.

② 苗文龙，万杰．金融职务欺诈的行为经济学解析［J］．西部金融，2008（4）：34-35.

间协调困难等其他因素都会导致移动支付过程中欺诈行为的产生。欺诈分子在实施欺诈行为之后，会给自己找一些自我合理化的借口，如“我们只是为了暂时度过困难时期”“我的出发点是为了一个美好的愿望”“我只是借而不是偷”等其他借口。

2. 舞弊风险因子理论

该理论是基于 Bologua 的 GONE 理论，将舞弊风险因子分为两个部分，即一般风险因子和个别风险因子①，其中个别风险因子是指因人而异，而且不在组织控制范围之内的一些因素，主要包括动机和道德品质两种，其中动机对应四因素中的需求因子，道德品质对应四因素中的贪婪因子。一般风险因子是指由组织或者实体来进行控制的因素，包括舞弊的机会和发现的可能性、舞弊后受惩罚的性质和程度，其中舞弊的机会对应四因素中的机会因子，而舞弊后受惩罚的性质和程度以及发现的可能性则对应了四因素中的暴露因子。当一般风险因子与个别风险因子结合在一起，并且被舞弊者认为有利时，舞弊行为就会出现。

表 4－2　舞弊风险因子及四因素论

舞弊风险因子		四因素论
个别风险因子	道德品质	贪婪因子
	动机	需求因子
一般风险因子	舞弊的机会	机会因子
	发现的可能性	暴露因子
	舞弊后受惩罚的性质和程度	

在移动支付运行过程中，银行内部人员或外部欺诈分子可能会存在道德品质上的污点，其舞弊的主要动机在于“需求”，如个人经济压力、恶癖压力、与工作相关的压力或是其他压力等，而形成舞弊的主要机会在于缺乏发现舞弊行为的内部控制、惩罚措施不足、移动支付运行和监管不够健全、立法机制不够完善等。

3. 基于犯罪心理学的分析

犯罪心理学是一门研究犯人的意志、思想以及意图与反应的学科，基于该学科方面的研究深入探析了有关“是什么导致人犯罪”的问题，也包含人犯罪后的反应，犯罪心理学与欺诈案件的主要联系体现在欺诈行为人实施欺诈案件时的内心活动及其心理特征，对于银行或其他金融机构甚至是相关政府机构而言，在它们构建高效的反欺诈系统过程中对欺诈分子的欺诈动机进行专门有效

---

① 马新智，叶尔兰·库都孜．职务舞弊原因理论述评［J］．山西青年职业学院学报，2006（2）：58－61.

的研究，在很大程度上可以抑制欺诈案件的频发，从而降低银行的欺诈风险所带来的危害。

五、反欺诈的主要手段

1. 技术手段

（1）流式大数据计算技术

由于上一代交易反欺诈系统受到了数据库技术本身的限制，无法做到实时反欺诈，最多做到准实时风控，而流式大数据计算技术恰好能够解决计算瓶颈的问题，使得风控系统对海量数据以及复杂算法下的处理效率能够满足事中风控的要求，从而阻止欺诈的进一步发生。

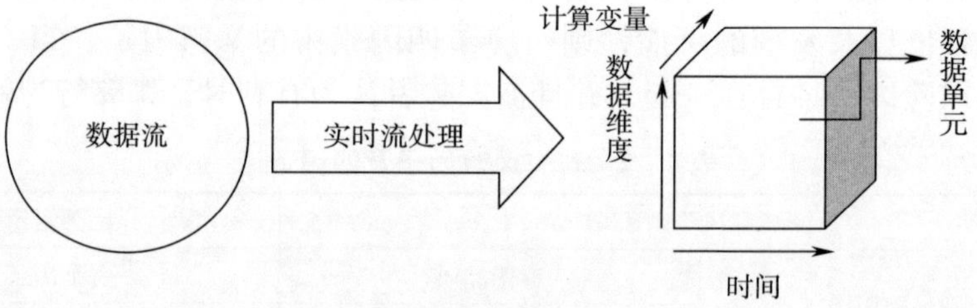

图 4－2　流式大数据计算技术

由图 4－2 可以看出，流式大数据计算技术是基于时间窗口移动的动态数据快速处理技术，该技术支持计数、求和、最大、最小、方差、标准差、K 阶中心矩、递增或递减、最大连续递增或递减、唯一性判别、采集、过滤等多种分布式实时计算模型，支持多重维度数据处理。

流式大数据计算技术与数据库技术的主要区别在于其计算是逻辑先行，即先定义计算逻辑，当数据流过时实时计算并保留计算结果，当需要使用数据时，直接调用计算结果即可，不需要再次计算，相对于传统的数据库技术，流立方采用高速的流处理技术及分布式缓存技术，进而在实现高吞吐量的同时实现低延时，即实时处理的延时 99.9% 控制在 100 毫秒之内，其吞吐量则达到了每秒 200000 笔以上，协助实现了真正的事中风控能力。

（2）设备指纹技术

传统的反欺诈手段一般是通过账户、银行卡、手机和 IP 等维度进行交易者的身份确认，但是这些维度要么很难确认，要么比较容易被篡改，其反欺诈的效果是非常有限的。设备指纹技术是目前我国风控领域得到普遍采用的关键技术，其主要作用在于给风控系统提供了发起登录以及交易申请的设备维度信息，基于这个维度就可以布控很多规则，也可以识别出可信设备与黑白设备。设备指纹技术通过采集上百个维度的网络环境、设备环境、浏览器环境以及程序的要素，通过置信度算法生成对设备的唯一识别ID，用于唯一标识一台设备，设备指纹技术可以支持台式机、笔记本电脑和手机（iOS/安卓），一个好的设备指纹技术在满足稳定性、安全性、易用性和性能要求的基础上，更需要达到99.999%的准确性，否则其是无法作为黑名单使用。同时，设备指纹技术具有客户无感知的主要特点，其不仅能够提供足够高的安全性，而且也能够保证客户的体验。随着对设备指纹技术的日益认可，设备指纹技术正在逐渐取代传统的安全技术手段，逐步成为风控领域的重要关键技术。

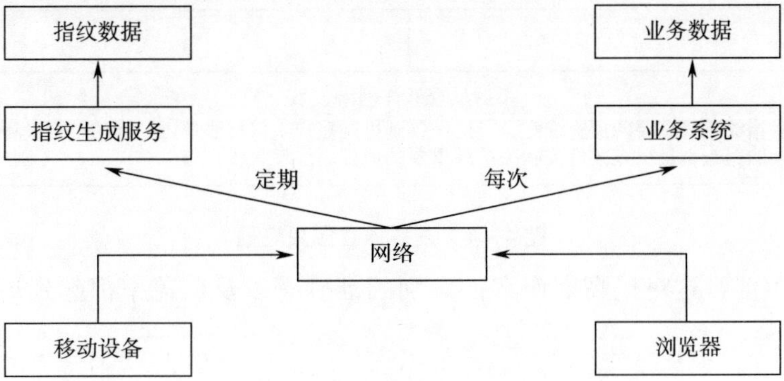

图4-3　设备指纹技术流程图

由图4-3可以看出，设备指纹技术是通过在网站或移动端中嵌入设备指纹脚本来收集操作设备的多重信息，使用设备指纹生成服务以产生一段设备识别码，通过网络传输到服务端。此时服务端结合风控系统准确分析出一个设备上所有的操作行为，以此发现不同用户之间存在的关联性信息，利用设备指纹技术可以更准确地定位和控制风险，进而降低资金损失。设备指纹是互联网反欺诈中最关键的维度，可以普遍应用于反欺诈的事前、事中以及事后三个不同阶段。

（3）机器学习技术

目前主流的机器学习技术所采用的模型主要是有监督学习模型，简单的机器学习模型在特征工程阶段需要一定量的业务经验的参与，同时训练过程中也需要足量的历史黑样本作为参照，模型的调优更是需要专业的建模人员，因此其门槛比较高。

机器学习模型反欺诈策略可以利用算法解决线性不可分的情况，提高黑样本查全率与查准率，基于机器学习的智能决策引擎，将越来越受到重视，并在实践中发挥更大的作用。机器学习技术的迅速发展使得利用海量历史数据训练

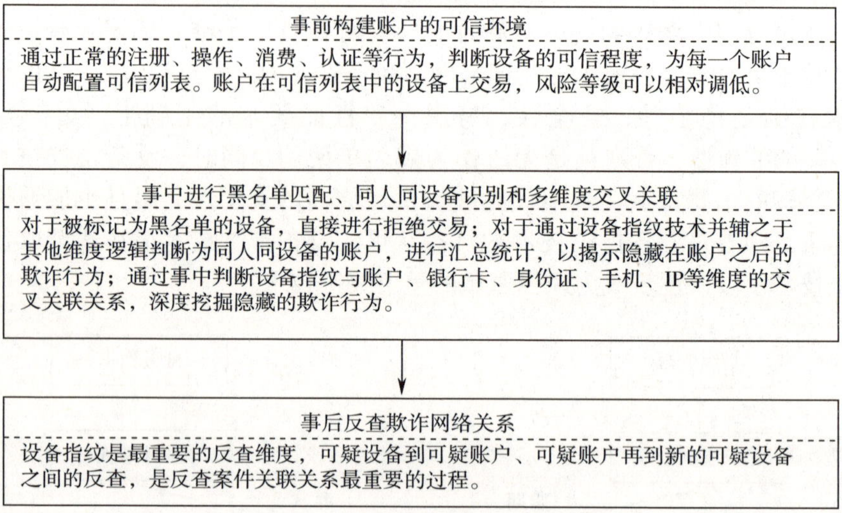

图 4－4　设备指纹应用场景

模型成为可能，这对提高欺诈案件识别的准确率以及覆盖率都起到了非常好的效果。

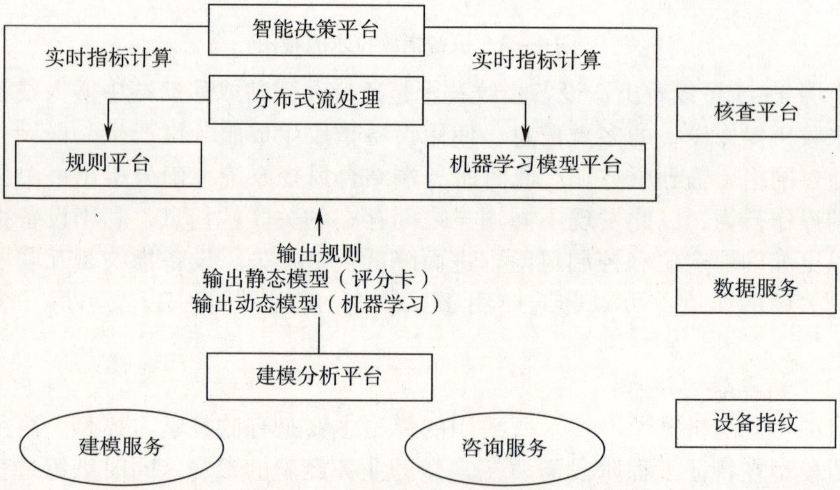

图 4－5　基于机器学习的智能反欺诈整体架构

2. 法律手段

随着互联网欺诈形式的发展变化，针对移动支付用户的恶性欺诈事件增多。应对欺诈风险的法律手段主要是从政府等相关监管部门或银行业自身角度而言的，由于法律手段具有强制性、权威性、稳定性以及规范性，因此它是有效保障政策目标的手段。它通过国家立法和司法来调节和规范公众活动，能够有效地应对欺诈风险，面对欺诈环节中的监管灰色地带，法律的制定可以迅速规范各类金融机构、社会公众等各方的行为，增强其合法性和权威性，进而减少欺诈案件的发生，加强对风险事件的控制。国内外针对银行欺诈风险设立了相关的法律法规，对于线上支付业务的监管要求也提出了较高的标准。

表4－3　国内反欺诈相关法则①

时间	名称	主要内容
1987.01.01	《中华人民共和国民法通则》	认定欺诈行为属于无效的民事行为
1995.09.10	《中华人民共和国商业银行法》	从商业银行的角度对其内部管理、审批程序等进行规定，最大限度地杜绝欺诈行为
1997.10.01	《中华人民共和国刑法》	界定了与欺诈行为有关的罪行
1999.10.01	《中华人民共和国合同法》	明确规定以非法欺诈手段签订的合同是无效的，根据有关规定可以予以合同撤销
2004.08.28	《中华人民共和国票据法》	明确规定以非法手段制作票据凭证并用于欺诈行为的，对其依据《刑法》追究相应的刑事责任
2007.01.01	《中华人民共和国银行业监督管理法》	从监督角度对其职业规范进行了规定，以杜绝欺诈行为
2007.05.14	《中国银监会商业银行操作风险管理指引》	对银行操作风险的相关概念、管理方式及监管措施等进行了明确的规定，为之后的欺诈风险管理提供了指引

从国家层面上看，有关移动支付，我国现在有《非金融机构支付服务管理办法》《中国现代化支付系统运行管理办法（试行）》《电子银行业务管理办法》《电子支付指引（第一号）》《电子签名法》和中国支付清算协会反欺诈工作委员会通过的《中国支付清算协会反欺诈工作委员会工作规则》等相关法律法规，但是这些法律法规却过于笼统，并且其中的大部分属于部门规章，规范性不足，其可操作性和针对性都不大，法律效力过低，使得其在实际引导中的作用微乎其微。而在我国的商业银行中，如工商银行相继出台了《操作风险管理规定》《内部欺诈风险管理办法》以及《外部欺诈风险管理办法》等其他规定，基本上形成了一套覆盖比较全面、层级相对清晰的反欺诈制度体系，交通银行则已经制定了《反欺诈工作管理暂行办法》《反欺诈预警核查调查指引》和《反欺诈工作星级评定标准》等其他规定，并将其作为开展反欺诈工作的主要依据及基础。从表4－3来看，我国并没有专门针对支付欺诈风险的相关法律，现行立法也仅仅是原则性规定，缺乏实体性内容，其中对于欺诈风险管理的描述不够明确，对欺诈犯罪者的后续处置问题也有所缺失，法律层级和效率也极低，因此

① 王燕，康滨．商业银行欺诈风险管理的问题与对策［J］．新金融，2008（11）：35－38.

极不利于商业银行与其他金融机构的稳定发展和反欺诈系统在国内的有效展开，从国家层面上看，针对我国商业银行的欺诈风险相关法律法规应当及时设立，其相应的法律效力也应当提高。

第二节　移动支付欺诈风险的现实表现

近年来随着银行经营规模的扩大、业务种类的增加以及交易范围的拓展，针对其的欺诈案件也逐年增加，其中包括外部欺诈案例以及内部欺诈案例。

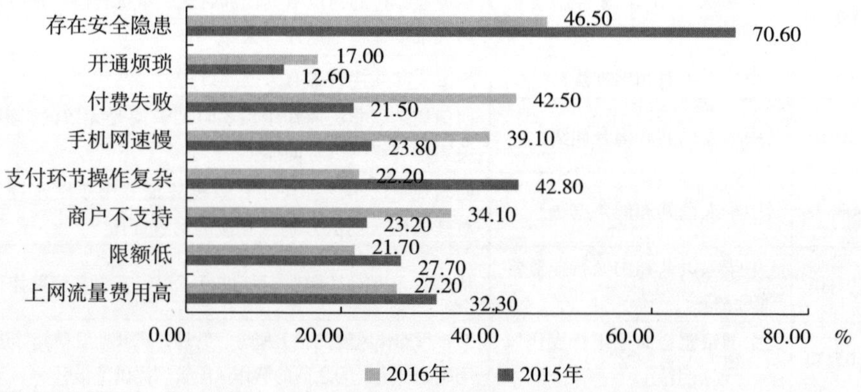

图4－6　2016年移动支付用户关心问题的比例

（资料来源：根据中国支付清算协会发布的《2016年移动支付用户调研报告》整理）

《2016年移动支付用户调研报告》显示，2015年和2016年支付安全问题都是用户使用最担心的问题，在占比上极大地影响了用户的使用体验感。因此，关注移动支付过程中的使用安全问题是需要一直研究和探索的问题。

据公安部统计，电信欺诈所造成的经济损失，由2011年的40亿元增长到2015年的222亿元，增长了4.55倍，平均每年涉案金额的增长约为60%，电信欺诈犯罪已引起国家的高度重视。①

根据《2016移动支付安全调查报告》可以看到，从移动用户角度看，被调查者遭遇的最常见的欺诈手法是用户社会账号盗用，其占比高达83%。其次是短信木马链接导致的欺诈问题，占比达到63%。通过骗取短信验证码的方式进行欺诈的有51%，钓鱼网页诈骗的占40%。通过扫不明二维码和连接不明WiFi的形式遭遇诈骗的分别占15%和13%。相关资料显示，目前甚至出现了“职业投诉人”对支付机构及银行等金融机构进行恶意投诉的现象，并且逐渐呈现出集团化与家庭

① 2015年全国电信诈骗立案59万起　损失222亿［N］．南方都市报，2016－10－02．

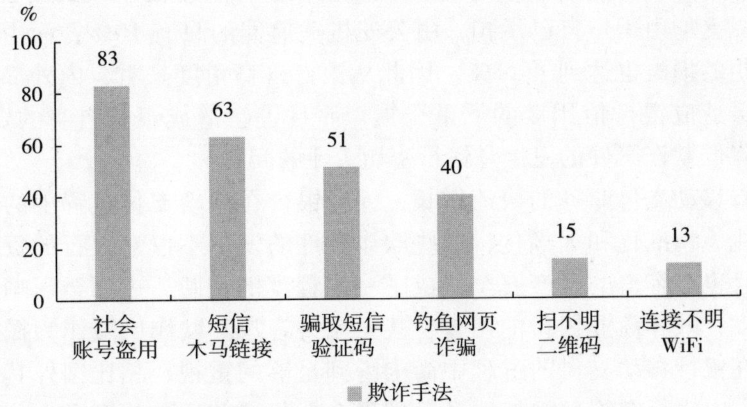

图4-7　被调查者遭遇的常见欺诈手法

（资料来源：根据中国银联发布的《2016移动支付安全调查报告》整理）

化的模式，不少“职业投诉人”甚至采用分批形式对多家金融机构进行投诉，若这些投诉要求屡次得逞，则会造成极端恶劣的传播与影响，无论是何种欺诈手法，都会在一定程度上造成银行和个人资金的损失。

伴随着互联网金融的加速发展，个人或团体欺诈手段也越来越多，如今的作案手段不再局限于传统的伪造票据凭证或盗刷信用卡，犯罪分子的欺诈手段也渐趋高科技化和智能化，包括手机支付终端的欺诈或盗取网银密码、制造木马病毒等，作案主体则不仅限于个人，如今更多的是团体合伙作案，由于欺诈手法趋于多样化，银行所面临的欺诈风险也在逐年递增。

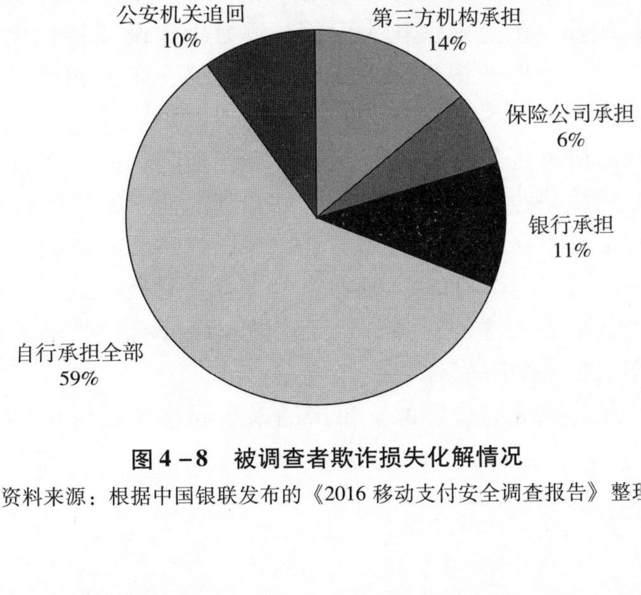

图4-8　被调查者欺诈损失化解情况

（资料来源：根据中国银联发布的《2016移动支付安全调查报告》整理）

根据图4－8可以看出，在移动支付中欺诈事件发生之后，由此引起的欺诈损失一半以上均由用户自己承担，由公安机关追回的只有10%，而由银行等金融机构承担的损失也达到了11%。因此从银行自身角度来看，内外部非法欺诈行为不仅会造成银行信用度的严重受损，而且也会造成银行自身的资金损失，如何有效降低欺诈案件的发生是银行密切关注的问题。

伴随着移动支付业务的快速增长，针对银行在移动支付过程中的诈骗案件越发快速化、精准化和大额化，这些欺诈案件的发生不仅对银行的资金造成了损失，而且也对客户的财产安全造成了一定程度的威胁，进而会影响客户对银行的信任度，败坏商业银行的声誉，甚至流失客户。欺诈风险作为操作风险中的一种，在银行移动支付的过程中尚未得到足够的重视，相比国外其他先进银行而言，国内银行在管理框架以及管理理念上相对落后，甚至在人才储备和技术开发上都尚显不足，因此国内银行在欺诈风险管理上面临着巨大挑战，需要借鉴的地方还有很多，如何有效地补救欺诈漏洞、阻止客户资金流失、最小化由欺诈所带来的资本和风险损失是我国银行一直在不断探索实践的课题。

第三节　管理移动支付欺诈风险的案例分析

一、X银行管理欺诈风险的现行运营体系

X银行是在江苏省内无锡、苏州、南通等10家城市商业银行的基础上，合并重组而成的现代股份制商业银行，开创了地方法人银行改革的新模式，是江苏省最大的法人银行。X银行秉承“融创美好生活”的使命，以“融合创新、务实担当、精益成长”的企业文化为引领，致力于建设“特色化、智慧化、综合化、国际化”的一流商业银行，已成长为一家综合实力和市场竞争力较强的现代股份制商业银行①。

由于国家政府机关近年来对银行欺诈风险管理问题的高度重视，各大银行紧紧跟随国家布局战略也加强了对欺诈风范管理的认知，X银行作为一家现代股份制商业银行，自2007年正式挂牌开业以来，也一直将如何防范欺诈风险作为管理目标之一，自2016年8月2日在上海证券交易所正式上市以来，管理欺诈风险越发成为其重点关注的对象，然而在欺诈风险有效管理的道路上困难重重，仍需不断作出相应的防范对策。

商业银行若是能够推出自己的支付产品来布局移动支付市场，那么将成为

① 引自X银行官方网站。

其最直接并且最具有竞争意义的业务渠道。而对于自主研发能力较弱的中小商业银行来说，与第三方支付机构合作是其主要选择，在一定程度上可以借助第三方支付机构的用户黏性来推广其自身的移动支付业务。大型商业银行也避免不了与第三方支付机构的合作，大型商业银行可以选择与发展潜力巨大但市场份额较小的第三方支付机构合作共赢，共同获客。

表 4－4　X 银行移动支付市场布局分类情况（与其他银行相比）

业务分类		银行	产品
银行推出支付业务产品		建设银行	龙支付
		平安银行	光子支付
		中信银行	异度支付
		招商银行	积分扫码支付
		工商银行	工银二维码支付
		中国银行	中银移动支付
与第三方支付机构合作	与银行系第三方支付机构合作	58 家银行（含 X 银行）	布局并推广 Apple Pay
		55 家银行（含 X 银行）	云闪付
		12 家银行（含 X 银行）	参与京东金融与银联品牌联名
	与非银行系第三方支付机构合作	162 家银行（含 X 银行）	与支付宝展开合作
		61 家银行（含 X 银行）	与财付通展开合作
		多家银行	与其他市场份额较小的第三方支付机构展开合作

资料来源：根据各大网站的信息整理。

与同业相比，2017 年 5 月 27 日起，X 银行成为国内首批商业银行中支持银联二维码支付的银行，并且该项功能已经在 X 银行直销银行的 APP 中成功落实，X 银行直销银行的二维码支付产品主要依靠银联的四方模式，即银联、发卡行、收单行以及商户四个部分，其后台账户则主要基于 X 银行的Ⅱ类账户，X 银行可以实时掌控其支付相关信息，进而规避或及时识别风险，充分保障了资金安全。X 银行的移动支付版图近几年也在不断扩大，其率先在同业中完成了与 HCE、Huawei Pay 和 Mi Pay 等云闪付产品的发布上线与推广，与 Apple Pay 的推广布局也随后完成，同时也在其直销银行的账户以及支付创新方面均取得了较好的成果，X 银行近期同三星公司和中国银联共同完成了 Samsung Pay 的上线工作。从表 4－4 可以看出，与大型国有银行以及股份制商业银行相比，X 银行并未推出自己的支付业务产品，但是在与第三方支付机构进行合作的同时，其通过细分客户群以及依托大数据资源等方式来积极自主地布局场景。

1. 组织架构现状

图 4－9 展示了 X 银行的风险管理组织架构，该架构图从董事会层级、总行

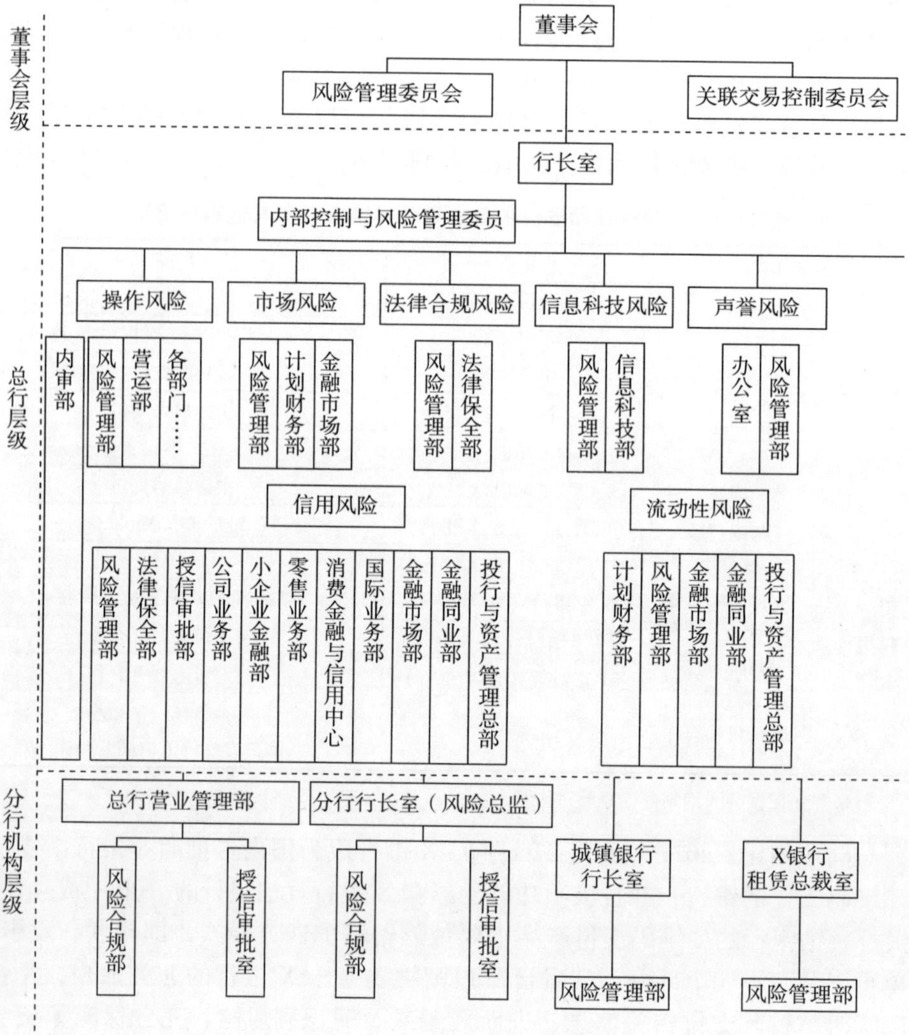

图4-9　X银行风险管理组织架构

（资料来源：X银行年报）

层级、分支机构层级三个不同层面清晰明了地展现了银行内部纵向与横向的分布，即上下级部门以及平级部门的具体分布，其中包括风险管理部、风险管理委员会以及风险合规部，这些都是专门针对银行风险的防范部门，在总行层级上有专门针对操作风险的内部控制与风险管理委员会，而欺诈风险作为操作风险的一部分，X银行应确保各项业务的前台、中台、后台部门整体联动与相互制衡，确保其风险政策执行的统一性和连续性。

2. 反欺诈处理模块

近年来随着 X 银行的金融服务范围逐年扩大，随之而来的欺诈风险范围也变得更为广泛，欺诈风险不再局限于一个或几个业务，各个业务条线都可能发生欺诈风险，尤其是一些风险防范能力较弱的业务，因此随着欺诈案件的逐年递增最终会导致欺诈金额的骤升，从而造成 X 银行与客户的资金损失，为了降低欺诈风险带来的危害，X 银行有必要就此实施反欺诈相关对策。

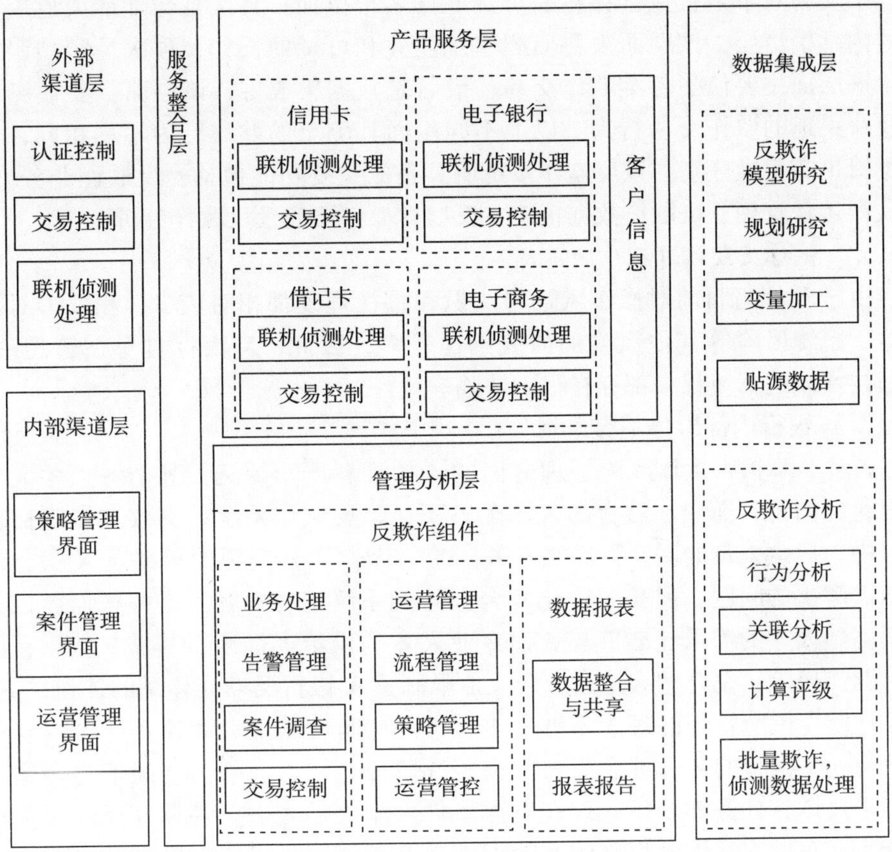

图 4-10 反欺诈系统中的功能模块

面对欺诈风险带来的各种不利影响，X 银行若是能够构建高度有效的联防联控体系，不仅能够在较短的时间内迅速锁定可疑交易，节约时间成本，同时也能够使不同部门的管控人员精准化地将有限的资源有针对性地配置到高风险事件及其相关客户上，最终节约其管理成本。构建反欺诈处理模块，主要是从银行欺诈事件发生的事前、事中以及事后三个不同的发展阶段来有效防范欺诈案件，在三个不同的时期采取不同的策略来提升银行不同部门之间的办事效率，增强银行有效作为，继而有效降低欺诈风险，因此为了能够减少欺诈风险所造成的时间成本和管理成本，X 银行更应当建立一个行之有效的反欺诈风险管理体系。

由图 4-10 可以看出，X 银行主要从三个不同的阶段来进行欺诈防控，即事前、事中以及事后分别进行防控，并在不同层面进行防控。首先是外部渠道层，主要侦测交易发生之前的客户接入和会话中存在的可疑行为，以及在交易发生过程中交易对手是否在已存在的可疑欺诈名单里面；其次是与外部渠道层相对应的内部渠道层，该层面主要侦测违规业务和可疑的操作；再次是产品服务层面，该层面主要侦测各类欺诈交易；最后是数据集成层，该层面主要侦测跨产品及跨渠道的欺诈交易行为。以上不同层面其侧重的欺诈行为不尽相同，其侦测逻辑也有很大区别。该反欺诈系统所具备的主要功能包括：反欺诈业务处理、反欺诈运营管理、反欺诈数据报表、反欺诈模型研究及反欺诈分析。

3. X 银行反欺诈过程中的不足

由于 X 银行目前对操作风险的认识和重视程度都相对较少，相反，对信用风险、系统风险等其他风险的研究则比较多，因此，X 银行自身在管理理念、管理技术或运营流程中都存在很大缺陷。

（1）银行内部形势不容乐观

首先，X 银行欺诈风险管理方面的人才配置严重缺乏，其金融人才大多放在银行的前台，而中、后台的人才配置不足，反欺诈系统的有效运行则恰恰离不开中、后台人员的联合操作与有效防控，因此人才资源的稀缺是 X 银行现如今急需解决的问题，但是专业化复合人才的系统培育却并不是一蹴而就的，市场对高新人才的需求比较旺盛，而专业人才的供给远远小于其需求数量，因此面对欺诈风险，复合型人才过少极大地限制了 X 银行反欺诈体系的建设；其次，X 银行欺诈风险管理的理念不够先进，集约化程度略低，相比其他国内外的先进银行，X 银行的管理理念尚停留在传统阶段，上、下部门之间信息传递不畅阻碍了反欺诈任务的施行，仅在欺诈事件发生之后才去关注欺诈风险及反欺诈系统，而对欺诈案件发生前的有效识别以及欺诈案件发生时的有效测度缺失很大，即仅注重事后进行欺诈风险审查，而不能足够关注事前风险的防范以及事中风险的合理控制，因此其整个欺诈风险的运营流程不完善，存在风险漏洞；最后，X 银行部门间的联防联控体系不健全，针对事前、事中、事后三个不同的运行阶段虽然有专门的管理部门来运营，但是无论是在不同部门之间，还是总行与支行、分行之间都存在信息传递或共享不到位的问题，并且其部门间的管理边界不清晰，不同部门对应的责任义务却互相推脱，造成时间的浪费与管理漏洞，甚至会出现管理真空问题，致使部门人员的责任推脱与欺诈相关信息的拖延，最终会影响风险防范效率，引起银行办事效率降低与不作为。

（2）银行外部形势较为严峻

从法律建设的角度来看，由于政府尚未针对银行业欺诈风险的防范作出比较完善的法律规定，没有办法有效约束欺诈犯罪案件的有关人员，对欺诈案件的惩罚力度不够，致使欺诈分子的犯罪成本过低，进而致使犯罪行为频发；而从欺诈犯罪分子的角度来看，随着智能高科技的迅速发展，其作案手段的智能化和作案范围的扩大使得欺诈犯罪行为更多，而社会监督力度的不足与公众诚信原则的缺失、社会公众防范意识的薄弱以及犯罪心理活动的驱使等使得X银行所面对的外部环境比较恶劣，而且X银行与其他银行或相关机构的联防联动机制尚不成熟，各个金融机构之间的合作尚不够紧密，针对欺诈风险的联合防控机制尚不够完善。

二、对X银行事前预防欺诈风险的分析

1. 事前反欺诈的现有措施

事前反欺诈的现有防控重点是在用户使用移动终端设备支付之前，能够构建一个良好、安全的支付环境，对于X银行而言，主要是从提高移动用户反欺诈意识、优化移动支付运营流程、设置用户支付资金限额和加强银行安全系统建设四个方面来加强X银行事前欺诈风险的防控能力。

（1）提高移动用户反欺诈意识

X银行在给客户办理移动业务之前，应当提前告知客户尽量使用复杂的密码或定期更换密码，取代单一的或重复的密码，不要使用姓名、生日、电话号码、车牌号、电子邮件、QQ号等容易猜测的字母或数字作为交易密码，也不要使用相同、连续升降排列、计算机键盘排列的数字和字母，主要目的是降低计算机系统被病毒攻克的概率，保护银行支付系统的安全性。同时移动用户也要注意防范可疑链接，不随意点击下载可疑软件，不向陌生人透露自己的个人银行账户相关信息，以免信息泄露造成不必要的经济损失，必要时在个人手机上安装正版杀毒软件，增强手机使用环境的安全性。

（2）优化移动支付运营流程

在移动支付运营流程方面，银行根据自身的运作流程及业务特色，制定出一个最符合自身运作特点的流程体系。一方面，银行要强化支付密码的管理，对此X银行应设定移动支付密码绑定业务，即仅需在首次绑定时输入账户的支付密码，同时在首次验证时，需提供操作人的用户名和身份证号进行校验，也可以在移动支付过程中设定动态短信密码，从而提高密码安全性。另一方面，银行也在用户支付前增加对其的身份验证，在一定程度上避免其他人冒充用户

通过手机号进行支付，若需要更换手机号，则需要对用户的近期交易明细、身份证信息、户名等个人材料进行新一轮验证，以此降低因为用户账户密码泄露所造成的欺诈损失①。

（3）设置用户支付资金限额

由于移动支付现在还无法实现完全分离的安全控制措施，一旦用户移动终端丢失并且静态密码被破解，那么移动用户就将面临严重的欺诈风险隐患，移动用户银行账户里的资金随时有可能被盗刷，尽管 X 银行针对移动金融业务部署了大量的软件安全方案，但是仍然存在很多风险漏洞，面对这些欺诈风险，X 银行应当与用户共同配合来设置支付交易的上限额度，虽然没有办法完全避免欺诈事件的发生，但是可以在很大程度上降低欺诈额度，减少对移动用户和银行本身造成的损失，这也是事前防范欺诈事件发生的有效手段之一。

（4）加强银行安全系统建设

X 银行先要从技术上克服木马病毒或黑客攻击，通过安装一些防病毒软件来实时监控系统病毒，同时进行定期的病毒查杀。X 银行提供严格的数据库来支持系统的备份与恢复等功能，主要是为了确保在数据库遭遇灾难或介质故障时，能够快速地重构或是恢复数据库。X 银行的系统应具有完整的“记忆”功能，主要是记录与欺诈风险管理相关的信息，同时限制普通工作人员的访问权限。因此，稳健安全的银行系统的设置是有效堵截欺诈案件的重要途径之一。

2. 事前反欺诈防控措施存在的问题及原因

（1）移动支付环境的安全性问题

关于移动支付的环境安全问题，主要存在于两个方面，首先是 X 银行的客户移动终端环境泄密风险，由于移动终端用户的事前反欺诈意识较为薄弱，反欺诈知识也较为缺乏，因此其在密码管理方面存在漏洞，X 银行的大部分移动客户经常使用的密码是其姓名或生日等简单密码，甚至会在所有网站上使用同一个密码，而这使许多攻击者利用软件来破解一些安全等级较低的密码，还有一些欺诈者会通过制作类似抢红包软件引诱客户受骗等多样化方式进行诈骗，或者是欺诈者利用钓鱼网站将自己伪装成银行等信用机构来开展欺诈活动，用户一旦点击了这些网站就会泄露个人账号等重要资料。其次是 X 银行的后台系统安全问题，主要包括系统软硬件、网络等异常性风险②。

（2）交易流程的安全性问题

每次移动支付的完成都离不开精心设计的运营流程，一方面要方便移动支

---

① 王时健. A 银行手机支付业务风险控制研究［D］. 昆明：云南财经大学，2015.

② 王时健. A 银行手机支付业务风险控制研究［D］. 昆明：云南财经大学，2015.

付用户操作，确保支付交易完成；另一方面又要便于相关业务人员的管理工作，进而避免欺诈事件的发生，该交易过程中的主要风险点包括在图4－11、图4－12、图4－13所示的流程中。

根据图4－11、图4－12、图4－13所示的运营过程可以看出当前移动支付交易过程中存在的主要风险点。

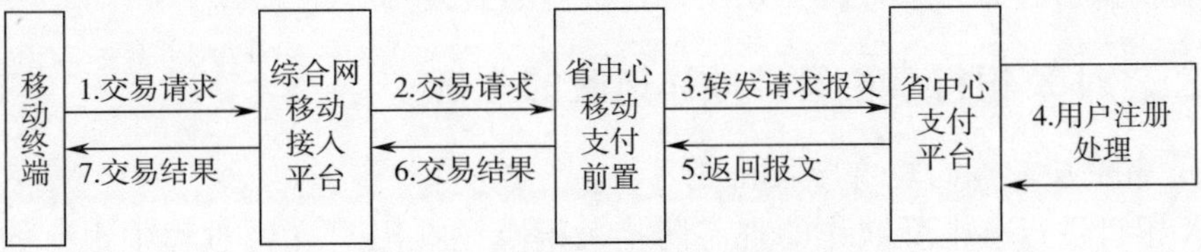

图4－11　移动用户注册流程①

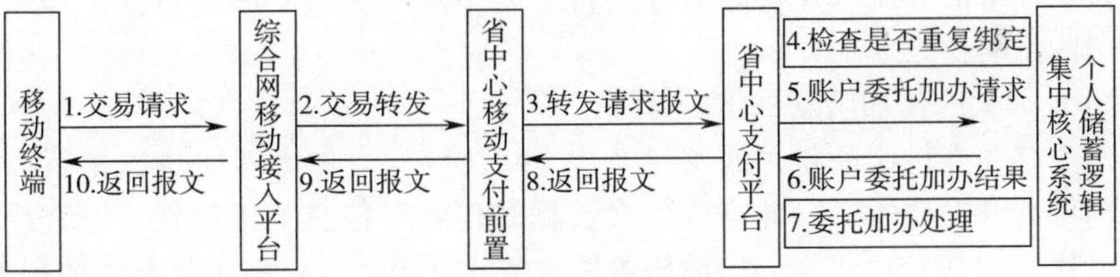

图4－12　银行账号绑定流程

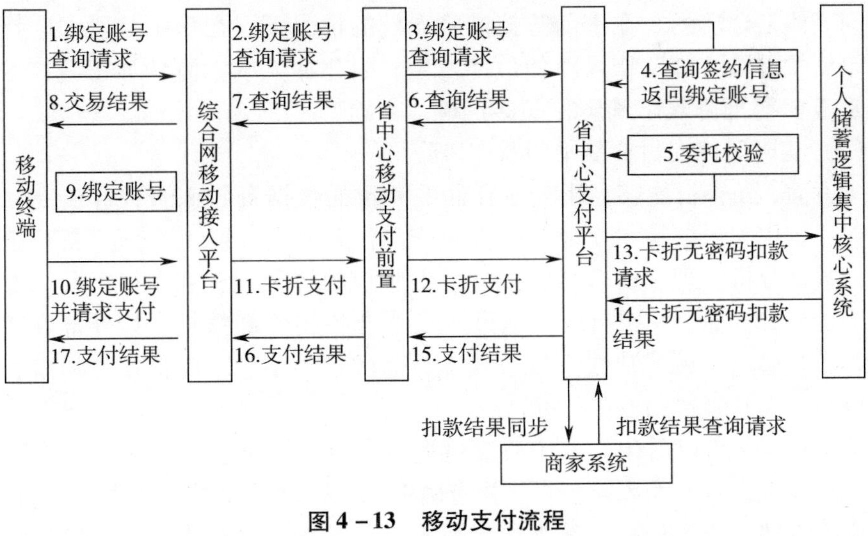

图4－13　移动支付流程

① 图4－11至图4－18的资料来源：王时健.A银行手机支付业务风险控制研究［D］.昆明：云南财经大学，2015.

（3）柜面注册的人工操作的安全性问题

由于移动支付交易具有一定的支付限额，因此对于超出限额的大额支付交易，需要客户到X银行的分支行进行相应的登记工作，而这不可避免地会引起部分欺诈风险，即柜面人员对客户的资料审查不够严格，比如注册登记的过程中非本人申请和签字或是单位自身不具有法律资格等，而若是不法分子抓住机制漏洞就会引起欺诈事件，引发用户和银行的损失。

三、对X银行事中管控欺诈风险的分析

1. 事中反欺诈的现有防控措施

X银行进行事中反欺诈的现有防控关键点是在用户支付过程中银行的系统能够及时检测和发现欺诈风险并采取措施加以监控和及时控制，主要从加大防伪加密新技术的开发以及实时监控支付交易中的欺诈风险两个方面来加强事中欺诈风险的防控。

（1）加大防伪加密新技术的开发

对于移动支付这种新兴的支付方式，X银行应当加大对防伪加密新技术的投入力度与开发使用，以此来确保大数据时代各类信息的准确性、保密性与完整性。比如X银行可以摒弃之前简单易攻破的算法，选择采用复杂的加密算法，进而防止欺诈犯罪者恶意攻击支付流程，盗取用户私人信息，即可以保证接入的访问主体是合法的。在事前防控措施无效的情况下，在事中阶段采取技术措施补救依然可以防御欺诈风险的最终发生，因此加大事中防伪加密新技术的开发也是X银行抵御欺诈风险的重要屏障。

（2）实时监控支付交易中的欺诈风险

一方面，X银行能够利用其所存储的海量的数据资料来管控和研究欺诈风险，充分运用大数据技术实时监控支付交易流程，这实际上是商业银行由经验管理向数据分析管理、由分散管控向集中管控的转型，有利于银行及时发现欺诈苗头；另一方面，X银行可以通过收集整合各类外部数据，如外部互联网等其他媒介，通过打通客户线上以及线下行为的各类信息，降低欺诈风险，缩短时间成本，提升银行的业务效率。

从图4－14可以看出，省中心支付平台在接收到支付请求之后，先去欺诈风险监控系统进行欺诈风险核查，核查确定无风险之后反馈给省中心支付平台，随后向个人储蓄业务处理系统发起支付扣款。在整个过程中欺诈风险监控系统起到了重大作用，它是后期支付完成之前必不可少的一步。

欺诈风险监控系统与金融数据中心对接，欺诈风险监控系统包括典型欺诈风险案例库、未发生欺诈风险信息库、欺诈风险事项库、高欺诈风险个人及卡

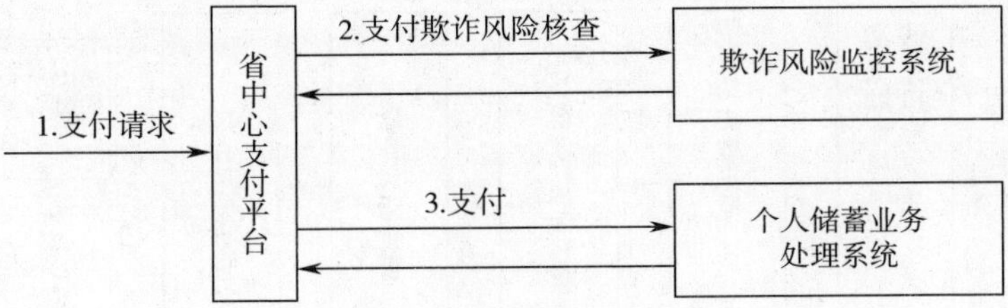

图 4－14　移动支付欺诈风险实时监控的流程

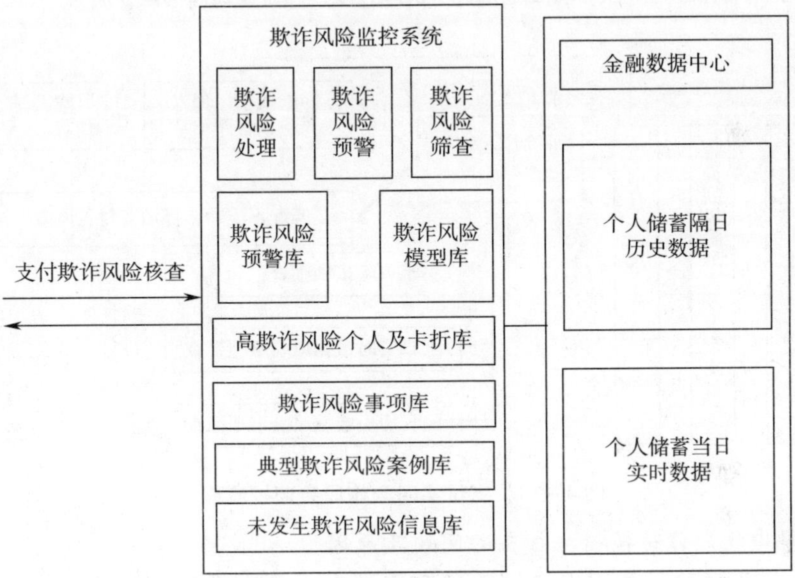

图 4－15　欺诈风险监控系统架构

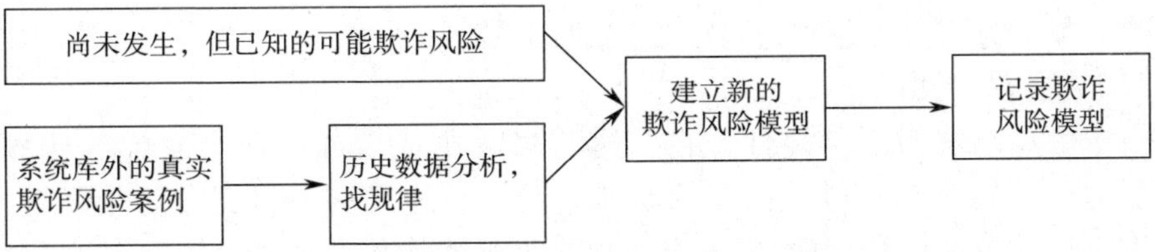

图 4－16　欺诈风险模拟库的建立流程

折库、欺诈风险预警库、欺诈风险模型库，同时包括欺诈风险筛查、欺诈风险预警、欺诈风险处理等各功能模块；金融数据中心包括了个人储蓄隔日历史数据和当日实时数据两个部分。

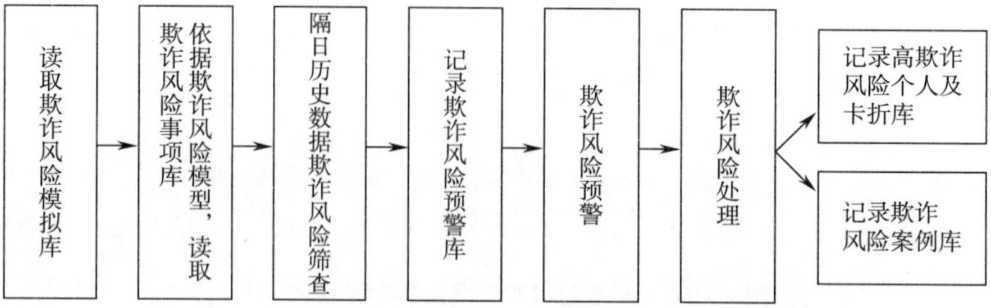

图 4－17 欺诈风险个人及卡折库、欺诈风险案例库的建立流程

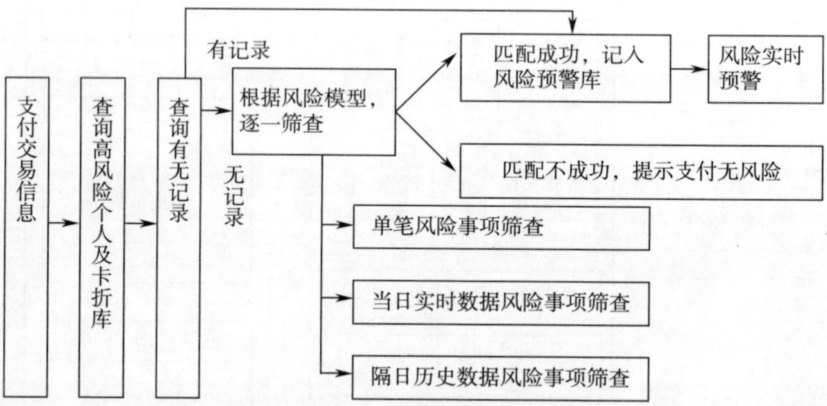

图 4－18 支付实时欺诈风险监控流程

2. 事中反欺诈防控措施存在的问题及原因

事中欺诈风险是指用户自发起移动终端支付到完成移动终端支付的整个事务过程中，由各种因素引起的欺诈风险。对于事中反欺诈现有的防控措施而言，其存在的主要难点来自两个方面，一方面是由于各个信息系统异常所引起的欺诈风险，另一方面是由用户自身引发的欺诈风险。

（1）系统处理漏洞

由于信息系统的不稳定性，在其运行过程中或多或少地会发生一些故障，进而引起 X 银行移动支付过程中的欺诈风险。首先是交易报文的防伪问题，在移动支付过程中用户和运营商最为关心的问题就是其安全性，注重各个环节的个人信息安全问题，尤其是对交易报文信息的收发，尽管在支付事前已经采取了诸多防伪措施，但是为了避免系统上的漏洞引起欺诈风险，事中的防伪措施也要切实施行，以保证用户信息的完整性和保密性。其次是 X 银行的网络稳定问题，如今支付完成的前提条件是 X 银行与各个商户之间或 X 银行的内部各系统之间能通过稳定的网络环境来进行互联，而一旦网络不稳定就会造成交易数据包的丢失，应避免不必要的欺诈损失。最后是X银行的应用软件的bug缺陷，无论是何种应用软件，归根到底都是运行一段来自程序员开发的软件程序，而这种软件的缺陷可能会造成移动支付交易结果的误判，最终引发欺诈事件。

（2）用户事中行为不可控

X银行在事中反欺诈中的主要困难是用户行为的不可控。一方面，比如X银行的用户在使用移动终端进行支付交易的过程中，有可能误点了一些携带病毒的APP网站或钓鱼网站链接，从而出现了移动终端病毒感染。而在这种情况下，用户一般是很难自主感知和察觉的，而这些恰恰会给用户和银行都带来严重的欺诈风险。另一方面，X银行的用户的个人信息严重泄露，例如X银行的信用卡CVV验证码、网银密码、手机银行密码、户名和身份证号等个人信息被非法窃取，或者是用户自身的密码设置得过于简单从而被不法分子非法破解等，这些毫无疑问会引起被盗刷支付风险。同时由于X银行的用户的事中反欺诈意识不足，有些客户甚至对冒名的电话或客服等深信不疑，对动态口令密码和短信密码也没有保密意识，最终造成银行账户资金的重大损失。

四、对X银行事后管控欺诈风险的分析

1. 事后反欺诈的现有防控措施

在欺诈事件已经发生的前提条件下，最重要的是考虑如何尽可能地降低已经造成的欺诈损失或是考虑如何追回欺诈损失，并就已经发生的欺诈案件进行银行内部的讨论与分析，由此得出相关启示或经验用于之后的情形，防止欺诈风险再次发生。

（1）关注长效机制的建立

X银行不应当采取片面的反欺诈管理方式，这样只能解决一时之需，而对其长效发展并无益处，X银行若想有效解决移动支付过程中欺诈风险的根源性问题，必须建立一个全面有效的长效机制。一方面要建立移动支付过程中的反欺诈群防机制，针对事后欺诈风险的审查阶段，银行不同部门之间或是上下级之间都应当及时沟通，做好信息的准确传达工作，构造良好合规的运营机制，各自分工明确，紧密协作。另一方面要建立移动支付过程中的反欺诈及时报告机制，一旦X银行意识到欺诈事件发生时，首先移动终端的用户应立即到相关银行挂失冻结账户，其次X银行的相关处理部门也应当及时将这一信息报告给其他部门或上下级，杜绝欺诈事件的片面性告知，报告的内容不仅应当包括案件的起因、时间及性质，还应当包含其采取的相应举措，最终采取最合适的处理措施来应对欺诈风险；最后X银行应当建立移动支付过程中的反欺诈奖惩分明制度，对于已经发生的欺诈案件，就欺诈事件的后续处置方面，对于那些责

任感较强、防范意识强烈的员工应当给予适当的奖励，而对于那些疏忽怠慢的员工也应当给予严肃处置，追究责任，并进一步规范反欺诈行为，提升反欺诈工作的实际效果。

（2）有效排查以往的业绩

对于在移动支付过程中出现的欺诈事件，在欺诈事件发生之后，X 银行应当及时仔细地排查在此过程中出现欺诈漏洞的各个环节，对于由于内部员工操作而导致的欺诈事件，X 银行应对此次暗箱操作的具体人员进行责任追究，严惩作假者；对于假冒移动终端用户的欺诈者，X 银行应与当地公安机关合作抓获犯罪分子，追回移动用户以及银行的损失，并对欺诈分子进行严格审查，认真研究作假者的手段和方法，进而制定出辨假和识假的主要方式，为之后的欺诈防范工作修补欺诈漏洞；对于移动终端用户在资金转移过程中由于移动运营商或银行自身 APP 客户端技术漏洞导致的资金损失，银行应及时全面地排查运行流程，尽快解决技术难点，或是与移动运营商尽早沟通协作处置，追踪资金去向，必要时向前追溯并认真排查可能存在的一些风险隐患，以免造成事件的频繁发生。

（3）及时地解决既存风险

在用户使用移动设备进行银行资金转移的过程中，既包含已经排查出来的但尚未发生欺诈风险的漏洞，又包含已经排查出来的而且已经发生欺诈事件的漏洞。对于前者而言，若是由于 X 银行自身设备不足而引起的，则 X 银行应当及时更新购置设备或升级相关程序。如果是由于银行内部员工职业素养低下或专业化能力不足而引起的，则 X 银行应当定时对其内部员工进行专业化能力培训，并有针对性地增强内部人员的反欺诈技能，提升职业素养。如果是由于 X 银行反欺诈系统运行流程控制缺失的，则 X 银行应当及时完善流程，保障运行流程的整体运作。对于后者而言，后续控制是关键所在，针对已经形成的欺诈事实，X 银行首先应当快速、及时地控制该银行用户的相关资金账户，避免资金的更大损失。其次要尽快向公安部门报案并配合公安机关做相关调查与分析，并查清资金去向，追缴被诈骗的相关资金，依法逮捕相关欺诈犯罪人员并追究其相应的法律责任。

（4）注重防范或有的风险

针对 X 银行在移动支付过程中所遇到的欺诈事件，无论该欺诈案件最终是否骗取了用户和银行的资金，X 银行都应当时时刻刻保持警惕，提升反欺诈防控理念和意识。该类欺诈事件一旦发生，X 银行应及时对该类案件进行剖析，仔细分析和总结事件特征，并从中获取经验教训，降低同类型欺诈事件的发生概率。另外，对银行移动终端的使用用户定期进行防欺诈知识普及，提醒其防欺诈的主要注意事项，对其进行警示宣传，逐渐提升客户的反欺诈意识。对于X银行的各个管理部门则应当提升其内部管理人员的反欺诈水平和办事效率，最终使得银行欺诈损失最小化，扩大银行自身效益水平。因此对于已经发生的欺诈事件，X银行应着重关注或有风险的防范问题。

2. 事后反欺诈防控措施存在的问题及原因

（1）反欺诈检举报案意识较为薄弱

X银行作为股份制商业银行，对社会负有重大责任，其基本的社会责任便是与欺诈犯罪行为时刻做斗争，对于任意形式的欺诈行为，任何商业银行均有义务向检法机构与执法机关举报。对于银行移动支付过程中已经出现的欺诈案件，X银行应当直接明确地向当地的公安机关报案，协助执法部门依法处置欺诈犯罪者，追究其法律责任。由于X银行后期检举报案意识薄弱，从而致使违法犯罪成本降低，达不到有效震慑欺诈者的目的，也使后期欺诈案件层出不穷，进而危害社会，最终引起X银行自身的资金损失与名誉损害。

（2）对反欺诈的内涵认识不充分

首先在理念上，X银行的部分人员对反欺诈内涵的理解不够精准，甚至将"反欺诈"与"防欺诈"混为一谈，反欺诈概念与防欺诈概念的主要区别在于反欺诈更强调主动性，而防欺诈则是从被动防范的角度来展开描述的，而且防欺诈主要针对的是欺诈案件发生后的防范措施，反欺诈则是从整个事件的识别、侦测与防范来描述的；其次在银行的管理层面，X银行的很多管理人员仅是将移动支付过程中反欺诈的重心放在前期的宣传与相关工作人员的培训上面，而且投入反欺诈设备的力度不够，设备的更新也不够及时，X银行的管理层对于内部员工之间、内部与外部员工之间的协同工作以及欺诈人员的后续处理机制不够完善，从操作层面上来讲，一些临柜人员认为欺诈风险的识别与防范应当由相应的专门机构或人员来处理，以上这些操作意识上的不足均造成了银行等金融机构在反欺诈过程中的不作为。

（3）银行的各个部门之间协调困难

针对X银行在移动支付过程中出现的欺诈风险，X银行的内外部人员之间的合作并不成熟，协调困难的问题贯穿于欺诈事件发生的始末，即在欺诈案件发生后的处理协作上，不同部门的工作人员之间的沟通合作存在较大的难点。用户通过移动终端设备来完成交易，银行工作人员对交易金额的结算进行处理，其中可能出现欺诈风险的主要环节是用户个人手机丢失、误点木马链接或钓鱼网站使得个人银行信息泄露、移动终端运营商存在技术漏洞被黑客攻破或是银行内部工作人员的内部操作等，而在欺诈事件发生之后，中后台人员与前台人员的沟通存在时滞，有些部门的员工认为自己不是反欺诈的主力军，错误地认为反欺诈是其他部门的事情，与自己的关联度不大，因此在欺诈事件发生之后有些部门需要协助时，责任意识的淡薄使得其行动迟缓，内外部人员的这种不协调行为致使很多反欺诈工作仅仅是以发现欺诈而结束，对最后欺诈事件的后续解决并没有任何实质性的作用。

（4）对欺诈者的后续惩治力度较弱

对于X银行移动支付过程中出现的欺诈案件，X银行在其事后处理过程中惩治力度较弱，无法有效震慑欺诈犯罪者，反欺诈后续惩治是追究欺诈犯罪者违法成本和斩断欺诈链条的重要手段，仅仅是对欺诈者进行口头教育而不采取其他任何严厉的追究措施，这种低廉的犯罪成本对欺诈者的约束力不强，容易引发欺诈再犯罪，不能够从源头上打压欺诈者的嚣张气焰，虽然X银行在识假以及防假方面有一定的成效，但是缺乏对于反欺诈工作的系统性总结和前瞻性分析，同时也极其缺乏对于既存隐患及类似风险的排查措施。

第四节 管理移动支付欺诈风险的国际经验

从全球角度来看，自2006年以来移动支付业务发展迅猛。除中国外，美国、日本、欧盟以及韩国等也是移动支付领域发展较为迅速的国家或地区。当前，韩国的移动支付业务占其电子支付业务的比例甚至超过了70%。新的支付方式在便利大众的同时也积聚了大量的欺诈风险。频发的欺诈事件已经引起了各国商业银行以及相关监管机构的高度重视。国外部分商业银行甚至将反欺诈管理成效作为银行核心竞争力的主要指标。它们在管理理念、管理方式、管理技术以及反欺诈系统操作上均有不错的成效，这对我国移动支付反欺诈具有很强的借鉴意义。国内部分银行虽然已经逐渐意识到欺诈风险的危害并采取了一定的措施，但是相对于国外的商业银行，国内商业银行仍然处于反欺诈管理的初级阶段。国内支付领域至今仍不断发生的各种欺诈事件，已给我国移动支付反欺诈管理带来了不小挑战。

一、相对完善的支付行业反欺诈法律法规

表4-5 美国的支付安全法规①

时间	法规名称	法规内容
1999年	《统一电子交易法》	以立法的形式对电子交易相关内容进行定义和规范
2002年	《联邦信息管理法》	对支付系统相关要求进一步细化

① 陈磊．美国反支付欺诈措施对我国的启示［J］．中国信用卡，2016（5）：54-55.

续表

时间	法规名称	法规内容
2009 年	《美国金融改革法》	明确了金融机构最低限度的个人数据保护标准
2015 年	《美国支付体系改进策略》	提出了改进支付体系的五大策略，通过与系统相关者的共同努力建立一套更加安全、高效、便捷的支付系统，从而更有效地维护金融稳定，促进经济增长

表 4－5 展示了美国自 1999 年至 2015 年对电子支付业务所做的一些法律规定，从《统一电子交易法》《联邦信息管理法》《美国金融改革法》到《美国支付体系改进策略》，美国从国家的宏观层面为自身移动支付环境的良好发展提供了有力的保障。

欧盟委员会在 2007 年颁布了《支付服务指令》，主要目的是通过建立明确的法律框架的方式来促进欧洲统一支付市场的发展，进而减少支付过程中出现的各类风险，规范移动支付的所有参与者，以此防范欺诈事故的发生。在互联网支付和移动支付愈加普及的今天，我国商业银行面临着移动支付业务中出现的欺诈风险，而这些欺诈风险的存在严重危害了银行等金融机构的稳定，健全可行的支付法律法规是银行健康安全发展的重要前提。

二、相对成熟的移动支付反欺诈技术①

1. 设立自主研发的数据库查询系统

由于互联网科技与智能终端技术的快速发展，用户通过手机等其他移动设备就可以实现银行账户资金的转移，大大节约了银行以及客户自身的时间成本。然而这在带来便利的同时也增大了欺诈风险发生的可能性，银行或支付机构在面临大量复杂的支付欺诈数据时，若仍然使用之前的粗放的方式去总结则不仅会造成金融机构自身的时间和精力的浪费，更重要的是数据的处理速度及其精准度都无法保障。国外金融机构通过设立自主研发的数据库查询系统，可以利用最新的精确数据来研究防范欺诈风险的新方法。

2. SWIFT 数据灾备技术

SWIFT 是一个金融同业性质的合作组织，它在三个不同地区分别设立了数据处理中心，并且每个数据处理中心之间都互为备份，一旦其中一个数据处理中心出现了问题，那么在短短半小时以内任意一个良好的数据处理中心都可以完完全全地接管它的工作。SWIFT 网络系统主要采用了 128 位的加密算法，相对而言，56 位的 DES 算法则不够标准，存在局部缺陷，并将在未来被

① 孙荣霞．建设银行湖南省分行网上银行业务风险管理研究［D］．长沙：湖南大学，2012.

它所替代，SWIFT 网络系统未来将在支付领域内被广泛使用。因此国外的部分银行通过运用 SWIFT 数据灾备策略来保障数据运输的及时性与稳定性，同时也保障了支付环境的安全，这在很大程度上也使得欺诈风险发生的概率大大降低了。

3. 德国 Entrium Direct Bankers 的技术

德国的 Entrium Direct Bankers 主要依靠的是先进的计算机系统，甚至银行等金融机构的日常业务操作也是由其自动完成的，因而其管理成本比一些传统银行要低得多，该营运模式在防控风险方面已经积累了大量较为成功的经验，并且设计了很多风险控制软件。同时 Entrium Direct Bankers 也建立了不少风险模型，如风险价值模型、信用计量法等其他风险模型，这些成功的银行风险控制经验值得我国商业银行借鉴。

4. 微软反欺诈技术

微软主要依托其在 Windows 操作系统以及 IE 浏览器两方面的优势，分析了相关的电子银行反欺诈技术。基于客户使用的 1600 多种相关硬件信息，其中主要包括 IP 地址、MAC 地址、操作系统、硬盘码、输入法、浏览器版本以及主板特征码等，用户模型库则主要是由用户的职业、性别、年龄及其使用地点等要素构成，这样可以在虚拟的网络世界里唯一标识出对应的一个电子银行客户，进而对客户的身份实现有效认证。

5. 赛门铁克（Symantec）防御技术

表 4-6 赛门铁克防御阶段表

阶段	事前预防阶段	事中防御阶段	事后审计阶段
攻击者的行为	收集网银信息、设置欺诈网站、刺探网银弱点	通过事前阶段得到用户信息，实施资金窃取	清除攻击痕迹、销毁攻击记录
攻击现象	发送垃圾邮件或信息、钓鱼网站出现、客户端异常访问	大量钓鱼网站或木马出现，用户信息大量失窃	钓鱼网站快速关闭、注册信息记录被销毁
防御重点	钓鱼网站的早期发现，阻止钓鱼网站蔓延	分辨并阻止非法交易进行	保存完整的交易记录、追查攻击者来源
防御位置	网银用户端	网银认证或交易系统	网银交易系统或审计系统

赛门铁克（Symantec）公司的总部设立于加利福尼亚州，它是信息安全领域全球领先的解决方案提供商。赛门铁克防御技术主要针对的是网银支付过程中出现的欺诈风险问题，它将网银攻击者的攻击过程划分为三个不同阶段，即

准备攻击阶段、发起攻击阶段以及攻击消除痕迹阶段。对此赛门铁克也针对性地就攻击的整个过程与特点给出了自己的三个对应阶段，即事前预防阶段、事中防御阶段以及事后审计阶段。网银使用过程中的反欺诈技术同样适用于银行在移动支付过程中的反欺诈问题研究，即在移动支付过程中的欺诈风险同样可以运用事前、事中、事后三个阶段的不同特征给出不同的防范策略。

三、相对健全的支付反欺诈监管体系

（1）美国的支付安全监管机构是由美国行业协会及其政府监管部门共同建立的，该监管机构主要负责制定电子支付安全技术标准以及支付欺诈行为的分类调查和管理。美国联邦储备委员会的主要关注点则是保持支付体系的安全和提高支付体系的运作效率[①]。联邦贸易委员会的主要职能是防止不公平的反竞争与欺诈等商业行为。消费者金融保护局的主要职能是监管消费者金融产品及其服务。美国建立多项支付安全机制的主要目的是确保支付系统能可靠运行。

（2）日本中央银行在其结算系统部门之下设立了专门的 FinTech 中心，开展分布式账本技术测试（DLT）工作以了解其运行机制，虽然并未打算将该技术应用于中央银行内部或支付结算系统，但日本中央银行联合欧洲中央银行（ECB）发起了 DLT 研究，并已公开发表了一些论文。

（3）新加坡金融管理局（MAS）在 2015 年 8 月成立了 FinTech 小组，下设支付与技术方案、技术基础建设和技术创新实验室三个办公室。2015 年底，环球银行间金融通信协会（SWIFT）提出"全球支付创新倡议"，推出统一的新服务协议（SLA），并于 2017 年初实施，该协议包括日内流动性提供、收费标准透明化、点到点支付追踪、更丰富的支付报文等多项内容。为达到该倡议所提出的要求，新加坡创新机构（SG-Innovate）和新加坡金融管理局（MAS）随后联合设立了金融科技署（FinTech Office），进而为新加坡当局监管新支付体系中的移动支付欺诈活动提供强有力的技术支持。

（4）英国的开放银行工作组提议创设一个新的银行开放接口（API）标准，让各银行能够更好地共享数据，以利于根据差异化的个体需求量体裁衣，减少资源浪费。这一提议得到了英国政府、行业协会以及多家银行的支持。有了开放接口标准，支付链条上的各机构都可以借助丰富的消费和支付数据来开发适合最终消费者需求的产品，推动电子商务和支付行业发展。

---

① 陈磊．美国反支付欺诈措施对我国的启示［J］．中国信用卡，2016（5）：54－55.

表 4－7　国外商业银行的反欺诈体系①②

名称	组织模式	主要职责	经验借鉴
美国花旗银行	基层的欺诈风险管理、辅助性的欺诈风险管理机构（由风险部门和各业务职能部门组成）、合规及操作风险管理委员会	负责欺诈风险管理工作、及时掌握欺诈风险情况、发现并解决欺诈风险隐患或损失、制定集团欺诈风险框架和实施方法	（1）严谨的组织管理体系以及高效的管理方法 （2）授权管理与授信管理相结合 （3）实行事前识别防范与事后侦测相结合的方法 （4）相关人员奖惩与激励机制分明
英国汇丰银行	董事会下设风险管理委员会，风险管理委员会下设信贷、市场及欺诈风险管理部	负责事前风险防范和事中风险管理	
德国德意志银行	集中化的欺诈风险管理委员会、区域和分支机构欺诈风险管理部门	制定欺诈风险管理规划及框架、负责所辖区域或部门范围内的欺诈风险的调查分析、建立定期欺诈风险报告制度	
日本东京三菱银行	出资者主导的商业银行模式，董事会下设风险管理委员会，风险管理委员会下设欺诈风险管理部	建立有效的欺诈风险控制系统、培育良好的欺诈风险管理文化	

表 4－7 显示，美国花旗银行、英国汇丰银行、德国德意志银行以及日本东京三菱银行作为世界顶尖的商业银行，代表了最先进的欺诈风险管理水平及发展方向，通过对其组织模式及其对应职责的描述，可以得出我国商业银行在管理文化、组织结构、管理系统等方面的经验借鉴。

第五节　相关建议

为了应对移动支付欺诈风险，X 银行自 2015 年起在国家"互联网 +"的战略引导下对当前的欺诈风险进行了深入的探究，并且首先在直销银行上建立了具备实时化、自动化以及智能化等主要特征的反欺诈平台。为了给客户提供健康安全的服务，X 银行对此制定了针对欺诈风险的措施及建议，同时根据国外其他先进银行的经验借鉴最终得出其在移动支付过程中反欺诈问题的对策建议。

一、不断创新反欺诈处理技术

1. 持续研究大数据处理技术

相比反欺诈 1.0 时代与反欺诈 2.0 时代，在如今的反欺诈 3.0 时代，随着互联网浪潮的推进，利用高科技手段能够更为高效迅速地完成资源整合与利

① 李连梦．基于大数据的商业银行智慧型风险管理研究［D］．天津：天津商业大学，2016.

② 任怡．信贷管理在中国银行上海市分行的实践研究［D］．上海：上海交通大学，2010.

用，大数据技术在反欺诈3.0时代有着必不可少的作用，数据处理能力的高低会给反欺诈效率带来了极大的影响，大数据中包含着大量的客户习惯行为数据以及完整充分的交易数据，X银行通过持续研究有关大数据的相关处理技术，加大对大数据工作站以及搜e融平台的建设力度，同时与外部第三方数据公司——浙江邦盛科技有限公司（邦盛科技）合作，充分利用其研发的流式大数据实时处理平台——流立方，整合跨行业的防欺诈数据，使得事中反欺诈技术得到了业内的广泛认可，大数据的风控基础更为牢固，从而对互联网渠道所产生的海量数据的处理效率大大提升，实时处理速度的提高使得X银行对其在移动支付过程中所面临的欺诈风险有了较为精准的侦测与预防，进而做到客户基本信息与动态行为信息的精准对应，最大限度保护了X银行自身客户的资金安全。

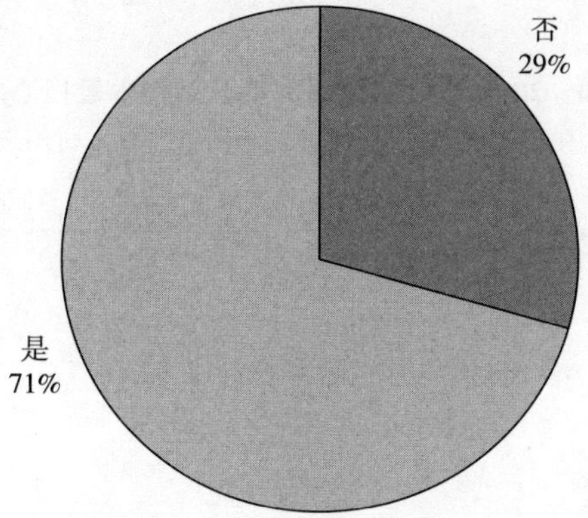

图4-19 愿用生物识别技术进行身份识别和交易验证的用户比例

（资料来源：根据中国支付清算协会发布的《2016年移动支付用户调研报告》整理）

2. 开发实施生物识别技术

研究结果显示，有高达71%的用户愿意使用生物识别技术进行移动支付身份识别和交易验证，仅有不到30%的用户不愿意使用生物识别技术进行移动支付身份识别和交易验证①，由此可以看出大众用户对生物识别技术的认可度偏高，因此X银行可以加大生物识别技术的研发，以降低欺诈案件的发生概率。

根据调研报告可以看出用户使用生物识别技术过程中最担心的是个人隐私泄露和存在安全隐患问题，2016年的占比分别达到了69.50%和49.30%，虽然相较2015年的对应数据有所下降，但是这些私人信息问题所带来的严重后果仍

① 中国支付清算协会．风口上的移动支付［J］．现代商业银行，2017（20）：38-42.

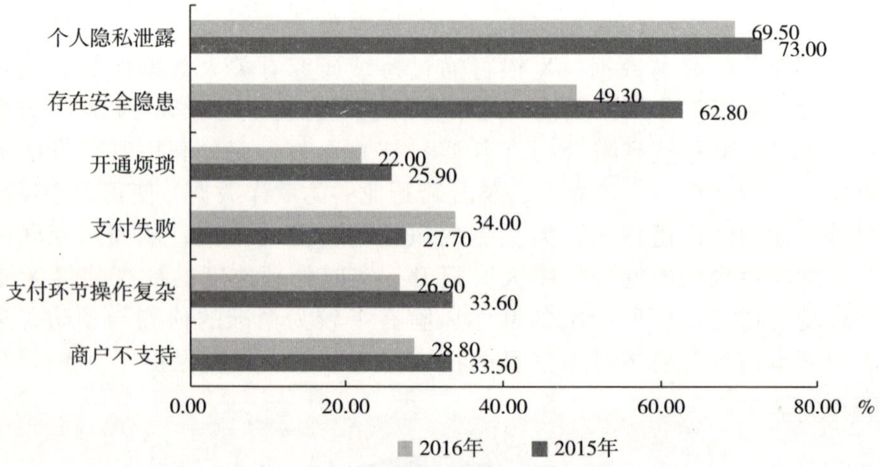

图 4-20 2016 年用户使用生物识别技术最担心的问题

（资料来源：根据中国支付清算协会发布的《2016 年移动支付用户调研报告》整理）

然是用户较为关注的重点，而由此引发的欺诈类事件也是重要问题之一，因此 X 银行有必要针对生物识别技术的安全漏洞进行及时解决。

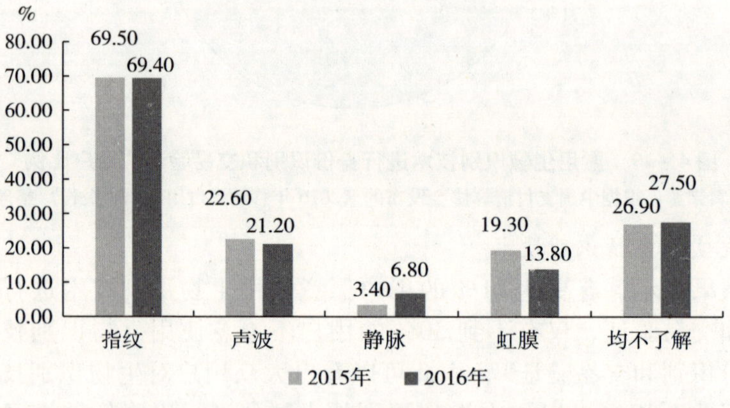

图 4-21 2015 年、2016 年用户对各项生物识别技术的认知比例

（资料来源：根据中国支付清算协会发布的《2016 年移动支付用户调研报告》整理）

根据中国支付清算协会发布的《2016 年移动支付用户调研报告》，指纹是用户了解最多的一种生物识别技术，其占比达到 69.40%；其次是声波，占比达到21.20%；虹膜和静脉被用户了解的程度最低，占比分别为13.80%和6.80%①。这一报告对X银行在移动支付反欺诈过程中如何高效使用生物识别技术具有引导意义。

所谓生物识别技术主要是指通过人脸、指纹、虹膜以及声纹等个人所独有的特征来进行移动支付过程中的身份验证。随着智能手机的高速发展，生物识别技术的开发和体验逐渐成为现实，这些技术产品被装备到越来越多的移动终端产品中，为终端的输入提供了多样化的选择。生物识别技术可以帮助各个支付机构进行远程识别，由于其被识别和突破的成本相对高昂，因此能够有效减少欺诈类案件的发生，建议监管机构多多鼓励支付公司或相关金融机构进行生物识别技术的研发与试用，尤其是其中的人脸识别技术极大地提高了金融机构的检测能力及体验。在移动支付的场景下，该技术由于成本相对较低、可行性较高，因此得到了越来越广泛的应用。X银行目前已经在辖内的实体网点推广实施了“人脸识别”技术，作为一项较为先进的技术项目，与传统信息识别技术相比其信息泄露的风险得到弱化，从而减小了欺诈风险的发生概率，提升客户体验，客户交易的安全性也得到了充分保障，同时X银行应当引入邦盛科技的设备指纹技术，该技术是通过在网站或移动端中嵌入邦盛设备指纹脚本，收集操作设备的多重信息，使用邦盛设备指纹生成服务产生一段设备识别码，通过网络传输到服务端，结合风控系统精确分析出一个设备上所有的操作行为，发现不同用户之间的关联信息，最终准确地定位和控制风险，从而降低X银行的损失，达到反欺诈的目的。

3. 强化智能分析定位技术，构筑弹性防护网

X银行也引入了较为先进的智能分析技术，强化运用这种智能分析技术不仅能够减小传统分析技术过程中的不精准度，而且能够节省X银行自身的成本。智能分析技术则是根据X银行客户过往的各种数据来获取该客户的行为习惯及其风险承受度、需求偏好等有用信息，从而使得“千人一面”的传统格局向“千人千面”的现代格局演化转变。X银行通过智能定位技术，可以精准定位欺诈者和位置信息。关于弹性防护系统的构建，农业银行、工商银行以及交通银行在这方面的经验值得X银行借鉴，例如，农业银行根据业务部门的主要特征研究出了包含电子银行反欺诈系统以及操作风险信息系统等七大系统在内的反欺诈信息管理系统，这些反欺诈信息管理系统基本上覆盖了欺诈风险管理的每个环节；工商银行研发了“外部欺诈风险信息系统”，该系统具备较为高效的信息收集与分析能力，能够完成外部欺诈风险信息库与业务系统的后续对接流程，

① 中国支付清算协会．风口上的移动支付［J］．现代商业银行，2017（20）：38－42.

最终得以及时防范欺诈行为所带来的各类风险；交通银行在2010年开始运行“反欺诈管理系统”，该系统主要研究过往的欺诈风险案例，同时及时监控银行内部员工以及部分外部可疑客户的异常交易行为，并且对核查处理过程进行流程化的管理①。因此针对不同个体的不同特性，X银行应当制定和实施不同的规则，对高风险客户及其业务交易给予关注，从而构筑一个弹性防护网，有效应对欺诈风险的发生。

二、强化与各级机构的交流和合作

1. 共享银行内部信息

从商业银行的管理架构来看，X银行可以借鉴其他商业银行在这方面的主要经验，比如渣打（中国）银行是在“三道防线”的基础上，在个人银行条线部分设立了较为专业的反欺诈管理团队，该团队主要负责管理和预防个人银行的欺诈风险工作，而中国五大行中的中国工商银行股份有限公司、中国银行股份有限公司、中国建设银行股份有限公司均陆陆续续地建立起了“三道防线”的反欺诈管理体系，不同的管理部门分别承担不同的职责工作，但是不同管理部门的共同目的则是防范包括欺诈风险在内的操作风险，交通银行不同于其他商业银行，其在监察室甚至增设了反欺诈二级部，因此交通银行的内部反欺诈工作主要是由监察室来进行集中管理的，相对于内部反欺诈工作的监管，该银行的外部反欺诈任务主要是按照业务类型的不同，由交通银行内部的各个业务条线分别承担对应的职责。因此X银行应当以先进银行为例，构建一个完善的内部管理架构，X银行可以将整个反欺诈运作流程分为事前欺诈预防阶段、事中欺诈管理控制阶段以及事后欺诈审查追踪阶段，在反欺诈运营的三个不同阶段由银行内部相对应的管理部门负责，不同管理部门之间建立欺诈风险动态报送机制，从而形成银行内部自下而上的信息传导机制，最终形成不同部门之间的信息共享与交换路径，减少信息不对称所造成的时间成本，加快管理部门的工作效率，以便事前及早发现未知欺诈风险、事中及时管控已发风险以及事后有效处理风险漏洞。

2. 加强跨机构和跨行业的信息交流

在技术手段得到保障的前提条件下，X银行与其他金融机构或部门开展了部分信息共享机制，即不管是X银行与其他商业银行之间，还是监管机构与X银行之间，甚至是政府机关与X银行之间都应当建立一个全方位、多层次的反欺诈联合管理体系，共同打击金融欺诈犯罪，从而维护金融秩序稳定与安全。X

① 银监会银行业安全保卫局课题组. 中国银行业反欺诈工作现状及对策［J］. 中国银行业，2015（8）：70-74.

银行通过对客户的审查在初期阶段掌握了客户的基本资料以及各种背景信息，甚至是其他金融机构的黑白灰名单，进而对客户的风险评级作出判断，以对客户有一个基本而全面的了解，X 银行可以根据自己的数据库或是与其他金融机构信息公开共享的过程来识别高危客户或可疑信息，即通过运用这种数据联防联控的反欺诈新方法识别高风险客户，从而在事前风险的预防阶段识别有可能发生的欺诈风险，阻止客户的可疑交易以免造成 X 银行或客户自身的资金损失，甚至是潜在的团伙欺诈案件的发生。工商银行、建设银行等十多家银行在管理架构方面的经验值得 X 银行借鉴，因此 X 银行除了应当构建本行的黑名单数据库外，还应当与其他金融机构进行欺诈信息数据的共享，比如 X 银行不仅与第三方支付机构“支付宝”有了一定程度的合作，同时也与快钱等互联网反欺诈平台有一定的合作与交流，其利用整个行业内的数据整合与全面共享获得了一份较为严密的黑名单防控网，进而打破数据孤岛，防止数据信息不足或数据严重不对称而成为整个银行业反欺诈“木桶上的短板”，最终创建起一个更加严格可控的全面风控体系。X 银行还应当与移动运营商之间建立深度合作，金融机构与运营商之间虽然已经建立了合作，但是由于不同运营商所采用的技术方案有略微差别，因此对国内移动支付的广泛普及带来了一定的阻碍。

3. 强化反欺诈国际交流和协作

由于国内部分商业银行在识别和防范欺诈风险上仍然处于初级阶段，因此相比其他先进银行在处理措施以及管理理念上还存在很大缺陷，以工商银行为例，其在 2013 年正式加入了国际银行安全协会（IBSA），并且现阶段已经和国际银行安全协会的 40 多家会员单位构建了互信、互利的沟通交流机制，主要目的是及时准确地掌握海量的国际欺诈风险数据以及相关的金融安全类信息，同时和国际上的其他先进银行在金融反欺诈领域开展信息交流与互助合作。因此，X 银行在技术水平、管理体系以及人才培养战略上都需要向其他先进银行获取经验和启示，比如 X 银行可以向世界上一些著名的统计软件公司（如 SAS）学习并交流如何运用统计软件来搜索或处理与欺诈业务相关的数据，同时与中国金融认证中心（CFCA）也有协作沟通，X 银行在吸收和借鉴国外先进的规则模型基础上结合自身特色，使用创新手段最终得出适合自己的规则模型库并加以运用，X 银行只有通过强化反欺诈国际交流与协作的方式才能使得自身的反欺诈工作拥有专业化水准与国际化视野。

三、优化移动支付欺诈风险管控的策略

1. 实施全面风险管理防控，创建跨产品、多渠道的反欺诈格局

由于 X 银行业务范围的扩大、业务种类的增加以及业务要求的提升，X 银

行所面临的欺诈风险也随之增大，如何防范欺诈风险是其迫切需要解决的一个重要问题，X 银行自 2014 年以来便规划建设反欺诈平台，同时提出在未来将会构建线上渠道与线下渠道相结合、不同业务产品相结合的反欺诈体系。随着“互联网 +”浪潮的推进和发展，X 银行所面临的外部欺诈风险则主要从形式较为单一的交易型欺诈逐渐转向如今的新型欺诈，现在的新型欺诈主要是指贷款人通过虚假申请或伪造虚假信息进行恶意骗贷，相比传统欺诈行为的可见性及透明度而言，新型欺诈行为相对隐蔽，欺诈手段也更为多样化。同时 X 银行也应当将反欺诈平台的监控范围延伸至业务交易的所有通道，而不是局限于一个或某几个业务通道，即其监控范围变得更加广泛，从反欺诈平台的监控对象上看，X 银行不再局限于传统的资金账户交易行为，而是扩展到手机支付、网络贷款，甚至是投资理财板块等各种相对复杂的场景，但是在反欺诈监管的尺度方面需适中，既不能过于宽松也不能过于严苛，从而使得 X 银行的反欺诈平台能够在欺诈行为发生时点即刻拦截可疑或高危交易，并且在必要时及时通知到个人从而避免客户资金损失或避免不必要的纠纷，引发法律纠葛或造成银行声誉危机。X 银行通过构建这种联防联控的反欺诈平台不仅有助于提升社会公众群体对自身的信任度，而且有利于客户资金的沉淀和交易黏性的培育。

2. 注重客户体验与安全性的均衡

从欺诈风险管理理念来看，工商银行与交通银行在这方面的经验值得 X 银行借鉴，比如工商银行对银行业反欺诈相关理论以及监管规则的研究较为注重，其前后引进并翻译出版了国外权威著作，该项举措弥补了国内商业银行在外部欺诈风险管理方面的理论空缺，同时在 2007 年，交通银行明确提出了建立完善的欺诈风险管理机制和构建统一的欺诈风险综合管理平台的主要目标。因此，X 银行应当在管理理念方面注重客户体验和安全性的平衡与兼顾，与传统金融相比，互联网金融的主要特点就是“即时响应”，即银行线上的各种业务及清算的交易时间都相当短暂，均是以毫秒级为单位来施行的，而 X 银行之所以能够吸引大量社会群众的资金主要是因为其较为迅捷的处理速度与极其简洁的业务流程，因此 X 银行若利用设备指纹的高新技术既能保障业务交易的安全性，进而实现对欺诈风险的精准捕捉，又能提高客户的服务体验，例如，如今的 X 银行已将单笔业务的反欺诈侦别决策流程的时间缩短至 50 毫秒以内，真真正正做到了客户对于反欺诈判断的“无感知”，极大提高了客户体验。

四、加快健全银行的内外部反欺诈体系

1. 加强银行内部人员教育与管理

X 银行应该通过定期培训该行员工来提高其职业道德与职业操守，由于 X

银行内部欺诈风险所引起的损失金额及数量在整个欺诈事件中所占比重较高，而内部欺诈风险的来源则是X银行内部员工玩忽职守，因此就欺诈三角理论中的动机与可利用的机会而言，X银行有必要对行内员工进行教育以及培训，提高其反欺诈的自主意识，熟练掌握反欺诈相关知识，培育正直守规的行内管理文化，如X银行建立了一个培训教育的长效机制；同时在日常工作过程中也应对行内工作人员进行定期审查，严格监督日常操作规范，以便能够及时发现其异常行为以防X银行造成资金损失，对于已经发生的欺诈行为，X银行应该建立奖惩分明的机制，对于防欺诈得力的员工给予奖励和支持，对于防欺诈不力的员工则给予相应的处罚和追究责任。

2. 扩大外部反欺诈宣传力度

X银行在做好内部欺诈风险防范的过程中也注重对外部欺诈风险防范的宣传，由于社会公众对欺诈风险及其危害的了解程度比X银行等金融机构的了解程度相对较低，因此X银行有必要通过线下宣传的方式来普及反欺诈知识，比如使用LED显示屏或宣传单等，还可以在线上做活动，如使用微信公众号或新闻链接等方式推广相关知识，同时还可以借助纸媒、广告投放等形式向公众普及欺诈出现的典型业务类型，多措并举以此传递反欺诈风险的重要性，提高公众的反欺诈意识及能力，最大限度地实现X银行与客户共赢。

第五章　移动支付的洗钱风险

本章将主要以第三方移动支付机构为例，研究我国移动支付的洗钱风险。

根据我国《反洗钱法》，洗钱是指通过各种方式掩饰、隐瞒毒品犯罪、黑社会性质的组织犯罪、恐怖活动犯罪、走私犯罪、贪污贿赂犯罪、破坏金融管理秩序犯罪、金融诈骗犯罪等犯罪所得及其收益的来源和性质的活动[①][②]。

当前，我国移动支付发展飞速，交易规模位居全球第一，监管其中洗钱风险的制度建设步伐却相对滞后。第三方移动支付机构的洗钱风险是指不法分子利用第三方移动支付机构提供的支付业务进行洗钱和恐怖融资活动的可能性。当前，第三方移动支付机构因未落实反洗钱义务或协助不法分子洗钱而被注销牌照的已有先例。

与普通的违法违规不同，洗钱行为往往伴随着实名制落实不到位、备付金挪用、窃取或泄露支付账户信息等多项高危行为，无论是对消费者还是对整个社会都产生恶劣影响。2009 年，中国人民银行发布的《中国 2008—2012 年反洗钱战略》中明确提出将推行"风险为本"的反洗钱工作方针，要求监管当局避免平均用力，强化对洗钱薄弱环节的检查。不同支付机构的规模与发展模式大相径庭，其所面向的客户、提供的产品服务等都存在很大差别，洗钱风险也存在较大差异。因此，为对第三方移动支付机构的洗钱风险进行全面管理，就需要在识别洗钱风险的基础上建立科学的风险评估指标以评价第三方移动支付机构的洗钱风险，并依据其风险等级对其实施有针对性的监管措施，将有限的反洗钱资源分配到高风险领域。我国于 2018 年接受了 FATF 的第四轮互评估，对我国第三方移动支付机构面临的洗钱风险进行识别、评估并加以有效监管是落实"风险为本"反洗钱工作的根本要求。

本章首先采用文献综述的方法，对国内外文献中关于"洗钱风险"以及"第三方移动支付机构洗钱风险"等相关主题的文献进行全面梳理。然后，运用外部

---

① 詹欣，乔晗．网络支付行业主体反洗钱博弈模型及策略研究［J］．系统工程理论与实践，2015（8）：1947 - 1955.

② 裴平，金素．洗钱的规模测度和渠道识别——基于中国 2001—2009 年样本数据的分析［J］．江苏行政学院学报，2011（2）：46 - 52.

性理论、破窗理论与全面风险管理理论对洗钱风险监管的必要性进行了论述。接着，我们基于FATF（2013）给出的分析新支付业务洗钱风险的五个重要维度探究洗钱风险的来源，对第三方移动支付机构所从事的支付业务中蕴含的洗钱风险进行识别，总结网上支付交易中几种常见的洗钱方式。在此基础上，我们将识别出的第三方移动支付机构所从事的支付业务所蕴含的固有风险与支付机构内部运营过程中所面临的控制风险加以结合，通过风险矩阵得出的剩余风险来评估第三方移动支付机构洗钱风险，并对其进行风险分级。最后，运用静态博弈与动态演化博弈分析模型，我们探究了监管部门与第三方移动支付机构的最佳博弈策略及其影响因素。

我们认为，要完善第三方移动支付机构的洗钱风险监管，首先，需要规范第三方移动支付机构运作的反洗钱立法，构建完善的法律框架。其次，根据风险识别与评估的结果实施差别化监管，这是降低监管成本、强化监管动机的重要举措；创新监管模式，突出功能监管与行为监管并完善反洗钱信息上报与共享机制等措施有助于提高监管效率。最后，实施反洗钱激励与惩罚机制并进行信息披露，强化第三方支付机构积极落实反洗钱责任。

第一节　文献综述

一、关于洗钱风险的文献综述

研究可疑金融交易识别与洗钱风险的评估。贺时忠（2003）认为经验观察法、经典分析法和技术分析法三种方法可以用于大额和可疑外汇资金交易分析，进而发现洗钱线索①。杨胜刚、王鹏（2005）运用真实洗钱案例中的可疑交易报告数据，建立洗钱放置阶段与单笔资金的流入流出量、资金流入流出的总量等数据之间的模型，从而实现对洗钱活动所处阶段的判断，达到预测某个环节洗钱活动发生概率等目的②。张成虎、赵小虎（2009）对金融交易信息的层次和数据结构进行了分析，剖析其对应的可疑金融交易特征，通过对聚类分析、小波分析、链接挖掘以及贝叶斯分类四种数据挖掘方法的运用，实现了对可疑金融交易的识别③。彭韶兵、周婧（2013）对银行反洗钱活动进行了研究，通过建立

① 贺时忠．充分发挥大疑信息在外汇交易中反洗钱作用［J］．上海金融，2003（9）：58－59.

② 杨胜刚，王鹏．基于数据挖掘技术的人民币反洗钱系统设计［J］．财经理论与实践，2005（6）：105－109.

③ 张成虎，赵小虎．基于贝叶斯分类的可疑金融交易识别研究［J］．财经研究，2009（10）：70－80.

银行业洗钱风险评价和反洗钱控制措施评价指标体系及其内部控制效率评价模型，为银行机构进行自我优化与改进提供了操作方法①。童文俊（2013）从固有风险和内控风险两个角度设计了金融机构洗钱风险评估体系②。唐守强（2014）选择了反洗钱制度、融资方、开发商等7个房地产业洗钱风险模块和22个分指标，运用层次分析法构建了房地产业洗钱风险评估指标体系③。逻辑回归分析法主要用于解决含分类问题的数据，霍琪等（2015）将洗钱类型作为因变量y，运用多类别的逻辑回归方法进行分析、筛选，建立了用于洗钱类型分析的指标体系，包括职业或工作、涉案金额、居住地、是否存在电子支付等10项具体指标，实证结果显示，运用网上银行与ATM存取款结合的洗钱方式最为频繁④。苗文龙、张菁华（2016）使用威胁和漏洞两大类因素，将其具体分解为非法所得清洗威胁、金融监测漏洞、调查漏洞、起诉漏洞和判决漏洞五个方面构建了国家洗钱风险评估框架，并运用《中国反洗钱报告》中的相关数据进行实证分析⑤。

研究洗钱规模的测度。John Walker（1999）使用案件数量和单位洗钱规模建立了世界上第一个洗钱规模测度模型，该模型随后被FATF用作测度世界其他国家洗钱规模的潜在模型⑥。Unger（2006）对沃克模型进行了修正，并测算了荷兰的洗钱规模。以动态均衡与经济周期理论为视角⑦，裴平、金素（2011）构建了由家庭、企业和政府组成的三部门动态随机一般均衡模型，对我国2001年至2009年的洗钱规模进行了测度，发现国际金融危机所导致的金融市场动荡加剧导致我国洗钱规模迅速扩大⑧。基于犯罪成本与犯罪收益的关系，梅德祥、高增安（2015）将沃克洗钱规模测度模型与修正的沃克重力模型运用到我国，测度了2000年至2011年的年度洗钱规模，并测算了黑钱流入世界183个国家和地

① 彭韶兵，周婧．银行业反洗钱内部控制效率评价指数研究［J］．国际金融研究，2013（1）：66－76.

② 童文俊．金融机构洗钱风险评估监管体系构建研究［J］．金融与经济，2013（2）：71－74.

③ 唐守强．我国房地产业洗钱方式及风险评估［D］．成都：西南交通大学，2014.

④ 霍琪，邵霖，徐菊本．洗钱特征识别模型的构建与实证［J］．武汉金融，2015（1）：55－57.

⑤ 苗文龙，张菁华．国家面临的洗钱风险评估：方法设计与风险计量［J］．金融监管研究，2016（9）：82－99.

⑥ John Walker. How Big is Global Money Laundering?［J］. *Journal of Money Laundering Control*, 1999, 3（1）：25－37.

⑦ UNGER B. *The Gravity Model for Measuring Money Laundering and Tax Evasion*［C］. Paper Prepared for the Workshop on Macroeconomic and Policy Implication of Underground Economy and Tax Evasion, February 5～6, at Bocconi University, Milan, Italy, 2009.

⑧ 裴平，金素．洗钱的规模测度和渠道识别——基于中国2001—2009年样本数据的分析［J］．江苏行政学院学报，2011（2）：46－52.

区的金额①。

研究反洗钱策略的有效性与监管制度。原永中、张新福（2003）建立了商业银行与监管机构之间的不完全信息动态博弈模型，寻找商业银行的最优努力程度与监管机构的最佳检查频率，提出以奖惩结合的方式推动反洗钱工作②。朱宝明（2004）建立了商业银行与监管机构之间的不完全信息静态博弈模型，对原永中的模型进行了改进，将商业银行与监管机构的努力程度概括为谨慎程度，并强调了激励机制的重要作用③。Buchanan（2004）发现，不少洗钱行为是通过幌子公司实施的，一般会经过放置、分层、归并三个阶段，现有的《爱国者法案》、埃格蒙特集团及 FATF 等机构的协调工作机制应尽快得到改进④。Pellegrina 和 Masciandaro（2009）给出了一种如何运用“风险为本”规则来补充欧洲反洗钱法律条款的具体办法⑤。通过构建金融犯罪者与洗钱者的议价模型，范如倩（2009）对英国的反洗钱规制从法律规范体系、反洗钱体系以及近年来英国的反洗钱措施和动态进行了介绍，提出了完善我国反洗钱法律体系、建立反洗钱非现场监管指标评价体系以及提高情报监测分析水平等建议⑥。Yusarina 等（2015）认为，作为承担反洗钱责任的前线，银行机构中为客户开立账户、办理存款等业务的工作人员一般缺乏相应的监控能力，因此，反洗钱工作不应只重视如何架构反洗钱组织，还应不断提升员工识别洗钱行为的水平⑦。

二、关于支付洗钱风险的文献综述

随着互联网金融的快速发展，对网上支付、第三方支付、移动支付这些新支付领域进行研究的文献逐步涌现，2010 年《非金融机构支付服务管理办法》的出台使得一些学者开始将目光投向非金融机构的洗钱风险及其监管问题。冯芸、严畅、杨冬梅（2008）基于电子商务可疑交易行为的一般规律，构建成本收益函数分析反洗钱的必要性，并通过计算机进行仿真实验，表明延缓洗钱者

---

① 梅德祥，高增安．中国产生的洗钱规模及其流出研究［J］．经济学家，2015（1）：64－72.

② 原永中，张新福．商业银行和中央银行在反洗钱问题上的博弈［J］．山西财经大学学报，2003（3）：70－73.

③ 朱宝明．银行业反洗钱中信息不对称与信息披露的例证分析［J］．国际金融研究，2004（4）：65－69.

④ Buchanan B. Money Laundering—A Global Obstacle［J］. *Research in International Business and Finance*, 2004（1）：115－127.

⑤ Pellegrina L D, Masciandaro D. The Risk Based Approach in the New European Anti-money Laundering Legislation：A Law and Economics View［J］. *Review of Law & Economics*, 2009，5（2）.

⑥ 范如倩．英国的反洗钱规制及对我国的启示［J］．上海金融，2009（9）：62－64.

⑦ Yusarina M.，Zuraidah M.，Haniff M.，Paul A.．Money Laundering Risk：From the Bankers' and Regulators Perspectives［J］. *Procedia Economics & Finance*, 2015（28）.

进入速度、增强识别算法筛选区间扩展性、提高监管者对舆论压力的敏感度等方法将对反洗钱监管效果产生积极影响①。吴晓光等（2010）认为，网上交易的隐蔽性和交易记录的缺失增加了洗钱防范、控制和侦查的难度，各国可通过制度与系统建设等手段来预防风险②。基于《中国2008—2012年反洗钱战略》，严立新和汤俊（2011）指出，我国对第三方移动支付洗钱风险的监管已从“合规为本”原则转向“风险为本”原则③。吴朝平（2012）指出，第三方在线支付的业务模式蕴含着洗钱风险，而相对宽松的政策环境和监管环境导致洗钱风险进一步扩大④。宋志国（2015）在分析网上支付洗钱风险影响因素的基础上，提出了加快行业整顿、落实实名制、共享交易信息、深化法人监管等多项建议⑤。国外研究方面，McCarthy等（2015）发现，洗钱过程通常并非由传统认知中的金融犯罪分子直接完成，而是由专业的第三方帮助完成的。监管部门应通过提高金融犯罪分子、洗钱者以及两者议价过程被发现的概率来提升反洗钱效率⑥。

第二节 理论分析

一、洗钱与反洗钱的外部性

1. 洗钱的外部性特征

洗钱者作为理性的经济人追求利润最大化，此时私人边际效益等于私人边际成本。由于洗钱行为具有负的外部性，洗钱者对社会造成的边际外部成本即MEC曲线，洗钱的社会边际成本MSC等于边际私人成本MPC和边际外部成本MEC之和，随着洗钱数量的增加，其对社会的危害越来越大，但从事洗钱行为本身的洗钱犯罪分子并没有承担所有成本。

---

① 冯芸，严畅，杨冬梅，张晶晶．基于网络支付的电子商务环境中洗钱行为的识别和监管［J］．系统工程理论与实践，2008（12）：60－69.

② 吴晓光，于圆，王振．第三方支付引发的反洗钱问题及应对措施［J］．西南金融，2010（10）：29－31.

③ 严立新，汤俊．从合规为本到风险为本：第三方支付行业反洗钱监管原则的必然要求［J］．上海金融，2011（6）：45－48.

④ 吴朝平．第三方在线支付业务的洗钱风险及反洗钱监管研究［J］．南方金融，2012（10）：30－33.

⑤ 宋志国．网上支付与反洗钱监管［J］．中国金融，2015（24）：82－83.

⑥ McCarthy K J，et al. Modeling the Money Launderer：Microtheoretical Arguments on Anti-money Laundering Policy［J］. *International Review of Law & Economics*，2015.

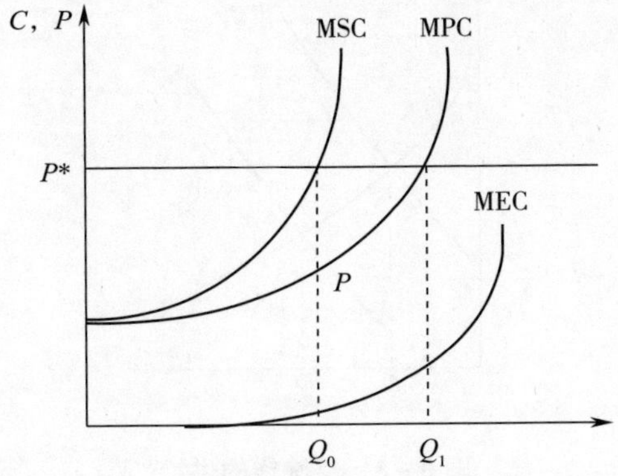

图 5-1　洗钱的外部不经济

2. 反洗钱的外部性特征

履行反洗钱义务的责任主体的外部性体现在：支付机构、银行等义务主体开展反洗钱工作需要付出相当大的成本，这一成本基本由私人部门承担，而反洗钱所带来的社会经济的稳定和洗钱行为得以遏制这一公共产品却能够使他人或整个社会受益，受益者付出的成本远小于其所获得的收益，即正外部性。对一些小型第三方移动支付机构而言，反洗钱工作需要付出的成本较大，远超于其因反洗钱所能获取的收益，因此这些私人部门总是希望自己不提供反洗钱产品，而想用其他部门提供的这种公共福利。这就有可能造成社会的反洗钱投入不足，大量黑钱逍遥法外，社会公众的利益受到损害。

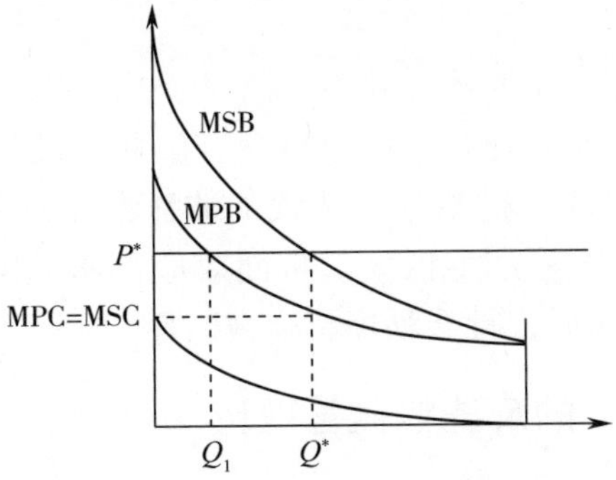

图 5-2　反洗钱的外部性

此时，边际社会利益 MSB 等于边际私人利益 MPB 与边际外部利益 MEB 之和，金融机构为实现利益最大化，根据 MPC = MPB 选择数量为 Q_1。随着反洗钱数量的增多，边际收益下降，由于反洗钱人的产量为 Q_1 而非 Q^*，没有达到帕

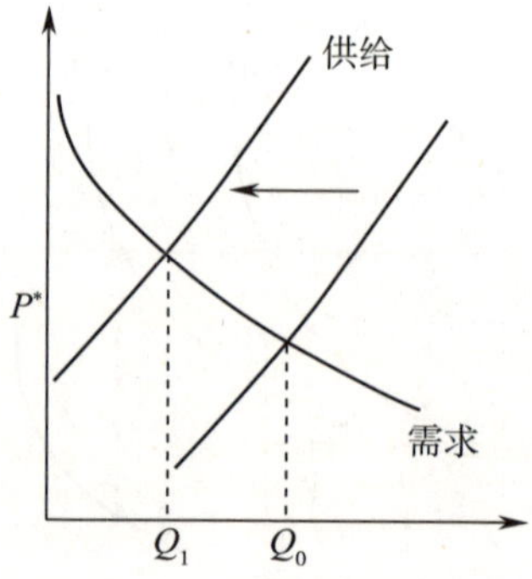

图 5－3 反洗钱的供给

累托最优的配置，即自由市场对公共产品的生产不足。

3. 反洗钱的外部性补偿

一些国外经济学家曾提出由私人生产公共产品，但是从事洗钱行为往往通过支付交易进行，这些交易过程中涉及大量社会公众的个人信息，因此私人部门从事公共产品的生产并不可行。第三方移动支付机构积极反洗钱需要付出较大的成本，且支付机构与监管机构之间往往存在着信息不对称问题，支付机构位于反洗钱一线，显然掌握着更多信息。如果支付机构长期只是付出成本而没有获得相应的收益可能导致其为追求利益最大化而与洗钱者结盟，导致社会利益受到更大损害。因此，对这些从事反洗钱工作的支付机构提供相应的补偿很有必要。

二、破窗理论

破窗理论由詹姆士·威尔逊与乔治·凯林提出，以一幢有少许破窗的建筑为例，如果那些窗户不被修理好，可能将会有破坏者破坏更多的窗户，最终造成积重难返的局面。同理，犯罪分子洗钱的非法所得如果轻易地就能合法化，对于其他奉公守法的公民将产生巨大的负面效应，如果监管机构不及时加以制止，就会产生“破窗效应”，社会秩序将会被破坏。

三、“风险为本”的反洗钱监管理论

“风险为本”是根据风险状况及程度配置反洗钱资源的一种规则，以实现将最多的反洗钱合规资源投入洗钱风险大的业务领域。在 2009 年发布的《中国 2008—2012 年反洗钱战略》中，中国人民银行明确提出，“风险为本”是我国反洗钱的重要工作方针，监管当局应避免平均用力，要强化对洗钱薄弱环节的检查。

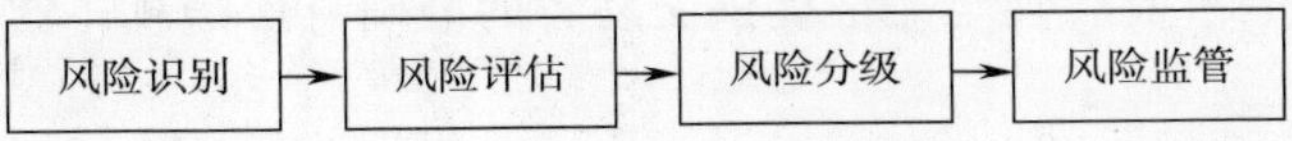

图 5－4　风险监管框架流程

根据 FATF 的风险监管流程，实施“风险为本”的洗钱风险全面管理机制主要由风险识别体系、风险评估体系、风险预警体系和风险控制体系组成。

第三节　移动支付洗钱风险的识别

正确认识和准确把握第三方移动支付机构所从事的支付活动中可能蕴含的洗钱风险是对其进行评估的重要前提。2013 年，FATF 发布了《关于以风险为基础的方法指引：预付卡、移动支付与以互联网为基础的支付服务》，该《指引》列出了影响新型支付方式洗钱风险的 5 大因素。在本节，我们结合国际反洗钱指引和我国第三方移动支付发展实践，对第三方移动支付活动中的洗钱风险的来源进行识别，并总结了常见的利用第三方移动支付从事洗钱的方式。

一、第三方移动支付洗钱风险的来源

1. 非面对面关系与匿名性

与传统支付方式不同，第三方移动支付业务通过密钥、数字证书等方式完成客户身份认证，在保护用户隐私信息的同时也导致监管机构难以识别交易主体的身份信息。通过第三方移动支付业务进行交易的客户无须通过面对面的方式进行交易，而仅需通过互联网或通信网完成账户的开设即可随时随地进行资金转移，隐蔽性很高。这种交易方式给洗钱分子通过虚假信息冒用他人账号进行网上交易提供了方便，监控难度也因此大大增加。

2. 地理范围

用户使用第三方移动支付可以在全球范围内实现支付、取现或资金转移，这一特性对洗钱分子具有很大的吸引力。不同地区对于第三方移动支付业务所使用的监管方法不尽相同，不法分子可能选址于监管力量薄弱的区域从事洗钱活动，导致该地区洗钱风险集聚。

3. 注资方式

如何对支付账户进行注资是影响洗钱风险大小的关键环节。目前，中国由于一些第三方移动支付机构为了“方便用户”或“追求交易便捷”，实名制落实效果并不理想，洗钱分子往往利用这些平台对账户匿名注资，大大加大了执法部门后续追查的工作难度。同时，各大支付机构均推出了电子预付卡业务，预先充值的注资方式导致服务提供商“认钱不认人”的现象时有发生，客户尽职

调查执行不严，事发后甚至无法提供交易者的准确身份信息，资金流向更是难以跟踪。

4. 获取现金的可能性

随着第三方移动支付服务、其他新支付产品、服务的互联，间接提取现金成为可能。洗钱分子通过将赃款多次在支付平台与银行之间进行拆分转账，随后通过购买贵金属、证券、网上商品（如Q币、比特币、游戏点卡、手机充值卡等）并转卖的方式完成套现，先进的支付技术与复杂的操作手法使得监管机构难以及时察觉。

5. 服务的分割性

第三方移动支付服务的提供通常涉及多个主体，包括第三方移动支付机构、移动运营商以及商户等。当这些主体分布在多个国家或地区时，服务的分割性可能导致交易信息与客户信息缺失。信息碎片化致使客户身份识别与交易报告制度难以顺利完成。此外，当前二清市场尚未被完全整顿，客户备付金被分散在各个二清公司账户，无论是其数额还是交易细节都难以被支付机构掌握。第三方移动支付的资金清算环节因二清公司的存在而更加复杂化。加之，不少二清公司信用度较低，存在拿钱跑路或者借助假商户名义进行刷卡套现的风险，这些漏洞很容易被洗钱分子利用。

二、第三方移动支付中常见的洗钱方式

传统的洗钱犯罪往往借助于银行和证券公司等金融机构或者通过走私船只、地下钱庄等有形载体完成资金的转移，采用这种方式进行洗钱的隐蔽性较差，且存在转移金额有限、实施成本高等固有限制。随着客户身份识别、大额可疑交易报告以及交易记录保存等反洗钱制度的广泛实施，运用传统手法进行洗钱的难度日益增加①。以洗钱为目的的第三方移动支付交易，往往受到交易对象、交易时间以及交易频率等多方面的影响，出现交易模式的异常，犯罪分子进行洗钱的主要目的是将黑钱或灰钱转化为白钱，而并不将成本费用最低作为主要目的。从这个角度来说，洗钱行为是一种非理性经济行为。

1. 比特币交易洗钱

比特币具有的支付转账全球化、匿名性以及去中心化等特征使其易成为洗钱工具。在中国用人民币购买比特币后在国外交易平台卖出并变现，短时间内即可完成非法资产转移。2018年9月，国内三大比特币交易平台发布暂停业务通知，境内的虚拟货币交易平台人民币充提业务被叫停。但是，由于场外交易

① 冯芸，严畅，杨冬梅，张晶晶．基于网络支付的电子商务环境中洗钱行为的识别和监管［J］．系统工程理论与实践，2008（12）：60-69.

并未被禁止，交易者将大量比特币转移至场外或国外进行交易[①]。此外，Q 币、充值卡等虚拟数字产品也受到洗钱分子青睐[②]。

2. 空壳店铺洗钱

洗钱分子会在电商平台开立空壳商铺进行虚拟商品售卖，比较常见的商品有游戏点卡、游戏币、艺术品等。该类商铺交易往往数额巨大，但商品描述缺失或物流信息不相匹配，且交易量在一段时间后骤减。由于电商的隐蔽性，导致许多个人电商游离于税收管理之外，不进行注册登记甚至隐瞒具体收入，被查处的概率很低。

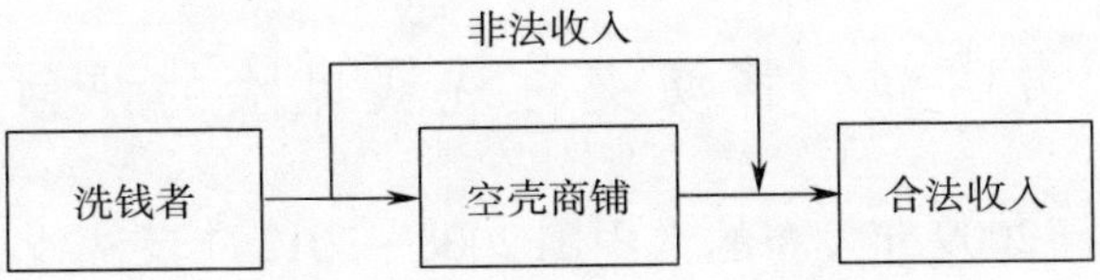

图 5－5　空壳店铺洗钱图示

3. 跨境支付洗钱

随着跨境支付牌照的发放，越来越多的第三方移动支付机构开始将自己的业务拓展至海外。在这种背景下，不法分子能够利用第三方移动支付的跨境支付交易，将黑钱在境内外账户中进行转移，能轻易地将境内的非法资金转移至境外提现。

4. 多账户操作洗钱

在实名制落实不到位的第三方移动支付平台，不法分子往往通过购买身份证、银行账户等个人信息的方式同时开设多个第三方支付账号，通过这些账号内部进行多次交易，将非法资金的来源加以掩盖。在这种模式下，赃钱的流动较为分散，没有明显的定向漂洗的痕迹。

5. 众筹网站洗钱

洗钱分子利用众筹网站可以在短时间内随意发起一项筹款项目，同时使用虚假网络 IP 和身份信息注册另一账号为自己捐款。随后，项目发起人再将所筹款项提现，将非法资金顺利洗白。美国金融犯罪调查合作局的最新报告显示，从收到的可疑金融交易报告判断，自 2013 年起至今，利用众筹网站进行非法网络集资的行为的增长比率超过 171%，不仅包括盗刷信用卡资金提现、洗钱犯

---

① 全球最大资管公司贝莱德（BlackRock）的 CEO 芬克（Larry Fink）在接受美国媒体采访时表示，数字货币的一大用途是洗钱，这类货币的崛起反映出庞大的洗钱规模。

② 2017 年 2 月 14 日，央视焦点访谈播出比特币洗钱案例，揭示了“QQ 诈骗—银行卡转移—比特币跨境洗钱”的新型洗钱手法。

罪，甚至包括恐怖融资。在过去的5年时间里，网络犯罪集团利用众筹网站进行洗钱犯罪，涉案金额高达2800万美元。

在以上洗钱行为的资金流转中，第三方移动支付机构所提供的支付服务起到了重要作用。不法分子的资金往往通过银行卡或直接注资的形式进入第三方移动支付账户，接着通过购买比特币、利用空壳账户自买自卖等方式实现黑钱洗白。在第三方移动支付机构消极反洗钱的情形下，可能由于未履行客户身份识别、大额可疑交易监测等原因被洗钱分子利用，此时，支付机构将面临较大的洗钱风险。

第四节 移动支付洗钱风险的评估

中国人民银行2009年发布的《中国2008—2012年反洗钱战略》明确提出，“风险为本”是我国反洗钱的重要工作方针，监管当局应避免平均用力，要强化对洗钱薄弱环节的检查。不同支付机构的规模与发展模式大相径庭，其所面向的客户、提供的产品服务以及反洗钱内控制度的设计和执行效果等存在很大差别，因此洗钱风险也存在较大差异。

前文对第三方移动支付活动洗钱风险的识别主要集中在对第三方移动支付业务本身所具有的风险进行识别与分析，但是，仅仅对第三方移动支付机构所面临的固有洗钱风险进行评估是不够的。固有风险高的机构，如果内部控制得力，风险反而会低。固有风险低的机构，如果内部控制低效，风险也会升高。因此，当对第三方移动支付机构洗钱风险进行评估时，既要关注固有风险，也要考虑内部控制风险，更要关注未被控制的剩余风险。本节首先结合前文所识别的风险因素和相关文件指引建立支付机构固有洗钱风险评估指标，其次结合支付机构内部控制风险建立支付机构控制风险评估指标，最后根据剩余风险矩阵评估支付机构的真实风险，进而依据不同的风险程度进行分级。

一、评估指标的选取

为了对支付机构面临的洗钱风险进行科学合理的评估，首先需要确定评估洗钱风险的各项指标。中国人民银行于2013年出台的《金融机构洗钱和恐怖融资风险评估及客户分类管理指引》要求金融机构评估客户的特性、地域、业务以及行业（职业）四个方面的风险，为每一名客户确定风险等级。2017年出台的《法人金融机构反洗钱分类评级管理办法（试行）》要求银行、支付机构等义务主体从设计指标、执行指标和检验指标三个方面进行反洗钱分类评级。然而，根据巴塞尔委员会（BCBS）于2014年1月发布的《健全对洗钱和资助恐怖主义的风险管理》中所强调的“健全的风险管理要求对机构本身存在的洗钱风险进行识别和分析，并按要求设计和执行与所确定的风险相称的政策和程序”来看，完整的洗钱风险管理至少应包括对固有洗钱风险与控制有效性两方面的识别和评估①。而支付机构面临的固有洗钱风险不仅包括客户风险，还应包括国家/地域风险和产品/业务风险，且以上文件的主要评估对象为银行等金融机构，它们与支付机构的经营业务存在着很大差异，可见其风险评估内容的全面性以及对支付机构的适用性值得商榷。

在上述文件的基础上，我们结合前文所识别的第三方移动支付活动中的各项风险要素，根据以下三个步骤来评估我国支付机构的洗钱风险。首先，从国家/地域风险、客户风险和产品/服务风险三个方面评估支付机构的固有风险；其次，从事前、事中和事后三个角度对支付机构内部控制有效性进行评估；最后，根据固有风险评分和控制有效性评分，运用剩余风险矩阵得出支付机构面临的洗钱风险。

图5－6　风险评估流程

1. 固有风险

固有风险是指在无任何控制环境的情况下，支付机构面临的洗钱风险敞口。我们按照风险的来源，从国家/地域风险、客户风险以及产品/服务风险三个方面对其进行分类。

（1）国家/地域风险

支付机构在不同国家、不同地区开展第三方移动支付业务所面临的潜在洗钱风险不同。在上游犯罪严重或被反洗钱风险提示的地区经营可能会使支付机构面临更高的洗钱风险。Issaoui 等（2016）通过实证模型发现地区开放程度对犯罪率有显著的正向影响②，因此我们增加支付机构所在地区的开放程度作为衡量地域风险的一项指标。是否开展跨境支付业务也会对支付机构所面临的洗钱风险产生影响，第三方移动支付平台所提供的跨境支付业务为境内外不法分子跨境转移“黑钱”提供了便利通道③，且不同国家间对于第三方移动支付行业反

① Basel Committee on Banking Supervision（BCBS）. Sound Management of Risks Related to Money Laundering and Financing of Terrorism［R/OL］. https：//www. bis. org/publ/bcbs275. pdf.

② Issaoui，Fakhri，WASSIM，TOUILI，HASSEN，TOUMI. The Effects of Money Laundering（ML）on Growth：Application to the Gulf Countries［J］. *International Journal of Cyber Warfare and Terrorism*（*IJCWT*），2016，7（1）：12－39.

③ 乐毅. 对第三方支付跨境业务的监管［J］. 中国金融，2011（4）：32－33.

洗钱监管的制度不同还可能导致监管漏洞的产生。截至 2017 年春季，我国支付机构中共有 30 家获得跨境支付资格。

（2）客户风险

不法客户是洗钱活动的行为主体。不同支付机构拥有的客户群体不同，其所面临的潜在洗钱风险也不同。客户的性质、身份认证方式、与支付机构开展的业务存续时间等多种因素都会对洗钱风险的大小产生影响。通过实名制认证且与支付机构建立较长的业务存续时间的用户，其社会经济活动记录建立得越完整，洗钱风险相对越小。在公认的具有高风险行业（如博彩等）工作的客户洗钱风险通常较高。我们将客户类型划分为个人客户和企业客户两种，并参照《金融机构洗钱和恐怖融资风险评估及客户分类管理指引》中所涉及的风险因素进一步区分为客户固有特征、使用业务、所处地区以及客户职业四大类别，根据第三方移动支付交易与传统金融交易的区别排除了部分无关要素①，新增了客户平均资产规模和客户信用评分两项指标。

对个人客户而言，高净值个人客户的洗钱风险高于低净值个人客户。对企业客户而言，中小型企业的洗钱风险高于大型企业②。客户信用评分也会影响支付机构面临的洗钱风险。以芝麻信用评分为例，支付宝通过对用户信用历史、行为偏好、履约能力、身份特质、人脉关系五个维度所包含的海量信息数据进行处理和评估为每位用户确定信用评分③，建立起对用户的全方位认知，增强了客户信息的披露程度，一定程度上降低了洗钱风险。

（3）产品/服务风险

支付机构的产品/服务风险包括经营状况和产品特征两项。（1）经营状况方面，规模较大的机构往往因为获得更多的监管关注而更加重视其反洗钱内部建设，且拥有更多的反洗钱资源，因而面临较低的洗钱风险④。而一些中小型支付机构为扩张规模抢占市场，不重视反洗钱制度建设，导致支付平台被不法分子用作诈骗套现转移赃款的通道。（2）产品特征方面，支付账户有效期、转账额度与次数限制对支付机构面临的洗钱风险会产生影响。“沉睡账户”在较长时间后重新启用应当进行身份认证，否则一旦此类账户信息泄露极有可能被犯罪分子用于洗钱、赌

---

① 如是否采取非面对面交易等，因为网上支付业务都是使用电子货币进行的非面对面交易。

② 周婧．银行反洗钱内部控制效率评价体系研究［D］．成都：西南财经大学，2013.

③ 叶文辉．大数据征信机构的运作模式及监管对策——以阿里巴巴芝麻信用为例［J］．新金融，2015（7）：60－63.

④ 彭韶兵，周婧．银行业反洗钱内部控制效率评价指数研究［J］．国际金融研究，2013（1）：66－76.

博交易甚至银行卡欺诈①。此外，由于第三方移动支付交易的便捷性，不法分子将赃款在银行账户和第三方移动支付平台之间多次转账即可模糊资金来源，时间成本较低②。为避免达到大额交易上报金额，不法分子可能将黑钱进行拆分后交易，目前国际反洗钱要求均将“结构性拆分交易”作为掩饰、隐瞒犯罪所得的标准并设置了相应的问责机制。因此，对支付账户每日转账次数与金额不设限的支付机构往往面临更高的洗钱风险。

基于上述分析，支付机构的固有风险评估指标体系可归纳成表5－1。

表5－1　支付机构固有风险评估指标体系

一级指标	二级指标	三级指标	指标内涵
国家/地域风险	区域情况	上游犯罪情况	衡量支付机构总部及其分支机构所在地区的洗钱风险状况
		开放程度	
		反洗钱风险提示情况	
	业务范围	国内/国际	跨境支付业务的比例
		交易国风险状况	支付业务可使用国家是否为避税型离岸中心或洗钱高风险提示国家
客户风险	个人客户	客户年龄	不同年龄客户比例
		客户职业	不同职业客户比例
		客户信用情况	不同信用评分客户占个人客户总数的比例
		户口所在地	境外户口客户占个人客户总数的比例
		身份认证方式	身份证/护照等方式
		客户持久度	不同存续时间客户占个人客户总数的比例
		客户资产规模	个人客户平均资产规模
	企业客户	企业注册地	注册地为高风险国家/地区的企业比例
		从事的行业	从事高风险行业的企业比例
		企业性质	不同性质企业占企业客户总数的比例
		客户持久度	不同存续时间客户占企业客户总数的比例
		客户资产规模	企业客户平均资产规模

① 2017年7月，韶关市公安局经侦部门破获利用沉睡银行账户进行的地下钱庄案，涉案金额200多亿元。

② 2017年1月，厦门市公安机关查获案件中不法分子将诈骗所得资金在第三方移动支付账户和银行账户之间多次转移模糊资金来源并最终在境外将赃款取现。

续表

一级指标	二级指标	三级指标	指标内涵
产品/服务风险	经营状况	***市场份额***	该支付机构从事业务所占市场份额
		规模扩张度	总资产增长率对洗钱风险的影响
	产品特征	收入结构	高风险业务占业务总额的比重
		支付账户有效期	注册之日起未发生交易的期限
		转账额度限制	单笔转账金额限制
		转账次数限制	单日转账笔数上限

注：表中加粗的斜体部分为我们在现有评估指标基础上新增的指标，表5－2同。

2. 控制有效性

有效的反洗钱内部控制制度能够缓解支付机构面临的洗钱风险。支付机构内部控制包括政策、程序、系统和人员等多个方面，目的在于快速识别并积极防范洗钱风险。支付机构内部控制的有效性可以从事前、事中和事后三个方面进行评估。事前控制措施主要体现在制度完善性、技术保障能力以及人员配备等方面。事中控制措施体现为制度的执行情况，包括客户尽职调查义务的落实、客户身份资料与交易信息的保存、大额交易与可疑交易报告制度的实施等。事后控制措施则体现在反洗钱工作报告和法律遵守情况等方面。

我们在《法人金融机构反洗钱分类评级管理办法（试行）》的基础上进行指标整理，新增可疑交易监测标准、合规人员反洗钱能力和可疑交易的后续监测。（1）人民银行于2016年底颁布的3号令取消了自2007年以来对所有金融机构交易监控参数的统一硬性要求，允许各金融机构自主开发制定交易监测标准。由于大量低质量的交易预警会造成支付机构人力物力的浪费，但如果以筛选出数量最少的可疑交易为目标又会违背制定可疑交易监测标准的初衷。因此，确定一个有效的可疑交易监测标准对提高支付机构反洗钱内部控制效率至关重要。（2）识别、评估洗钱风险的个人能力会对反洗钱有效性产生影响①。反洗钱合规部门人员对反洗钱合规工作重要性的理解、受教育的情况、对反洗钱法规的掌握以及相关实操经验和资质等的不同导致其识别和评估洗钱风险的能力不同。（3）不法分子利用第三方移动支付仅需数秒钟便可将非法资金转移至世界各地，这种瞬时性交易的特征使得支付机构对可疑交易实施后续监测显得尤为重要。支付机构在向监管部门报送可疑交易后应当持续采取相应的控制措施，防止非法资金继续转移。于是，支付机构内部控制有效性评估指标体系可归纳为表5－2。

① Yusarina M., Zuraidah M., Haniff M., Paul A.. Money Laundering Risk: From the Bankers' and Regulators Perspectives [J]. *Procedia Economics & Finance*, 2015 (28).

表 5－2　支付机构内部控制有效性评估指标体系

一级指标	二级指标	三级指标	指标内涵
事前控制有效性	制度完善性	客户尽职调查制度	设立简化与强化的客户尽职调查制度
		大额交易报告制度	设立大额交易报告制度
		可疑交易监测标准	制定可疑交易监测的标准
		客户及交易信息保存制度	设立客户及交易信息保存制度
	技术保障能力	大额交易监测系统	开发大额交易监测系统
		可疑交易监测系统	开发可疑交易监测系统
		客户及交易信息保存系统	建立客户身份资料和交易记录保存系统
	人员配备情况	专职反洗钱岗位	设立专职岗位，配备专职人员
		合规人员反洗钱能力	对法规的掌握程度及实践经验等
		内审/培训/宣传制度	制订开展反洗钱内审/培训/宣传的计划
事中控制有效性	客户身份识别	实名制认证落实	实名制用户占总用户的比重
		客户风险等级评定	对客户风险等级进行评定
		客户风险等级调整	根据风险状态变化调整客户风险等级
		高风险客户身份识别	采取强化的客户身份识别措施
	大额可疑交易报告	大额可疑交易报告及时性	按规定及时报送可疑与大额交易报告
		大额可疑交易报告合规性	大额、可疑交易报告要素的完整性
		可疑交易分析与监测标准完善	详细分析可疑交易预警，持续地对监测标准的有效性进行评估完善
		可疑交易的后续监测	报告可疑交易后的持续监测和管控
	客户及交易信息保存	客户及交易信息保存	按照规定年限保存客户身份及交易信息
	员工培训/考核制度	内部审计的开展	定期开展内部审计工作
		培训制度的开展	按培训计划定期开展员工反洗钱培训
		宣传的开展	开展反洗钱技能考核
事后控制有效性	反洗钱工作报告情况	定期报送年度工作报告与报表	是否定期报送相关报告与报表
	法律遵守情况	配合人民银行检查情况	是否配合中国人民银行的反洗钱调查
		行政处罚	是否曾受到人民银行反洗钱工作的处罚
		声誉	是否发生重大声誉事件

3. 剩余风险

仅对支付机构的固有风险或内部控制措施有效性进行评估并不能直接得出

该支付机构洗钱风险高或低的结论。固有风险很低的支付机构可能会因为薄弱的内部控制而使犯罪分子有机可乘，而面临高固有风险的支付机构也可能因为实施强有力的反洗钱内部控制从而弥补了洗钱风险敞口。沃尔夫斯堡集团（2015）指出，洗钱风险评估的主要目的是确定金融机构面临的一般和特定洗钱风险、机构内部的反洗钱措施如何减少这些风险，并最终确定剩余风险。因此，在根据上文所设计的指标体系确定支付机构的固有风险和控制有效性评分后，我们使用剩余风险来评估支付机构的洗钱风险，并将其划分为高、中和低三个等级。

剩余风险是指未被支付机构的反洗钱制度有效控制的洗钱风险，它是由反洗钱内部控制的有效性与固有洗钱风险水平的平衡所决定的。当剩余风险评估水平为1A、1B和2A时认为支付机构的洗钱风险较低，当剩余风险评估水平为1C、2B和3A时认为支付机构的洗钱风险中等，当剩余风险评估水平为2C、3B和3C时认为支付机构的洗钱风险较高。

具体分类标准是：（1）低剩余风险，基于国家/地域、客户和产品/服务等因素，支付机构所面临的固有风险是低到中等的，相应的控制措施足以应对这种固有风险；（2）温和的剩余风险，该分类下包括两种情况，一是支付机构面临低到中等程度的固有风险，但其内部控制有效性不足以应对此类固有风险；二是支付机构面临的洗钱风险很高，但其实施了十分有效的内部控制来管理固有风险；（3）高剩余风险，基于国家/地域、客户和产品/服务等因素确定的支付机构固有风险是中等至高的，反洗钱内部控制措施不足以管理这一固有风险。支付机构剩余洗钱风险评估矩阵如表5-3所示。

表5-3 支付机构剩余洗钱风险评估矩阵

固有风险	控制有效性	剩余风险
	A（75%～100%）	3A
3（高）	B（50%～75%）	3B
	C（<50%）	3C
	A（75%～100%）	2A
2（中）	B（50%～75%）	2B
	C（<50%）	2C
	A（75%～100%）	1A
1（低）	B（50%～75%）	1B
	C（<50%）	1C

二、评估模型的构建

1. 评估指标的无量纲化处理

（1）固有风险评估指标

固有风险评估指标包括定性指标和定量指标。部分比例型指标需要先进行定性等级划分后再进行计算。部分定量指标由于量纲不同无法直接使用，根据数据特征我们将其分为极大型和极小型两类并运用极值法对其进行 0 ~1 标准化处理，分值越高代表固有洗钱风险越高。

表 5 -4　固有风险定性指标评估表

风险等级	量化值
高风险	1
中高风险	0.75
中风险	0.5
中低风险	0.25
低风险	0

①定性指标与定量指标的转换

固有风险评估中涉及的定性指标按照风险等级高低将其划分为 5 个等级进行量化处理，当定性指标分类不足 5 个等级时，则采取就高风险的方法体现谨慎原则。以个人客户的职业为例，将赌博行业、离岸公司客户定义为高风险，娱乐服务行业、进出口贸易公司和房地产行业为中高风险，金融行业为中风险，其余行业为中低风险。最后按照各类客户占支付机构总客户的比例计算出该项指标。

②极小型、极大型指标的标准化处理

极大型指标的数值越大代表风险越低，如客户存续时间、市场规模等，其线性转换函数为 $S_i = \frac{x_{max} - x}{x_{max} - x_{min}}$。极小型指标的数值越小代表风险越低，如跨境支付业务的比例、从事高风险行业的客户比例等，其线性转换函数为 $S_i = \frac{x - x_{min}}{x_{max} - x_{min}}$。其中，$x_{max}$ 代表参评支付机构中该项指标数据的最大值，x_{min} 表示最小值。

（2）控制有效性评估指标

评估支付机构内部控制有效性的指标均为定性指标，我们将其划分为 5 个等级进行量化。当 $\varphi=0$ 时表示几乎无任何控制措施，当 $\varphi=1$ 时表示控制措施基本达到评价要求。具体表述与等级划分见表 5－5。

表 5－5 控制有效性评估表

评估标准	有效性	量化值 ϕ
完全实现了评价标准	高	1
实现了评价标准的主要部分	中高	0.75
部分实现了评价标准	中	0.5
较少实现了评价标准	中低	0.25
几乎没有实现评价标准	低	0

2. 评估指标的赋权

影响支付机构洗钱固有风险大小和内部控制有效性的各项因素重要性存在明显差异。客户尽职调查的权重分配比交易记录的保存更大①。在评价因素确定的情况下，不同的权重分配会带来不同的风险评价结果②。可见，权重的确定方法对于评估结果好坏至关重要。层次分析法（Analytic Hierarchy Process，AHP）是一种将定性分析与定量分析相结合的方法，能够将复杂的多目标决策问题分解为多个层次的多指标体系，通过求解判断矩阵特征向量的办法得到每一层次的各元素对上一层次某元素的优先权重，最后使用定性指标模糊量化和定量指标计算的方法得出评估结果③。已有文献中均采用专家调查法进行权重的选取，主观性较强。我们在此基础上增加熵权法求指标的客观权重，将主观与客观两种方法结合计算各项指标的综合权重。

（1）AHP 专家调查法赋权

AHP 专家调查法的优点是能够比较准确地反映出专家的主观判断能力和经验知识，但也存在着主观性较强且无法反映客观环境变化的缺点。使用 AHP 专家调查法的赋权步骤如下。

①构造比较判断矩阵

根据上述指标体系，从上往下依次以上一层的元素为依据对下一层与之相

① The Wolfsberg Group. Frequently Asked Questions on Risk Assessments for Money Laundering, Sanctions and Bribery & Corruption [R/OL]. http://www.wolfsberg-principles.com/pdf/faq/Wolfsberg-Risk- Assessment-FAQs-2015.pdf.

② 何逢标．综合评价方法 MATLAB 实现 [M]．北京：中国社会科学出版社，2010.

③ 郑容坤．我国高校应急管理研究进展（2004—2017）文献计量分析 [J]．云梦学刊，2019（1）：41－46.

关的元素进行两两比较，通过专家调查法获取各项指标相对重要性程度的判断矩阵。构造的矩阵的一般形式如表 5 - 6 所示。

表 5 - 6　判断矩阵的一般形式

Bm	*C*1	*C*2		…
*C*1	C_{11}	C_{12}		…
*C*2	C_{21}	C_{22}		…
…	…	…		…
Cn	C_{n1}	C_{n2}		…

目前被广泛采用的标度方法为 1 ~ 9 标度法。假设某位专家作出的判断为国家/地域风险比客户风险明显不重要（1/5）；国家/地域风险比产品/服务风险稍微不重要（1/3）；客户风险比产品/服务风险稍微重要（3），由此生成固有风险评估第一层次的判断矩阵，如表 5 - 7 所示。

表 5 - 7　判断矩阵示例表

项目	国家/地域风险	客户风险	产品/服务风险
国家/地域风险	1	1/5	1/3
客户风险	5	1	3
产品/服务风险	3	1/3	1

按照上述做法，由专家依次对各项指标的相对重要性作出判断从而得到各个层次的判断矩阵。汇总所有专家的判断矩阵并对各判断值进行算术平均或加权平均，得到总判断矩阵集。

②计算最大特征根和特征向量

特征根和特征向量能很好地代表一个矩阵的性质，对特征向量进行单位化后得到的单位矩阵特征向量即为体现各指标模块权重的排序权向量，记为 φ_i 。

③一致性检验

根据矩阵论，当某个判断矩阵具有完全一致性时，最大特征值和判断矩阵的阶数 n 相等，当两者不相等时就说明该判断矩阵不具有完全一致性。此时，引入指标 CI 来度量判断矩阵满意一致性，$CI = (\lambda_{\max} - n)/(n - 1)$ ，CI 越大表明判断矩阵的一致性越差。由于评估体系较为复杂，判断矩阵的阶数较高，保证完全一致性的难度增大，所以使用随机一致性比率 $CR = CI/RI$ ，RI 是和 CI 同阶的平均随机一致性指标，取值如表 5 - 8 所示。

表 5-8　随机一致性指标取值①

阶数	1	2	3	4	5	6	7	8	9	10
RI	0	0	0.58	0.9	1.12	1.24	1.32	1.41	1.45	1.49

（2）熵权法赋权

信息论的创始人 Shannon 最早将熵权引入信息论，基本思路是根据指标变异性的大小来确定客观权重②。对于第 i 项指标，其信息熵越小，该指标提供的信息量越大，在综合评价中所起的作用也越大，其被赋予的权重就应该越大，反之，其权重就越小。由于熵权法赋权中所使用的数据来源于所选评价指标的原始数据，指标权数与指标值相联系，并能够随着客观环境的变化而变化，因此排除了主观因素对权重大小的影响。使用熵权法的赋权步骤如下：

①标准化处理。首先使用我们提出的共计 c 个三级指标即 $X_1, X_2, \cdots, X_C$ 对 n 家支付机构进行评估得出各项指标的实际数据，其中第 i 项评估指标所得数据为 $X_i = \{x_1, x_2, ... x_n\}$，按照上文对各项指标进行无量纲化处理后得到标准化数值 $Y_{i,j}$。

②信息熵的计算。信息熵的计算方法为 $E_j = -\ln(n)^{-1}\sum_{i=1}^{n} p_{ij}\ln p_{ij}$，其中 $\rho_{ij} = Y_{ij}/\sum_{i=1}^{n} Y_{ij}$，当 $\rho_{ij} = 0$ 时，定义 $\lim_{\rho_{ij}\to 0}\rho_{ij}\ln\rho_{ij} = 0$。

③风险权向量的计算。根据上述公式计算出各指标的信息熵后，通过信息熵计算各指标的权重，$W_i = (1 - E_i)/(c - \sum E_i)$，其中 c 表示二级指标的个数，$i = 1, 2, \cdots, c$。

3. 组合权重的确定

通过上述方法分别得到每项指标的权重后将其进行组合并用 $\omega_i = \theta\varphi_i + (1-\theta) W_i$ 表示。按照组合权重与两种方法所确定的权重之间的偏差的平方和最小原则来确定 θ，求得最优权重为 0.5。因此，按照主观法与客观法确定的权重各占 50% 确定组合权重。

4. 计算评价结果

根据支付机构各项三级评估指标的得分与权重进行计算加总后得到二级指标得分，接着与二级指标的权重相乘得出支付机构的固有风险得分与控制有效性得分，最后根据剩余风险矩阵得出该支付机构的洗钱风险高低并采取差别化的监管措施。

---

① 何冰清．建立饮料包装设计评价模式的研究［D］．重庆：西南大学，2018.

② 贾宇航，罗玲奥，邵聪章．基于优化模型的高温工作服设计［J］．科技创新导报，2018（25）：125-126.

第五节　移动支付洗钱风险的监管

识别和评估第三方移动支付机构洗钱风险的最终目的是进行有效监管。在前两部分的内容中，我们对第三方移动支付机构所从事的支付活动有哪些风险以及监管部门该如何对一家支付机构所面临的洗钱风险进行全面评估的问题进行了全面梳理。本部分则主要采用博弈论的分析框架分别探讨支付机构与监管部门之间的静态博弈均衡策略和动态博弈均衡策略。然后用数值仿真的分析方法，研究各种变量的变化如何影响双方策略的演化过程以及均衡策略的稳定性。最后通过构建一个包含支付机构、洗钱者、监管部门等的简化的三方博弈模型来分析移动支付机构是否会与洗钱者合谋来共同应付监管部门。

一、支付机构与监管部门的静态博弈分析

1. 模型设定

结合实际情况，我们对模型作出如下假定：

（1）博弈方：博弈模型中有两个参与者，一方为从事第三方移动支付业务的支付机构，另一方为监管部门，在我国体现为中国人民银行。

（2）策略：第三方移动支付机构的策略集为｛积极反洗钱，消极反洗钱｝，其中，积极反洗钱行为意味着第三方移动支付机构积极履行反洗钱职责，包括履行 KYC 客户身份识别、及时追踪并上报大额可疑交易行为、落实内控制度并按规定保存客户信息与交易信息等相关的反洗钱要求；消极反洗钱行为意味着第三方移动支付机构没有积极落实上述反洗钱责任，导致其被不法分子用作洗钱通道，这种情况下将使支付机构面临巨大的洗钱风险，有些支付机构甚至协助或参与不法分子的洗钱行为。监管部门的策略集为｛监管，不监管｝，其中，监管行为意味着监管部门实施定期与不定期的走访、审查等监管。该博弈模型的策略空间包含以下四种：（消极反洗钱，监管）、（积极反洗钱，监管）、（消极反洗钱，不监管）以及（积极反洗钱，不监管）。

（3）市场信息完全，即当第三方移动支付机构未落实反洗钱职责或协助、参与洗钱时，监管部门就能够将其查处，然而监管部门如果不进行监管，关于第三方移动支付机构是否履行了相关反洗钱义务就无从得知。

（4）理性人假设前提下，监管部门与支付机构都追求效用最大化，且双方信息完全，双方彼此清楚对方的策略且同时决策。

2. 支付矩阵

假设从事网上支付业务的第三方移动支付机构正常经营时获取的收益 S。

当支付机构积极落实反洗钱义务时，将产生额外的反洗钱成本 C_1 。消极落实反洗钱义务的支付机构不产生反洗钱成本，而且由于其反洗钱职责履行不到位，可能会被不法分子利用甚至参与洗钱犯罪，在人民银行不监管时获取协助洗钱收益 ΔS ，但当人民银行实施监管时，支付机构除了被没收超额收益 ΔS 外，还需要支付罚款 F ，例如，汇付天下、通联支付等支付机构就曾因未履行反洗钱义务而被人民银行开出罚单。当第三方移动支付机构均选择积极反洗钱策略时，将营造良好的反洗钱氛围，构筑预防洗钱犯罪屏障，此时社会对第三方移动支付机构的评价将有所提升，第三方移动支付机构将因此获得额外的社会收益 R_1 。此外，当监管部门实施监管发现支付机构积极反洗钱时，将给予一定的反洗钱激励 A ，这种激励可以是利益分成等形式。对监管部门而言，其实施洗钱风险监管需要付出的成本为 C_2 ，当监测到消极反洗钱的第三方移动支付机构时，将获取其上缴的罚款 F 。同样如上文所述，在支付机构实施积极反洗钱的情况下，社会也将对监管部门的作用给予肯定，监管部门将因此获得额外的社会收益 R_2 。其中，监管部门获取的罚款 F 大于其反洗钱监管成本 C_2 ，也大于积极反洗钱的激励 A 。假定，第三方移动支付机构积极反洗钱的概率为 x ，消极反洗钱的概率为 $1-x$ ；反洗钱监管部门实施监管的概率为 y ，不实施监管的概率为 $1-y$ 。

在对以往监管模型文献研究的基础上，我们主要从两个方面改进博弈模型。首先，结合真实案例，我们引入支付机构被查处消极反洗钱导致的声誉损失 L_1 ，以 2018 年 8 月查处的国付宝为例，该第三方移动支付机构因存在为身份不明客户提供服务或与其交易、未按照规定履行客户身份识别义务等未积极履行反洗钱职责的行为而被监管部门开出天价罚单，该违规行为一时间受到媒体大量报道，国付宝的企业声誉受到重创。其次，正如前文所述，洗钱与其他违法行为不同，是一项具有负外部性的行为，当监管部门未履行监管职责而此时支付机构消极反洗钱时，将导致社会福利损失，该福利损失记为 L_2 。

根据上述设定，我们建立的静态博弈支付矩阵如表 5－9 所示。

表 5－9　第三方移动支付机构与监管部门的博弈支付矩阵

支付机构	监管部门	
	监管（y）	不监管（$1-y$）
积极反洗钱（x）	$S-C_1+R_1+A$, R_2-C_2	$S-C_1+R_1$, R_2
消极反洗钱（$1-x$）	$S-L_1-F$, $F-C_2$	$S+\Delta S$, $-L_2$

3. 博弈模型分析

由上述支付矩阵可知，该博弈模型不存在纯策略纳什均衡，但存在混合策略纳什均衡。分别求支付机构积极履行反洗钱义务与消极履行反洗钱义务情况下的期望收益，以及监管部门实施监管与不实施监管情况下的期望收益。

支付机构积极反洗钱与消极反洗钱的期望收益为

$$E_P = xE_x + (1-x)E_{1-x}$$
$$= (S - C_1 + R_1 + Ay)x + [S + \Delta S - (L_1 + F + \Delta S)y](1-x)$$

对积极反洗钱概率 x 求一阶偏导得到

$$\partial E_P/\partial x = (C_1 + \Delta S - R_1) - (L_1 + F + \Delta S + A)y = 0$$
$$y^* = (C_1 + \Delta S - R_1)/(L_1 + F + \Delta S + A)$$

监管部门实施监管与不监管的期望收益为

$$E_G = yE_y + (1-y)E_{1-y} = [x(R_2 - F) + F - C_2]y + [(L_2 + R_2)x - L_2](1-y)$$

对监管概率 y 求一阶偏导数得到

$$\partial E_G/\partial y = (F + L_2)x - C_2 = 0$$
$$x^* = F + L_2 - C_2/F + L_2$$

因此，第三方移动支付机构与监管部门博弈的混合策略纳什均衡为

$$(F + L_2 - C_2/F + L_2, (C_1 + \Delta S - R_1)/(L_1 + F + \Delta S + A))$$

该式的含义为

①当第三方移动支付机构的实际积极反洗钱概率 x 大于均衡积极反洗钱概率 x^* 时，监管部门的最优选择是不监管；当第三方移动支付机构的实际积极反洗钱概率 x 小于均衡积极反洗钱概率 x^* 时，监管部门的最优选择是监管；当第三方移动支付机构的实际积极反洗钱概率 x 等于均衡积极反洗钱概率 x^* 时，监管部门将以 $y^* = (C_1 + \Delta S - R_1)/(L_1 + F + \Delta S + A)$ 的概率进行监管①。

②当监管部门的实际监管概率 y 大于均衡监管概率 y^* 时，第三方移动支付机构的最优选择是积极反洗钱；当监管部门的实际监管概率 y 小于均衡监管概率 y^* 时，第三方移动支付机构的最优选择是消极反洗钱；当监管部门的实际监管概率 y 等于均衡监管概率 y^* 时，第三方移动支付机构将以 $x^* = C_2/(F + L_2)$ 的概率选择消极反洗钱。

4. 静态博弈模型结论

（1）支付机构反洗钱成本 C_1 越大，均衡监管概率 y^* 就越大。此时，由于需要付出较大的反洗钱成本，第三方移动支付机构往往倾向于消极反洗钱，因此，监管部门需要加强监管。

（2）洗钱被查处导致的支付机构声誉损失 L_1 越大，均衡监管概率 y^* 就越小。此时，由于消极反洗钱被查处后导致的声誉损失成本较大，第三方移动支

① 包丽红．我国第三方支付的监管问题研究［D］．南京：南京师范大学，2017.

付机构往往倾向于积极反洗钱。因此，监管部门可以适度放松监管。

（3）支付机构消极反洗钱的罚款 F 越大，均衡监管概率 y^* 就越小。此时，支付机构消极反洗钱被查处造成的违规成本较高，因此，第三方移动支付机构积极反洗钱的概率较高，监管部门可相应地适度放松监管。

（4）第三方移动支付机构因积极反洗钱获得的社会收益 R_1 越大，均衡监管概率 y^* 就越小，即当第三方移动支付机构积极反洗钱时，社会公众对其产生高评价所带来的收益较高，此时第三方移动支付机构积极反洗钱的动力较强，监管部门可适度放松监管。

（5）监管成本 C_2 越大，均衡积极反洗钱概率 x^* 就越小。此时由于执法成本较大，监管部门往往倾向于不监管，第三方移动支付机构积极反洗钱的概率 x^* 降低。

（6）收缴的支付机构消极反洗钱的罚款 F 越大，均衡积极反洗钱概率 x^* 就越大。此时，由于支付机构不履行反洗钱相关义务或参与洗钱被查处时被处以的罚款数额较大，这也意味着监管部门因积极实施监管而获取的收益较大，监管部门对支付机构洗钱风险的监管动机加强。因此，第三方移动支付机构积极反洗钱的概率增加。

（7）监管部门不实施监管导致社会福利损失 L_2 越大，均衡积极反洗钱概率就越大。当监管部门不实施监管会导致巨大的社会福利损失时，监管部门往往倾向于加强监管，第三方移动支付机构积极反洗钱的概率增加。

（8）积极反洗钱激励 A 越大，支付机构积极履行反洗钱职责的意愿就越高，均衡监管概率 y^* 越小，监管部门可以适当放松监管。

二、支付机构与监管部门的动态博弈分析

演化博弈又称进化博弈，谢识予（2010）认为进化博弈使用生物进化的复制动态机制，模拟有限理性博弈双方学习和策略调整过程，目的在于对非固定对象经济关系长期稳定趋势的分析①。支付机构与监管部门在洗钱与反洗钱行为中的博弈关系符合演化博弈的条件。演化博弈模型中的参数与静态博弈相同，假定第三方移动支付机构群体中采取积极反洗钱的比例为 x，选择消极反洗钱的群体占比为 $1-x$；而监管部门群体中采取监管策略的比例为 y，选择不监管策略的群体占比为 $1-y$。

1. 支付机构群体与监管部门群体的复制动态方程

（1）支付机构群体的复制动态方程

① 谢识予. 经济博弈论（第三版）[M]. 上海：复旦大学出版社，2010.

根据支付矩阵，支付机构选择积极反洗钱时的收益为 E_x ，即

$$E_x = y(S - C_1 + R_1 + A) + (1 - y)(S - C_1 + R_1) = S - C_1 + R_1 + yA$$

支付机构选择消极反洗钱时的收益为 E_{1-x} ，即

$$E_{1-x} = y(S - L_1 - F) + (1 - y)(S + \Delta S) = S + \Delta S - (L_1 + F + \Delta S)y$$

因此，第三方移动支付机构的平均收益为 $\overline{E_1}$ ，即

$$\overline{E_1} = xE_x + (1 - x)E_{1-x}$$

由上述公式可得，第三方移动支付机构的演化博弈复制动态方程为

$$D(x) = dx/dt = x(E_x - \overline{E_1}) = x(1 - x)[(L_1 + F + \Delta S + A)y - (C_1 + \Delta S - R_1)]$$

当 $D(x) = 0$ 时，稳定临界值为 $x = 0$, $x = 1$ 和 $y = (C_1 + \Delta S - R_1)/(L_1 + F + \Delta S + A)$。

（2）监管部门群体的复制动态方程

监管部门群体选择监管策略时的收益为 E_y ，即

$$E_y = x(-C_2 + R_2) + (1 - x)(F - C_2) = x(R_2 - F) + (F - C_2)$$

监管部门群体选择不监管策略时的收益为 E_{1-y} ，即

$$E_{1-y} = R_2x + (1 - x)(-L_2) = (L_2 + R_2)x - L_2$$

因此，监管部门的平均收益为 $\overline{E_2}$ ，即

$$\overline{E_2} = yE_y + (1 - y)E_{1-y}$$

由上述公式可得，监管部门的复制动态方程为

$$D(y) = dy/dt = y(E_y - \overline{E_2}) = y(1 - y)[(F + L_2 - C_2) - (F + L_2)x]$$

当 $D(y) = 0$ 时，稳定临界值为 $y = 0$, $y = 1$ 和 $x = (F + L_2 - C_2)/(F + L_2)$。

2. 支付机构群体与监管部门群体的演化策略分析

（1）第三方移动支付机构群体“消极反洗钱”的演化策略

对于第三方移动支付机构而言，其复制动态方程的一阶导数为

$$\partial D(x)/\partial x = (1 - 2x)[(L_1 + F + \Delta S + A)y - (C_1 + \Delta S - R_1)]$$

当 $D(x) = 0$ 时，根据演化稳定性的特征，当 $D'(x) < 0$ 时，此时的 x 为演化稳定策略。因此，当 $y^* = (C_1 + \Delta S - R_1)/(L_1 + F + \Delta S)$ 时，$D(x) = 0$，任意 x 均为稳定状态。在该条件 1 下，相位图如图 5－7 所示。

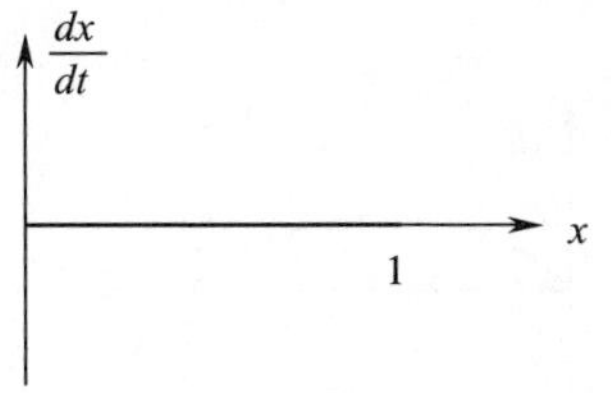

图 5－7　条件 1 下的复制动态相位图

当 $y^* \neq (C_1 + \Delta S - R_1)/(L_1 + F + \Delta S)$ 且 $C_1 + \Delta S - R_1 < 0$ 时，则恒有 $[(L_1 + F + \Delta S + A)y - (C_1 + \Delta S - R_1)] > 0$，在此条件下，当 $x = 1$ 时，$D'(x) < 0$，是演化稳定策略，支付机构群体选择积极反洗钱。当 $x = 0$ 时，$D'(x) > 0$，不属于演化稳定策略。在该条件 2 下，相位图如图 5 - 8 所示。

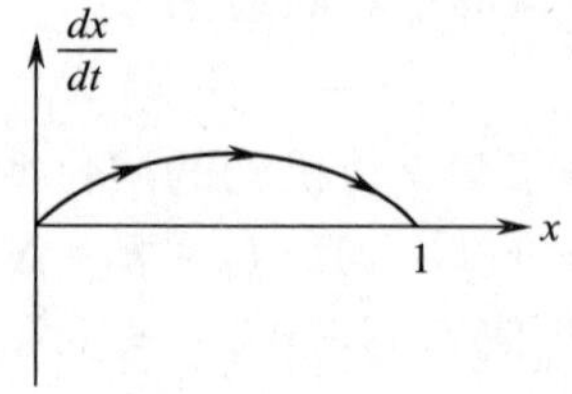

图 5 - 8　条件 2 下的复制动态相位图

当 $y^* \neq (C_1 + \Delta S - R_1)/(L_1 + F + \Delta S)$ 且 $C_1 + \Delta S - R_1 > 0$ 时，如果 $0 < y < (C_1 + \Delta S - R_1)/(L_1 + F + \Delta S + A)$，则 $[(L_1 + F + \Delta S + A)y - (C_1 + \Delta S - R_1)] < 0$，在此条件下，当 $x = 0$ 时，$D'(x) < 0$，属于演化稳定策略，支付机构群体选择消极反洗钱策略；当 $x = 1$ 时，$D'(x) > 0$，不属于演化稳定策略。在该条件 3 下，相位图如图 5 - 9 所示。

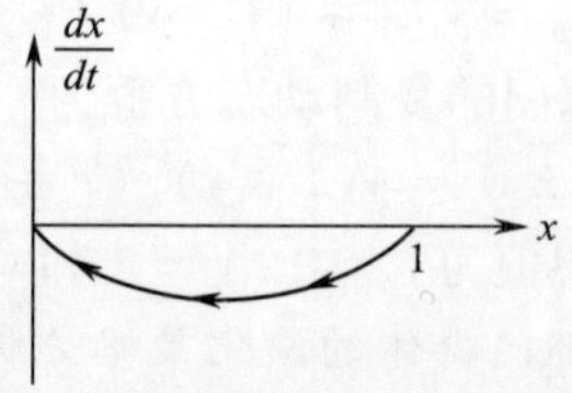

图 5 - 9　条件 3 下的复制动态相位图

当 $y^* \neq (C_1 + \Delta S - R_1)/(L_1 + F + \Delta S)$ 且 $C_1 + \Delta S - R_1 > 0$ 时，如果 $y > (C_1 + \Delta S - R_1)/(L_1 + F + \Delta S + A)$，则 $[(L_1 + F + \Delta S + A)y - (C_1 + \Delta S - R_1)] > 0$。在此条件下，当 $x = 1$ 时，$D'(x) < 0$，是演化稳定策略，第三方移动支付机构群体选择积极反洗钱；当 $x = 0$ 时，$D'(x) > 0$，不属于演化稳定策略。在该条件 4 下，相位图如图 5 - 10 所示。

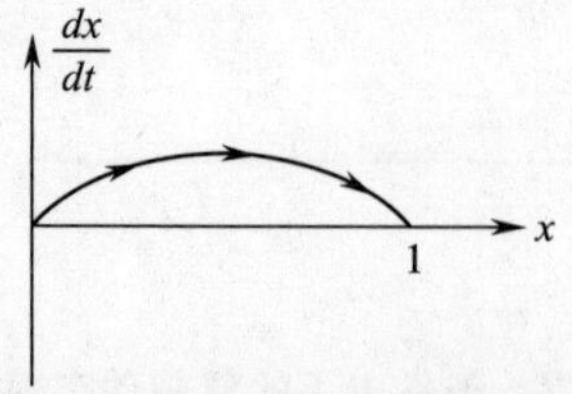

图 5 - 10　条件 4 下的复制动态相位图

（2）监管部门群体“监管”的演化策略

同理，对于监管部门而言，其复制动态方程的一阶导数为

$$\partial D(y)/\partial y = (1-2y)[(F+L_2-C_2)-(F+L_2)x]$$

当 $x = F + L_2 - C_2/F + L_2$ 时，$D(y) = 0$，该导数 $\partial D(y)/\partial y$ 等于0，任意 y 均为稳定状态。在该条件 5 下，相位图如图 5－11 所示。

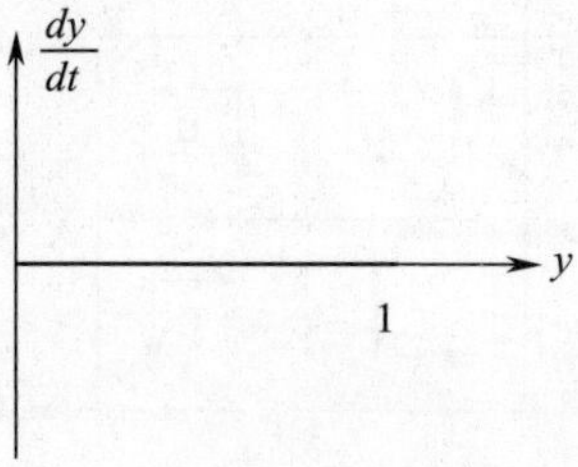

图 5－11　条件 5 下的复制动态相位图

当 $x \neq (F+L_2-C_2)/(F+L_2)$ 且 $0 < x < (F+L_2-C_2)/(F+L_2)$ 时，则有 $[(F+L_2-C_2)-(F+L_2)x] > 0$。在此条件下，当 $y = 1$ 时，导数 $\partial D(y)/\partial y$ 小于0，是演化稳定策略，监管部门群体实施不监管策略。该条件 6 下，相位图如图 5－12 所示。

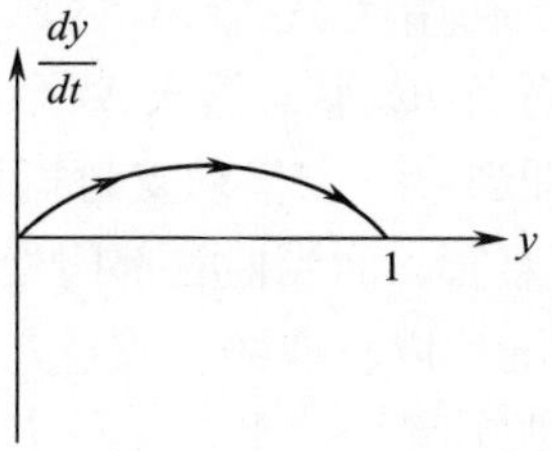

图 5－12　条件 6 下的复制动态相位图

当 $x \neq (F+L_2-C_2)/(F+L_2)$ 且 $x > (F+L_2-C_2)/(F+L_2)$，则有 $[(F+L_2-C_2)-(F+L_2)x] < 0$，在此条件下，当 $y = 0$ 时，导数 $\partial D(y)/\partial y$ 小于0，是演化稳定策略，监管部门实施监管策略。在该条件 7 下，相位图如图 5－13 所示。

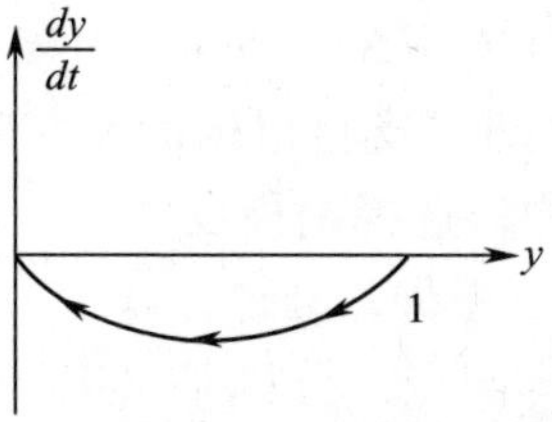

图 5－13　条件 7 下的复制动态相位图

3. 博弈双方动态变化趋势分析

第三方移动支付机构与监管部门两者的复制动态关系和稳定图用同一坐标平面表示出来如图 5－14 所示。其中，x 轴表示第三方移动支付机构采取积极反洗钱策略的概率，y 轴表示监管部门采取监管策略的概率。

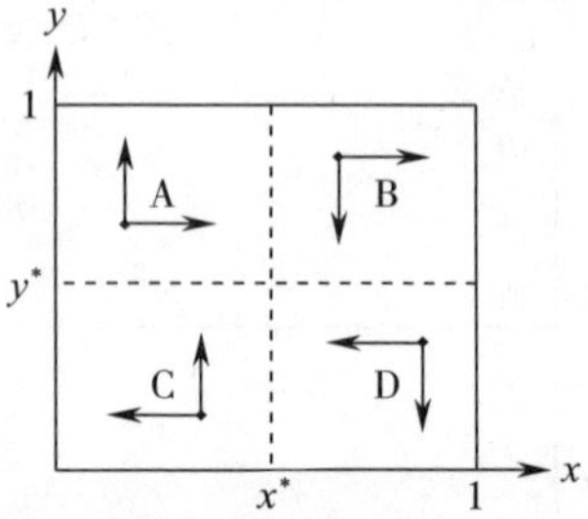

图 5－14　支付机构与监管部门的复制动态与稳定性

当 $0<(C_1+\Delta S-R_1)/(L_1+F+\Delta S)<1$ 且 $0<(F+L_2-C_2)/(F+L_2)<1$ 时，该情况下没有演化稳定策略，最终均衡状态取决于第三方移动支付机构与监管部门之间学习调整的速度。当初始状态落入 B 区域时，该博弈的最终结果会向着（1，0）收敛，落入 D 区域；当初始状态落入 D 区域时，该博弈的最终结果会向着（0，0）收敛，落入 C 区域；当初始状态落入 C 区域时，该博弈的最终结果会向着（0，1）收敛，落入 A 区域；而当初始状态落入 A 区域时，该博弈的最终结果会向着（1，1）收敛，落入 B 区域。即当第三方移动支付机构初始选择了积极反洗钱策略后，监管部门会趋向于不实施监管，而当监管部门处于不实施监管状态时，又会诱使第三方移动支付机构消极反洗钱以获取额外收益，一旦监管部门发现第三方移动支付机构消极反洗钱便会采取监管策略，此时第三方移动支付机构将会再次趋于选择积极反洗钱策略，双方陷入演化博弈的循环状态中。

当 $(C_1+\Delta S-R_1)/(L_1+F+\Delta S)<0$ 且 $0<(F+L_2-C_2)/(F+L_2)<1$ 时，只包含 AB 两个区域。此时，消极反洗钱获取的超额收益小于积极反洗钱带来的社会收益扣支付机构承担的反洗钱成本，第三方移动支付机构将选择积极反洗钱。

当 $(C_1+\Delta S-R_1)/(L_1+F+\Delta S)>1$ 且 $0<(F+L_2-C_2)/(F+L_2)<1$ 时，只包含 CD 两个区域。此时，支付机构消极反洗钱的收益大于其积极反洗钱的收益，第三方移动支付机构将选择消极反洗钱。

4. 双方演化博弈的稳定性分析与数值仿真

双方演化博弈共有 5 个均衡点，分别是（0，0）（0，1）（1，0）（1，1）和 $[(F+L_2-C_2)/(F+L_2),(C_1+\Delta S-R_1)]/(L_1+F+\Delta S+A)$。演化博弈过

程可能趋向于5个均衡点之一，这由博弈双方初始采取策略的比例与解的正负来决定。第三方移动支付机构和监管部门的选择策略的演化可以用上述等式组成的系统来描述，该系统的雅可比矩阵为

$$J=\begin{bmatrix}\frac{\partial D(x)}{\partial x} & \frac{\partial D(x)}{\partial y}\\ \frac{\partial D(y)}{\partial x} & \frac{\partial D(y)}{\partial y}\end{bmatrix}$$

$$=\begin{bmatrix}(1-2x)[(L_1+F+\Delta S+A)y-(C_1+\Delta S-R_1)] & x(1-x)(L_1+F+\Delta S+A)\\ -y(1-y)(F+L_2) & (1-2y)[(F+L_2-C_2)-(F+L_2)x]\end{bmatrix}$$

进一步分析：

对于离散系统，若演化博弈的均衡点满足：若 $\det J>0$ 、$\operatorname{tr}J<0$ ，则该均衡点具有稳定性；若 $\det J>0$ 、$\operatorname{tr}J=0$ ，则该均衡点为中心；若 $\det J>0$ 、$\operatorname{tr}J>0$，则该均衡点为不稳定点；若 $\det J<0$ ，则该均衡点为鞍点（即沿着某一方向是稳定的但另一方向是不稳定的奇点）。根据上述雅克比矩阵，求得行列式和迹分别为

$$\det J=(1-2x)(1-2y)[(L_1+F+\Delta S+A)y-(C_1+\Delta S-R_1)][(F+L_2-C_2)-(F+L_2)x]+x(1-x)(L_1+F+\Delta S+A)y(1-y)(F+L_2)$$

$$\operatorname{tr}J=(1-2x)[(L_1+F+\Delta S+A)y-(C_1+\Delta S-R_1)]+(1-2y)[(F+L_2-C_2)-(F+L_2)x]$$

接着，我们对五个均衡点进行分析，计算均衡点的稳定性。我们假设 $F>C_2$ ，监管部门实施监管收获的罚款大于其实施反洗钱监管的成本，在此前提条件下该系统的局部稳定分析结果如下：

（1）当 $C_1+\Delta S-R_1<0$ 时，第三方移动支付机构消极反洗钱时获取的收益小于其积极反洗钱时获取的收益，此时，第三方移动支付机构将会选择积极反洗钱，履行各项反洗钱义务。该系统最后的演化结果为（1，1），在该点附近的扰动不会使其偏离稳定点，即第三方移动支付机构选择积极反洗钱，监管部门选择实施反洗钱监管。系统的局部稳定分析结果如表5－10所示。

表5－10　$C_1+\Delta S-R_1<0$ 时系统的局部稳定分析结果

均衡点	detJ 符号	trJ 符号	局部稳定性
(0，0)	+	+	不稳定点
(0，1)	−	未知	鞍点
(1，0)	+	−	ESS
(1，1)	−	未知	鞍点

表5－11展示了各均衡点的含义。

表5－11　演化系统各均衡点的含义

均衡点	结果	含义
$x=0$，$y=0$	不稳定点	支付机构消极反洗钱，监管部门不监管
$x=0$，$y=1$	鞍点	系统当前状态演化点
$x=1$，$y=0$	ESS	支付机构积极反洗钱，监管部门不监管
$x=1$，$y=1$	鞍点	系统当前状态演化点

首先，设定模型参数初始数值，取 $C_1=5$，$R_1=8$，$\Delta S=1$，$L_1=2$，$L_2=3$，$F=4$，$C_2=3$，$A=2$，此时 $C_1+\Delta S-R_1<0$。图5－15（a）（b）分别给出了当 $y=0.2$ 和 $y=0.5$ 时，不同 x 取值（$x=0.1,0.2,0.3,0.4,0.5,0.6,0.7,0.8,0.9$）的演化曲线。从中可以看出，无论 y 的初始值为多少，在一段时间后，x 的值总是会趋向于1，即支付机构将会选择积极反洗钱。图5－15（c）（d）分别给出了当 $x=0.2$ 和 $x=0.7$ 时，不同 y 取值的演化曲线。从中可以看出，无论 x 的初始值为多少，在一段时间后，y 的值也总是会趋向于0，即反洗钱监管部门会选择不实施监管。第三方移动支付机构与监管部门长期博弈后最终的策略选择为（积极反洗钱，不监管），与上文稳定分析结果相同。

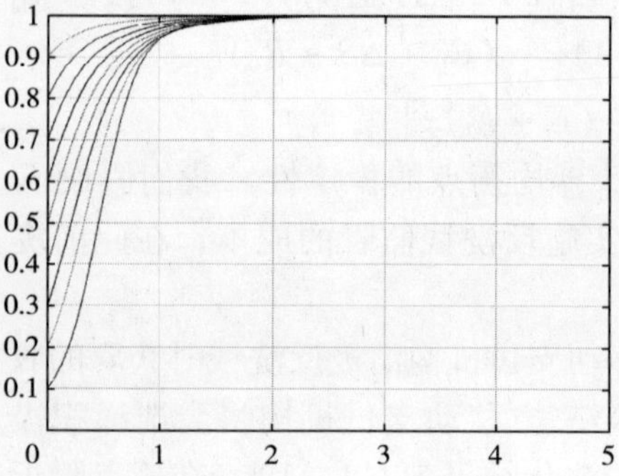

图5－15（a）　$y=0.2$

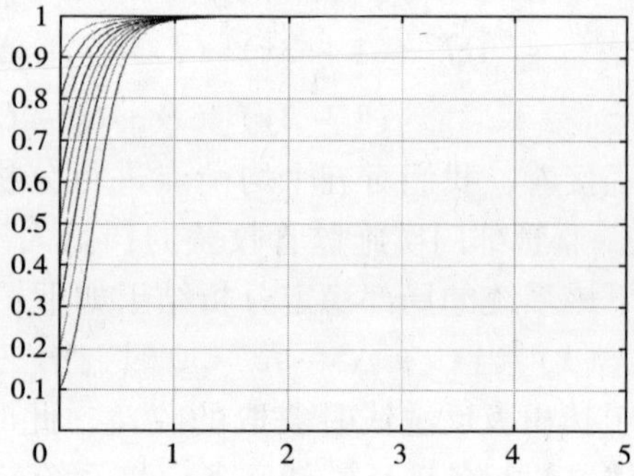

图5－15（b）　$y=0.5$

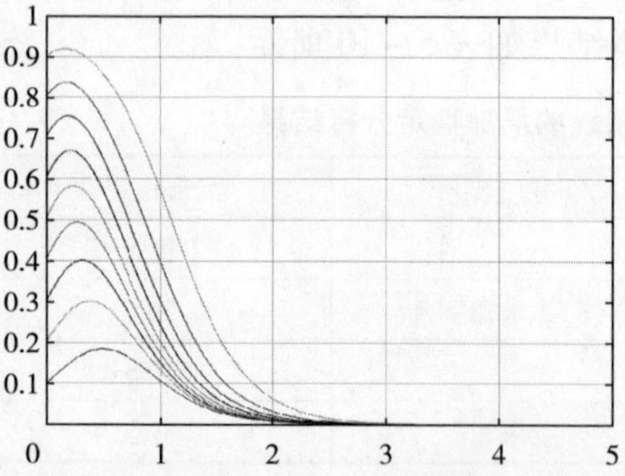

图5－15（c）　$x=0.2$

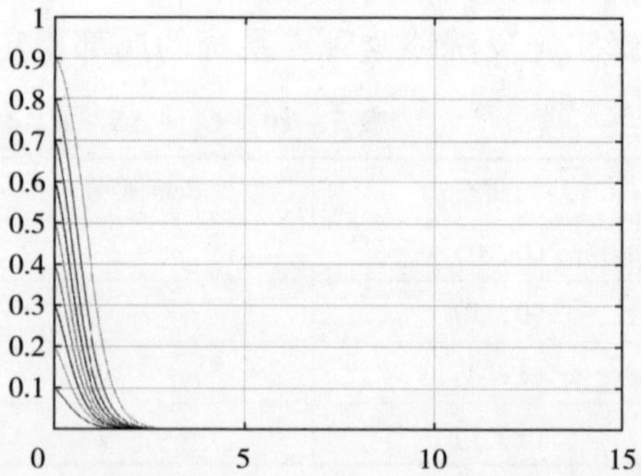

图5－15（d）　$x=0.7$

（2）当 $0 < C_1 + \Delta S - R_1 < L_1 + F + \Delta S + A$ 时，该系统不存在稳定点。

表 5－12　$0 < C_1 + \Delta S - R_1 < L_1 + F + \Delta S + A$ 时系统的局部稳定分析结果

均衡点	det$J$ 符号	tr$J$ 符号	局部稳定性
（0，0）	－	未知	鞍点
（0，1）	－	未知	鞍点
（1，0）	－	未知	鞍点
（1，1）	－	未知	鞍点
（x^*，y^*）	＋	0	中心点

令 $C_1 = 5$，$R_1 = 4$，$\Delta S = 1$，$L_1 = 2$，$L_2 = 3$，$F = 4$，$C_2 = 3$，$A = 2$，此时 $0 < C_1 + \Delta S - R_1 < L_1 + F + \Delta S + A$。当赋予 x 任意初始值（图 5－16（a）（b）分别展示了取 $x = 0.2$ 和 $x = 0.7$）时，y 的演化曲线呈现出震荡形式，其不会最终演变为某一个固定值。同样，当赋予 y 任意初始值（图 5－16（c）（d）分别展示了取 $y = 0.2$ 和 $y = 0.5$）时，x 的演化曲线也呈现出震荡形式。由此可得，当 $0 < C_1 + \Delta S - R_1 < L_1 + F + \Delta S + A$ 时，系统不存在稳定的演化状态。

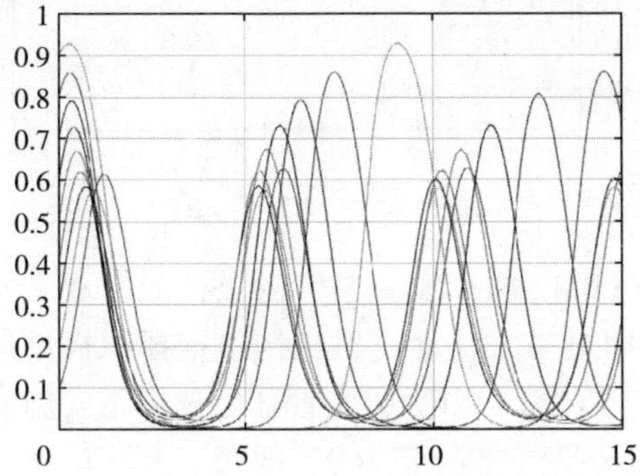

图 5－16（a）　$x = 0.2$

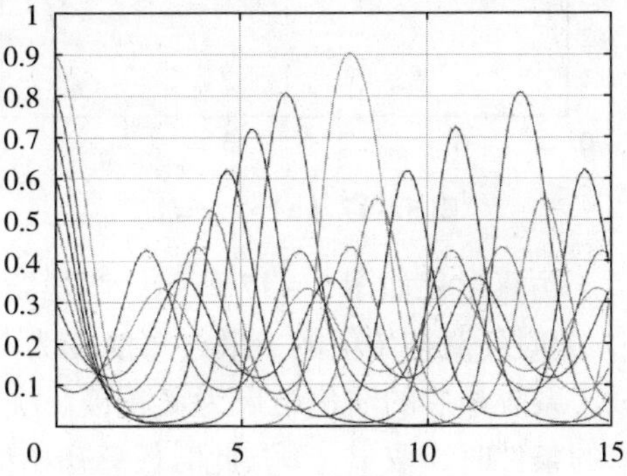

图 5－16（b）　$x = 0.7$

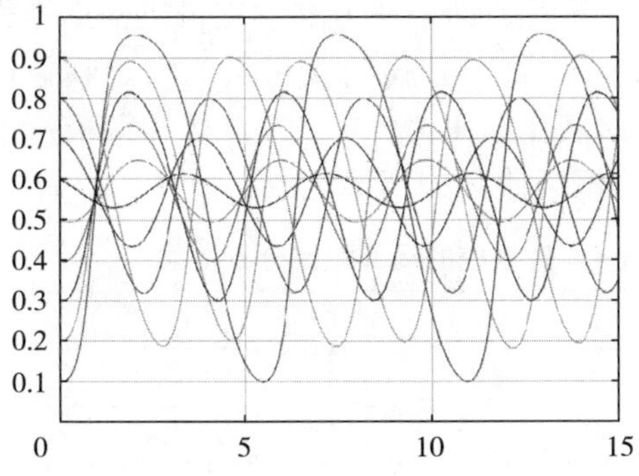

图 5－16（c）　$y = 0.2$

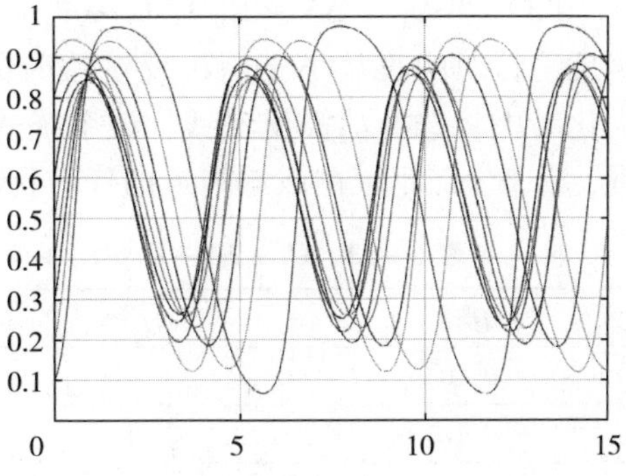

图 5－16（d）　$y = 0.5$

但是，如果此时给定条件监管部门选择实施监管，根据 $C_1 + \Delta S - R_1 < L_1 + F + \Delta S + A$ 可以得到 $S - C_1 + R_1 + A > S - L_1 - F$ ，即对应支付矩阵中当监管部门选择实施监管时，支付机构选择积极反洗钱策略的收益大于消极反洗钱策略的收益，因此支付机构将会选择积极反洗钱，系统最后的演化结果为（0，1），即（积极反洗钱，监管）。如果监管部门选择不实施监管，则根据 $0 < C_1 + \Delta S - R_1$ 可得 $S - C_1 + R_1 < S + \Delta S$ ，即对应支付矩阵中当监管部门选择不实施监管时，支付机构选择积极反洗钱的收益小于消极反洗钱策略的收益，因此支付机构将会选择消极反洗钱，系统最后的演化结果为（0，0），即（消极反洗钱，不监管）。

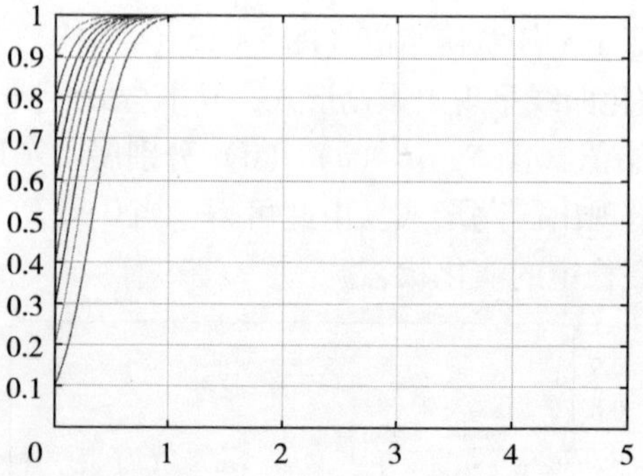

图 5－17（a） $y=1$

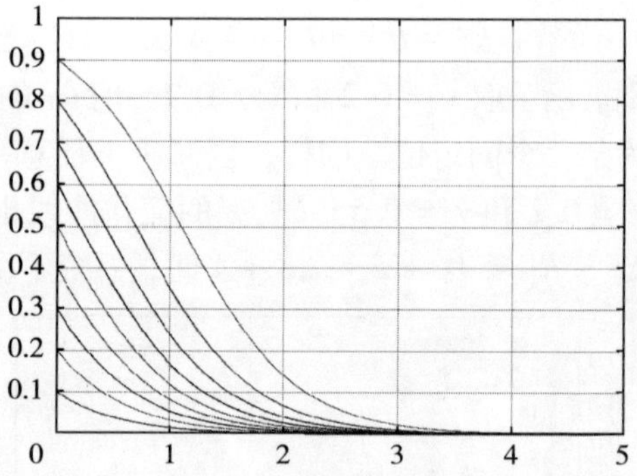

图 5－17（b） $y=0$

仿真过程如图 5－17 所示。当给定监管部门选择实施监管的条件时，取 $y = 1$，此时任意初始值的 x 最终将演变为 1，即第三方移动支付机构将选择积极反洗钱，系统最后的演化结果为（积极反洗钱，监管）。当给定监管部门选择不实施监管的条件时，取 $y = 0$，此时任意初始值的 x 最终将演变为 0，即第三方移动支付机构将选择消极反洗钱，系统最后的演化结果为（消极反洗钱，不监管）。

（3）当 $C_1 + \Delta S - R_1 > L_1 + F + \Delta S + A$ 时，即第三方移动支付机构选择积极反洗钱时的收益小于消极反洗钱时的收益，第三方移动支付机构出于收益最大化考虑将选择消极反洗钱，该系统的最后演化结果为（0，1），即（消极反洗钱，监管），此时在该点附近的任何扰动均不会使其偏离稳定点。

表 5－13　$C_1 + \Delta S - R_1 > L_1 + F + \Delta S + A$ 时系统的局部稳定分析结果

均衡点	det$J$ 符号	tr$J$ 符号	局部稳定性
（0，0）	－	未知	鞍点
（0，1）	＋	－	ESS
（1，0）	－	未知	鞍点
（1，1）	＋	＋	不稳定点

令 $C_1 = 10$，$R_1 = 1$，$\Delta S = 1$，$L_1 = 2$，$L_2 = 3$，$F = 4$，$C_2 = 3$，$A = 2$，此时 $C_1 + \Delta S - R_1 > L_1 + F + \Delta S + A$。我们分别展示了当 $x = 0.2$ 和 $x = 0.7$ 时不同 y 取值的演化曲线，以及当 $y = 0.2$ 和 $y = 0.5$ 时不同 x 取值的演化曲线。从图 5 - 18 可以看出，无论 y 的初始值为多少，在一段时间内总是会趋向于 1；无论 x 的初始值为多少，在一段时间内总是会趋向于 0。因此得出结论，当 $C_1 + \Delta S - R_1 > L_1 + F + \Delta S + A$ 时，第三方移动支付最终会选择消极反洗钱，监管部门最终会选择监管，双方博弈的最终策略为（消极反洗钱，监管），与上文得出的结果一致。

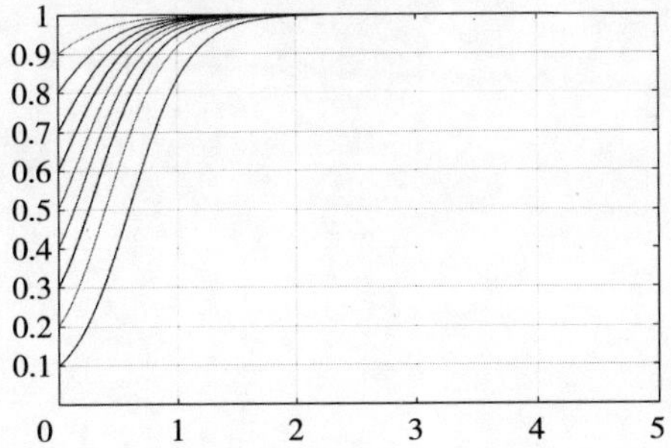

图 5 - 18（a）　$x = 0.2$

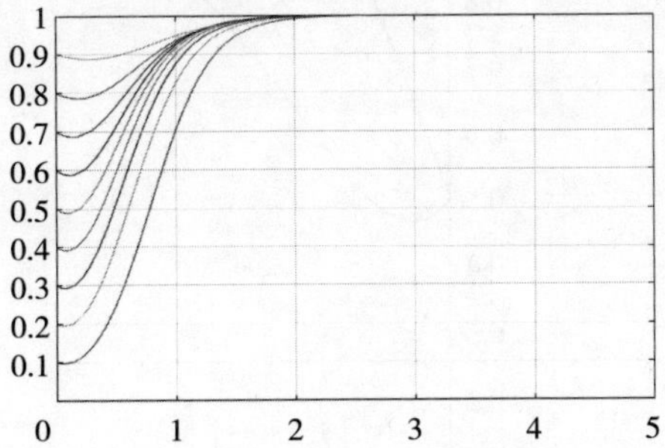

图 5 - 18（b）　$x = 0.7$

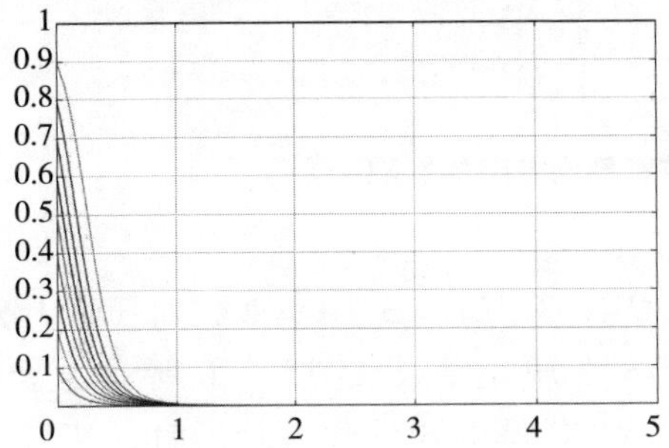

图 5 - 18（c）　$y = 0.2$

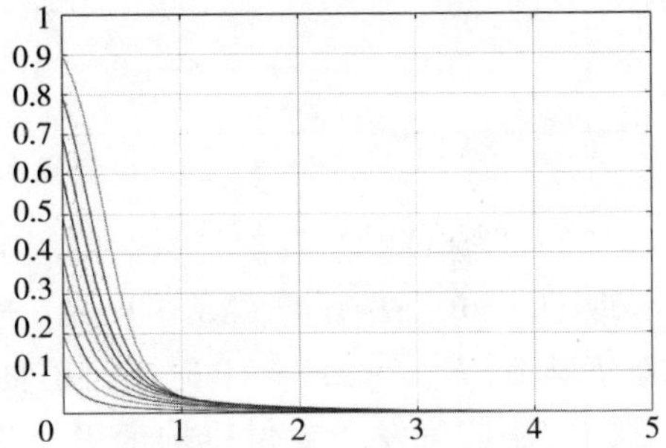

图 5 - 18（d）　$y = 0.5$

5. 主要变量对双方演化博弈策略影响的仿真分析

为进一步说明博弈模型中主要变量对双方演化博弈策略的影响，下文通过 MATLAB 软件在改变系统初始变量数值的情况下模拟双方策略的动态演化过程，着重分析监管成本 C_2 与罚款 F 对监管部门策略选择的影响，以及消极反洗钱导致的声誉损失 L_1 与积极反洗钱激励 A 如何影响支付机构的选择。取支付机构积极反洗钱与消极反洗钱的策略的概率相同，监管部门实施监管策略与不监管策略的概率相同，即 $x = y = 0.5$。

（1）监管成本 C_2 对监管部门策略的影响

取 $C_1 = 9$，$R_1 = 1$，$\Delta S = 1$，$L_1 = 2$，$L_2 = 3$，$F = 4$，$A = 2$，对监管成本 C_2 分别取 $C_2 = 1$，$C_2 = 5$，$C_2 = 10$ 时进行仿真，得到的输出结果如图 5 - 19 所示。

其中，纵轴表示监管部门采取监管策略的概率。监管成本 C_2 越低，监管部门向均衡态即采取监管策略收敛的速度越快，而随着监管成本 C_2 不断上升，监管部门实施监管将会耗费更多的成本，这将导致监管部门由原来的采取监管策略转向不监管策略。由此得出，过高的监管成本将导致监管机构趋于选择不监管。

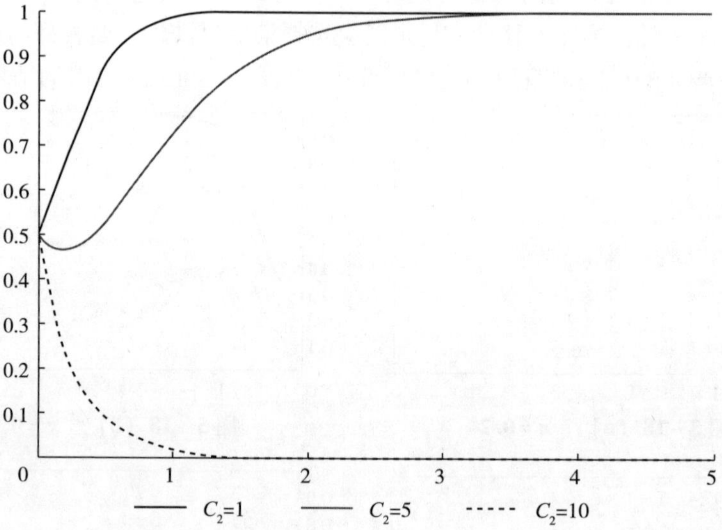

图 5－19 监管成本对监管部门策略的影响

（2）罚款 F 对监管部门策略的影响

取 $C_1=9$，$R_1=1$，$\Delta S=1$，$L_1=2$，$C_2=3$，$L_2=3$，$A=2$，对罚款 F 分别取 $F=1$，$F=5$，$F=10$ 时进行仿真，得到的输出结果如图 5－20 所示。当监管部门实施监管发现支付机构消极反洗钱所能获得的罚款收入较低时，其趋于监管策略的速度较慢，随着罚款收入 F 不断上升，监管部门将较快地趋于选择实施监管策略，但当罚款收入 F 上升到一定数额时，此时第三方移动支付机构消极反洗钱成本较高，监管部门转向了随机调整的监管策略。

（3）消极反洗钱导致的声誉损失 L_1 对支付机构策略的影响

取 $C_1=9$，$R_1=1$，$\Delta S=1$，$F=4$，$C_2=3$，$L_2=3$，$A=2$，对消极反洗钱导致的声誉损失 L_1 分别取 $L_1=1$，$L_1=5$，$L_1=10$ 时进行仿真，得到的输出结果如图 5－21 所示。当消极反洗钱导致的声誉损失 L_1 较低时，第三方移动支付机构趋于选择消极反洗钱策略，随着声誉损失 L_1 的上升，第三方移动支付机构转向随即调整策略。此时，若改变条件使 $y=1$，即监管部门采取监管策略，如图 5－21右图所示。当消极反洗钱被查处导致的声誉损失 L_1 较低时，第三方移动支付机构选择消极反洗钱，随着消极反洗钱被查处导致的声誉损失 L_1 的上升，

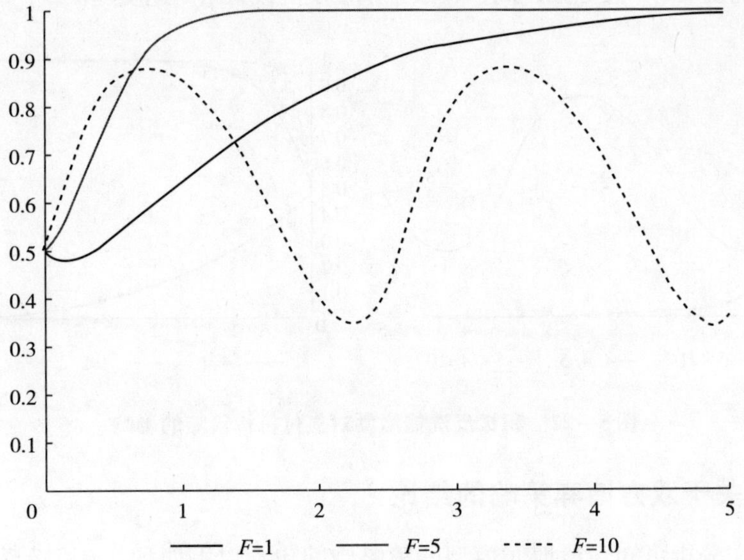

图 5-20　罚款对监管部门策略的影响

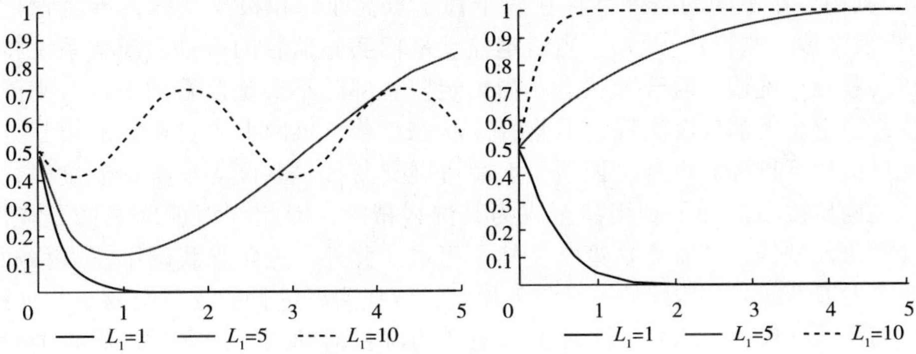

图 5-21　消极反洗钱导致的声誉损失对支付机构策略的影响

支付机构将转向积极反洗钱策略。

（4）积极反洗钱激励 A 对支付机构策略的影响

取 $C_1 = 9$，$R_1 = 1$，$\Delta S = 1$，$F = 4$，$C_2 = 3$，$L_2 = 3$，$L_1 = 2$，积极反洗钱激励 A 分别取 $A = 1$，$A = 5$，$A = 10$ 时进行仿真，得到的输出结果如图 5-22 所示。当积极反洗钱激励 A 较低时，第三方移动支付机构趋于选择消极反洗钱策略，随着积极反洗钱激励 A 的上升，第三方移动支付机构转向随即调整策略。此时，若改变条件使 $\gamma = 1$，即监管部门采取监管策略，如图 5-22 右图所示。当积极反洗钱激励 A 较低时，第三方移动支付机构选择消极反洗钱，随着激励 A 的上升，支付机构将转向积极反洗钱策略，且激励越高，收敛于积极反洗钱策略的速度越快。

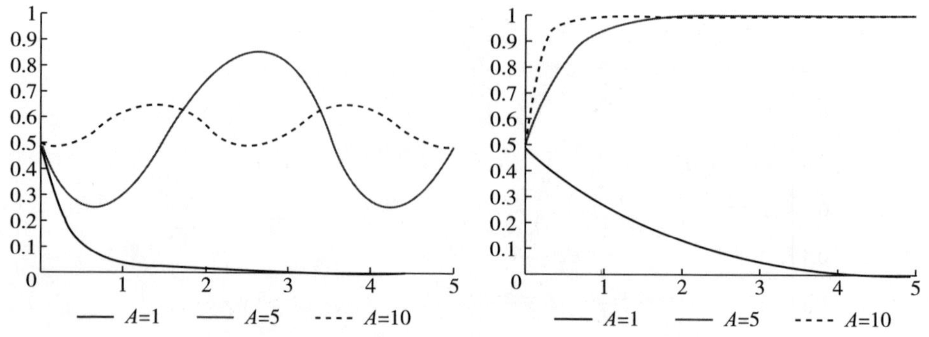

图 5－22 积极反洗钱激励对支付机构策略的影响

三、关于双方博弈策略的结论

由上文分析可知，该博弈模型的策略空间包含以下四种：（消极反洗钱，监管）（积极反洗钱，监管）（消极反洗钱，不监管）以及（积极反洗钱，不监管）。其中，在不同的条件下存在两个稳定点，即（积极反洗钱，不监管）和（消极反洗钱，监管）。此外，当给定监管部门实施监管的条件，演化系统将稳定在（积极反洗钱，监管）状态，当给定监管部门不实施监管的条件，则演化系统将稳定在（消极反洗钱，不监管）状态。若从事网上支付业务的第三方移动支付机构不履行客户身份识别、大额可疑交易报告制度等反洗钱制度时，该支付机构易被不法分子利用甚至成为其洗钱帮凶，因此（消极反洗钱，监管）与（消极反洗钱，不监管）策略显然不可取。此外，近年来我国第三方移动支付业务发展迅猛，与传统的银行业务相比，依托网络进行的支付交易更为便捷，资金的流动过程更为隐蔽，客观上容易成为洗钱活动利用的通道，而我国对非银行第三方移动支付机构中洗钱风险的规制仍处在逐步探索之中，因此，此阶段监管部门的作用不可或缺。据此，我们认为在该演化系统中，最为理想的状态应当是（积极反洗钱，监管）策略。通过上述对各变量影响双方策略选择的分析，为使得博弈结果朝着对双方有利的方向发展，达到（积极反洗钱，监管）的理想策略选择，有以下结论可供参考：

首先，降低监管部门的反洗钱监管成本 C_2 。较低的反洗钱监管成本是促使监管部门选择实施监管策略的重要影响因素。当监管机构实施反洗钱监管时需要付出的成本越小，y^* 的值就越小，系统收敛于（积极反洗钱，监管）的概率增大，支付机构趋于积极落实反洗钱责任，监管部门越会选择实施反洗钱监管。而降低反洗钱监管成本的重要方法是根据对不同支付机构风险评估的结果实施分级监管，对剩余风险高低不同的支付机构实施差异化的监管措施，将反洗钱资源优先分配至高剩余风险的支付机构。

其次，提高声誉损失 L_1。当监管部门发现支付机构消极反洗钱时征收的罚款越大，且支付机构因此要承担的声誉损失越严重时，y^* 的值越小，系统收敛于（积极反洗钱，监管）的概率增大。

最后，提高反洗钱激励 A 。当第三方移动支付机构积极反洗钱时，其所能获取的合规激励越多，越能在一定程度上弥补其反洗钱成本，第三方移动支付机构越趋于选择积极反洗钱策略。

四、关于移动支付机构是否会与洗钱者合谋的再分析

移动支付机构在洗钱风险管控方面扮演着特殊角色。由于我国移动支付机构受到的监管程度明显弱于银行、证券等传统金融机构，因而移动支付服务提供商既可能积极参与监管，也可能会出于成本或收益等方面的考虑而采取消极监管态度，还可能会帮助洗钱分子逃避监管，甚至可能会与洗钱分子一起参与洗钱。如图 5－23 所示，这三者之间均存在相互制约的博弈关系。

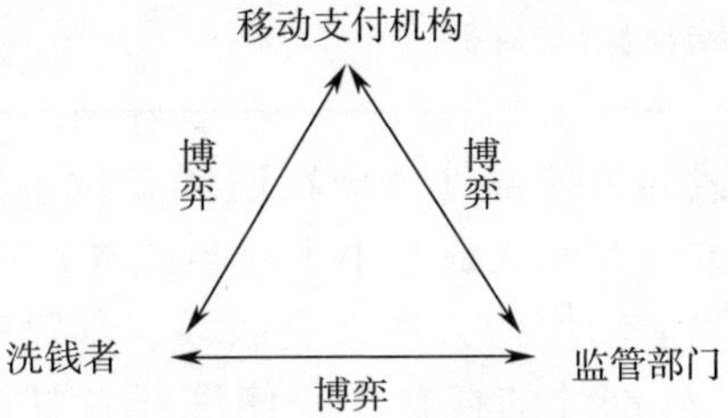

图 5－23　三方博弈主体

借用前述的静态博弈分析框架逐一分析洗钱者和移动支付机构之间的博弈、移动支付机构和监管部门之间的博弈以及洗钱者和监管部门之间的博弈，不难得知洗钱和反洗钱的制约因素以及各参与主体的决策行为，现将基本结论总结为表 5－14。

表 5－14　移动支付结构、洗钱者和监管部门三方博弈的结果对比

博弈主体	静态博弈结论
洗钱者和移动支付机构	（1）若政府监管部门不作为，则该博弈的占优策略均衡为（洗钱，反洗钱违规）。 （2）当政府监管部门履行监管职责时，洗钱者和移动支付机构之间的博弈存在混合策略的纳什均衡。 （3）若存在严格的外部监管，洗钱者的洗钱成本和因洗钱而判处的罚金与移动支付机构的反洗钱概率负相关。 （4）移动支付机构的反洗钱合规成本与洗钱者的洗钱概率正相关，其违规罚金和名誉损失与洗钱者的洗钱概率负相关。

续表

博弈主体	静态博弈结论
移动支付机构和监管部门	（1）此博弈存在混合策略的纳什均衡，即参与主体分别有最优的均衡反洗钱概率和均衡监管概率。 （2）影响监管概率的因素主要有移动支付机构的反洗钱成本、反洗钱激励以及违规的名誉损失和判处的罚金。反洗钱合规成本与监管概率呈正相关关系，而反洗钱激励、违规罚金和名誉损失与监管概率呈负相关关系。 （3）监管部门的社会收益和未实行监管的名誉损失与移动支付机构的反洗钱概率呈正相关关系，其监管成本与反洗钱概率呈负相关关系。
洗钱者和监管部门	（1）洗钱者和监管部门存在混合策略的纳什均衡，博弈主体都分别有其最优的均衡洗钱概率和监管概率。 （2）洗钱者的洗钱概率的影响因素是监管部门的监管成本、社会收益以及未实行监管的名誉损失。监管成本与洗钱概率正相关，而社会收益和名誉损失与洗钱概率负相关。 （3）影响监管概率的主要因素有洗钱者的洗钱成本以及罚金，洗钱成本与罚金都与监管概率正相关。 （4）监管部门实行监管能否准确发现可疑交易与其监管能力有关，监管部门的监管能力与洗钱者的洗钱概率负相关，监管人员反洗钱经验的增加以及金融监管科技的引进能够提高监管能力，进而有效抑制洗钱活动。

从中不难发现，洗钱的负外部性体现在洗钱者从事洗钱活动使他人或社会受损却没有为此承担成本（其私人成本小于社会成本）。反洗钱的正外部性在于移动支付机构开展反洗钱活动使他人或社会收益，却没有因此得到补偿（其私人收益小于私人利益）。外部性的存在正是使洗钱者甘愿冒着违法风险进行洗钱，移动支付机构不愿遵守反洗钱规定的根本动因。通过建立外部效应内在化机制可以消除洗钱与反洗钱的外部经济效应，例如，杨蓬勃和张成虎（2007）① 利用庇古税和科斯定理，对反洗钱行为给予对应补贴和让义务机构享有反洗钱活动的部分收益权，进而达到反洗钱资源的帕累托最优配置。外溢成本的内部化会增加洗钱的总成本支出，从而降低洗钱者的洗钱需求。外溢收益的内部化会增加移动支付机构的反洗钱总收益，从而调动反洗钱机构的积极性。

第六节 本章结论及启示

第三方支付的发展有利于激发金融市场活力，提高金融资源配置效率。然而，这种新支付方式所具有的宽松的身份信息审核制度、交易过程的隐蔽性与

① 杨蓬勃，张成虎．反洗钱中的外部效应分析［J］．统计与决策，2007（20）：36－38.

瞬时性以及先进的支付技术客观上为不法分子从事洗钱提供了新的渠道，导致这一行业内的洗钱风险积聚。该领域的洗钱犯罪不仅不利于我国互联网金融行业的健康发展，也会对传统金融业产生逆向反馈。对第三方支付机构洗钱风险加以识别、评估和监管从而进行全面风险管理，对维护金融体系的稳定、促进新支付领域的健康发展具有重要意义。

在相关文献综述、概念界定与理论介绍的基础上，我们首先结合 FATF 相关指引识别了第三方支付活动中洗钱风险的来源，并将这些风险与支付机构存在的内部控制风险相结合从而得出剩余风险，给出了对第三方支付机构洗钱风险进行评估的方法。在第五部分中，首先通过静态与动态博弈模型从理论上得出了有利于当前支付业务发展的最优监管策略，然后对其影响因素进行了仿真分析并运用一个简单的三方博弈分析框架探讨了移动支付机构与洗钱者合谋共同应付监管部门的可能性。根据上述对洗钱风险识别、评估和监管的全面分析，我们认为，为完善我国第三方支付机构洗钱风险监管，有以下对策建议：

1. 完善规范第三方支付机构运作的反洗钱立法

目前我国监管第三方支付机构反洗钱活动的法律依据主要是《反洗钱法》和有关部门出台的行政规章。前者重点是反洗钱立法的宗旨表述及反洗钱机构的职能定位等，内容相对笼统、单一；后者虽然提出了具体的操作指引措施，但法律的层次较低。受上述因素制约，当反洗钱监管跨越行政分工界限时，反洗钱的实际效率就会受到影响。因此，建议修订《反洗钱法》，增加有关第三方支付机构的反洗钱义务、法律责任、刑事与民事处罚机制等内容，从法律上明确和强化第三方支付机构的洗钱风险管理责任。

2. 实施分级监管措施，降低反洗钱监管成本，加强监管动力

降低监管部门实施反洗钱监管的成本有助于增强其监管动力，监管部门应当根据对支付机构剩余风险的评估实施分级监管。对于剩余风险评估结果为高风险的支付机构，应当采取强化的监管措施，分配更多的反洗钱监管资源，通过定期走访等方式来实施更为严格的控制和审查。对于剩余风险中等的支付机构，监管部门应当要求其优化反洗钱规章流程和相关洗钱预警系统，对洗钱风险进行提前预防。对于剩余风险较低的支付机构，可以对相应的低风险领域采取简化的监管措施，采取以大额交易和可疑交易报告为主的非现场监管和不定期走访的临时性监察相结合的方式。此外，监管部门还应当将大数据、区块链、人工智能等新技术运用到对支付机构洗钱风险的监管中去，通过给支付机构画像来进行更有效的行为分类监管、开发交易监察模型来提高发现违法违规交易的准确率以及进行反洗钱监管效果的检验和评估。

3. 创新支付机构洗钱风险监管模式，加强功能监管，重视行为监管

第三方支付机构从事的支付业务呈现出跨业合作、混业经营的趋势，通过

第三方支付进行的证券投资、互联网保险等业务的拓展已逐渐模糊了金融行业的界限，分业监管模式不利于对洗钱风险进行准确判断并确保监管的时效性。为解决第三方支付洗钱风险涉及多行业、多产品的问题，切实加强对第三方支付机构的洗钱风险监管，我国应当逐步转变当前的分业监管模式，解决监管协调力度不足、跨领域金融监管标准不统一所导致的监管重复与监管真空并存等突出问题，落实功能监管和行为监管。应强化对第三方支付交易行为、交易过程的监管，调整以审慎监管为主、行为监管为辅的现行做法，将“穿透式监管”的理念落实到第三方支付的反洗钱监管中。

4. 强化“风险为本”与“审慎均衡”原则在识别可疑交易时的融合

为提高效率、节约识别成本，应尽快制定可疑交易可疑程度和风险状况评估的具体办法，明确不同情形下可疑交易的报告制度及相应的后续控制措施，不断创新方式，注重以案倒查、抽查回访。既要全流程监控可疑账户和可疑交易，又要审慎处理好账户（或资金）管控与用户权益保护之间的关系（王璐，2014），不能因过度监管而降低第三方支付使用的快捷程度或牺牲用户正常使用第三方支付的合法权益。应加快社会信用体系建设，为第三方支付机构识别客户身份、确定用户信用等级提供外部数据支持。监管部门也可根据第三方支付机构的反洗钱运作效率和实际，对第三方支付机构实施评级管理并采取相应的激励和约束措施。

5. 完善第三方支付机构反洗钱信息上报及共享机制

引导和督促第三方支付机构修订、完善内控制度、操作流程，确保反洗钱信息上报及时、完整、准确。建议为第三方支付机构设立明确的可疑交易上报标准，推动支付机构持续跟踪可疑账户的交易信息，并借助大数据、云计算等先进信息技术，建立起以智能识别为主、人工判断为辅的可疑交易报告机制。同时，反洗钱监管部门应完善定期信息沟通及反馈机制，建立信息共享平台，灵活采用联合执法的方式，将反洗钱风险控制要求融入第三方支付机构的新业务审核、市场准入过程，提高第三方支付反洗钱监管的效率。

6. 建立积极反洗钱激励机制和消极反洗钱惩罚机制

目前，我国支付机构发展规模分化明显，除知名的几家支付机构外，其余大多规模较小，所占据的市场份额甚微。然而，落实反洗钱义务需要付出较大的成本，因而导致一些支付机构不愿遵循相关规定。我国目前尚缺乏对支付机构积极反洗钱的激励机制。对此，我们建议，监管部门应当重视对积极履行反洗钱措施的支付机构给予政策与资金上的奖励，消除其对于反洗钱成本过大的担忧，具体措施可以包括：（1）建立反洗钱专项基金：监管部门可以通过设立反洗钱专项基金等形式，为支付机构的反洗钱工作提供资金保障。（2）实施支付机构税费返还与税费补贴政策：对反洗钱履行情况良好的支付机构适当返还税费或实行税费补贴，这样一来有助于提高支付机构贯彻与执行反洗钱措施的力度，提高支付机构的反洗钱效果。（3）积极反洗钱名单公示制度：对积极落实反洗钱义务的支付机构，监管部门可予以公示表扬，通过塑造其良好的企业形象增加其积极反洗钱的社会收益，提高积极反洗钱动机。

另外，监管部门也应对消极反洗钱的支付机构实施惩罚，提高违规成本。具体包括：（1）消极反洗钱支付机构名单公示制度：黑名单公示制度的实施能够增加支付机构消极反洗钱导致的社会声誉损失，从而降低其均衡违规概率，督促支付机构积极落实反洗钱义务。（2）市场退出制度：对涉嫌洗钱犯罪等情节严重的支付机构，应当引入市场退出制度，从而起到良好的威慑作用。

第六章　移动支付风险的监管

为了保证互联网金融的健康、有序发展，构建和完善互联网金融监管已经刻不容缓。2014 年 3 月，国务院总理李克强在十二届全国人大二次会议上做《政府工作报告》时指出，要促进互联网金融健康发展，完善金融监管协调机制。2014 年 11 月，李克强在世界互联网大会期间表示，中国政府高度重视、大力支持互联网发展，中国希望构建开放、透明、最重要的是安全的互联网。2015 年 7 月 18 日，人民银行、银监会、证监会、保监会等十部委联合印发了《关于促进互联网金融健康发展的指导意见》，对我国互联网金融的发展进行“降温”和“定调”。由此可见，我国确实非常重视互联网金融的安全问题、风险监管问题。由于互联网金融所呈现出来的混业跨界、跨地域等特征，现行的监管体系已远远落后于金融创新的发展速度，无法实现对互联网金融的有效监管。而金融创新的关键在于风险控制。在互联网金融迅速崛起的大背景下，谁掌握了更强的风险控制能力，谁就更有希望在激烈的竞争中脱颖而出，并且最大限度地享受金融创新带来的好处。互联网金融种类繁多，一概而论式地分析很难达到理想效果。而第三方移动支付作为互联网金融发展的重要载体，以它为代表进行风险监管的研究对我国金融安全具有重大指导意义。

飞速发展的第三方移动支付行业隐藏着较大风险，如信用风险、流动性风险、技术风险、法律风险、操作风险等，这些风险的存在已对我国现有的监管制度形成了巨大挑战。近年来，中国人民银行出台了一系列规章制度（如 2010 年颁布的《非金融机构支付服务管理办法》、2012 年颁布的《支付机构反洗钱和反恐怖融资管理办法》、2013 年颁布的《支付机构客户备付金存管办法》等），以规范第三方支付行业的发展。在这些部门规章的规制下，第三方移动支付行业确实呈现出了良性发展的局面：规模不断扩大、业务不断外延，几乎抢占了整个小额支付市场，形成了海量的沉淀资金。但也正因为如此，巨额沉淀资金可能引发的风险在不断挑战着监管当局。基于十分谨慎的风险管理理念，中国人民银行在 2015 年 12 月 28 日公布了《非银行支付机构网络支付业务管理办法》，该办法的出台在第三方移动支付行业引起了巨大的反响，学术界和实务界对此展开了激烈的争论。不少学者认为该办法的出台动摇了互联网金融创新的根基，是互联网金融时代的极大倒退，其中的规定过分保护了银行的利益，限制了第三方移动支付的“活动范围”，将阻碍其正常发展，监管之“不公平”显而易见。

我国虽已出台了一系列法律法规以规范第三方移动支付的发展，但其中仍存在许多不足。我们首先对第三方移动支付中存在的风险进行了详细的说明，并运用市场失灵理论、金融监管理论解释了对第三方移动支付实施监管的必要性，而后详细介绍了中美欧三地的监管模式，在此基础上进行了对比分析，发现我国监管模式的问题所在。最后，基于静态博弈与动态演化博弈分析模型，我们主要从理论上研究了监管第三方移动支付机构的最佳策略。

我们认为，监管第三方移动支付机构不宜采用简单的“关、停、罚款、限制正常业务范畴”等惩罚性手段，而宜以合规性激励为主。第三方移动支付机构的法律定位应与金融监管体制相对应，避免监管错位，并且我国现将第三方移动支付机构定位为“非金融机构”的做法仅可作为风险谨慎管理的权宜之计，长期来看不利于金融创新。“对机构实施全面监管、对核心业务和功能实施重点监管”的组合监管模式更适合于我国。实施第三方支付机构沉淀资金的托管制度、强化第三方移动支付机构的信息披露制度等应成为当前监管重点，适当放松对第三方移动支付的管制并建立灵活的备付金管理制度是我国今后监管的主要方向。

第一节　文献综述

一、国外文献综述

国外方面，在归纳零售支付方式改变带来的各种影响的基础上，Mester（2000）较为详细地列出了在监管过程中所需关注的一系列问题①。通过解释非银行支付机构的外延性及其在特定交易类型中的重要地位，Bradford 等（2002）从行业属性等方面明确了监管的政策取向②。Qing S. H.（2003）指出，美国对第三方支付执行的是功能性监管，其监管依据不是第三方支付的机构属性，而主要是交易过程③。为保证第三方支付机构有足够的动机遵守相关法律规定，

① Mester L. J. The Changing Nature of the Payments System：Should New Players Mean New Rules?［J］. *Federal Reserve Bank of Philadelphia*，2000（3）.

② Bradford T. R.，Davies M.，Weiner S. E. *Nonbanks in the Payments System*［M］. Federal Reserve Bank of Kansas City，2002.

③ Qing S. H. TTP Roles in Electronic Commerce Protocols［J］. *Journal of Software*，2003，14（11）.

Mann（2004）强调，支付行业的风险主要源自参与机构的不负责任，任何监管和干预都必须平衡好由新机构进入引发竞争带来的社会利益与因机构缺乏责任心而导致的消费者利益损失①。在梳理美国对提供支付服务的非银行机构已有监管措施的基础上，Sullivan（2006、2007）认为，以控制零售支付系统风险为目标的监管政策应能更好地解决信息不对称、负外部性以及不同政策之间的冲突等问题，监管部门可通过各种政策工具（如标准制定、信息披露、明确法律责任等）来改进支付系统的风险防范能力②③。Sullivan 和 Wang（2007）指出，通过公共机构督促行业自律是促使第三方支付健康发展的有效途径，依靠市场机制本身来监管第三方支付比采用强制性措施来监管更有效④。Khiaonarong（2014）研究了移动支付的监管问题，借鉴国际监管经验，他认为金融机构可以为新型支付方式建立有效的监管框架，以此维护公众信心、保障金融稳定，其中，监管框架应包括明确的法律制度、适宜的反洗钱/反恐怖融资方法、资金保障措施（如保证金制度、类担保计划、存款保险制度）、运行中断的应急措施以及支付体系的风险控制和接入标准⑤。

二、国内文献综述

国内方面，谢平、刘海二（2013）强调，我国应加速相关立法进程、明确第三方支付机构的合法地位、提高准入门槛、厘清其与银行的关系并注重业务监管⑥。在比较国内外监管现状后，巴曙松、杨彪（2012）认为，我国第三方支付的现行分类体系不利于当局实施有效监管，我国应通过灵活备付金制度等相关法律法规的加快构建来改进监管效率⑦。通过分析支付行业特有的宏观经济风险，杨彪、李冀申（2012）提出，我国应将第三方支付机构行业纳入宏观审慎监管框架⑧。吴晓求（2015）认为，第三方支付是形成互联网金融最具影响力的基石；中国人民银行 2015 年 12 月 28 日公布的《非银行支付机构网络支付业务

---

① Mann R. J. Regulating Internet Payment Intermediaries [J]. *Texas Law Revien*, 2004, 82 (3).

② Sullivan R. J. The Supervisory Framework Surrounding Nonbank Participation in the U. S. Retail Payments System: An Overview [R]. Federal Reserve Bank of Kansas City, Working Paper No. 04-03, 2006.

③ Sullivan R. J. Risk Management and Nonbank Participation in the U. S. Retail Payments System [J]. *Federal Reserve Bank of Kansas City*, 2007 (2).

④ Sullivan R. J., Wang Z. Nonbanks in the Payment System: Innovation, Competition, and Risk—A Conference Summary [J]. *Federal Reserve Bank of Kansas City*, 2007 (3).

⑤ Khiaonarong T. Oversight Issues in Mobile Payments [R]. IMF Working Papers, 2014.

⑥ 谢平，刘海二．ICT、移动支付与电子货币［J］．金融研究，2013（10）：1-14.

⑦ 巴曙松，杨彪．第三方支付国际监管研究及借鉴［J］．财政研究，2012（4）：72-75.

⑧ 杨彪，李冀申．第三方支付的宏观经济风险及宏观审慎监管［J］．财经科学，2012（4）：44-52.

管理办法》存在对第三方支付限制过多的缺陷，这不但会阻碍金融创新，而且会阻碍大众创新和万众创业①。

基于对我国第三方支付企业的规模、经营模式以及成长周期的分析，王丹萍（2012）认为传统“一刀切”式的监管模式无法满足行业发展需要，应根据各企业发展程度不同进行差异化监管②。李婧华（2012）发现，商业银行与第三方支付之间的竞合关系演化系统通常收敛于两种模式（资金由银行最终转入第三方支付平台、第三方支平台资金最终转入银行），当商业银行与第三方支付的风险和收益发生变化时，收敛于不同模式的概率也会随之发生显著变化；现阶段商业银行群体与第三方支付群体的交往模式自发演化依赖于各种策略的相对支付；不同的收敛模式和不同的相对支付策略会对应着不同的监管要求，第三方支付的健康发展需要对风险进行合理分担并需要政府协调好其与商业银行的竞合关系③。通过比较我国与美国、欧盟的监管制度，郝雅红（2014）认为准入门槛偏高、行政处罚偏轻、违规成本偏低是我国第三方支付机构法律制度的主要不足④。蒋先玲、徐晓兰（2014）强调，我国应该在全面认识现阶段第三方支付市场发展特征的基础上充分借鉴发达金融市场国家的相关监管经验，尽快实现第三方支付领域机构监管与功能监管相结合、较低准入门槛与有效过程监管相配套的新型动态监管模式⑤。在详细阐述第三方支付监管的核心内容（即消费者权益如何保护、沉淀资金如何监管、衍生业务如何监管以及洗钱和恐怖行为如何监管）的基础上，陆磊、刘海二（2015）认为，监管部门应在最小化第三方支付风险的同时最大化第三方支付的优势，综合利用事前监管、事中监管以及事后监管实现对第三方支付的有效监管⑥。

总体上，在监管第三方移动支付行业时，欧美等地由于相关的法律法规体系相对健全而比较注重通过市场机制自身来发挥监管功能，且以功能监管为主；我国则十分关注监管法律法规的尽快构建与完善，注重强制性监管措施且主张以机构监管为主。

第二节 理论分析

关于“是否监管”，本节将从三个方面展开，首先，分析第三方移动支付中

① 吴晓求．限制第三方支付会阻碍金融创新［EB/OL］．［2015－08－01］．http：//finance. china. com. cn.

② 王丹萍．第三方支付企业监管差异化研究［J］．上海经济研究，2012（3）：103－108.

③ 李婧华．第三方支付与商业银行竞合关系研究［D］．成都：西南财经大学，2012.

④ 郝雅红．支付机构业务发展及中央银行监管研究［D］．北京：中国社会科学院研究生院，2014.

⑤ 蒋先玲，徐晓兰．第三方支付态势与监管：自互联网金融观察［J］．改革，2014（6）：113－121.

⑥ 陆磊，刘海二．第三方支付监管的有效性［J］．中国金融，2015（1）：42－44.

的主要风险，只有对第三方移动支付中存在的主要风险形成深刻的认识，才能决定是否要针对这些风险进行监管。关于风险的认识，Mcandrews（1999）认为第三方支付行业在传统风险的基础上还发展出了一些特有风险，如欺诈风险、法律风险和操作风险①。Weiner、Bradford、Hayashi 等（2007）认为第三方支付行业在支付和结算过程中主要存在以下风险：流动性风险、信用风险、操作风险、结算风险、法律风险、声誉风险、合规风险、操作风险以及系统性风险②。具体来看，第三方支付行业的风险主要表现为信用风险、流动性风险、技术风险、法律风险以及操作风险。其次，我们将分别从第三方移动支付中存在的市场失灵特性及金融监管理论解释为何要对第三方移动支付实施监管。

一、基于风险理论的分析

1. 信用风险

信用风险又称违约风险，是金融体系面临的主要风险之一，指交易对手没有能够履行约定契约中的义务而造成经济损失的风险。对于第三方移动支付而言，其交易对手包括买方、卖方、银行以及第三方移动支付机构，这四者有任何一方违背信用都会导致交易无法顺利完成，当第三方移动支付规模达到一定程度时，会给整个支付体系带来不利影响。第三方移动支付的信用风险主要表现在：

（1）买方的信用风险

买方的信用风险是指由于买方违约而产生的风险，这种风险主要产生在网络第三方移动支付中。买方违约，对于卖方来说，会导致其货物销售不畅，运费等费用成本增加；对于支付机构来说，会使得不良用户比率上升，从而增加运营成本和征信成本。此外，我国虽已要求实名制注册并对客户身份进行交叉认证，但还是无法避免利用虚假身份进行洗钱和恐怖融资等现象的发生；同时，还存在利用虚假身份骗取积分、信用卡套现、返现等风险。

（2）卖方的信用风险

卖方的信用风险是指由于卖方违约而产生的风险，这种风险也主要产生在网络第三方移动支付中。卖方违约，或者是由于卖方提供的商品与描述不符，或者是由于物流等原因导致买方不能在约定时间内收到商品，从而使得买方发生退货费用、与卖家及第三方移动支付的交涉费用等损失，同时也会增加第三

① Mcandrews J. J. E-Money and Payment System Risks [J]. *Contemporary Economic Policy*, 1999, 17 (3).

② Weiner S. E., Bradford T., Hayashi F. Nonbanks and Risk in Retail Payments [R]. Working Paper 07-02, 2007.

方移动支付机构的运营成本和征信成本。

（3）银行的信用风险

银行的信用风险是指由于银行违约而产生的风险。银行违约，主要是由于商业银行提供大量贷款给企业，如果企业由于经营不善而倒闭，其向银行的贷款将无法归还，企业将风险转嫁至银行，银行将出现流动性不足，这对整个支付体系会造成巨大的影响。

（4）第三方移动支付机构的信用风险

第三方移动支付机构掌握有大量买卖双方的交易数据，按照约定，支付机构应当为交易双方保密。但第三方移动支付机构可能出于营利目的泄露客户信息，造成客户损失。另外，第三方移动支付机构可能因经营不善或管理不当等原因造成机构倒闭，无法为客户完成支付。

2. 流动性风险

所谓流动性风险，是指经济主体虽有清偿能力，但无法（以合理成本）及时获得资金以减少债务或增加资产而导致的流动性困难，从而影响其盈利能力。在极端情况下，经济主体会由于流动性不足而倒闭。对于第三方移动支付而言，其流动性风险主要表现在：

（1）目前，第三方移动支付行业竞争激烈，因此支付机构的利润空间狭窄，企业获得的利润可能不足以维持其资金的正常周转，产生流动性不足。

（2）客户在享受第三方移动支付机构提供的支付服务时，需将资金从银行账户转入由第三方支付机构开设的虚拟账户，由支付机构负责保管，支付机构在客户验证后才将资金进行划拨或支付。以支付宝为例，买家首先将一笔资金从银行账户转至支付宝账户（沉淀资金开始形成），确认购买后，资金从买家的支付宝账户转入中间账户，在买家确认收货后，第三方移动支付机构再将资金从中间账户转入卖家的支付宝账户，最后卖家再将资金从其支付宝账户转至银行账户，这笔资金才最终离开第三方移动支付机构，在此过程中便属于沉淀资金，由支付机构掌控。在利润空间狭窄的驱动下，企业很可能会利用沉淀资金违规投资于高风险高收益的投资项目上，一旦投资失败，资金将无法收回，企业就无法满足客户的支付需求，此时第三方移动支付会面临更大的流动性风险。

3. 技术风险

第三方移动支付的技术风险包括三个方面，首先是硬件风险：第三方移动支付业务很大程度上依赖于电子设备（如电脑、手机等设备），如果这些设备发生技术故障或者设备使用不当，都可能使得业务不能正常、高效、有序地进行，带来不必要的损失。其次是软件风险：第三方移动支付业务的全过程都需要软件的参与，软件的运行效率、信息处理速度等都会影响业务的进行，第三方移动支付机构应对软件定期进行更新和维护，避免出现漏洞为不法分子所利用，也可免遭黑客、病毒的攻击，窃取客户资料，转移客户资金；并且支付系统应使用高运作效率的软件，否则一旦交易量剧增会导致系统瘫痪。最后是网络风险：第三方移动支付作为互联网金融的代表，其交易过程依托于网络并连接到金融专用网络，所有数据都通过网络进行传播，如果数据在传播过程中遭受黑客攻击，使得数据被截取、篡改或丢失，会对客户、银行、支付机构都造成非常大的影响。

第三方移动支付的固有特点导致技术风险不可避免，第三方移动支付机构需要定期对硬件和软件设备进行检查并维护网络安全，尽可能减少技术风险的发生。

4. 法律风险

第三方移动支付涉及的法律非常广，除了针对第三方移动支付的专门立法外，还涉及银行法、财务披露制度、消费者权益保护法、隐私保护法等。由于第三方支付兴起时间还不长，我国虽已认识到对其加强监管的必要性，但相应的监管体制还未完善，还没有建立起健全的法律体系，正处于探索阶段。比如，第三方支付机构的定位到底是什么？非金融机构还是准金融机构，抑或直接是金融机构？第三方支付的客户备付金到底可不可以用来投资？一棍子打死还是允许适度投资？因此在目前这个阶段，法律不断颁布，新的要求、条款不断推出和更新，这些都可能引发法律风险。

2010 年颁发的《非金融机构支付服务管理办法》中要求第三方支付实行许可证制度并对注册资本提出了明确要求①，这一要求的提出使得不符合要求的企业遭受很大损失，严重者甚至退出第三方支付行业。此外，《非银行支付机构网络支付业务管理办法》被冠以“史上最严”的网络支付新规，它的颁发在第三方支付行业如一石激起千层浪，带来了巨大的反响。所以，当前第三方移动支付的法律环境还不稳定，我国随时有可能根据第三方移动支付的具体风险状况来严化（放宽）对第三方移动支付的监管，在保障安全性的基础上再强调创新性。

5. 操作风险

巴塞尔委员会将操作风险定义为：由于不完善或有问题的内部操作过程、人员、系统或外部事件而导致的直接或间接损失的风险。第三方移动支付所涉及的操作风险主要包括由人为失误、系统失灵或硬件故障等带来的风险。

---

① 《非金融机构支付服务管理办法》第九条规定：申请人拟在全国范围内从事支付业务的，其注册资本最低限额为 1 亿元人民币；拟在省（自治区、直辖市）范围内从事支付业务的，其注册资本最低限额为 3 千万元人民币。注册资本最低限额为实缴货币资本。

(1) 洗钱风险

第三方移动支付的最大优势在于其能方便、快捷地实现支付，这个优势的存在却也带来了不可避免的风险。早期的第三方支付不要求实名制，许多不法分子利用其便利性和隐秘性进行洗钱或恐怖融资，将资金非法转移。随着《非银行支付机构网络支付业务管理办法》付诸实施，实名制已被要求严格落实，这在很大程度上可以降低洗钱风险。

(2) 套现风险

一直以来，信用卡套现形式不断变化，我国监管当局无法有效遏制信用卡套现的发生，而第三方移动支付的兴起又为信用卡套现提供了便利。信用卡持有者可以通过 POS 机在出账日刷出信用卡额度内的资金，在还款日再归还这笔资金，在此期间内，信用卡持有者可以用这笔资金购买理财产品，获取收益。这是最常见的套现行为。此外，预付卡套现也是第三方支付的一种主要套现行为。目前，第三方支付行业的竞争较为激烈，许多第三方移动支付机构为了抢夺市场份额从而获得更多的收益，对套现行为视若未见。随着对第三方移动支付的规范越来越严格，套现风险可得缓减。

(3) 数据安全风险

第三方移动支付主要通过网络和电子设备进行，交易数据的传播速度极快且不可逆转，如果操作人员操作失误，则会给消费者带来直接损失。此外，在交易过程中，如果发生信息泄露，也会给买卖双方带来损失。

二、基于市场失灵理论的分析

市场失灵理论最早由麻省理工学院经济系教授 Bator (1958) 在《市场失灵分析》中提出，他认为，当市场中存在外部性、信息不对称、公共产品及垄断问题时，市场难以通过自身的调节实现资源的有效配置——帕累托最优，此时，市场作为资源配置的一种手段出现了失灵①。在市场失灵的情况下，为了实现资源配置效率的最大化，就需要政府出手进行调节。因此，市场失灵理论强调了政府干预的必要性和重要性。

将市场失灵理论对应到第三方移动支付中，我们不难发现，支付体系存在天然的外部性，支付活动的所有参与者之间存在很大的信息不对称，支付业务具有明显的“公共性”特征，且目前的支付行业具有很大的垄断性（不完全竞争性），因此，整个第三方支付行业呈现出市场失灵特性，单纯依靠市场调节很难实现资源的有效配置，需要政府加以引导并进行监管。

---

① Bator F M. The Anatomy of Market Failure [J]. *The Quarterly Journal of Economics*, 1958, 72 (3).

1. 外部性

所谓外部性，指的是一个经济体的经济行为对其他经济体产生影响，根据影响的不同，外部性分为正外部性和负外部性。对于第三方移动支付而言，正外部性可以表现为：某一第三方移动支付机构合规经营，给客户提供了很好的客户体验，从而使得公众对整个第三方支付行业持有良性预期，促进行业发展。与之相反，如果一家第三方支付机构违规经营从而损害了消费者利益（如上海畅购事件），则会引起公众的恐慌，进而招来监管层对行业发展的打压，这就产生了负外部性。我们所说的外部性侧重于负外部性，且着重介绍风险传染的外部性。

第三方移动支付行业风险的外部性，主要包括以下几个方面：

（1）支付结算功能的外部性。随着第三方支付的发展，其提供的支付业务在支付体系中扮演着日益重要的角色。支付体系将货币市场、资本市场及债券市场等资金市场紧密联系在一起，并充当实体经济与资金市场联系的桥梁。安全、完善的支付体系可以提高金融服务质量、加速资金周转，快速、有效地实现资源配置；相反，如果支付体系出现问题，则会产生较强的负外部性，可能会对整个国家的经济运行带来负面影响，甚至引发系统性风险。具体来看，其负外部性主要表现为：①将单个支付机构的支付风险传染至整个支付体系，导致资金链无法运转；②资金链无法周转将直接影响实体经济的运行，引发经济危机。

（2）货币发行和创造功能的外部性。第三方移动支付在提供支付服务的同时创造了虚拟货币，虚拟货币的发行便捷了网络交易，为消费者提供了很大的便利。但是，虚拟货币的发行数量不受国家限制，削弱了央行控制基础货币的能力，干扰着货币政策中介目标（货币供应量、利率）的实施过程，进而可能大大降低货币政策有效性，直接影响实体经济。

（3）融资和投资功能的外部性。第三方移动支付在发挥支付结算功能时会形成海量的沉淀资金，在利益的驱动下，支付机构会挪用部分沉淀资金进行投资，投资一旦进行短期内便无法收回，这会影响机构内部的资金周转；更甚者，如果投资失败无法收回，就可能会引发社会问题，影响行业发展和金融稳定。

总体来看，第三方移动支付已具有成为“系统重要性机构”的趋势，其安全稳健与否对我国的金融体系和实体经济都有弥足重要的影响，如若监管不当，机构风险或行业风险的外部性特征都可能将风险传染至整个经济体系，引发系统性危机。

2. 信息不对称

所谓信息不对称是指在交易过程中，交易双方掌握的信息不同，一方处于相对优势地位，另一方居于相对劣势，由此引发道德风险、代理人问题、逆向选择等情况，从而影响资源配置效率。在第三方移动支付中，参与者主要包括客户（包括卖家和买家）、支付机构和银行，而各个参与者之间都存在很大的信息不对称。在买家和卖家之间，信息不对称显然是存在的，这里不再赘述。在客户与支付机构之间，由于支付机构仍未上市，且信息披露程度相对较低，因此，客户对支付机构的运营模式、财务状况、经营情况、盈利情况等无从了解，也不清楚支付账户上的资金运作情况，处于劣势地位，很难发挥监督作用。在支付机构与银行之间，虽然我国明确要求第三方支付机构到银行开设账户且实行账户分离制度，但银行对支付机构的资金来源很难进行查证，对支付机构沉淀资金的投向也难以做到笔笔追踪，因此，银行对第三方移动支付的监督作用也相对局限。

第三方移动支付机构，作为追求利润最大化的经济体，在处于信息绝对优势地位的情况下，很可能进行逆向选择，引发道德风险。政府监管可以监督支付机构完善信息披露，降低信息不对称度，从而有效约束支付机构的行为。

3. 公共产品

公共产品区别于私人产品，它是指在消费或使用过程中具有非竞争性（即一部分人对某产品的消费对其他人对该产品的消费不会产生影响，彼此均可受益，不存在利益冲突）并且在收益上具有非排他性（指产品在消费过程中的利益不为某个特定个体或群体所专有，不能将其他人排除在消费外而不享受该产品的利益）的产品。公共产品特性对应到第三方移动支付中，主要表现在两个方面：

（1）支付体系的公共性。支付体系的构建需要耗费很大的人力、财力及物力，建立完成后，每个支付机构将自己的支付系统接入支付体系，所有机构共同使用这个支付体系，具有非竞争性和非排他性。

（2）货币的公共性。支付机构创造的虚拟货币，作为支付体系甚至是金融体系最基本的产品，具有明显的“公共产品”特征，然而，货币在金融使用过程中又具有“私人性”特征，这两个特征之间的矛盾容易引发“公地悲剧”①，形成道德风险。

4. 垄断和不完全竞争

完全竞争市场基于完美假设条件，即①市场上有大量、独立的厂商和消费者；②所有厂商提供同质产品；③厂商可以自由进入或退出这个行业；④市场处于完全信息状态。当符合以上四个条件时，这个市场才是完全竞争市场。在

① 公地悲剧：公地作为一项公有财产，为许多人所拥有和使用，谁都无权阻止其他人使用，每个人都倾向于从公地获得更多的利益，因而对公地过度使用，造成资源枯竭。

现实情况下不可能同时满足这四个条件，因此，市场总是处于不完全竞争或垄断状态。第三方移动支付行业目前正处于垄断状态，其原因主要在于这个行业存在很强的进入壁垒。对于进入壁垒，可以概括为两类：（1）人为壁垒：顾名思义，这类壁垒主要指的是人为设置的壁垒，诸如政府特许、政策红利等。（2）技术壁垒，即由于技术、资源的独享而形成的自然垄断。

目前，进入第三方支付行业必须获得中国人民银行颁发的“支付业务许可证”，而要获得该许可证，企业必须具有不低于1亿元的巨额注册资本，这对新企业进入支付行业设置了较高的资金壁垒。目前，我国已向两百多家符合要求的机构颁发了支付牌照，但整个第三方移动支付行业呈现三足鼎立的局面，银联商务、支付宝和财付通依靠自身强大的资金实力和网络安全、硬件设备等高端技术支持抢占了行业近70%的市场份额，行业集中度较高。垄断型的市场结构会对社会产生负面影响：

（1）损失社会福利。我们假设将支付机构提供支付服务的金额视作产品需求量，将支付机构提供支付服务的成本视作产品价格，在垄断型的市场结构中便可以画出如图6－1所示的需求曲线和供给曲线。根据经济学分析，垄断市场的均衡点在点B，而帕累托最优点在点E。当实现帕累托最优时，消费者剩余为ΔCEP_E，生产者剩余为ΔDEP_E，社会福利为ΔCED；而在市场均衡点，消费者剩余为ΔCBP_B，生产者剩余为四边形$DABP_B$，社会福利为四边形$CBAD$。市场均衡情况与帕累托最优相比，损失了ΔAEB的社会福利，称为无谓损失。这部分福利损失可以通过政府鼓励竞争的政策进行挽回。

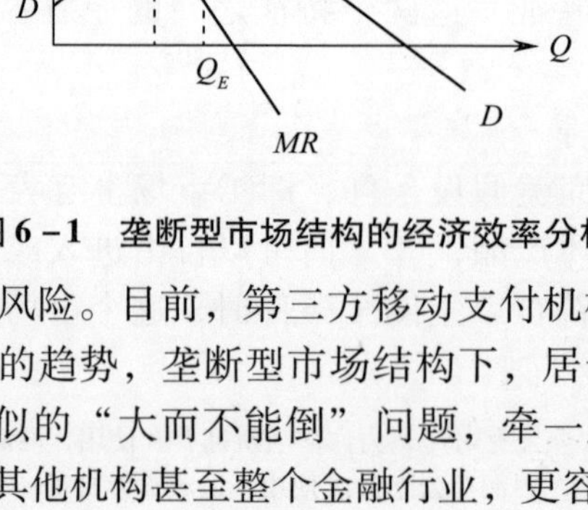

图6－1　垄断型市场结构的经济效率分析

（2）难以分散行业风险。目前，第三方移动支付机构已经表现出明显的成为“系统重要性机构”的趋势，垄断型市场结构下，居于高度垄断地位的支付机构也会出现与银行类似的“大而不能倒”问题，牵一发而动全身，一旦发生风险，很可能迅速波及其他机构甚至整个金融行业，更容易诱发系统性危机。

三、基于金融监管理论的分析

金融监管理论根据监管效果的侧重点不同，可以分成三类：偏重稳定型的金融监管理论、偏重效率型的金融监管理论以及稳定和效率兼顾型的金融监管理论。本部分主要对这三种理论进行介绍。

1. 偏重稳定型的金融监管理论

偏重稳定型的金融监管理论，以维护整个金融体系的安全、稳健为首要目标，主张政府直接管制。这类监管理论以市场失灵为基础来阐释政府监管的必要性，认为政府监管可以在很大程度上弥补市场调节的缺陷，提高资源配置效率。

金融（第三方支付）机构的财务杠杆较高，以较少的自有资金撬动较大的社会资金，导致金融（第三方支付）机构和社会利益之间存在显著的不对称；单个金融（第三方移动支付）机构的危机具有很强的传染性，会引起集体非理性（如上海畅购事件爆发后，预付卡所有者大量挤提，严重影响了支付机构的流动性，甚至导致个别第三方移动支付机构破产）；金融（支付）体系具有很强的“公共物品”特性，纯粹的市场行为可能会导致供给不足；行业内部的竞争会导致金融体系的不稳定；等等。这种种现象的存在都表明单纯依靠市场行为难以保证金融市场的整体稳定，而政府监管有助于解决以上问题。

2. 偏重效率型的金融监管理论

偏重效率型的金融监管理论对政府监管提出了两点质疑：一是政府监管行为是否行之有效；二是政府是否能够切实做好监管工作。基于以上两点质疑，派生出了两类监管理论：一类监管理论认为政府监管的存在抑制了行业创新和发展的空间，从而引发金融体系的低效，其代表性理论有经济监管理论（指出政府监管是以增加被监管者的成本为代价来给被监管者带来一定好处）和监管寻租理论（认为政府监管更容易导致寻租、避租等行为的产生，从而带来社会资源的严重浪费）。另一类监管理论认为政府在执行监管时也可能有自己的利益取向，不一定能以公众利益最大化为目标，如监管捕获理论认为，不论监管政策设立时的初衷是什么，最终都会被利益集团所捕获，为其谋福利。

3. 稳定和效率兼顾型的金融监管理论

稳定和效率兼顾型的代表性金融监管理论有：（1）监管激励理论：将激励引入监管，通过建立一定的激励机制来约束被监管者。（2）监管的最优相机理论：参照政府的最优相机决策，采用信息经济学、博弈论等工具来定量分析政府如何介入监管。（3）监管的成本收益理论：这个监管理论将监管看作供给方为政府、需求方为被监管者的一种特殊产品，将监管给各个利益相关者带来的总收益和总成本视为监管的收益和成本。当收益大于成本时，选择监管，否则不监管。(4) 基于市场约束的金融监管理论：这一理论指出政府作为拥有自身利益取向的特殊个体，并不一定会将社会福利最大化作为监管目标，因此，政府监管是缺乏效率的。政府监管必须充分借助市场的竞争和开放机制，让市场约束与政府监管有机结合，从而更有效地提高监管效率，维护金融稳定。(5) 金融监管的法律理论：对金融机构实施监管，除了需要充分发挥政府监管和市场约束的作用外，还需要建立健全的法律法规体系，强调以法治来约束政府的监管行为。

第三节 移动支付风险监管的现状与国际比较

将支付环节从交易行为中独立出来的第三方支付本身确实存在很大风险，其中最大的风险是支付机构挪用客户资金进行投资且投资失败而引发支付危机(Benjamin 等，2005)①，因此中国必须对其加强监管，这也是中国近年来立法的一个重点。关于“是否监管”的问题已经在前文得到解答，本节以及第四节将分别从不同的角度来回答“如何监管”的问题。

综观国际监管经验，美国和欧盟，第三方支付行业监管机制的构建主要是从市场准入与退出（包括许可证制度、资金要求、吊销执照等）、客户资金管理、消费者权益保护（包括交易安全、知情权、隐私权）以及反洗钱等方面展开的。其中，严格的市场准入制度是有效监管第三方支付行业的首要前提(Hueber，2007)②。防止支付企业非法挪用沉淀资金或在途资金、明确资金本息归属权是客户资金管理的核心要点（Kim-Kwang，2008)③。保护客户隐私、及时披露资金运营信息、维护支付平台网络安全是保护消费者权益的基本措施(Claxton，2011)④。针对反洗钱的相关立法是确保资金来源和投向符合各种规定的法律保障（Chande，2008)⑤。只有通过上述多维度监管体系的构建与实施，

---

① Benjamin L. P. , et al. Online Payment Gateways Used to Facilitate E-Commerce Transactions and Improve Risk Management [J]. *Communications of the Association for Information Systems*, 2005, 17 (6) .

② Hueber O. E-money and Communities of Payments [J]. *E-commerce & Gouvernance de l'Internet*, Oct 2007, Sousse, Tunisia.

③ Kim-Kwang R. C. Money Laundering Risks of Prepaid Stored Value Cards [J]. *Trends and Issues in Crime and Criminal Justice*, 2008 (363) .

④ Claxton N. Progress, Privacy, and Preemption: A Study of the Regulatory History of Stored-Value Cards in the United States and the European Union [J]. *Arizona Journal of International & Comparative Law*, 2011, 28 (2) .

⑤ Chande N. A Survey and Risk Analysis of Selected Non-Bank Retail Payments Systems [R]. Discussion Papers, 2008.

第三方移动支付行业才能安全、健康、稳健、可持续发展。

美国和欧盟在第三方支付的监管方面已经形成了较为完善的监管体制，总结其中的国际经验将有助于完善中国第三方支付的监管机制。因此，我们将在详细阐述中国、美国和欧盟监管机制的基础上，对其进行对比分析并结合我国的实际提出相关的监管建议。

一、中国的监管现状

随着电子商务的迅猛发展，电子支付得到广泛运用。我国对于第三方移动支付的监管最早可以追溯到2005年，《电子签名法》的颁布对网络支付过程中的电子签名行为进行了规范，随后颁布的《支付清算组织管理办法（征求意见稿）》及《电子支付指引（第一号）》对网络支付机构的性质、资质及其客户使用等进行了一定程度的规范，但针对机构本身以及机构提供的业务方面存在很大的空白，整个第三方移动支付行业仍然处于监管缺位的状态。

2010年6月《非金融机构支付服务管理办法》的颁布是我国从正式意义上对第三方移动支付进行监管的标志，该办法的出台对整个第三方支付行业产生了极大的影响，很大程度上降低了风险发生的概率。该办法规定支付机构需取得"支付业务许可证"方可从事支付业务，并且对支付机构可以开展的业务范围进行了规定，在随后的几年中，中国出台了一系列法律法规以针对不同的业务内容进行规范（见表6-1）。

表6-1　我国第三方支付监管的相关法律法规（2005—2016年）

发布时间	监管文件
2005年4月	《电子签名法》
2005年6月	《支付清算组织管理办法（征求意见稿）》
2005年10月	《电子支付指引（第一号）》
2010年6月	《非金融机构支付服务管理办法》
2010年12月	《非金融机构支付服务管理办法实施细则》
2011年5月	《关于规范商业预付卡管理意见的通知》
2011年6月	《非金融机构支付服务业务系统检测认证管理规定》
2012年4月	《支付机构反洗钱和反恐怖融资管理办法》
2012年7月	《关于建立支付机构监管报告制度的通知》
2012年9月	《支付机构预付卡业务管理办法》
2012年9月	《单用途商业预付卡管理办法（试行）》
2013年6月	《支付机构客户备付金存管办法》

续表

发布时间	监管文件
2013年7月	《银行卡收单业务管理办法》
2014年1月	《涉及恐怖活动资产冻结管理办法》
2014年4月	《中国银监会　中国人民银行关于加强商业银行与第三方支付机构合作业务管理的通知》
2015年12月	《非银行支付机构网络支付业务管理办法》
2015年12月	《非银行支付机构网络支付业务管理办法》
2016年2月	《非银支付机构风险评估实施办法》
2016年4月	《支付结算违法违规行为举报奖励办法》
2016年4月	《非银行支付机构分类评级管理办法》
2016年4月	《非银行支付机构风险专项整治工作实施方案》

总体来看，我国第三方移动支付监管体制的构建正在逐步完善，但其中仍存在很多问题，监管模式尚未成熟。单从法律层面来看，我国第三方移动支付相关的法律制度还有待健全，相关法律法规的合理性还值得商榷。例如，《非银行支付机构网络支付业务管理办法》中的部分法律条文就存在一定争议，如“单个客户所有支付账户单日累计金额应不超过5000元”这一金额设限是否合理？“支付机构不得为金融机构，以及从事信贷、融资、理财、担保、货币兑换等金融业务的其他机构开立支付账户。”“支付机构不得为客户办理或者变相办理现金存取、信贷、融资、理财、担保、货币兑换业务。”这些业务规定是否过分限制了第三方移动支付行业的发展，不利于金融创新？“支付机构为客户办理银行账户向支付账户转账的，转出账户应仅限于支付账户客户本人同名银行借记账户……”这是否意味着利用第三方移动支付进行免费跨行转账的时代即将终结，不利于第三方移动支付的发展？“支付机构为客户开立支付账户的……通过三个（含）以上合法安全的外部渠道对客户身份基本信息进行多重交叉验证”这种身份验证虽可以有效保障客户身份的真实性，但是否过于烦琐，不利于用户体验……这一系列问题的存在都表明我国在第三方移动支付的监管过程中还存在很多问题有待解决，法律制度的健全迫在眉睫。

目前，我国第三方支付的监管主体主要是中国人民银行及其分支机构。2015年12月公布的《非银行支付机构网络支付业务管理办法》规定，中国人民银行可根据支付机构的具体状况指定其聘请独立、合格的外部审计机构对其进行监管和审查，且要求机构加入中国支付清算协会，实行自我监管。

1. 市场准入

（1）许可证制度。我国将第三方支付机构视作非金融机构，但想要从事相关业务的需获得由中国人民银行颁发的“支付业务许可证”。《非金融机构支付服务管理办法》列明了申请许可证的具体条件，且规定许可证不得转让、出租或出借。支付机构可选择的许可证包括两种：一种是全国通用，获得该许可证的支付机构可跨省（自治区、直辖市）从事相关业务，支付机构的用户也可跨省（自治区、直辖市）办理业务；另一种仅限在省（自治区、直辖市）内使用。凡获得许可证的支付机构只可以提供各类支付服务，不得办理或变相办理现金存取、信贷、融资、理财、担保、货币兑换业务。

（2）资金要求。在资金方面我国仅对注册资本提出了要求。凡申请全国适用的许可证的，注册资本不得低于1亿元；凡申请省（自治区、直辖市）内适用的许可证的，注册资本不得低于3000万元。中国人民银行可视支付机构的具体情况相应调整注册资本下限。另外，《非金融机构支付服务管理办法》对支付机构的主要出资人（拥有实际控制权或10%以上股权的出资人）也进行了一定的限制，要求其截至申请日连续两年以上保持盈利。

（3）退出机制。《非金融机构支付服务管理办法》中详细规定了中国人民银行对支付机构责令限期改正并处以罚款或警告、停止办理部分或全部业务以及注销支付机构“支付业务许可证”的情形，以便于更好地规范第三方支付行业发展。

2. 客户资金管理

《非银行支付机构网络支付业务管理办法》明确指出，客户资金不属于存款，而是所有权归属于客户但由支付机构代为保管、并以支付机构的名义存放在银行的预付价值。《支付机构客户备付金存管办法》以及《非金融机构支付服务管理办法》均要求支付机构选择且只能选择一家银行为客户资金专门开设备付金专用存款账户，且在该银行每一分支机构中只能开设一个专用存款账户，支付机构的分支机构不得另外开设账户。为保证客户资金安全，该办法规定机构的注册资本与客户备付金日均余额（按照最近90日的数据进行计算）的比例下限为10%，且禁止机构以任何形式挪用客户资金，备付金存管银行对支付机构的备付金使用负有监督责任。此外，《支付机构客户备付金存管办法》要求支付机构按照备付金专用存款账户的利息总额计提风险准备金，并开设专门的风险准备金专用存款账户用以存放。

3. 消费者权益

（1）交易安全。为了有效防范交易风险，《非银行支付机构网络支付业务管理办法》要求支付机构建立完善的交易监测系统和灾备系统，设立健全的风险管理制度和风险准备金制度，并每年对风险防控机制进行评估。此外，支付机构在交易过程中应采用多种验证方式进行确认，当机构采用的验证方式不足两类时，一旦发生风险则由机构全权承担。对于无法证明由消费者导致的损失，也由支付机构先行赔付。

（2）知情权。《非金融机构支付服务管理办法》及《非银行支付机构网络支付业务管理办法》中列明了支付机构需披露的相关内容（如收费标准、支付服务协议等）及务必告知客户（如协议条款、潜在的风险等）的相关内容，以切实保证消费者的合法权益。

（3）隐私权。《非银行支付机构网络支付业务管理办法》要求支付机构根据“最小化”原则去采集、使用客户信息，未经客户确认并授权，不得将客户信息提供给第三方；如因机构原因导致信息泄露，由此引致的损失由机构承担。

4. 反洗钱

中国在《非金融机构支付服务管理办法》及《非银行支付机构网络支付业务管理办法》中均涉及了对反洗钱及反恐怖融资的相关规定，此外，我国还专门颁发了《支付机构反洗钱和反恐怖融资管理办法》来有效防范支付机构的发展带来的洗钱风险。中国上述三个办法的内容与欧盟类似，主要包括三个方面：

（1）客户身份识别。机构应当“了解你的客户”，在开设账户及进行交易时采用实名制，并通过多种方式交叉验证客户预留的信息，建立客户唯一识别编码。此外，支付机构应当建立客户风险评级管理制度，定期对客户风险等级进行评估。

（2）可疑交易报告制度。办法要求支付机构建立交易监测系统，对所有交易进行监测和分析，对可疑交易可采取延迟结算等风险管理措施并立即上报给中国人民银行及其分支机构。

（3）记录保存和监督管理制度。办法要求支付机构保存客户信息及交易记录，反洗钱和反恐怖融资的监督和管理主要由中国人民银行及其分支机构负责，支付机构需全权配合中国人民银行的工作。

二、美国的监管经验

美国对第三方支付的监管主要采用功能监管模式，即主要依据经营业务确定监管对象，注重对交易行为本身的监管，而不管从事这些交易行为的机构性质（如属不属于金融机构或属于什么性质的金融机构等）（Banu，2005）①。在监管主体方面，美国实施的是由联邦和州政府进行双重监管的监管体制，联邦层面制定总的监管框架，州政府则根据联邦层面的要求并结合每个州的特点去

① Banu S. Electronic Retail Payment Systems in Conflict of Laws：Basic Electronic Payment Systems and Determination of the Applicable Law in North America and Europe [J]. *Ankara Law Review*, 2005, 2 (2).

具体执行对各自州内经营的第三方支付的监管（Mann，2004）[①]。

1. 市场准入

（1）许可证制度。美国将第三方支付视作货币转移业务，从事第三方支付的机构即为货币服务商，并统一从货币服务业务角度进行管理。依据美国《统一货币服务法》的规定，第三方支付机构必须获得州监管当局颁发的许可证才可从事第三方支付业务。《统一货币服务法》对获得许可证的条件提出了明确要求，美国各州提出的相关要求更严格。美国实行"一州一证"制度，即各州的许可证仅适用于当地，当进行跨州货币转移业务时，需另行申请许可证。凡获得许可证的支付机构，除提供线下支付、移动支付等支付业务外，还可涉足代收代付、资金归集等领域。

（2）资金要求。美国对第三方支付企业资金设定方面的要求主要体现在资本净值下限和特别保证金下限两个方面。《统一货币服务法》对货币服务商申请许可证的要求为维持不低于25000美元的资本净值以及缴纳50000美元的保证金（保证金上限为250000美元，具体金额视货币服务商计划提供货币转移业务的地点个数而定）。美国各州可结合自身的情况设不同标准。

（3）退出机制。美国对货币服务商行业规定了明确的退出机制。《统一货币服务法》详细列出了监管机构可暂停、吊销货币服务商许可证的情形并允许州监管机构发布禁止令以确保行业的健康发展。部分州在此基础上规定了更为详细的退出机制。

2. 客户资金管理

美国将第三方支付机构滞留的客户资金视作负债而非存款，因此，在联邦监管层面，法律要求第三方支付机构将客户资金与自有资金严格区分，把客户资金存入银行并由联邦存款保险公司提供"存款延伸保险"，每位消费者的保险金额上限为10万美元。在州监管层面，法规禁止第三方支付机构擅自动用客户资金；当需要第三方支付机构使用客户资金进行投资时，资金投向仅限于银行储蓄、高评级债券等具有高度安全性的投资工具。

3. 消费者权益

（1）交易安全。对于以存款账户或借记卡为基础的第三方支付，美国依据《电子资金转移法》以及美国联邦储备局据此制定的E条例对消费者进行保护。对于以信用卡为基础的第三方支付，则依据《真实信贷法》以及美国联邦储备局据此制定的Z条例对消费者进行保护。

（2）知情权。《电子资金转移法》《真实信贷法》、E条例、Z条例等相关法

---

① Mann R. J. Regulating Internet Payment Intermediaries [J]. *Texas Law Revien*, 2004, 82 (3).

律法规均对第三方支付的信息披露（包括披露的形式、时间、内容以及未按规定披露信息时需承担的责任）给出了详细的规定。

（3）隐私权。美国《金融现代化法》规定，未经本人许可，任何金融机构都不得将消费者的信息透露给第三方。

4. 反洗钱

美国主要依据《银行保密法》以及《爱国者法案》这两部法律，由联邦调查局、财政部、司法部等多个职能部门进行第三方支付行业反洗钱的监督与管理。《银行保密法》要求支付机构建立严格的客户身份识别制度，严格识别和审查客户注册时提供的信息，以确保客户信息的真实性，并对信息不详或提供虚假信息的客户予以重点关注，从而有效遏制洗钱犯罪行为。《银行保密法》规定，支付机构代表个人进行交易以及个人携带货币类支付工具出入国境金额超过10000美元时均需提交相应报告。此外，支付机构必须以书面形式给出有效的反洗钱遵循方案，并在日常交易中对可疑交易提交可疑活动报告。《爱国者法案》针对反洗钱的规定内容为：

（1）要求支付机构建立反洗钱计划，以确保切实履行反洗钱的防范职责；

（2）为客户身份识别提出了更详细的标准，从而有效避免洗钱行为的发生；

（3）要求第三方支付机构履行交易报告制度，并对报告内容进行详细规定。

三、欧盟的监管经验

欧盟主要采用机构监管模式，即监管对象是第三方支付机构本身而非具体的交易行为（Banu，2005）①。在监管主体方面，欧盟层面主要是欧盟委员会以及欧洲中央银行，各国内部也设立了相应机构进行监管（Mann，2004）②。欧盟通过制定《支付服务指令》和《电子货币指令》对第三方支付机构进行审慎监管，各成员国则依据这两个指令、结合各国特点形成相应立法，建立健全的第三方支付法律体系。下文主要介绍欧盟层面的监管内容。

1. 市场准入

（1）许可证制度。欧盟将第三方支付视作电子货币机构，进而通过对电子货币进行的监管来实现对第三方支付机构的监管。依据两个指令，第三方支付机构必须获得电子货币机构的营业执照才可从事第三方支付业务，其中，《支付服务指令》对牌照的申请条件作出了明确规定。区别于美国的“一州一证”制度，欧盟许可证的适用范围更广，第三方支付机构只要在一个成员国获得营业

① Banu S. Electronic Retail Payment Systems in Conflict of Laws：Basic Electronic Payment Systems and Determination of the Applicable Law in North America and Europe［J］. *Ankara Law Review*，2005，2（2）.

② Mann R. J. Regulating Internet Payment Intermediaries［J］. *Texas Law Revien*，2004，82（3）.

执照便可在整个欧盟适用，即实行"一证通用"制度。此外，对于符合指令规定的小型第三方支付机构，欧盟实行准入的豁免制度并以此鼓励创新、促进小企业的发展，但豁免机构只能在成立国开展业务，如需开展跨境业务，则仍需申请牌照。凡获得许可证的支付机构可以提供发行电子货币、支付中介等服务。

（2）资金要求。欧盟在初始资本金以及持续自由资本金方面均对电子货币机构提出了要求。在充分考虑电子支付行业风险性的基础上，为促进行业发展、鼓励金融创新，在欧盟最新颁布的《电子货币指令》中，电子货币机构的初始资本金下限由100万欧元降低至35万欧元，其中，对于只提供支付中介服务、不发行电子货币的电子货币机构要求更低，只需5万欧元。在持续自由资本金方面，除满足上述要求外，对于发行电子货币的机构，其自有资金的下限按照最近六个月的未偿还电子货币额的平均值的2%进行计算；对于只提供支付中介服务的电子货币机构，灵活性较高，各成员国可根据本国实际情况制定要求。

（3）退出机制。欧盟制定的《支付服务指令》明确规定了监管机构撤销电子货币机构经营资格的情形，并要求监管机构详细公布相关信息以确保程序的公正性。

2. 客户资金管理

与美国相同，欧盟认为电子货币只用于支付而不构成储蓄，因此，电子货币机构滞留的客户资金不属于存款，应参照电子货币监管体制进行监管。《支付服务指令》要求第三方支付机构账户分离，开立专门的信托账户以存放客户资金。同时，为维护消费者权益，客户资金一方面受到存款保险的保障，另一方面欧盟还对客户资金的使用制定了严格的限制。客户资金的投资领域仅限于活期存款、债务工具这类安全、低风险的资产，且数量不超过第三方支付机构自有资金的20倍。欧盟还设立了赎回制度，《电子支付指令》规定客户可在任意时间赎回任意金额，电子货币机构不得施加限制也不得收取费用。

3. 消费者权益

（1）交易安全。欧盟在《支付服务指令》中提出过失举证责任分配，以明确支付机构和受害人（消费者）在未经授权交易中的责任范围来共同确保交易安全。消费者发现未经授权交易后及时通知支付机构，此后若发生未经授权交易，则由支付机构承担责任；消费者发现未经授权交易但未及时通知支付机构，除非消费者有重大过失，否则最多承担150欧元，其余由支付机构承担。

（2）知情权保护。在信息披露方面，《支付服务指令》对不同的交易（一次性付款交易或框架合同交易）设置了不同的要求，并详细列出了支付机构需提供给消费者的信息和条件以确保消费者的知情权。

（3）隐私权。欧盟允许支付机构在特殊情况下使用或处理个人数据（如用来协助调查、阻止支付欺诈行为），但需符合《数据保护指令》规定的相关条件。

4. 反洗钱

在《电子支付指令》中，欧盟主要通过设定交易金额上限来减少洗钱行为的发生，但没有针对第三方支付中的反洗钱作出明确规定，在具体制度方面，则参照《反洗钱和反恐怖融资指令》来执行，内容主要包括：

（1）客户识别制度。该指令要求所有账户均采用实名制，且支付机构需建立客户识别程序以对客户进行识别。

（2）可疑交易报告制度。《反洗钱和反恐怖融资指令》要求支付机构成员在发现大额交易、异常交易等，且有合理理由认为该交易涉嫌洗钱时，应立即向本国金融情报局报告，并在条件允许下暂停该交易。

（3）记录保持和内部控制制度。指令要求支付机构保留客户信息及交易记录，并建立完善的内部控制、风险评估及管理程序，从而有效避免洗钱行为的发生。

四、中国、美国和欧盟的监管模式比较

从上文对欧美以及我国第三方支付监管机制的详细介绍中不难发现，中国、美国和欧盟三地在监管方面有许多共性，但也存在很多差异（如法律定位、监管策略、资金要求、许可证适用范围、备付金使用等方面都存在较大区别）。下文主要对比分析监管的异同点（如表6-2所示），以期为我国的监管指明方向。

表6-2　中国、美国和欧盟的第三方支付监管模式对比

不同点	中国	美国	欧盟
法律定位	第三方支付机构（非金融机构）	货币服务商（非金融机构）	电子货币机构（金融机构）
监管策略	尚未成熟	功能监管	机构监管
资金要求	注册资本	资本净值、特别保证金	初始资本金、持续自由资本金
许可证适用地域	全国通用/省（自治区、直辖市）内使用	“一州一证”	“一证通用”
许可证适用领域	支付中介	支付中介、代收代付、资金归集等	支付中介、发行电子货币等
客户备付金使用	禁止挪用客户备付金，计提风险准备金	禁止擅自动用	使用备付金数量不得超过自有资金的20倍

续表

不同点	中国	美国	欧盟
共同点			
（1）都需获得许可证才可从事相关业务；（2）都设立了退出机制；（3）保管客户备付金时，都要求账户分离；（4）对于客户备付金的使用，都采取审慎监管原则；（5）都以保护消费者权益为先；（6）都要求建立客户识别制度、可疑交易报告制度以及记录保持等制度来反洗钱和反恐怖融资；（7）都实行全过程动态监管。			

1. 相同点

从表6-2可以看出，中国、美国和欧盟三地在第三方支付监管方面的共性主要体现在以下几点：

（1）各国机构若要从事第三方支付业务，都需获得相应的许可证，并且只能在许可证规定的范围内从事业务，超出指定地域进行业务需另外申请许可证（如美国各州颁发的许可证只适用于本州，中国各省、自治区或直辖市颁发的许可证也仅适用于当地）。许可证制度的存在能够确保第三方支付机构具有足够的履约能力（李俊平，2012）①。此外，三地都通过立法明确了第三方支付行业的退出机制，退出机制的存在可以保证优胜劣汰，不断淘汰低效、亏损企业并补充新鲜血液，使行业的竞争力和活力得以保持（吴文磊，2012）②。

（2）第三方支付行业的最大风险源于客户资金被挪用，因此，客户备付金的保值对于第三方支付机构的稳健运营显得尤为重要，这也是各国当局的监管重点。对于客户备付金的保管，各国都采取了审慎监管的原则（杨彪、李冀申，2012）③，既要求支付机构在银行专门开设备付金专用存款账户，与自有资金分离开来（哪怕第三方支付机构破产，客户备付金也不会被用来清偿其债务，从而有效保证客户资金的安全），又对客户备付金的使用进行了严格的限制，禁止使用客户资金进行投资（George，2012）④，即使允许（如欧盟），也只能投资于低风险高流动性的投资工具。

（3）目前第三方支付绝大多数是无纸化交易，交易数据完全被第三方支付机构掌握，不仅银行和监管部门未知，即使是交易双方也未必知道，信息不对

---

① 李俊平．第三方支付法律制度比较研究［D］．长沙：湖南师范大学，2012.

② 吴文磊．第三方支付法律问题研究［D］．上海：复旦大学，2012.

③ 杨彪，李冀申．第三方支付的宏观经济风险及宏观审慎监管［J］．财经科学，2012（4）：44－52.

④ George C. Electronic Funds Transfer：New Legal Issues？［J］．*Journal International Journal of Technology Policy and Law*，2012，（2）．

称严重存在，消费者处于相当不利的地位（Sahut，2008）①。为了保护消费者的合法权益，各国立法机关都将消费者的相关权益（如交易安全、知情权、隐私权等）作为立法的重要组成部分（Furletti、Stephen，2005）②，监管当局也将之作为重要监管目标。比如，各国在确认交易过程中损失的责任时，除非有明确证据表明由消费者重大过失导致，否则均由支付机构承担责任（Facciolo，2008）③。

（4）第三方支付作为资金转移的一种新型渠道，可以方便、快捷地实现资金的跨境转移，许多不法分子利用其特点（隐秘性、不易监管、不易侦查等）进行洗钱或恐怖融资，对国家财富和国民经济稳定都产生了非常不利的影响（杨彪，2013）④。因此，反洗钱和反恐怖融资也成为第三方支付监管的重点。

（5）中美欧三地实行的都是全过程动态化监管，从市场准入到交易过程再到退出机制，监管当局致力于将整个第三方支付的全过程纳入监管体系，并且在具体的交易过程中，都建立了动态化的检查、报告制度，以更好地掌握资金的来源和去向，防范风险。在动态监管方面，美国和欧盟相对来说比较完善，我国由于第三方支付兴起时间较短，体制还不完善，所以总体来说还是侧重对市场准入的监管。

2. 不同点

共性分析可以帮助我们认识到我国监管的优势，但异性分析才能让我们看清我国第三方支付监管的不足。总体来看，我国对第三方支付的监管与美国、欧盟的不同点主要表现在：

（1）在法律定位上，中国与美国都将第三方支付机构定位为非金融机构，而欧盟将其定位为金融机构（Rhys，2005）⑤。在具体的监管措施上，欧盟采取的是金融机构监管模式，比如，对初始资本金的要求类似于银行监管中的注册资本，而对持续自由资本金的要求则类似于银行资本充足率的要求。我国对第三方支付机构的注册资本和备付金要求与银行基本一致，类似于欧盟的金融机构监管模式。也就是说，我国目前对第三方支付授以美国的经营模式却加以欧

① Sahut J. M. Internet Payment and Banks ［J］. *International Journal of Business*, 2008, 13 (4).

② Furletti M. J., Stephen S. The Laws, Regulations., and Industry Practices That Protect Consumers Who Use Electronic Payment Systems: ACH E-Checks and Prepaid Cards ［R］. FRB of Philadelphia Payment Cards Center Discussion Paper No. OS-04, 2005.

③ Facciolo J. F. Unauthorized Payment Transactions and who Should Bear The Losses ［J］. *Chicago-Kent Law Review*, 2008, 83 (2).

④ 杨彪. 中国第三方支付有效监管研究［M］. 厦门：厦门大学出版社，2013.

⑤ Rhys B. A Review of the Development and Legal Nature of = Payment Facilities ［J］. *Journal of Banking and Finance Law and Practice*, 2005 (16).

盟的监管模式，对一个局限于提供支付中介服务的非金融机构施加金融机构（银行）的监管配置，存在业务与监管的错配问题。

（2）从监管策略来看，美国是功能监管，将第三方支付视作传统金融服务的延伸，沿用原有的法律体系对其进行监管而没有专门立法；欧盟则是机构监管，针对第三方支付机构专门制定了电子货币法律体系，在监管过程中，更注重对机构资质的审核。我国目前暂未形成明确、清晰的监管理念。但是，随着互联网金融的快速发展，第三方支付行业的混业经营趋势已较为明显，若再采用对传统金融机构的机构监管模式（易引发监管重复或监管真空）显然已不合适，功能监管就随之显得尤为重要（谢平、刘海二，2013；蒋先玲、徐晓兰，2014）①②。

（3）从第三方支付机构可提供的服务领域来看，美国和欧盟对第三方支付的管制相对放松，除了最基本的支付中介功能外，还允许第三方支付涉足其他领域。我国对第三方支付的经营范围却进行了严格的限制，《非银行支付机构网络支付业务管理办法》只允许第三方支付提供小额的支付中介服务，其他金融服务一律不得办理或变相办理。我国的这条规定将第三方支付机构变成了一个纯粹的中介服务机构和小额支付结算通道，从根本上消除了支付机构“银联化”“银行化”的可能性，也将在很大程度上抑制第三方支付机构的业务创新。

（4）从客户备付金的管理来看，欧盟批准支付机构适度投资（数量不超过第三方支付机构自有资金的20倍）于安全性高、风险性小的资产，而中国与美国都禁止动用客户备付金进行投资。诚然，冻结客户备付金是防范风险最安全、简单、直接的手段，可以将一切可能的风险扼杀在摇篮中。也正因为如此，美国在第三方支付的监管中可以适当降低从业门槛并采取较为宽松的管制从而让中小企业获得更大的发展空间，而欧盟则因允许支付机构利用备付金进行投资使得风险发生从而倒逼监管当局从严监管，但冻结资金绝不是最合适的措施。暂且不论我国监管当局是否能够通过监管确保支付机构不挪用资金，如果仅仅将这巨额的沉淀资金保管在银行账户中而不参与资金融通，则是对社会资源的一种极大浪费（巴曙松、杨彪，2012）③。

（5）从整个监管过程来看，美国的准入条件相对较低，只要求其维持较低的资本净值，但对于资金的把控较为严格且许可证的适用范围比较窄（“一州一

① 谢平，刘海二．ICT、移动支付与电子货币［J］．金融研究，2013（10）：1－14.

② 蒋先玲，徐晓兰．第三方支付态势与监管：自互联网金融观察［J］．改革，2014（6）：113－121.

③ 巴曙松，杨彪．第三方支付国际监管研究及借鉴［J］．财政研究，2012（4）：72－75.

证”）（Sullivan，2006、2007）①②，这种监管格局既可以减少风险发生，又有利于中小企业进入，但对客户备付金的严格限制会压缩第三方支付机构的盈利空间从而在某种程度上抑制行业发展潜力。与之相反，欧盟则设置了较高的准入条件但允许适度投资并且许可证的使用范围较大（“一证通用”），这种监管格局虽会带来一定的风险，但监管当局如能严把交易过程便可兼顾增强行业活力与防范风险。近年来，欧盟已在逐步降低准入门槛，在强化监管的同时鼓励创新。我国目前实行的是双严管制，既设置了较高的准入门槛又严格限制了资金的使用，这种监管框架短期内固然可以降低风险并作为风险谨慎管理的权宜之计，但从长远来看不利于金融创新（吴晓求，2015）③。欧美的监管历程都经历了“放任—严管—适当放松”这三个阶段（Masanori，2011），中国目前正处于第二阶段，如何做到“适当放松”将成为今后立法的重点④。

五、中国风险监管中存在的问题

通过前面中国、美国和欧盟三地监管模式的比较，我们可以从中看到我国在第三方支付监管方面与欧美之间的差距，我国可以从中借鉴并构建更有针对性的相对完善的第三方支付监管机制。总体来看，我国在监管第三方支付的过程中主要存在以下几个问题：（1）第三方支付机构的法律定位存在偏差，我国法律将其定位为非金融机构，实际上支付机构提供了很多金融功能，这种定位的偏差导致经营模式与监管模式之间存在错配，也使得监管主体无法明确。（2）支付行业的创新速度遥遥领先于监管政策的更新步伐，现有的法律法规难以对支付机构的新生业务进行规范，因而法律法规的实施性不足。（3）监管策略尚未成熟，究竟根据业务功能划分进而采用功能监管策略还是根据机构类型划分进而采用机构监管策略抑或是综合利用功能监管和机构监管目前还没有统一的结论。（4）为了进行更好的风险防控，我国目前对于第三方支付的监管过于彻底（如许可证的取得、客户备付金的使用等），虽从理论层面上杜绝了风险根源，但一方面在实践过程中监管政策的有效性有待考察，另一方面也限制了第三方支付行业的创新和发展。（5）我国监管当局虽然致力于将第三方支付各

① Sullivan R. J. The Supervisory Framework Surrounding Nonbank Participation in the U. S. Retail Payments System: An Overview [R]. Federal Reserve Bank of Kansas City, Working Paper No. 04 - 03, 2006.

② Sullivan R. J. Risk Management and Nonbank Participation in the U. S. Retail Payments System [J]. *Federal Reserve Bank of Kansas City*, 2007 (2).

③ 吴晓求. 限制第三方支付会阻碍金融创新 [EB/OL]. [2015 - 08 - 01]. http: //finance. china. com. cn.

④ Masanori M. Update on Remittance Services since the Payment Services Act Took Effect [J]. *NRI Financial Research Paper Lakyara*, 2011 (5).

个环节纳入全过程动态化监管，但目前来看效果不是很显著，动态化监管模式有待完善。这些监管问题的存在严重制约了我国第三方支付监管效率的提升，如何解决这些问题便是下文提出对策性建议的一个重要依据。

第四节　风险监管的策略选择

作为一种金融创新，第三方支付的迅猛发展一直“钱景与险景”并存。2014年3月，中国人民银行下发79号文暂停包括汇付天下、易宝支付等在内的多家第三方支付机构的线下收单业务，并要求广东嘉联、银联商务进行自查。表面上看，中国人民银行这样做主要针对的是2014年以来频繁发生的“信用卡预授权套现”问题，实际上却是中国人民银行开始加强第三方支付企业监管的一种信号。2015年2月，第三方支付首例“挤兑案”发生，上海畅购的创始人逃路、资金链断裂、所有门店关闭。类似事件仍在不断发生。第三方支付行业快速发展背后风险的极强隐蔽性、突发性、传染性、外溢性以及广泛性，正受到中国人民银行等监管部门的高度关注。虽然监管不力会诱发行业泡沫甚至金融危机，但监管过度同样会遏制金融创新。因此，如何在创新与监管的博弈中找到它们的“均衡解”是我国目前面临的一个难题。通过对相关模型的构建与分析，我们将在本部分分析监管部门应在何时选择何种力度的监管。

下文通过建立静态博弈模型和动态演化博弈模型来分析监管当局的策略选择。其中，静态博弈是指博弈双方同时采取行动或行动顺序虽有先后但后行动的人并不知道先行动的人的策略（视同同时采取行动）；而动态演化博弈是指不仅行动顺序有先后，而且后行动的群体知道先行动群体的策略（不能看作同时决策）；简单来说，后者是前者在放开“同时决策”条件下的深层次分析。基于以上两种博弈模型的分析，可以给出政府在不同情况下的策略选择行为，据此可以为我国第三方支付监管机制的完善提供依据。

一、基于静态博弈的监管策略选择

1. 模型设定

为便于分析，我们给出如下假定：

（1）博弈模型存在两个参与者 i（$i = 1,2$）：第三方支付机构与监管部门。

（2）第三方支付机构的策略为违规和合规。其中，违规行为主要表现为信用卡预授权套现、涉猎灰色地带业务（如利用在途资金组建自己的资金池以用作投资或运营其他项目造成资金周转问题）等现象。监管部门的策略为监管和不监管。因此，博弈模型的策略空间 s_i（$i = 1,2$）为四种：（违规，监管）（合规，监管）（违规，不监管）以及（合规，不监管）。

（3）市场处于完全信息状态。只要第三方支付机构存在违规（如挪用沉淀资金等），监管部门就可以通过各种手段完全检查出来并对其进行处罚；同样，若第三方支付机构合规（如按照法律规定开设银行账户保管在途资金等），监管部门也能检查出来并予以公布，提升第三方支付机构的社会评价和声誉。当监管部门不监管时，监管部门无法判断第三方支付机构是否存在违规现象。

（4）博弈双方信息完全，都知道对方的策略，且双方行动没有先后顺序（同时决策）。

（5）博弈双方均是追求效用最大化的理性人。

2. 支付矩阵

在模型参数设定方面，我们将在杨彪（2013）一文基础上适当改进①，主要改进之处是：引入第三方支付机构的合规激励和未发现违规时监管部门的声誉损失。具体参数设定如下：d_1 是第三方支付机构合规经营时获得的正常收益；d_2 是第三方支付机构违规经营时获得的超额利润；n_1、n_2 分别是合规经营时第三方支付机构和监管部门获得的社会收益；n_3、n_4 分别是违规经营时第三方支付机构和监管部门获得的社会收益；C 是监管部门的监管成本；F 是第三方支付机构违规时监管部门征收的罚款；V 是社会对于被监管部门监测到的合规经营机构的正面评价，相当于社会对于合规机构的激励；L 是监管部门因未实施监管导致未发现违规而产生的声誉损失。假设第三方支付机构的违规概率为 p，监管部门进行监管的概率为 q，则第三方支付机构的合规概率为 $1-p$，监管部门不监管的概率为 $1-q$。显然，$n_2>n_1>n_3>n_4$、$F>C$。据此，可建立完全信息下的静态博弈支付矩阵，如表6-3所示。

表6-3　第三方支付机构与监管部门的博弈支付矩阵

		第三方支付机构	
		违规（p）	合规（$1-p$）
监管部门	监管（q）	$F-C+n_4, d_1+d_2-F+n_3$	$-C+n_2, d_1+n_1+V$
	不监管（$1-q$）	$-L+n_4, d_1+d_2+n_3$	n_2, d_1+n_1

3. 模型分析

显然，此博弈模型不存在纯策略纳什均衡，但存在混合策略纳什均衡。求解如下：

第三方支付机构和监管部门的期望收益分别为

① 杨彪. 中国第三方支付有效监管研究［M］. 厦门：厦门大学出版社，2013.

$$\pi_T = p[q(d_1 + d_2 - F + n_3) + (1 - q)(d_1 + d_2 + n_3)] +$$
$$(1 - p)[q(d_1 + n_1 + V) + (1 - q)(d_1 + n_1)] \tag{6.1}$$
$$\pi_G = q[p(F - C + n_4) + (1 - p)(-C + n_2)] +$$
$$(1 - q)[p(-L + n_4) + (1 - p)n_2] \tag{6.2}$$

分别对 p 和 q 求一阶偏导，得到必要条件为

$$\frac{\partial \pi_T}{\partial p} = -q(F + V) + d_2 + n_3 - n_1 = 0 \tag{6.3}$$

$$\frac{\partial \pi_G}{\partial q} = p(F + L) - C = 0 \tag{6.4}$$

据此求得，监管部门的最优监管概率和第三方支付机构的最优违规概率分别为

$$q^* = \frac{d_2 + n_3 - n_1}{F + V} \tag{6.5}$$

$$p^* = \frac{C}{F + L} \tag{6.6}$$

即第三方支付机构与监管部门博弈的混合策略纳什均衡为（$\frac{C}{F + L}$，$\frac{d_2 + n_3 - n_1}{F + V}$）。其经济含义为：

（1）当第三方支付机构的实际违规概率 p 大于均衡违规概率 p^*（即 $p > \frac{C}{F + L}$）时，监管部门的最优选择是监管；当第三方支付机构的实际违规概率 p 等于均衡违规概率 p^*（即 $p = \frac{C}{F + L}$）时，监管部门将以 $q^* = \frac{d_2 + n_3 - n_1}{F + V}$ 的概率选择监管；当第三方支付机构的实际违规概率 p 小于均衡违规概率 p^*（即 $p < \frac{C}{F + L}$）时，监管部门的最优选择是不监管。

（2）当监管部门的实际监管概率 q 大于均衡监管概率 q^*（即 $q > \frac{d_2 + n_3 - n_1}{F + V}$）时，第三方支付机构的最优选择是合规；当监管部门的实际监管概率 q 等于均衡监管概率 q^*（即 $q = \frac{d_2 + n_3 - n_1}{F + V}$）时，第三方支付机构将以 $p^* = \frac{C}{F + L}$ 的概率选择违规；当监管部门的实际监管概率 q 小于均衡监管概率 q^*（即 $q < \frac{d_2 + n_3 - n_1}{F + V}$）时，第三方支付机构的最优选择是违规。

4. 模型结论

通过对上述混合策略纳什均衡进行分析，可以得到以下结论：

（1）监管成本 C 越高，则均衡违规概率 p^* 越大，此时监管部门通常选择不监管，这在一定程度上会刺激第三方支付机构实际违规概率的增加；第三方支付机构违规时监管部门征收的罚款 F 越高，则均衡违规概率 p^* 越小，监管部门此时通常选择监管。关于这个结论，可以通过监管部门的成本收益分析得到解释：监管部门征收的罚款越高，监管成本越小，其监管收益越大，监管部门越有动机实施监管，从而有效降低了第三方支付机构的实际违规概率。

（2）监管部门因未实施监管而未发现违规时的声誉损失 L 越大，则均衡违规概率 p^* 越小，监管部门越倾向于选择监管。此时，声誉损失可看作监管部门实施监管的潜在收益或不实施监管的潜在成本，因此，L 越大，监管部门越有动机实施监管，从而有效降低第三方支付机构的实际违规概率。

（3）对 q^* 进行变形，可以得到 $q^* = \frac{d_2 - (n_1 - n_3)}{F + V}$，其中，$d_2$ 是第三方支付机构相对于合规时因违规而获得的超额收益，$(n_1 - n_3)$ 是第三方支付机构相对于违规时因合规而多获得的社会收益。两者差额越大，均衡监管概率 q^* 越大，第三方支付机构越有动机违规，对应地，越需要监管部门实施监管。

（4）第三方支付机构违规时监管部门征收的罚款 F 越高，均衡监管概率 q^* 越小，第三方支付机构越倾向于选择合规，此时监管部门可适当放松监管。第三方支付机构的被罚款就是违规成本。

（5）社会对于被监管部门监测到的合规经营机构的正面评价（即激励）V 越高，均衡监管概率 q^* 越小，第三方支付机构越倾向于选择合规，因而监管部门可适当放松监管。对比来看，当 $V = 0$（即不存在激励）时，$q^* = \frac{d_2 - (n_1 - n_3)}{F}$，此时只能通过减少违规超额收益与合规超额社会收益之间的差额（即减少 $d_2 - (n_1 - n_3)$）或增加罚款 F 来降低第三方支付机构的违规动机从而减少违规行为。当引入激励机制（即 $V > 0$）后，除上述两种措施外，监管部门还可通过提高激励来减少支付机构的违规行为。

（6）结合（4）（5）的分析，罚款 F 与激励 V 对于降低违规概率有相同的作用，但两者能实现的效果却有所区别。对第三方支付机构而言，罚款是一种处罚措施，而激励是一种正面的鼓励措施，从经济学角度来看，两者带来的效用显然不同，因而，当两者数值相同时，第三方支付机构接受激励比支付罚款更倾向于合规。

二、基于动态演化博弈的监管策略选择

演化博弈论是基于“有限理性”假设并在放开“同时决策”的前提下研究

博弈主体行为策略以及相应均衡问题的方法。在演化博弈中，博弈双方一开始未能找到最优策略，但在博弈过程中，双方会不断根据对手的选择去学习和调整自己的行为策略以形成更好的策略，因此，演化博弈均衡是在不断调整、不断改进的过程中形成的。现建立第三方支付机构与监管部门的非对称演化博弈模型对双方的行为策略进行详细分析。

1. 复制动态方程

演化模型参数设定与静态模型相同。根据演化博弈的分析框架，假设第三方支付机构群体选择违规的比例为 p，监管部门群体选择监管的比例为 q，则第三方支付机构群体选择合规的比例为 $1-p$，监管部门群体选择不监管的比例为 $1-q$。因此，第三方支付机构选择违规的期望收益 π_{T1}、选择合规的期望收益 π_{T2} 和支付机构群体的平均收益 $\overline{\pi}_T$ 分别为

$$\begin{cases}\pi_{T1} = q(d_1 + d_2 - F + n_3) + (1-q)(d_1 + d_2 + n_3) \\ \pi_{T2} = q(d_1 + n_1 + V) + (1-q)(d_1 + n_1) \\ \overline{\pi}_T = p[q(d_1 + d_2 - F + n_3) + (1-q)(d_1 + d_2 + n_3)] + \\ \qquad (1-p)[q(d_1 + n_1 + V) + (1-q)(d_1 + n_1)]\end{cases} \tag{6.7}$$

监管部门选择监管的期望收益 π_{G1}、选择不监管的期望收益 π_{G2} 和群体平均收益 $\overline{\pi}_G$ 分别为

$$\begin{cases}\pi_{G1} = p(F - C + n_4) + (1-p)(-C + n_2) \\ \pi_{G2} = p(-L + n_4) + (1-p)n_2 \\ \overline{\pi}_G = q[p(F - C + n_4) + (1-p)(-C + n_2)] + \\ \qquad (1-q)[p(-L + n_4) + (1-p)n_2]\end{cases} \tag{6.8}$$

由式（6.7）和式（6.8）可知，第三方支付机构和监管部门的模仿者复制动态方程为

$$\begin{cases}F(p) = \dfrac{dp}{dt} = p(\pi_{T1} - \overline{\pi}_T) = p(1-p)[d_2 + n_3 - n_1 - q(F+V)] \\ F(q) = \dfrac{dq}{dt} = q(\pi_{G1} - \overline{\pi}_G) = q(1-q)[p(F+L) - C]\end{cases} \tag{6.9}$$

对式（6.9）求一阶导数，可以得到

$$\begin{cases}F'(p) = (1-2p)[d_2 + n_3 - n_1 - q(F+V)] \\ F'(q) = (1-2q)[p(F+L) - C]\end{cases} \tag{6.10}$$

2. 演化稳定策略

演化稳定策略（ESS）要求 $F(\cdot) = 0$ 且 $F'(\cdot) < 0$，根据式（6.9）、式（6.10），通过分析可以得到：

（1）第三方支付机构群体“违规”的演化稳定策略

当 $q = \frac{d_2 + n_3 - n_1}{F + V}$ 时，$\frac{dp}{dt} \equiv 0$，即对于所有的 p 水平都是稳定状态。

当 $q \neq \frac{d_2 + n_3 - n_1}{F + V}$ 时，由于（$d_2 + n_3 - n_1$）的正负性以及它与（$F + V$）的大小关系不确定，因此可分三种情况讨论。

情况一：当 $q \neq \frac{d_2 + n_3 - n_1}{F + V}$ 且（$d_2 + n_3 - n_1$）< 0 时，$p^* = 0$ 和 $p^* = 1$ 是两个稳定状态，由于 $\frac{d_2 + n_3 - n_1}{F + V} < 0$，此时必有 $q > \frac{d_2 + n_3 - n_1}{F + V}$，从而 $F'(0) < 0$，$F'(1) > 0$，因此 $p^* = 0$ 是演化稳定策略（ESS），即当第三方支付机构相对于合规时因违规而获得的超额收益（d_2）小于第三方支付机构相对于违规时因合规而多获得的社会收益（$n_1 - n_3$）时，不论监管部门群体监管与否，第三方支付机构群体都选择合规策略。具体见图 6－2、图 6－3、图 6－4。

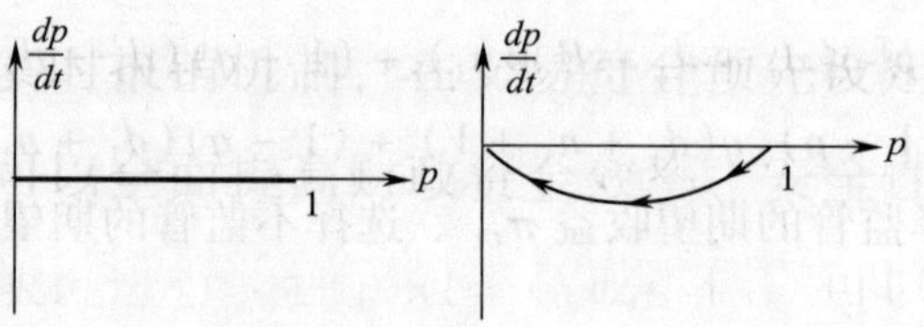

（a）$q = \frac{d_2 + n_3 - n_1}{F + V}$　　（b）$q \neq \frac{d_2 + n_3 - n_1}{F + V}$

图 6－2　第三方支付机构群体复制动态相位图（情况一）

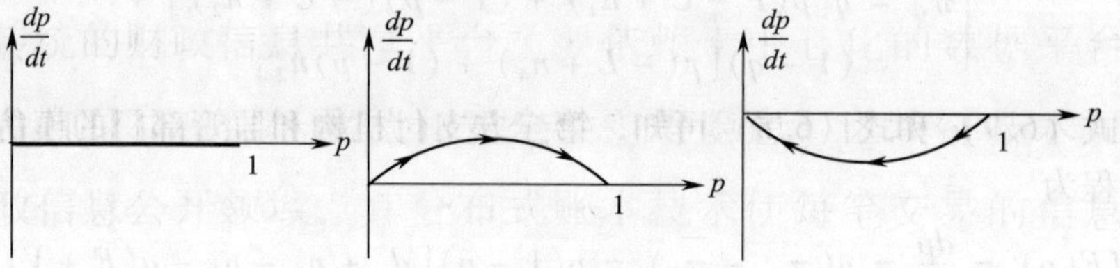

（a）$q = \frac{d_2 + n_3 - n_1}{F + V}$　　（b）$q < \frac{d_2 + n_3 - n_1}{F + V}$　　（c）$q > \frac{d_2 + n_3 - n_1}{F + V}$

图 6－3　第三方支付机构群体复制动态相位图（情况二）

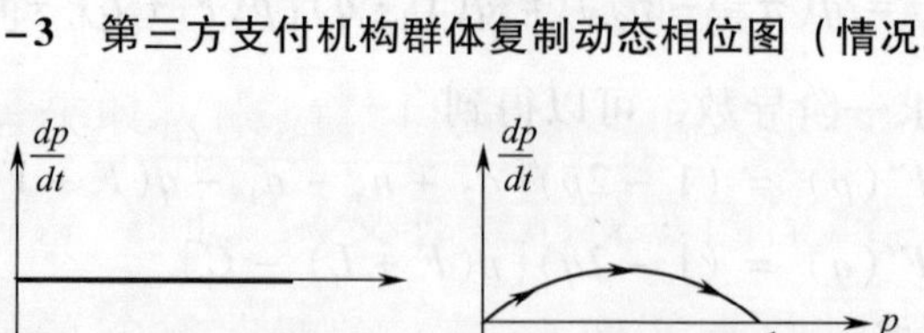

（a）$q = \frac{d_2 + n_3 - n_1}{F + V}$　　（b）$q \neq \frac{d_2 + n_3 - n_1}{F + V}$

图 6－4　第三方支付机构群体复制动态相位图（情况三）

情况二：当 $q \neq \frac{d_2 + n_3 - n_1}{F + V}$ 且 $0 < (d_2 + n_3 - n_1) < (F + V)$ 时，$p^* = 0$ 和 $p^* = 1$ 是两个稳定状态，此时 $0 < \frac{d_2 + n_3 - n_1}{F + V} < 1$。因此，当第三方支付机构相对于合规时因违规而获得的超额收益（d_2）大于第三方支付机构相对于违规时因合规而多获得的社会收益 $(n_1 - n_3)$ 但超出部分（$d_2 + n_1 - n_3$）小于第三方支付机构违规时监管部门征收的罚款与社会对于合规机构的激励之和（$F + V$）时：

首先，当 $q < \frac{d_2 + n_3 - n_1}{F + V}$ 时，$F'(0) > 0$，$F'(1) < 0$，因此 $p^* = 1$ 是演化稳定策略（ESS），即当监管部门群体监管比例小于给定值时，第三方支付机构群体选择违规策略；

其次，当 $q > \frac{d_2 + n_3 - n_1}{F + V}$ 时，$F'(0) < 0$，$F'(1) > 0$，因此 $p^* = 0$ 是演化稳定策略（ESS），即当监管部门群体监管比例大于给定值时，第三方支付机构群体选择合规策略。具体见图 6－3。

情况三：当 $q \neq \frac{d_2 + n_3 - n_1}{F + V}$ 且 $(d_2 + n_3 - n_1) > (F + V)$ 时，$p^* = 0$ 和 $p^* = 1$ 是两个稳定状态。由于 $\frac{d_2 + n_3 - n_1}{F + V} > 1$，此时必有 $q < \frac{d_2 + n_3 - n_1}{F + V}$，从而 $F'(0) > 0$，$F'(1) < 0$，因此 $p^* = 1$ 是演化稳定策略（ESS）。也就是说，当第三方支付机构相对于合规时因违规而获得的超额收益（d_2）大于第三方支付机构相对于违规时因合规而多获得的社会收益 $(n_1 - n_3)$，且超出部分（$d_2 + n_1 - n_3$）大于第三方支付机构违规时监管部门征收的罚款与社会对于合规机构的激励之和（$F + V$）时，不论监管部门群体监管与否，第三方支付机构群体都选择违规策略。具体见图 6－4。

（2）监管部门群体“监管”的演化稳定策略

当 $p = \frac{C}{F + L}$ 时，$\frac{dq}{dt} \equiv 0$，即对于所有的 q 水平都是稳定状态。

当 $p \neq \frac{C}{F + L}$（由于 $F > C$，因此 $F + L > C$，即 $0 < \frac{C}{F + L} < 1$）时，$q^* = 0$ 和 $q^* = 1$ 是两个稳定状态，其中，当 $p < \frac{C}{F + L}$ 时，$F'(0) < 0$，$F'(1) > 0$，因此 $q^* = 0$ 是演化稳定策略（ESS），即当第三方支付机构群体违规的比例小于给定值时，监管部门群体选择不监管；当 $p > \frac{C}{F + L}$ 时，$F'(0) > 0$，$F'(1) < 0$，

因此 $q^* = 1$ 是演化稳定策略（ESS），即当第三方支付机构群体违规的比例大于给定值时，监管部门群体选择监管。具体见图6－5。

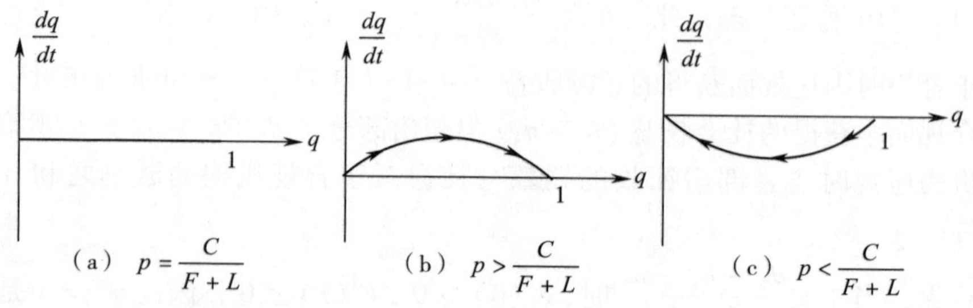

图6－5　监管部门群体复制动态相位图

（3）演变趋势分析

根据上述分析，此复制动态系统在前述“情况一”和“情况三”中有4个均衡点，分别为(0,0)(1,0)(0,1)以及(1,1)；在“情况二”中有5个均衡点，分别为(0,0)(1,0)(0,1)(1,1)以及（$\frac{C}{F+L}$，$\frac{d_2+n_3-n_1}{F+V}$）。在非对称复制动态演化博弈中，根据不同的初始状态，会得到不同的稳定状态。

把上述复制动态相位图在以 p、q 为坐标的平面图内画出（见图6－6）并从中分析发现：

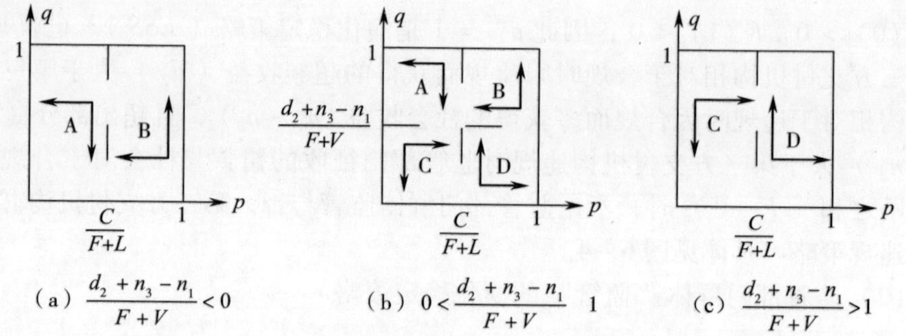

图6－6　第三方支付机构群体和监管部门群体博弈的复制动态和稳定性

首先，当 $\frac{d_2+n_3-n_1}{F+V} < 0$ 时，见图6－6（a），若初始策略处于A区域则收敛于(0,0)，即（合规，不监管）策略；若初始策略处于B区域则收敛于(0,1)，即（合规，监管）策略。

其次，当 $0 < \frac{d_2+n_3-n_1}{F+V} < 1$ 时，见图6－6（b），若初始策略处于A区域

则收敛于(0,0)，即（合规，不监管）策略；若初始策略处于B区域则收敛于(0,1)，即（合规，监管）策略；若初始策略处于C区域则收敛于(1,0)，即（违规，不监管）策略；若初始策略处于D区域则收敛于(1,1)，即（违规，监管）策略。

最后，当 $\frac{d_2 + n_3 - n_1}{F + V} > 1$ 时，见图6－6（c），若初始策略处于C区域则收敛于(1,0)，即（违规，不监管）策略；若初始策略处于D区域则收敛于(1,1)，即（违规，监管）策略。

3. 演化稳定均衡分析

接下来，我们将根据此模型相应雅可比（Jakobian）矩阵的局部稳定性来分析以上均衡点的稳定性。对式（6.9）分别求关于 p、q 的导数，可以得到雅可比矩阵，表达式为

$$J = \begin{bmatrix} (1-2p)[d_2 + n_3 - n_1 - q(F+V)] & (p^2 - p)(F+V) \\ (q - q^2)(F+L) & (1-2q)[p(F+L) - C] \end{bmatrix} \tag{6.11}$$

对雅可比矩阵求行列式和迹，可以分别得到

$$\det J = (1-2p)[d_2 + n_3 - n_1 - q(F+V)](1-2q)[p(F+L) - C] - (p^2 - p)(F+V)(q - q^2)(F+L) \tag{6.12}$$

$$\mathrm{tr} J = (1-2p)[d_2 + n_3 - n_1 - q(F+V)] + (1-2q)[p(F+L) - C] \tag{6.13}$$

对于离散系统，若演化博弈的均衡点满足：若 $\det J > 0$、$\mathrm{tr} J < 0$，则该均衡点具有稳定性；若 $\det J > 0$、$\mathrm{tr} J = 0$，则该均衡点为中心；若 $\det J > 0$、$\mathrm{tr} J > 0$，则该均衡点为不稳定点；若 $\det J < 0$，则该均衡点为鞍点（即沿着某一方向是稳定的但另一方向是不稳定的奇点）。根据雅可比矩阵判断均衡点的稳定性过程如表6－4所示，对应相位图如图6－7所示。

表6－4　演化博弈模型均衡点的稳定性判断

情况类型	均衡点数	均衡点	detj 符号	trj 符号	结论	相位图图示
情况一：($d_2 + n_3 - n_1$) < 0	4	(0,0)	+	−	*ESS*	图6－6（a）
		(1,0)	+	+	不稳定	
		(0,1)	−	−	鞍点	
		(1,1)	−	不确定	鞍点	

续表

情况类型	均衡点数	均衡点	detJ 符号	trJ 符号	结论	相位图图示
情况二：$0<(d_2+n_3-n_1)<(F+V)$	5	(0,0)	−	不确定	鞍点	图6-6（b）
		(1,0)	−	不确定	鞍点	
		(0,1)	−	不确定	鞍点	
		(1,1)	−	不确定	鞍点	
		$\left(\frac{C}{F+L},\frac{d_2+n_3-n_1}{F+V}\right)$	+	0	中心	
情况三：$(d_2+n_3-n_1)>(F+V)$	4	(0,0)	−	+	鞍点	图6-6（c）
		(1,0)	−	不确定	鞍点	
		(0,1)	+	+	不稳定	
		(1,1)	+	−	ESS	

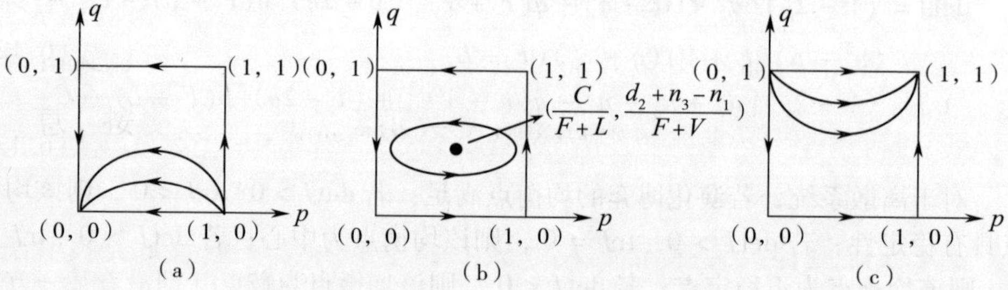

图6-7　系统演化相位图

结合表6-4和图6-7，可以得到：

（1）若$(d_2+n_3-n_1)<0$，此时第三方移动支付机构相对于合规时因违规而获得的超额收益小于其相对于违规时因合规而多获得的社会收益，在此情形下，第三方移动支付机构出于利益最大化的考量总是选择合规策略，因此，监管部门无须监管。系统最终锁定在（合规，不监管）稳定状态，这是最理想的状态。任何偏离这一策略选择集的状态都会通过不断的学习和复制最终演化为这一状态。

（2）若$0<(d_2+n_3-n_1)<(F+V)$，这里包含两个条件，条件一是$(d_2+n_3-n_1)>0$，条件二是$(d_2+n_3-n_1)<(F+V)$，在此情形下系统中不存在稳定点。添加“监管部门选择监管”：对条件二进行变形可以得到d_1+d_2-

$F+n_3<d_1+n_1+V$，即在监管情形下第三方移动支付机构违规时获得的收益小于合规时获得的收益，因此第三方移动支付机构选择合规策略，系统将最终锁定在（合规，监管）状态，这也是一个非常理想的状态。添加“监管部门选择不监管”：对条件一进行变形可以得到 $d_1+d_2+n_3>d_1+n_1$，即在非监管情形下第三方移动支付机构违规时获得的收益大于合规时获得的收益，因此第三方移动支付机构选择违规策略，系统将最终锁定在（违规，不监管）状态，显然这不是理想状态。

（3）若 $(d_2+n_3-n_1)>(F+V)$，同样对其进行变形就可以得到 $d_1+d_2-F+n_3>d_1+n_1+V$，即在监管情形下第三方移动支付机构违规时获得的收益大于合规时获得的收益，因此第三方移动支付机构总是选择违规策略，系统最终锁定在（违规，监管）这一稳定状态，任何偏离这一策略选择集的状态都会通过不断的学习和复制最终演化为这一状态，显然这也不是理想状态。

这说明，当 $(d_2+n_3-n_1)>(F+V)$ 时，若初始状态位于C区域，虽然短期内会向（违规，不监管）策略演化，但这种状态不具有稳定性，因为此时当监管部门发现第三方移动支付机构违规时，必然会转而选择监管策略。所以，从长期来看，博弈双方最终的策略选择是（违规，监管）。

策略空间有四种选择，其中的（违规，不监管）（违规，监管）显然与我们所期望达到的理想状态不符（因为此时第三方移动支付机构选择违规策略），而（合规，不监管）与（合规，监管）是较为理想的状态。我国第三方移动支付发展时间不长，因此（合规，不监管）通常情况下不能长期维持（因为第三方移动支付机构最初采取“合规”策略，而监管部门长期不监管，会使得第三方移动支付机构在利益驱使下转而采取“违规”策略），除非能够保证第三方移动支付机构相对于合规时因违规而获得的超额收益小于其相对于违规时因合规而多获得的社会收益。可见，从长远角度来看，对全社会而言，最理想的状态是（合规，监管）策略。

4. 模型结论

通过上述分析，我们发现图6-6（a）（b）中的B区域是理想的初始状态，要使初始状态落于B区域的概率增大则可从以下几个方面入手：降低监管部门的监管成本（C）、提高第三方移动支付违规时监管部门征收的罚款（F）、提升社会对于合规机构的正面评价（V）、加大监管部门因未实施监管导致未发现违规而产生的声誉损失（L）。此外，应尽量保证第三方移动支付相对于合规时因违规而获得的超额收益小于其相对于违规时因合规而多获得的社会收益；若第三方移动支付相对于合规时因违规而获得的超额收益大于其相对于违规时因合规而多获得的社会收益，则尽量保证两者之差小于第三方移动支付违规时监管部门征收的罚款与社会对于合规机构的正面评价之和，且差距越大越好（$d_2 + n_1 - n_3$）。这是我们提出对策性建议的又一重要依据。

第五节 移动支付风险的监管建议

在革新传统银行支付结算体系的同时，我国近年来迅猛发展的第三方移动支付行业也正集聚着较大风险，且这种风险具有强隐蔽性、易突发、易传染、外溢快、影响范围广等特征。尽快健全相应的监管机制不仅有利于鼓励金融创新，而且有利于防范系统性金融风险。

在综述相关文献的基础上，我们详细分析了中美欧三地的监管模式并对其进行了对比分析，通过分析可以发现，我国在第三方移动支付的监管方面还存在很大的不足，与成熟的监管体制之间还存在较大差距；而第四节通过静态博弈与演化博弈模型从理论上分析了第三方移动支付的监管策略，指出了我国在第三方移动支付监管过程中面临不同情况下的策略选择行为，为我国监管体制的完善指明了方向。根据分析所得结论并结合我国实际，我们认为，为促进第三方移动支付行业规范发展，我国可采取下文所述的监管措施。

一、转变监管理念

我国在第三方移动支付的监管过程中，首先需要明确监管目标：通过适度监管实现适度竞争，确保第三方移动支付行业安全、健康、稳健、可持续发展，这也是检验我国第三方移动支付监管效率的根本标准。在落实到具体监管的过程中，需要注意以下几点。

1. 明确法律定位，建立健全法律体系

第三方移动支付颇具争议的法律定位是我国落实监管的一个障碍，只有明确其属性，才可针对第三方移动支付实施切实有效的监管。所以，我国监管第三方移动支付的当务之急是确立第三方移动支付“准金融”行业的法律地位，将其纳入以人民银行和银保监会为主的监管范围，并加快健全专门针对第三方移动支付行业监管的法律法规。近年来，中国人民银行已出台了一系列规章制度，如2010年颁布的《非金融机构支付服务管理办法》、2012年颁布的《支付机构预付卡业务管理办法》、2014年颁布的《支付机构客户备付金存管办法》、2015年公布的《非银行支付机构网络支付业务管理办法》等，但大多属于部门规章，缺乏专门的顶层宏观法律甚至存在不一致之处。例如，我国目前对第三方移动支付认定的地位是“非金融机构”，但对第三方移动支付机构的注册资本和备付金要求却与银行基本一致[①]，第三方移动支付对应的监管部门也是人民银行。所以，我国对第三方移动支付的监管存在严重的监管错位，对非金融机构施加金融机构的监管配置。第三方支付机构的经营范围、法律定位应尽快与监管体制对应起来。

2. 强化激励机制

目前第三方移动支付发展迅猛，规模不断扩大、工具不断创新（2016 年 2 月 18 日新推出的 Apple Pay 也属于第三方移动支付范畴）、业务不断拓宽，在带来诸多利好的同时，风险也与之相伴相生，监管势在必行，但监管过度或监管不当，会严重影响第三方支付行业的创新和发展。因此，在落实到监管的过程中，可以转变传统的监管方法，尽量少用强制性处罚措施，宜多用合规激励性措施来引导第三方移动支付行业规范发展（前文的博弈分析表明，接受激励比支付罚款更倾向于合规）。

3. 综合使用多种监管策略以实现最佳监管效果

传统金融采用的监管策略是机构监管（即根据金融机构的不同类型分归不同监管部门实施监管，商业银行和保险公司由银保监会负责监管，证券公司由证监会负责监管），这种监管模式的优点在于可以避免监管重复或监管真空，从而在过去的很长一段时间里实现了较高的监管效率并降低了监管成本。但是，在混业经营、跨业经营的趋势下，金融机构的业务范围不断拓宽。第三方移动支付产生于这一时代背景，其提供的多元化业务使得传统的机构监管模式难以充分发挥作用，单一的监管策略已然不再适用。监管部门应不断优化全面监管与重点监管的策略关系，宜通过机构监管形式来执行全面监管策略，并通过核心业务监管或功能监管形式来执行重点监管策略。当然，在执行功能监管时，应加强不同部门之间的沟通与协调，避免监管重复或监管真空。

二、加强信息披露

第三方支付在整个金融体系中扮演着非常重要的角色，其运转的资金交易频繁且数量庞大，甚至不亚于部分商业银行。对于银行及上市公司而言，其财务数据是公开的，我们可以通过对它们财务数据的分析大致清楚每个银行（或上市公司）的经营状况和财务状况。但截至目前，第三方移动支付机构的数据始终没有公开，信息不对称是监管成本和监管难度居高不下的重要原因，也使得监管部门很难对支付机构的风险状况进行评判。因此，加强第三方移动支付

---

① 《非金融机构支付服务管理办法》第九条规定：申请人拟在全国范围内从事支付业务的，其注册资本最低限额为 1 亿元人民币；拟在省（自治区、直辖市）范围内从事支付业务的，其注册资本最低限额为 3 千万元人民币。注册资本最低限额为实缴货币资本。

行业的信息披露、提升整个行业的透明度是我国亟须解决的问题，具体包括以下几个方面：

1. 信息披露的内容

我国应提高第三方支付业务中交易信息披露的透明性、业务规则的透明性以及机构信息的透明性。在资金透明性方面，第三方移动支付机构应披露客户备付金的金额以及详细的资金投向，当前在第三方移动支付被定位为非金融机构的背景下应实施资金强制托管制度以保障资金安全；在业务透明性方面，可以建立专门的外部审计机构，协助第三方移动支付机构进行业务和财务审计，实现对外披露；在机构透明性方面，第三方移动支付机构应定期披露内部经营与公司治理等各种信息。此外，我国应尽快成立专门的监管部门，在逐步放宽经营范围的同时，将支付活动的全过程纳入金融监管范畴，以提高支付的安全可靠性。

2. 信息披露的方式

第三方移动支付区别于传统金融机构的一个显著特性是其提供的业务强烈依托于互联网、电子设备及新技术，因此在执行信息披露时，可在形式上作出创新，运用互联网技术来提高信息披露效率、降低信息披露成本。传统的信息披露方式往往由各单位向监管部门递交大量书面材料，再由监管部门进行公开，这样的方式繁杂且存在很大的资源浪费。而对于大数据时代来说，监管部门完全可以利用这一优势，要求支付机构开放数据接口，实时、动态化地报送机构数据，经相关部门审查、审批后进行实时信息披露。并且，监管部门还可依此建立大数据监管模式，对支付机构报送的数据进行动态分析，借助特定的风险分析模型和程序来分析支付机构的风险状况。当然，基于大数据的互联网金融监管模式在建立初期会遇到很多障碍且需要耗费较大的成本，但这一模式一旦趋于成熟，可以极大地简化监管流程、降低监管成本，提升监管效率和监管的及时性。

三、严控备付金管理

第三方支付行业风险的主要根源就是庞大的客户备付金的运转和管理问题。由于第三方支付行业竞争激烈且获利来源局限，支付机构大都利润空间狭窄，在利益的驱动下，挪用客户备付金的情况屡见不鲜。2015 年 2 月发生了上海畅购事件，该企业严重经营违规，触碰了“禁止挪用客服备付金”这一监管红线导致资金周转出现问题从而最终走向倒闭，这是第三方支付行业爆发的首例备付金挪用案例。通过这一事件不难发现，我们距离第三方支付行业的健康、规范、可持续发展还有很长一段路要走。2015 年 8 月，浙江易士企业管理服务公司由于挪用客户备付金、超范围经营支付业务、伪造变造交易等违规行为被人民银行依法注销“支付业务许可证”，这是全国首次注销“支付业务许可证”的案例。2015 年10 月和2016 年 1 月，广东益民旅游休闲服务有限公司和上海畅购分别因类似原因被注销第三方牌照。这三起注销事件是我国严肃整顿第三方支付行业的一个警示信号，反映了人民银行对支付机构挪用行为的“零容忍”。但前文分析表明，禁止备付金的挪用确实可以扼杀风险根源，但其中存在很多缺陷。我国应逐步调整备付金管理模式，赋予更大的灵活性。

1. 备付金的使用

建立灵活高效的备付金管理制度，充分发挥其在资金融通领域的功效。按照最新公布的《非银行支付机构网络支付业务管理办法》，我国禁止第三方支付机构挪用客户备付金进行投资，这个规定表面上可以杜绝风险，但毕竟不是长久之计。首先，资金具有天然流动性，让客户资金参与流通可以提高支付机构的盈利，而且由于其掌握了交易双方的海量数据，可以根据信用度迅速、准确地匹配资金需求方和供给方，提高资金融通的效率。其次，法律明令禁止不代表机构可以切实做到，支付机构可能会利用监管漏洞进行违规投资，甚至投资于高风险高回报的投资项目。与其如此，还不如借鉴欧盟，允许支付机构利用规定限额的客户备付金进行投资并对投资方向进行严格限制。

2. 备付金的监管

我国可以设立备付金监管体制，对备付金进行动态监管。具体到监管过程，我国监管部门可以建立一套备付金监管指标体系，借助大数据对支付机构持有备付金的数量和结构进行测算，量化风险。同时，监管部门还要对客户备付金的流入、流出路径进行控制，对支付机构的资金使用情况进行实时监督，防止支付机构擅自挪用备付金或实施洗钱等违法犯罪行为。

此外，我国还可在确保安全性的基础上适当放松监管标准，给第三方支付行业留出发展和创新的空间。具体体现在：（1）准入要求可适当降低。我国目前对注册资本的要求相对较高，且严格限制了许可证的数量（目前人民银行已暂停颁发许可证），这不利于中小企业的进入并且会引发行业中收购、并购的热潮。（2）备付金可以适度进行投资。（3）经营范围可适当开放，不必过分局限。《非银行支付机构网络支付业务管理办法》明确规定了第三方支付机构的业务内容，在交易额度上只可按照客户指定要求提供小额的货币转移服务，大额的资金转移仍需通过银行；在业务范围上，不得对任何机构或个人提供理财、信贷、融资等服务，这从根本上压制了第三方移动支付行业业务拓宽的可能性，无论是广度还是深度都受到了严格的限制。因此，我国应适当降低标准，兼顾规范与创新，让监管效果达到最优。

四、强化协调监管

我国对于银行业的监管已较为成熟，《巴塞尔协议Ⅱ》中提出了对银行业进行监管的三大支柱——最低资本要求、外部监管和市场约束。在第三方移动支付的监管过程中，可以借鉴这种形式，建立以“机构自律、政府监管和市场约束”为三大支柱的第三方支付监管模式，加强三个监管主体之间的协调性，有效提高监管效率。

1. 机构自律

相对于外部监管部门，第三方移动支付机构对自身数据的获取具有天然的优势，支付机构应当充分利用数据获取的便利性，建立机构内部的风险控制系统和风险预警系统，以便及时发现和防范风险。同时，支付机构应当聘请专门的审计机构定期对财务状况进行审计并公开审计报告。此外，支付机构应当自觉遵守相关法律法规，自觉合规经营，这是降低行业风险最根本的方法。

2. 政府监管

强化监管部门的责任意识，建立监管部门的激励机制。目前第三方支付绝大多数是无纸化交易，交易数据完全被第三方支付机构掌握，不仅银行和监管部门未知，即使是交易双方也未必知道，这不仅完全区别于存储在专用服务器并需出具公章的银行支付，更是对监管部门的挑战。简单的“关、停、罚、限制正常业务经营范围”不应成为主要监管手段。我国应充分意识到传统银行竞争与创新动力的不足是第三方移动支付快速发展的关键原因。因此，只有通过各种金融创新业务的不断学习来强化责任意识，监管部门才能针对不同的创新业务模式制定并完善相应的监管政策。同时，我国可借助社会舆论监督机制来提升监管部门的监管积极性并促进监管部门积极落实监管行为。

3. 市场约束

所谓市场约束，是指利用市场和公众来对第三方移动支付机构进行监督和约束。随着普惠金融的推行，越来越多的民众参与到金融活动中，作为支付机构的直接利益相关者，公众会自发地对机构作出判断从而通过类似于“用脚投票”的方式来约束支付机构的行为，使其合规经营。

当然，强调市场约束的作用并不是在排斥政府监管，相反，市场约束的有效发挥很大程度上依赖于有效的政府监管。公众获取数据的渠道相当有限，而政府监管的存在，使得支付机构及时、真实地披露信息数据，这也成为市场约束所需信息的最主要来源。另外，行业的创新总是领先于监管手段的创新，支付机构总是试图寻找现有法律的漏洞或突破现有法规的边界，逃避政府监管的范畴从而谋取更多利益，监管部门只能事后采取对应的监管手段并对法律法规进行修订，这种监管的滞后性使得不法分子占取先机且监管部门无法对其进行处罚。相比于政府监管部门，市场具有更高的敏感度，能够更为及时地发现潜在风险。因此市场约束可以作为政府监管的一个有力补充，从而在一定程度上弥补政府监管的缺陷。我国应加强机构自律、政府监管及市场约束之间的协调性，充分发挥各自的监管优势，取长补短，使得监管效果达到最优。

移动支付作为新兴产业，必然是风险性与创新性相伴相随。在对移动支付进行监管的过程中，必须处理好监管与创新之间的平衡关系，从而既发挥监管的有效性，使得移动支付行业规范化发展，又维持行业的创新性和活力。

后 记

移动支付是互联网金融的核心，在便捷资金快速流动、促进消费和投资升级、推动数字经济发展等方面均发挥着十分重要的作用。尤其是，随着移动互联、大数据、云计算、人工智能、区块链等金融科技的快速发展和深度应用，移动支付已成为我国现代经济运行中重要的基础设施，其载有的各种数据和信息也将成为家庭、企业、金融机构、政府等部门决策的重要依据。

相对于传统的现金支付、电子支付等方式，移动支付面临的风险更广、更复杂。现金支付的参与对象虽不相识，但面对面确认的方式可以大大降低交易风险。电子支付的交易对象虽然不用面对面确认，但其在相对封闭的商业银行系统内完成，较为完善的银行结算系统在很大程度上保证了交易的相对安全。然而，移动支付，尤其是以支付宝、微信支付为代表的第三方移动支付，大多在开放的移动通信网里完成，且不少交易无须面对面。即使到了今天，人们对移动支付风险的认识仍不充分，既有宁可花很多时间到银行取现金也不敢或不愿利用手机进行移动支付交易的大量人群，也有使用移动支付过程中缺乏必要的安全防备而被诈骗的不少用户，更有专门窃取用户移动支付数据从事“黑金”产业的专业队伍。

自 1996 年以来，我一直从事货币金融领域相关问题的研究。如何对上述移动支付风险问题进行更加科学、全面和系统的分析，是我自 2012 年以来一直思考的问题。2012 年，我主持的一项国家社科基金项目完成结项。对我来说，当时面临的问题之一是如何在货币金融研究领域开设一个新的科研方向。那时候，我正在指导一个学生团队的全国大学生“挑战杯”创新项目，其主题是互联网金融。也是在 2012 年，我的博士生导师——南京大学裴平教授正在广泛论证一个科研项目，主题也是关于互联网金融的，该项目最终被全国哲学社会科学规划办公室正式立项为 2014 年度国家社科基金重大项目。在与裴老师的科研团队频繁交流的过程中，我越来越强烈地感受到移动支付的风险问题是互联网金融发展中的重大问题，但当时却很少有人去研究。基于我长期以来在货币金融领域积累的知识基础、对移动支付风险问题的观察以及导师裴平教授给我的重要启发，我从 2015 年开始组建关于移动支付风险的科研团队并一直研究至今。移